统筹城乡新论

杨庆育　黄朝永　吴　敏　著

中国经济体制改革研究会基金资助

科学出版社

北　京

内 容 简 介

本书第一次系统地梳理和分析了我国统筹城乡以来的实践、理论和政策，并利用大量实证调查资料对统筹城乡中，人往哪里去，地怎么处理，钱从哪里来三大问题进行了阐述。首次用五大发展理念对统筹城乡的一系列理论和实践问题进行系统研究。为了便于读者对内容的把握，全书还采用了作者调查报告、延伸阅读和专栏等方式，对一些重要的理论和实践问题进行了深化，是目前国内较为完整的研究统筹城乡实践和理论问题的专著。

本书可供从事统筹城乡、"三农"工作的理论工作者和实践工作者阅读参考。同时，还可以作为农业管理专业、城镇化管理专业的本科生和研究生的参考读物。

图书在版编目（CIP）数据

统筹城乡新论/杨庆育，黄朝永，吴敏著.—北京：科学出版社，2017.8

ISBN 978-7-03-053569-6

Ⅰ.①统… Ⅱ.①杨… ②黄… ③吴… Ⅲ.①城乡建设–经济发展–研究–中国 Ⅳ.①F299.2

中国版本图书馆 CIP 数据核字（2017）第 132043 号

责任编辑：马 跃 / 责任校对：彭 涛
责任印制：吴兆东 / 封面设计：无极书装

科 学 出 版 社 出版
北京东黄城根北街 16 号
邮政编码：100717
http://www.sciencep.com

北京京华虎彩印刷有限公司 印刷
科学出版社发行 各地新华书店经销

*

2017 年 8 月第 一 版 开本：720×1000 1/16
2017 年 8 月第一次印刷 印张：23
字数：458 000

定价：138.00 元
（如有印装质量问题，我社负责调换）

作 者 简 介

杨庆育，男，1956 年生，中共党员，湖南常德人，管理学博士、高级经济师。曾任重庆市经济信息中心主任助理、市发展和改革委员会主任、市统筹城乡综合配套改革领导小组办公室主任、市人大常委会副主任。现任清华大学国情研究院兼职研究员、西南政法大学、西南财经大学兼职教授、博士生导师。多年来从事政府经济管理工作，从事宏观经济政策和区域经济研究，独著和与人合著《统筹城乡理论与实践：重庆案例》《经济运行体制与政府宏观调控》等十部著作，在国家核心期刊上发表论文百余篇。

黄朝永，男，1966 年生，中共党员，重庆南川人，博士，南京大学博士后、副教授，现任重庆市发展和改革委员会副主任。从事宏观经济、区域经济研究，发表学术论文 90 多篇，出版（含联合）专著 6 部，主持和参加国家级、省级课题100 多项。先后获重庆市第四次社会科学优秀成果三等奖、第五次社会科学优秀成果二等奖；国家发展和改革委员会 2008 年度优秀研究成果二等奖、2012 年度优秀研究成果二等奖、2013 年度优秀研究成果三等奖、2015 年度优秀研究成果二等奖。

吴敏，男，1967 年生，中共党员，安徽枞阳人，法学博士，中国社会科学院社会学博士后，研究员，博士生导师，高级经济师，律师。曾任中国银行安徽省分行法律处处长、合规部总经理，《国际金融报》记者，中共重庆市黔江区委常委，区人民政府副区长，重庆正阳工业园区管理委员会主任，现任重庆日报报业集团党委委员、副总裁，《当代金融研究》杂志社社长。先后独立出版《论法律视角下的银行破产》等四部专著，在《财贸研究》《现代法学》等核心期刊发表论文 20余篇，主持或参与省级以上课题多项。

序

中国的改革是人类历史上最伟大的社会实践。改革就是要变革生产关系，解放和发展生产力，为经济社会发展进步、为人民富裕幸福、为国家繁荣强盛开辟道路。改革开放以来，中国经济发展已有了长足进步，社会结构发生了深刻变化，各项事业取得了举世瞩目的成就。但是，中国的经济、社会发展还存在着一个巨大的短板，那就是由于历史条件的制约，长期形成的城乡二元结构没有根本消除，工农关系失调、城乡关系失衡的局面尚未根本改变，城乡面貌反差较大，城乡居民收入差距成为割裂社会群体的鸿沟。近年来，随着工业化、城镇化步伐的加快，农村土地、资金、人才等要素的流失速度也进一步加快，城乡二元结构矛盾更加突出。

针对这种现象，中央在确定到 2020 年全面建成小康社会宏伟目标时，明确提出，实现这一目标最艰巨、最繁重的任务在农村，没有农民的小康就没有全国人民的小康，没有农业的现代化就没有国家的现代化。21 世纪以来，中央提出了统筹城乡经济社会发展，构建新型工农、城乡关系的重大战略，制定了"多予少取放活"和工业反哺农业、城市支持农村的基本方针，吹响了从根本上消除城乡二元结构的进军号角。根据中央的规划部署，近年来，我国根据新的国情，基本完成了在东部（上海浦东、天津滨海、深圳）进行综合配套改革，中部（长株潭、武汉地区）进行"两型"社会综合配套改革，西部（重庆、成都）进行统筹城乡综合配套改革的整体布局。各地统筹城乡的改革强力推进，有效措施层出不穷，改革成效不断显现。

党的十八大召开以来，以习近平同志为核心的党中央以大无畏的精神，实事求是、与时俱进地推出了"五位一体"发展，"四个全面"战略布局、"五大发展"新理念，并推出了一系列的系统改革措施，使改革迎来了一个新的春天。在众多的改革领域，统筹城乡改革仍然是一道难题，仍然有很多经验需要去总结，很多教训需要去汲取，很多问题需要去突破。

中国经济体制改革研究会一贯秉承"认识世界、传承文明、创新理论、资政育人、服务社会"的科学使命，2016 年向社会公开招标了一批改革的重大课题，其中资助了以杨庆育同志为首的课题组，就统筹城乡发展及改革的问题进行研究。课题组历时近一年，通过大量的调查研究、实证分析、数据处理、问卷调查，紧紧围绕统筹城乡面临的新认识、新理论、新实践、新发展的新主题，进行了综合性的研判与分析。不仅从理论认识上全面分析了统筹城乡改革的历史状况，还从实践上探索总结了经验教训；不仅从历史当期角度为读者展示了我国统筹城乡改革的理论与运作，还从未来发展的趋势展示了统筹城乡改革的前景。课题组中有地方省级统筹城乡综合配置改革的操盘手，使全书充满着"接地气"的务实特点，值得实务工作者和相关研究人员阅读。

　　统筹城乡改革在中国还有很长的路要走，还有很多现实的和新的问题需要我们去研究。我衷心希望课题组的同志在本书的基础上，按照全面深化改革的要求，深入实际，深入改革一线，不断研究新问题，不断推出新成果，不断将统筹城乡改革向纵深推进。

中国经济体制改革研究会会长　彭森

2017 年 3 月

目　　录

第一章　统筹城乡新认识 ·· 1
　一、统筹城乡是一个老话题 ···································· 1
　二、统筹城乡需要新认识 ······································ 20
　三、统筹城乡永远在路上 ······································ 56

第二章　统筹城乡新理论 ·· 73
　一、近年国内统筹城乡理论综述 ································ 73
　二、理论政策渊源 ·· 78
　三、理论的创新 ·· 87

第三章　统筹城乡新实践 ·· 117
　一、国际国内城乡发展统筹实践发展 ···························· 117
　二、中国统筹城乡综合配套改革的基本情况及评价 ················ 154
　三、统筹城乡改革三大问题的实践调查 ·························· 178
　四、统筹城乡三大问题的深入研究 ······························ 219

第四章　统筹城乡新发展 ·· 251
　一、新常态新形势下我国农业发展新战略 ························ 251
　二、以创新理念推动"三农"发展上新台阶 ······················ 259
　三、以协调理念统筹城乡规划引领 ······························ 296
　四、以绿色理念统筹城乡国土空间布局 ·························· 324
　五、以开放理念促进城乡互动并开放发展 ························ 339
　六、以共享理念促进城乡居民公平共同享受改革开放的成果 ········ 345

参考文献 ·· 354
附录 ·· 358
后记 ·· 359

第一章　统筹城乡新认识

一、统筹城乡是一个老话题

城镇和乡村都是人类生产生活基本的活动空间。城市起源于"城堡+市场"，我国把建制镇以上的居民点都看做城镇，把城镇以外的区域称为乡村。城镇是社会生产力发展到一定阶段的产物，是人类社会文明进步的重要标志，农业生产出现产品剩余，手工业从农业中分离出来，促进了人类及其活动的空间聚集，奠定了城镇的基础。随着政治、经济、军事、文化的发展，城镇依托交通要冲、商贸集散地、军事要塞、行政中心等发展起来。

有了城镇和乡村两种空间形态，自然就会出现城乡关系。所谓城乡关系是指存在于城镇和乡村之间相互依存、相互矛盾、相互影响、相互制约的关系，包括城乡经济关系、社会关系、文化关系、生态关系、治理关系等。从城镇的起源到18世纪中叶第一次工业革命，城镇手工业和商业等发展程度不高，人类生产活动主要以传统农业为主，散居乡村为主，世界各地城乡关系大同小异，没有明显的本质区别。

（一）统筹城乡相关概念

1. 城乡二元结构的内涵

城乡二元结构是指针对城镇和乡村两种空间形态，建立两种权利不等的制度体系，实行"城乡分治、一国两策"。城乡二元结构至少包括四种结构：一是二元经济结构，体现为工农差异、就业差异、收入差异、消费差异等。二是二元社会结构，体现为户籍、基本公共服务、社会保障的差异。矛盾尤其集中反映在农民工身上，农民工与城镇居民"同工不同酬、同命不同价"，也难以享受相同的户籍和居住、教育、就业、失业、养老、医疗等其他城镇福利。三是二元文化结构，体现为家庭、家族观念、行为习俗和价值观念的差异。农村更认同本家、友邻、老乡，以生活半径划分亲疏，正所谓"远亲不如近邻"；城镇更认同同事、同学、熟人，以工作关系划分亲疏，有的邻居之间"老死不相往来"。四是二元治理结构，体现为城镇管制和乡村自治。矛盾尤其集中反映在城乡土地管理制度的差异上，农村集体所有的土地不能直接进入市场交易，必须通过政府征收改变权属和用途，在一级市场出让后才能进入市场交易。农民拥有稀缺的土地资源，但不能直接参与城镇土地交易，没有获得相应的土地增值收益。

2. 城镇化及新型城镇化

城镇化是农民转化为城镇居民、乡村居民点转化为城镇社区、农业更替为工业和服务业的过程。由于城与乡是两种不同的空间区域，从乡向城的演变转化就出现城镇化。城镇化是工业化的产物，18 世纪中叶的工业革命带来了工业化，也开启了世界城镇化的历程，大体分为三个阶段。第一阶段：城镇化兴起。第一次工业革命在英国出现，大规模工厂化生产取代了手工劳动，大量农村劳动人口向城镇聚集，促进了城镇化发展。第二阶段：城镇化加快。从 19 世纪中叶开始，第二次工业革命在美国和德国等地出现，加快了欧美国家城镇化进程，城镇规模和数量迅速发展；一些发展中国家工业化起步，开启了世界城镇化进程。第三阶段：城镇化普及。第二次世界大战以后，发达国家基本普及城镇化，发展中国家随着工业化发展，城镇化进程也明显加快。可以说，城镇化与工业化相伴而生，联袂发展。根据国家发展和改革委员会（简称国家发改委）《国家新型城镇化报告（2016）》，2015 年全球城镇化率已达到 54.9%，发达国家城镇化率超过 80%。

新型城镇化是相对于传统城镇化而言的，是城镇化推进过程中更好地进行城镇规划、建设和管理，推进基本公共服务均等化，解决好城镇化进程中的"三农"问题，破除城乡二元结构，缩小城乡差别，推进城乡一体化的改良过程。

城市郊区化和逆城市化是相对于城镇化演进方向而言的。城镇化发展到高级阶段，特大城市和一些大城市出现交通拥挤、住房紧张、污染严重、犯罪增长等城市病，市中心区部分人口、企业纷纷外迁，有的出现郊区城市化，即原来的近郊区发展为特大城市的一部分，我国称为城市"摊大饼"；有的出现逆城市化，即高收入的人口和高端产业向远郊"蛙跳"式发展，中间有农村与母城分隔形成新城。大城市郊区化是城市向外围自然扩张，结果不久又生出新的城市病。逆城市化由于空间分隔，经济系统和服务功能与母城相对独立，大企业在郊区的新建和迁建又引起配套企业跟进，带动各种要素集聚，形成具有各种功能的制造中心、商贸服务中心和大型居住社区。新城区不但没有城市病，而且有效缓解了母城环境恶化问题，特大城市也由单中心向分散型多极多中心城市群转化。从全球看，20 世纪 60 年代开始，发达国家出现逆城市化趋势，伦敦在离市中心 50 千米半径范围内建成 8 个卫星城（伦敦新城），引导了 54 万人外迁；1980 年美国全部城市化地区居住在中心城市的人口和外围密集区的人口比例为 48∶52，像纽约、费城、圣路易斯、旧金山和华盛顿等大城市地区一半以上人口在环城郊区就业和居住；

东京实施"副中心"战略，形成了"中心区—副中心—周边新城—邻县中心"的多中心多圈层城市格局；墨西哥城建设了 30 个卫星城分流人口。城镇化水平越高，城市人口越来越多，城市病就会越来越严重，逆城镇化的趋势就越明显。

3. 统筹城乡发展及其维度类别

对城乡关系的管理和城镇化过程的协调就是统筹城乡，目的是城乡一体化。统筹城乡包括三个维度、五大领域。所谓三个维度，一是发展城镇经济，增加就业岗位吸引农民转移就业，增强对乡村腹地的服务、辐射功能；二是发展农村经济，控制和缩小城乡差异，保障粮食和资源环境安全；三是促进城乡互动，引导各类生产要素合理流动与科学配置，促进城乡协调发展。所谓五大领域：中共十七届三中全会提出，统筹土地利用和城乡规划、统筹城乡产业发展、统筹城乡基础设施建设和公共服务、统筹城乡劳动就业、统筹城乡社会管理。这"五个统筹"是破除城乡二元结构的重大战略举措，是促进城乡发展一体化的重要任务和抓手，是科学衡量城乡发展一体化水平的主要尺度。统筹城乡重点在城镇，难点在农村，核心是钱、地、人三个要素。

中国的统筹城乡大体分三类。第一类是大城市带小农村。例如，上海、北京、广州、成都等中心城市，城市经济发达，市域农村面积小，城乡差异较小，2016年人均国内生产总值（GDP）超过 15 000 美元，地方财力强，政府主导城乡一体化（表 1-1）。第二类是密集城镇群带农村。这些地区城镇密集，区域经济发达，2016 年人均 GDP 超过 12 000 美元，其中长三角地区城镇群靠乡镇企业、民营企业吸引农村劳动力，珠三角地区城镇群靠外资、港澳台资企业促进农村城镇化，2016 年深圳人均 GDP 超过了 25 000 美元，苏州、南京、杭州人均 GDP 在 20 000 美元左右，还有一大批经济发达、财力雄厚的中小城镇毗邻，城乡差异更小。第三类是大城市带大农村。中心城市规模大，但农村面积广，城乡差异悬殊，地方政府财力弱，以中西部广大地区为代表，以重庆为例，2016 年人均 GDP 只有 9 000 多美元，人均地方财政一般预算收入 7 725 亿元，城乡居民收入比达到 2.6∶1。中国统筹城乡的难点在第三类。

表 1-1 2016 年"万亿俱乐部"城市统筹城乡主要指标

城市	GDP/亿元	地方财政一般预算内收入/亿元	常住人口/万人	人均 GDP/美元	人均财政收入/元	城镇常住居民人均可支配收入/元	农村常住居民人均可支配收入/元	城乡居民收入倍率
上海	27 466	6 406	2 415	17 120	26 526	57 692	25 520	2.3
北京	24 899	5 081	2 171	17 265	23 404	57 275	22 310	2.6
深圳	19 493	3 136	1 138	25 785	27 557	44 633	44 633	1.0
广州	19 611	1 394	1 350	21 868	10 326	46 735	19 323	2.4

城市	GDP/亿元	地方财政一般预算内收入/亿元	常住人口/万人	人均GDP/美元	人均财政收入/元	城镇常住居民人均可支配收入/元	农村常住居民人均可支配收入/元	城乡居民收入倍率
重庆	17 559	2 228	2 884	9 165	7 725	29 610	11 549	2.6
苏州	15 475	1 730	1 062	21 935	16 290	54 341	27 691	2.0
成都	12 170	1 175	1 228	14 919	9 568	36 186	19 441	1.9
杭州	11 051	1 402	901	18 463	15 560	52 185	27 908	1.9
南京	10 503	1 143	823	19 211	13 888	49 997	21 156	2.4

注：数据来自各城市统计网站和2017年政府工作报告，深圳、广州城乡居民收入为2015年数据

4. 城乡一体化

城乡一体化是统筹城乡的目标和归途，是通过统筹城乡推进新型城镇化、农村现代化，合理控制好城乡差别，最终实现城乡产品和要素市场一体化，城乡公共资源和公共服务均等化，城乡利益分配一体化，形成城乡经济社会发展一体化新格局。

统筹城乡是实现城乡一体化的手段和方法，是把城镇、农村视为一个整体来统一谋划和安排，实现城乡要素平等交换、自由流动，公共资源均衡配置、动态融合，使城乡整体发展、共同繁荣。目前，中国总体上正处在以工促农、以城带乡的发展阶段，亟须破除城乡二元结构，通过统筹城乡促进城和乡转入现代化社会。

（二）城乡关系的历史演进

农业文明时期，城镇主要担负区域政治、军事和市场交易中心的功能，对农村影响小，城乡关系中农强城弱、浑然一体、城乡和谐。

工业革命以来，城镇经济快速崛起，市场集聚资源、辐射产品的范围和实力迅速扩大，随着道路的延伸和交通工具的发展，农村资源要素被吸纳到城镇，自给自足的农业生产被城镇经济重新整合，田园牧歌的乡村生活被城镇影响，形成乡村对城镇的依附，城乡矛盾逐步积累并深化。

进入现代社会，城乡矛盾引发一系列的经济结构问题、社会治理问题、生态环境问题和资源保障问题，并出现逆城市化，引起世界范围内的深刻反思，迫使政府和社会各界主动调整城乡关系，通过规划引导、政策干预、经济调节、政府管制和法制规范等手段，统筹城乡一体化发展，城乡关系又逐渐趋于协调（图1-1）。

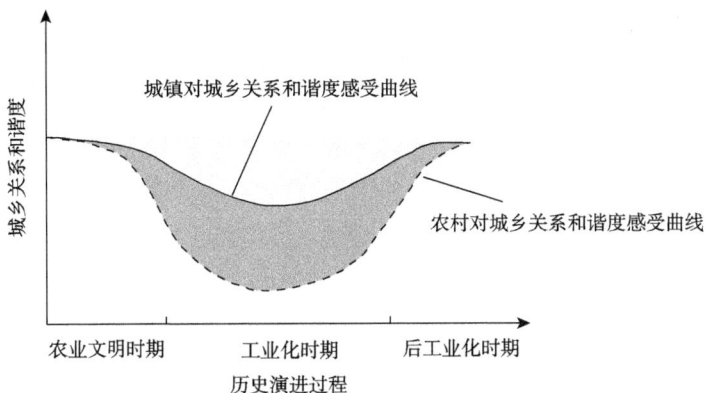

城镇对城乡关系和谐度感受曲线

农村对城乡关系和谐度感受曲线

城乡关系和谐度

农业文明时期　　工业化时期　　后工业化时期

历史演进过程

图 1-1　城乡和谐度的历史变迁

从历史的视角看，全球城乡关系的变迁主要受工业化、城镇化的影响，农业文明时期的城乡关系总体和谐。进入工业化时期城乡和谐程度下降、矛盾增加，但城镇和乡村居民对城乡矛盾的感受不一样。城镇居民感受到城乡不和谐，但程度相对不大、变化不剧烈；而农村居民的总体感受比城镇要差，城乡落差急剧拉大，矛盾突出尖锐。图 1-1 中阴影部分面积越大，表明城乡和谐度越差。进入后工业化时期，城乡关系又逐步趋于和谐。

1. 城乡关系的国际视野

全球城乡关系演进与各国工业化、城镇化进程紧密相关。尽管城镇有着悠久的发展历史，但直到近代产业革命以后，城镇化才开始快速发展，城乡关系才启动了快速变革。1800 年前后，世界城市人口占总人口的比例仅为 3%，1850 年为6.4%，1900 年为 13.6%，20 世纪两次世界大战期间城镇化陷于停顿甚至逆转，其后城镇化加速推进，1950 年为 30%，到 2000 年上升到 47.4%，2015 年为 54.9%。由此可见，第二次世界大战以前世界各国城乡关系变迁缓慢，且城乡矛盾在各地差异不大。第二次世界大战后由于城镇化提速，全球城乡关系变动剧烈，各国出现分化，因此，梳理全球城乡关系的变迁，重点应该放到第二次世界大战以后。

第二次世界大战以后，发达国家在国际地域分工中处于相对有利的地位，产业层次高、企业投资回报高、工人工资高、财政收入高，城镇对乡村的带动强，二、三产业对农业的反哺大，政府财政对农民的补贴多，城乡关系相对融洽，所以无论社会、学界还是政府都较少从城乡角度讨论经济社会热点问题，城乡关系不受瞩目。与之相反，发展中国家由于产业层级较低、企业投资回报较低、工人工资较低、财政收入较低，城镇对乡村的带动较弱，二、三产业对农业的反哺较小，政府财政对农民的补贴较少，城乡之间的矛盾相对较大，尤其是农民工问题、大城市贫民窟问题相对较突出，农村土地兼并与撂荒、留守老人、留守妇女、留守儿童的问题相对较多，所以社会、学界从城乡关系角度讨论经济社会热点问题的学术成果较多，城乡关系备受关注。

1）发达国家的城乡关系

第二次世界大战以后，发达国家城乡关系不断调适、协调推进，但各国又不一样，大体分为三大类。第一类以欧洲国家为代表，人多资源少，工业化历史悠久，城镇化水平较高，城镇密集、农村发达。第二类以北美、大洋洲国家为代表，地广人稀、资源富足，工业化历史不太长，城镇化水平高，城镇带高度发达，农业现代化程度高。第三类以东亚的日本、韩国和西亚的以色列为代表，地狭人稠，资源短缺，工业化历史最短，但工业化、城镇化推进快，城镇和农村经济都高度发达。

（1）第一类，欧洲发达国家的城乡关系。

工业革命以前，欧洲的城市主要以商业或政治为基础，人口规模普遍较小，各国城镇化差异很大。工业革命后，欧洲各国先后启动以工业化为基础的城镇化进程，城镇人口规模急剧扩大，城乡矛盾逐渐加深，引起政府和社会反思。因此，欧洲地区在完成城镇化加速阶段尤其是第二次世界大战后，都调整了政策，注重协调城乡矛盾，控制城乡差异。主要做法如下：

一是建立共同农业市场以支持农村经济发展。欧盟是世界农产品主要出口地区之一，成员国农业结构和农业生产率接近，农产品在欧盟成员国间自由流通。欧盟建立了主要农产品的共同市场组织，实行统一的价格支持和干预制度，农民和消费者的利益都得到了保障。

二是实行共同农村扶持政策。共同推动农业改革，鼓励农民扩大农场规模，采用新技术，开展农田水利建设，为调整作物结构提供技术和市场咨询。建立"欧洲农业指导和保证基金"，从成员国进口关税、农产品进口差价税和糖税、成员国增值税提成中安排专项经费，帮助欠发达地区发展农业。每年拨出专款援助山区和农业落后地区，对农业和农场主直接补贴。为离开土地的农民提供就业培训和指导，帮助扩大劳务输出，帮助提高劳动就业率，增加收入。

三是主动调整城乡关系。例如，德国、法国、英国等第二次世界大战后开始调整城乡关系，积极发展以中心城市为依托、以新型卫星城市为基础的城镇体系，构建梯度推进的经济腹地，聚集腹地各类要素资源，城乡关系和谐共荣，农民仅仅是一种职业，在农村居住纯粹是个人生活方式的选择，与身份、地位、福利、社会保障和公民权利无关。

英国是第一次工业革命的策源地，城镇化进程发端于18世纪中叶，与工业化进程同步。18世纪早期，英国城市人口占总人口的20%~25%，到1801年增加到33%。1800年伦敦人口达到100万人，成为当时世界上人口最多的城市。1851年英国有580多座城镇，城镇人口达到总人口的54%。19世纪晚期，英国70%的人口已经居住在城市中，成为世界上第一个实现城镇化的国家。英国城镇化既依托原来的政治、文化、商业城镇继续发展，又在工矿新区、交通节点上发展了一大批新城，新城工商业和交通运输业的发展创造出大量就业机会，吸引农村劳动力聚集。为了缓和历史上积累的城乡矛盾，英国政府大力推行农业规模化经营，鼓励兴办乡村企业，财政加大对农村基础设施和公共事业的投入。1927 年开始建立城乡居民统一的失业保险制度，1957 年设立单独的农场主养老保险制度，通过"农业社会互助金"实现全国农村人口的社会保险。从 2013 年开始建立 5 个农村经济增长试点网络，解决乡村企业经营场所短缺、互联网技术落后、商业团体分散等问题。

法国是欧洲第一大农业国，国土面积的 50%左右发展农业，是仅次于美国的全球第二大农产品出口国。历史上法国农民占有大量土地，自给自足，工业化发展较慢，也制约城镇化发展，城镇化主要依托行政中心推进，中小市镇发展相对迟缓，城乡差异不大。1800 年法国城市人口占全国人口的 10%，到 1880 年增加到35%。但第二次世界大战后城镇化进程加快，目前城镇化率约为 85%。1970 年法国基本实现农业机械化，20 世纪 80 年代进入农业现代化，农业机械化程度高、生产专业化水平高、农业生产效益高、农民收入高，现代化农场随处可见，城乡差异小。法国对农村实行财政扶持政策，年龄在 55 岁以上的农民由国家财政供养，鼓励年轻人离开农村到企业做工，留在农村的青壮年劳动力由政府出资培训再务农，法国的城乡关系较为和谐。

德意志帝国建立前德国由 38 个小邦国组成，这些邦国都有各自的政治、经济中心，各个小邦国在领地上只能发展小规模的中心城市，人口和经济的重心在乡村，1871 年前德国 71.5%的人口居住在不足 2 000 人的村舍，只有 5%的人居住在10 万人以上的城市。分散性城镇分布是德国城镇化的基础，中小城镇一直是城市化的主体，城镇布局较为合理，各类城市发展协调，也深刻影响着城乡关系的变革。直到现在，德国城市发展仍是中小城市多，人口 2 万到 20 万的城市总人口占全国城市人口的近 80%。德国十分注重城乡均衡和协调发展，城乡建设有两项最高宗旨：一是形成平等的生活环境，减小城乡和地区的差异；二是追求可持续发展，使后代有良好的生存环境和发展机会。德国村镇建设注重规划，政府科学管理，城乡没有严格区别。例如，对征用农民土地进行严格立法，即使是基础设施征地也必须取得农民同意，政府还通过提高征地标准，减少土地低效利用。企业布局也影响着城乡关系的变化，德国众多企业的总部都留在中小城市，减少了农村劳动力大量集聚于大城市的现象，也避免了"大城市病"和城乡两极分化。2001年德国非农业就业人口比例高达 96%，城市化水平高达 95%以上，但城乡差距一直很小。现在德国每年有大约 20 万人向郊区和小城市流动，逆城市化和城乡一体化得到进一步发展。

（2）第二类，北美和大洋洲国家的城乡关系。

1776 年美国独立时还是一个落后的农业国，1787 年美国农业人口占总人口的 90%。19 世纪美国开始工业革命，1870 年农业人口占全国总人口的 52%，1910 年降为 32%，1990 年已降至 2%，现在约占 1.8%，是世界上城市化水平最高的国家之一。20 世纪 50 年代以来，美国城市空间结构由紧凑密集型向多中心分散发展，人口及产业向郊区扩散。1970 年以后出现逆城市化，大城市人口增长缓慢或呈负增长，城市人口、资本和其他资源向大城市周围的郊区小城镇、卫星城镇迁移，私人汽车的普及和公共交通的高速发展极大地加快了这一进程。20 世纪末，美国逆城市化发展迅速，城郊小镇或卫星城市已由城市边缘地区逐步成为具有各种城市功能的商业中心、文化中心和就业基地。在城镇化工业化进程中，美国也致力于农业现代化以控制和缩小城乡差异，从 19 世纪中叶开始，美国加强了农业教育、科研和推广立法，20 世纪初，美国农业产业化伴随工业化提速，广泛成立各种农业生产、农资供应、产品运输、加工、包装、储藏和销售合作社并发挥重要作用。70 年代之后，美国农业逐步迈向现代化，农业机械化、信息化、自动化程度越来越高，进入稳定发展时期。美国的农业生产效率极高，根据有关资料测算，仅占总人口 1.8% 的农业人口，年人均产值已达 2 万多美元，一个美国农民创造的价值能养活 98 个本国人和 34 个其他国家的人。

澳大利亚、新西兰人口密度分别只有 2.6 人/千米^2、14 人/千米^2，农村人口稀少，人均占有的资源和要素多，农民收入高。城镇化率超过 85%，处于世界最高的国家行列。城镇的首位度很高，澳大利亚各州的首府城市集中了各州绝大部分人口；新西兰的奥克兰、惠灵顿两大城市的人口占全国的比例合计高达 31%。小城镇数量多，但规模都不大，在全国人口中的比重相对较小。目前，澳大利亚和新西兰的城乡关系仍处在不断变动中，农村人口继续减少，城镇人口相应增加，城市内部呈现郊区化趋势，城市周边区域不断扩增，卫星城市的居民区发展迅速。

（3）第三类，亚洲发达国家的城乡关系。

日本国土面积狭小，用地条件差，山地和丘陵占国土面积的 85%，人口又众多，发展大城市更有利于解决人多地少的矛盾，最大限度地保护耕地、森林，是日本城乡关系的基础，并对城镇化、工业化影响大。在明治维新之前，日本农业生产技术水平很低，劳动生产率和商品化程度也非常低，是一个典型的落后农业国，直到 20 世纪初日本城市化水平只有 12%。第二次世界大战结束后经过美国的帮助，城镇化、工业化加速，到 1955 年城市化水平上升到 56%，1975 年为 76%，第二次世界大战后的 30 年完成了欧美发达国家 100 多年才完成的城镇化过程，随后基本保持稳定。日本经济高速发展过程中，一是注重工业化与城镇化同步推进，城镇工商业为农村剩余劳动力提供大量就业机会，农户数量急剧减少。二是大城市主导城镇化道路。约 25% 的人口生活在东京的 23 个行政区及其周围，10 个大城市集中分布在太平洋沿岸工业带。高度集中型城镇化实现了经济高速发展、土地集约利用、减少资源环境压力三者的兼顾。三是城镇化过程中十分注重城乡协调发展。日本人口密度为世界人口密度的 8.9 倍，政府制定了大量与土地开发利用有关的法规和计划，对控制建设用地和保护耕地起到了重要作用，政府还加大农业机械化投入，在城镇化进程中推进农业现代化。1975 年以后受世界经济危机影响，日本工业增长速度减慢，开始逆城市化，东京、大阪等大城市居民和企业开始离开市中心，向周围城郊和卫星城市迁移，形成了城市带和城市群。

　　1930 年韩国只有 5% 的人口居住在城市，1944 年城市化率仅为 13%，是典型的农业社会。建国前韩国三个"三分之二"的特征十分明显，即国土的三分之二为山地，国民的三分之二是农民（1960 年城镇化率为 36%），国民经济的三分之二是农业。20 世纪 60 年代以后，韩国政府推行工人低工资、产业轻工业主导、产品出口型主导的经济发展战略，工业快速发展，农村人口快速向城镇集中，1985 年城市化水平上升到 77.3%，1987 年韩国实现向民主国家转轨，重工业飞速发展，到 1990 年韩国城市化率已达 82.7%，进入了高度城市化时代，2000 年城市人口高达 89%。外向型经济战略决定了产业活动向沿海港口城市高度集聚。为遏制首都地区的人口过度集中，实现经济社会均衡发展，韩国制定了"建设卫星城市，积极分散人口"的方针，国家第一个国土综合开发五年计划决定在汉城周边地区建设 10 座卫星城市，国家第二个国土综合开发五年计划继续推进卫星城市建设，以汉城为中心的首都圈出现了人口分散化。但在 20 世纪 60 年代以前，韩国农村仍比较落后，基础设施不足，居住条件落后，交通通信不畅，卫生医疗和教育培训严重滞后。60 年代工业开始起飞，国民经济持续高速增长，韩国成为新兴工业化国家和亚洲"四小龙"之一。工业化进程加快，吸引了大量农村人口进入城镇，一方面迅速拉大城乡差距，并发展成为影响经济持续增长的主要障碍；另一方面农村劳动力老龄化突出，农业发展后继无人。1970 年 4 月，韩国政府提出在全国范围内开展"新村运动"，并把"工农业均衡发展"列为国家第三个国土综合开发五年计划（1972~1976 年）的首要目标，以工业发展积聚的国力反哺落后的传统农业，把传统村庄发展成现代村庄。一是加大财政投入，发放补助和低息贷款支持农村基础设施建设，加速农村电气化，改善农村生产和生活条件。二是调整农业结构，推广优良品种和先进技术，提高农产品附加值，增加农民收入。三是狠抓农民培训，改善农村教育，提高农业科技水平。四是兴建村民会馆，发展农民协作组织，各级政府专设农民协作指导部门，推进农业产业化、规模化、市场化水平。"新村运动"取得了显著成效，城乡差距缩小，城乡居民收入比长期保持在 1：0.8~1：0.9。

　　综上分析可以发现，历史上凡是借助农业积累实现现代化的西方发达国家，无不在工业化、城市化高速发展阶段过去之后开始大力反哺农村，缩小城乡差异，当前都处在了城乡关系较为和谐的发展阶段，统筹城乡不再是政府和社会关注的重点问题。

2）发展中国家的城乡关系演进

发展中国家经历了"传统农业社会的城镇依附农村→近代社会的城镇和农村分离→现代社会的城镇与农村差距日益扩大"的历史变迁。目前，基本都处于工业化、城镇化快速推进阶段，城乡关系剧烈变动，城乡差异不断扩大，带动大批农民向城镇迁移，二元结构普遍存在。

发展中国家的城乡关系大体分两类。一类是拉美和亚洲国家。工业化和城镇化发展较快、水平较高，1950 年拉美地区城市化率为 41.2%，1980 年达到 65.2%，2000 年阿根廷和乌拉圭城市人口比重达到 90%，巴西、墨西哥为 70% 以上。欧洲城市化从 40% 提高到 60% 经过了 50 年，而拉美国家仅用了 25 年。1950~1980 年的 30 年间，墨西哥和巴西的城市人口就增长了 3 倍，智利增长了 2 倍。由于城镇化过快并超过工业化进程，带来一系列自然、经济、社会问题，城镇发展环境恶化，尤其是相当一部分进城农民就业和收入不稳定，生活十分贫困，他们的居住空间集聚，形成城市贫民窟，这些国家贫民窟规模大、数量多，有的贫民窟人口占到了城镇人口的 1/3。例如，目前巴西有 3 905 个城市贫民窟。从 20 世纪 40 年代开始，在墨西哥城陆续形成了 500 多个贫民居住区，居住人口约 400 万人。这些国家统筹城乡的重点和难点都在城镇，发展城镇经济增加就业机会，改善贫民区基本生活条件已成为当务之急。另一类是非洲国家。这些国家工业化、城镇化刚进入快速发展阶段，从事传统农业的人口依然较多、比重较高，依托村庄生活，这就决定了这些国家统筹城乡的重点和难点都还在农村。

印度是一个历史悠久的农业国，18 世纪下半叶沦为英国殖民地，现代民族工业发展缓慢，城市化进展也相当缓慢。1901 年城镇化率只有 10.8%，1947 年印度独立，独立后城镇化进程仍然不快，1951 年才为 17.3%，1961 年为 18.0%，1971 年为 19.9%，1981 年为 23.7%，1991 年为 25.7%，2001 年为 27.8%，工业化初期人口的高出生率、低死亡率和高自然增长率，迅速壮大了全国人口基数，也就是城镇化率的分母增长较快，但农村劳动力没有快速向城镇转移以提高城镇化率的分子，由于城镇就业机会相对少，农村有大量剩余劳动力，但无论教育程度还是职业技能都无法与城市居民竞争，城镇化率每 10 年才提高 2 个百分点，城乡关系变化不大。1991 年开始经济自由化，工业、服务业快速发展，城市化加快，2011 年达到 30%，开始进入城镇化加速期，2014 年为 32.27%。印度城镇化有两个巨大的反差，一是大城市内部反差大，有大量的高收入阶层的同时，贫民窟也达到 4 257 万人，印度城市人口中约 35% 居住在贫民窟中。孟买贫民窟人口就有 650 万人。印度对人口流动没有限制，结果造成大城市人口过快膨胀，中小城市发展缓慢。

1951 年印度 55%的城市人口生活在 50 万人口以上的都市，到 1991 年这个比例上升到 76%，有三分之一的城市人口集中在全国 23 个百万人口的大城市里。德里、孟买、加尔各答和马德拉斯等大城市都患上了严重的"城市病"。二是城乡之间反差大。印度是世界经济大国，但世界上最贫困的人口中有四分之一生活在印度。印度统筹城乡既要解决好城市内部的问题，引导人口合理流动，也要解决好城乡差异大的问题。

20 世纪中期，巴西城市化进程加速，1950~1980 年城市化水平从 36.2%上升到 67.6%，2000 年为 81.4%。世界银行发布的 2013 年《世界发展指标》报告显示，巴西城镇化率高达 85%左右，是"金砖国家"中城镇化率最高的国家。根据联合国的预测，到 2050 年，巴西城镇化率有望达到 90.7%，这意味着巴西用 50 年时间走完英美等国家 200 年的城镇化进程。巴西城镇化过程中农村人口集中进入大都市。例如，1950 年第一大城市圣保罗人口为 250 万人，1980 年达到 1 350 万人；同期第二大城市里约热内卢由 290 万人增加到 1 070 万人，9 个大都市占全国人口的 29%。在城市迅速发展和农村人口快速下降的同时，巴西农业生产率没有相应增长，城乡差距日益扩大，二元经济十分典型。农场主大量囤积土地，在机械化大农场影响下，土地规模较小的农户在市场竞争中破产，不得不变卖土地，成为无地农民流落他乡，并在大城市形成了贫民窟。目前农村贫困人口有 1 500 万人，中小城镇有贫困人口 2 200 多万人，大城市有贫困人口 900 多万人。20 世纪 90 年代以后，巴西以土地改革为核心，出台了一系列扶持农业农村发展的政策和法律。一是给无地的农民重新分配土地，鼓励农业发达地区的农民到边远地区开垦荒地，政府给予安家费和基本食品补贴。二是出台了"强化家庭农业计划"，对在市场竞争中处于不利地位的农户进行资金和技术支持。三是通过法律对大农场兼并土地进行限制，对闲置土地强制征收后分配给无地农民。四是为农民建立完善的社会保障体系。农民只要每年按农产品销售额的 2.1%缴纳社会保障金，就可以享受退休金、疾病和工伤事故补贴、家庭困难补贴、带薪产假以及领取抚恤金等城镇居民同样的社会福利。五是加大了农村社会事业投入，推行土地改革与教育配套计划，对农民免费培训，改善农村基础设施及教育、卫生等条件。

2. 城乡关系的中国轨迹

鸦片战争以前漫长的农业社会，中国多数城镇主要承担军事和政治功能，皇权止于县，国家权力集中在城邑，城镇作为政治中心统治乡村，经济上依附乡村。翻遍中国历史，历朝历代都是以农养政、以农养兵、以农养城、以农养国。乡村小农生产与家庭手工业紧密结合，形成自给自足的经济，城乡关系以乡为主，城乡和谐。以鸦片战争爆发为标志，中国城乡关系在 100 多年间历经了翻天覆地的巨大变化，可划分为三个阶段。

1）近代城乡关系

时间跨度为 1840~1949 年。鸦片战争打开了中国国门，随之而来的国际殖民资本进入中国开埠城市，以军工、交通、电力、农副产品加工为主的近代工业开始兴起，城镇经济功能迅速增强且超过政治和军事功能而转变为主要功能，开启了中国近代城镇化历程。农业生产开始纳入城镇经济系统，农产品商品率逐渐提高，农村自给自足的自然经济开始转为满足城镇生产生活的商品经济，农业生产对城镇依赖性增强，农村人口、产品、资金加速向城镇流动，广大农村日益凋敝衰落，并助推了传统农业社会的解体，中国城乡差距不断扩大。

2）现代城乡关系

时间跨度为 1949~1978 年。中国建立计划经济体制，城乡经济社会形成两套完全不同的系统，政府高度集权对城乡经济社会分隔管理，既限制了城镇工商业活动空间，也阻碍了"三农"发展，中国进入城乡二元结构高度固化的时期。

在经济建设方面，政府按照计划组织生产，利用行政手段配置资源，通过票证控制居民基本消费。一是城镇主要实行全民所有制，辅之以集体所有制。二是农村以队为基础，生产资料由人民公社、大队和生产队三级所有，农产品纳入国家计划实行统购统销。三是实行工农业产品价格剪刀差，凭计划和票证高价供应工业品，低价统购农副产品，实现农业支持工业积累、农村支持城镇发展，城乡差距不断扩大。四是"三线"建设形成一大批独立工业区和小城镇飞地。1964~1978年，国家在中西部大后方进行国防科技、冶金、机械工业和交通运输为重点的"大三线"建设，沿海一批厂矿内迁，建立了强大的国防工业体系，但生产和居住空间与当地城镇严重脱节，不但没有推动城镇化，反而成为后来中国经济结构战略性调整的包袱。根据国务院"三线"办公室调查统计，"三线"地区（八省一市）大约有 70%的企事业单位进山太深、布局分散、交通不便、信息不灵，存在着一系列的改造问题。

在社会管理方面，一是通过城乡分隔的户籍体制及相配套的城乡劳动就业制度，将农民限制在农村，农民不能从事非农活动，不能向城镇迁移转为非农业人口，形成世袭身份制。城镇通过企业办社会，职工生老病死基本都由所在企业负责。农村的教育、医疗、文化等设施和条件落后，农民社会保障水平低。1950~1980年的 30 年间，全世界城市人口比重由 28.4%上升到 41.3%，其中发展中国家由16.2%上升到 30.5%，但是中国内地仅由 11.2%上升到 19.4%，说明城乡二元结构高度分隔，城镇化进程几乎停滞。二是城乡二元结构固化中还出现了两次大规模逆城镇化，第一次是 20 世纪 60 年代"三年困难时期"，农业凋敝衰弱，粮食供给满足不了城镇需要，中央关停并转部分企事业单位，2 000 多万城镇居民到乡村生产生活。第二次是六七十年代中央号召知识青年上山下乡，城镇青年到农村劳动生活，在农村存在大量富余劳动力的情况下，逆城市化加剧城乡矛盾。

在市场经济条件下，工业化和城镇化是一个相互影响、相互推动的发展过程，一个地区的工业化顺次经历轻工业、重工业、高新技术产业和现代服务业为主导产业的过程，每一次产业升级都会推动城镇化加速。但计划经济依靠行政力量推动重化工业化，造成与城镇化的严重脱节，从而严重割裂工农关系、城乡关系。

3）当代城乡关系

第一阶段：1979~2005 年。中共十一届三中全会决定把党和国家的工作重心转移到经济建设上来，实行改革开放。过去完全由政府控制的城乡关系开始通过市场来调节，以市场为基础，以计划为指导，实现市场调节和计划调节的优势互补，政府计划管理范围缩小，年度计划种类大幅减少，城乡关系开始调整改善。一是以农村家庭联产承包经营责任制改革为标志，农村经济由集体经营向个体经营转变，农民获得了支配自己劳动和收益的权利，生产积极性高涨，提高了农业生产力。随着农业实用技术逐步推广，农村人多地少的矛盾日渐凸显，一些农民利用农闲时间打工挣钱。与此同时，国家放开农民从事非农产业的限制，农民可以转移到收益高的产业，通过做加工、跑运输、做销售，农村非农收入普遍提高。二是以乡镇企业蓬勃兴起为标志，部分农村劳动力以"离土不离乡，进厂不进城"的方式向城镇工业和服务业转移，在一定时期和程度上缩小了城乡居民差距。1985 年国家提出了"绝不放松粮食生产，积极发展多种经营，大力发展乡镇企业"的方针，随后出现了农民成批向非农产业转移的现象。三是以城镇工商业改革为标志，城镇推进国有企业改革、老工业改造，通过破产关闭、技术改造、债转股、企业改制、军民品分线经营等措施，下岗分流富余人员，二、三产业阶段性发展缓慢，直接吸纳的农村人口不多。四是以南方沿海的大开放为标志，大量港澳台资本流入，"三来一补"加工企业吸引内地大量农民工南下沿海异地就业，出现离土又离乡的百万"民工潮"。部分劳务输出量大的地区建立了劳务输出基地，大力开展农村劳动力培训，提升农民工的素质和就业竞争能力，促进劳务经济发展。但农民工外出务工经商的政策不完善，社会保险政策未把乡镇企业纳入参保范围；户籍制度改革滞后，进城务工经商的农民不能享受同城镇居民平等的待遇，在社会保障、子女入托入学和参军等诸多方面受到制约；土地流转制度改革滞后，农民自己耕种又会影响务工经商，土地无偿转给他人耕种后自己还要负担农业税，让土地撂荒会受到有关方面的制裁，一些民工在城镇工作几年后又返回农村。

第二阶段：2006 年至今。2006 年中共中央一号文件提出在全国范围内取消农业税，十届全国人大常委会第十九次会议做出自 2006 年 1 月 1 日起废止《中华人民共和国农业税条例》的决定，标志着延续了 2 600 年的农业税从此退出历史舞台，这是统筹城乡发展的一大举措。随后，城镇经济快速发展吸引大量农村劳动力向二、三产业转移，农民在城镇务工经商增加了收入；农村富余劳动力的转移、农业税的取消又给土地流转和规模经营创造了条件，基层政府顺势而为，指导和推动土地有序流转。目前全国农村流转耕地超过 2.7 亿亩（1 亩≈666.667 平方米），占农民承包合同耕地的 21%左右，土地规模经营提高了农业效率，促进了农民增收。但城乡关系调整变革中遇到了一些制度性障碍，一是随着农村经济体制改革效应衰减，农村投入产出效应减少，农业发展方式依然粗放，农业基础设施和技术装备落后，"三农"活力不强。二是农民工问题、农村留守人员问题日趋突出。农村流动人口集聚城镇，但居住和就业条件较差，社会保障和福利制度不健全，农民工就业技能培训、子女入学等问题没有得到很好的解决，加上生活成本较高，流动人口群体自我封闭，文化生活单一，无法很好地融入城镇。三是城镇不断吸引农村生产要素。国有商业银行收缩农村网点布局，人才、资金、建设用地等要素加速从农村流向城镇，农村支持城镇、城镇支配农村，加剧农村发展困难和城乡矛盾对立。

为此，国家把破除城乡二元结构、推进城乡一体化提上公共政策日程。一是以 2008 年中共十七届三中全会做出《中共中央关于推进农村改革发展若干重大问题的决定》为标志，认为我国总体上已进入以工促农、以城带乡的发展阶段，进入加快改造传统农业、走中国特色农业现代化道路的关键时刻，进入着力破除城乡二元结构、形成城乡经济社会发展一体化新格局的重要时期，提出大力推动统筹城乡发展。二是以 2007 年国家设立重庆、成都两个全国统筹城乡综合配套改革试验区为标志，启动统筹城乡综合配套改革，明确要求两个试验区"在重点领域和关键环节突破，形成统筹城乡发展的新机制"，"为全国深化改革、科学发展、和谐发展提供示范"。从国际经验看，根据工业化进程中工农关系的演化趋势，大致分为以农哺工、工农自养和以工哺农三个阶段，国家设立重庆、成都两个统筹城乡综合配套改革试验区，就是要探索以工哺农、统筹城乡发展的新路子，由此，中国的城乡关系进入新的改革调整时期。

（三）统筹城乡推进中的争议与现实问题

1. 所谓"两被"问题

1）农民"被进城"

随着新型城镇化不断推进，在自主自愿的情况下农民进城谋生计、求发展，甚至举家迁往城镇就业居住，这是农民自愿主动进城，在城镇遇到困难也会自己克服，不能维持生计就返回农村，不会埋怨政府。在统筹城乡和城镇化进程中，有两种"被进城"现象需要关注。一是部分农民因征地而丧失生产资料，农业户籍转为城镇户籍，但征地补偿费不足以支撑终生生活保障，部分失地农民由于年龄偏大、文化偏低、技能偏弱，不能在城镇就业和正常谋生，成了种田无地、就业无门的"两无人员"，征地补偿费容易被坐吃山空，靠低保维持生计，部分成为

"被进城"的困难群体,进而成为影响社会稳定的一大隐忧。二是城镇建设占地但留有部分耕地,达不到整体转户的条件,剩下的耕地不足以谋生,只好进城务工,尤其在经济新常态下,就业矛盾较为突出,与其他农民工就业竞争较为激烈,这部分农民工由于不是自愿主动进城,遇到困难和挫折难免心里充满怨气。推动农民进城,需要尊重农民意愿,尊重经济和社会发展规律,否则不但农民不买账,还会适得其反。

2)农民"被上楼"

一些地方推进"拆村并村",建立农民集中居住区或者"新型社区"等农民新村,强制农民进楼房集中居住。这些新型社区一般以多层单元楼房为主,农民按照人均 30~40 平方米的居住面积,从原来村落住宅中搬入单元楼房,原有住宅被平整、复垦为耕地,这种现象称为农民"上楼"。"上楼"后水、电、气等日常生活成本上升,农村村落形态、农民生活方式发生改变,村落内部原有的邻里关系中断,村民之间情感联系不及以前,社区服务、物业管理遇到新问题。尤其南方农村一直以散居为主,"上楼"后没有恰当的地方晾晒粮食、储存粮食和放置生产工具,没有地方养鸡、养猪,生活成本增加,集中居住地距离菜园地、承包地较远,生产困难增加。农民"被上楼"是因为一些地方采取拆迁合并老宅基地,对归并节省出的老宅基地通过复垦变成新增耕地,与城镇建设用地增减挂钩,在城镇近郊占用农地,保持农业用地总量不变,增加城镇建设用地计划外指标,从而创造巨大的城镇土地出让收益。一些地方为了增加城镇建设用地,把农民的住房和猪牛羊圈、鸡鸭舍拆掉复垦成耕地,生产生活不方便,受到农民抵制。推动统筹城乡要坚决防止违背农民意愿搞集中居住,让农民"上楼"。

2. 所谓"两换"问题

1)承包地换社保

一些地方认为,进城农民拥有城镇居民所没有的农村承包地和宅基地,这些土地有社保功能,也有开发升值的空间,根据等价交换原则,你给我农村的土地,我就给你城镇的社保。具体操作办法是:对离土不离乡的农民工,由农民从土地租金中拿一部分,政府适当补贴一部分,办理农民养老保险;对离土又离乡的农民工,从农民工放弃土地承包经营权的收益中拿出一部分,政府再适当补贴一部分,为农民工办理养老保险。本书认为承包地换社保的不妥在于:农民转不转户、退不退地,应该充分尊重农民工意愿,承包地不应该与社会保障挂钩,农民工进城务工,一方面取得了务工收入,另一方面为企业创造利润,为财政创造了税收,为城镇居民提供了服务,为城镇经济发展做出了贡献,农民工与城镇从业人员贡献相同,当然应该享有城镇居民平等的就业、社保、医疗、教育、住房权利,同等享受城镇基本公共服务。而在农村的土地承包经营权、宅基地使用权、集体收益分配权等是农民进城以前就有的权益，当然不应该拿来交换城镇社保。

2）宅基地换住房

一些地方在推进解决农民工居住问题过程中，鼓励农民将宅基地退耕或者置换为场镇开发用地指标，由当地基层政府统一开发，产生的土地级差收益用于农民建房的基础设施投入或购房补贴。例如，某地对自愿放弃宅基地使用权和土地承包经营权的，由当地政府给予补偿购买定向安置居住房，人均 35 平方米以内的按安置价购买，人均 35~45 平方米的按成本价购买，超过人均 45 平方米的部分按市场价购买，差价由上级政府补贴给接收镇（街）。本书认为宅基地换住房的主要问题有三个方面：其一，农民在农村卖不卖房，在城镇买不买房，纯属农民个人行为、纯属市场行为，应该由农民自主自愿决定。其二，农村住宅市场严重不发育，在没有科学评估和市场充分竞争的条件下，农村住房价值容易严重低估，不宜通过有关方面单方收购后给予农民补助。其实这背后更让人关注的不是交易问题，而是农村宅基地复垦与城镇新占用建设用地指标的等量不等价置换，这其中的巨大增值归属问题并没有得到合理解决。其三，对农民工的定向安置和购房补贴，应该与城镇低收入群体的住房保障政策一致，即无论是城镇居民还是农民工，达到享受保障房条件就应该一视同仁，不应该对农民工附加其他条件，与农村宅基地挂钩。

3. 所谓"两扶"问题

1）种粮直补政策扶持

实施种粮直补政策有利于调动农民种粮积极性，增加粮食产量，维护国家粮食安全。有关资料显示，2015 年国家给种粮农民的各类补贴政策多达 20 项。例如，农作物良种补贴覆盖水稻、小麦、玉米、油菜、大豆、棉花、青稞种植，每亩 10~15 元。农资综合补贴政策以小麦和水稻的实际种植面积为依据，平均每亩补贴 50 元左右。农机购置实行中央财政定额补贴，同一种类、同一档次农业机械在省域内统一补贴标准。粮食直接补贴，每亩最少补贴 10 元。农机报废更新补贴按报废拖拉机、联合收割机的机型和类别确定，每台从 500 元到 1.8 万元不等。产粮（油）大县奖励（补助额度为 500 万~8 000 万元不等）、生猪大县奖励政策、农业防灾减灾稳产增产关键技术补助（中央财政每年安排 60.5 亿元）、测土配方施肥专项补助（中央财政每年安排 7 亿元）、土壤有机质提升补助（中央财政每年安排 8 亿元），还有农产品追溯体系建设支持政策、农业标准化生产支持政策等。从 2016 年起，国家将原"三项补贴"（农资综合补贴、种粮农民直接补贴、农作物良种补贴）资金中的 80%调整用于耕地地力保护，直接发放给种粮农民。从多年实施情况看，种粮直补政策也有不足，既与世界贸易组织（World Trade Organization，WTO）有关规定冲突，也形成农业生产的财政性依赖。从国际经验看，对于一个处在发育期的新兴产业，一些国家往往给予税收优惠、财政补贴，因为这个产业的市场竞争力弱小，前期需要政府培育，但世界各国鲜有对成熟产业直接给予财政补贴或政策培育的例子。中国农业发展了上千年，当然不是一个新兴产业。尤其财政补贴资金来自其他产业上缴的税收，对一个成熟产业的直接财政扶持就是对其他产业的不公，应该研究调整直补政策，扶持农业应该加大对农业科技研发及产业化、社会化服务体系建设、农业基础设施的财政投入，而不是对农业生产直接给予补贴，这种补贴无助于提升农业的国际市场竞争力。

2）粮食保护价收购政策扶持

为了保护农民种粮积极性，稳定农业尤其是粮食生产，维护农民利益，增加农民收入，政府每年都会制定粮食最低收购价格。当市价高于最低收购价时，就主要由有收购资质的市场主体收购粮食；当市场粮价达不到政府规定的最低收购价格时，就由国有粮食储备企业按照最低收购价进行收购。近年来，国家不断上调最低收购价格。例如，2014 年小麦（三等，下同）最低收购价每 50 千克 118 元，比 2013 年提价 5.4%；早籼稻、中晚籼稻和粳稻最低收购价格分别为每 50 千克 135元、138 元和 155 元，比 2013 年分别提价 2.3%、2.2% 和 3.3%。随着居民消费价格上涨，最低收购价格也不断上调，结果形成三个现象。一是我国主要粮食价格远高于国际市场粮食价格，不但使粮食产品缺乏竞争力，还助涨一些不法人员进行粮食走私进口的气焰。二是政府保护价托底收购花费大量财政补贴资金，收购来的粮食还花费财力、人力、物力进行保管、定期调库，期间又出现粮食损耗，国家承担损失。三是粮食储备时间较长造成浪费。粮食储备一年就成了陈粮，储备三年就变成陈化粮，陈化粮一旦黄曲霉菌超标就易致癌，不能作为口粮，只能低价出售给工业企业加工淀粉。粮食保护价收购有时甚至导致价格倒挂，使政府收购价格高于市场价格，干扰了市场信号。在粮食产量增长、进口增长、庞大库存增长的情况下，继续按照高价格进库、低价格出库，必然带来财务亏损。

延伸阅读

这些年农业连续增产，提高价格、增加补贴这两个政策工具发挥了关键作用。

凡事都有个度，过犹不及。近些年粮食库存不断增加，仓容紧张，财政负担沉重。农业发展也要按市场规律办事、讲求经济效益，不然农民没积极性、国家也负担不起，就难以持续。

——李克强《求是》2015 年第 4 期

4. 两种文化问题

城乡文化的差异核心是价值观不同。一提到城乡文化统筹，有的人认为就是文化活动下乡，为农民送书送报、搞文艺演出，其实农村文化消费和文娱活动问题不是统筹城乡文化方面的主要问题，城乡文化的差异主要不是居民文化生活的差异，城乡阻隔主要不是文娱活动的阻隔，而是长期形成的根深蒂固的价值观、思想理念、思维方式、行为习俗的差异，这种差异深刻地表现为传统农民转变为现代农民、村民转变为市民过程中的不适应和环境排斥。

如果说农民在市民化过程中受到的公共服务、住房等社会保障制度的限制是刚性的排斥，文化和社会环境的排斥则是软排斥。一是城镇"老市民"对征地转户的"新市民"排斥，认为这些转户居民户籍是城镇人，思维方式、生活方式、行为习惯仍然是农村人，城镇原住民与转户城镇人之间有一条隐形的鸿沟。二是城镇人对农民工的排斥，表现出一定的"排农"倾向，沿海一些大城市和特大城市部分居民表现得尤为典型。文化排斥与原住民的心理优越感有关。例如，认为城镇比乡村更文明，城镇文化比乡村文化更进步，城镇生活比乡村生活更幸福，进城农民是分享了他们的好处；又如，认为进城农民在文化素质、行为方式和社会交往等方面有待提高。但也与新市民和农民的生活方式转化有关。有专家调查表明，进城农民对城镇文明生活在一段时间内难以适应，对物业管理不够认同，农村散居无物业管理、无收费，而城镇社区集中居住有物业公司服务、有收费，一些"被进城"农民有怨气，往往迁怒于物业管理，与物业管理公司发生冲突。例如，农民进城前习惯于房前屋后养鸡种菜，进城后利用社区绿化圈养家禽或种菜，影响社区环境。

（四）从全球城乡关系变迁得到的启示

1. 统筹城乡是城乡关系历史变迁提出的必然要求

城乡关系是一个发展变化的历史过程。城和乡是一个对立统一的复杂巨系统，城乡关系变化是一个相互对立、相互依存又相互推动、相互转化的演进过程，在这个充满矛盾不断变化的系统中，城镇侧重于经济和社会功能，农村则要承担农产品生产和生态等功能，城乡主体功能互相补充，由于城乡矛盾冲突，要求通过统筹城乡来平衡城乡关系，解决城乡矛盾。统筹城乡既考虑农民向城镇转移，也考虑市民向农村转移，还要考虑农村地区自下而上的城镇化，新型工业化和新型城镇化伴随农村人口转移，既可能拉大城乡差距，也会增加农民工就业和收入，提高农村人均资源占有量，从而缩小城乡差距。要用动态发展的眼光理解统筹城乡，根据城乡关系变化顺势而为统筹推进。

从全球视野梳理城乡关系数千年的演变历程、全球工业化城镇化数百年的发展历史，以及总结回顾中国 10 年统筹城乡综合配套改革的经验教训，可以得出一个基本结论，就是只有以统筹城乡来总揽城镇化与"三农"关系的全局，把握历史的发展脉络和大趋势，认清当前中国城乡关系所处的历史方位，针对中国的实际，走出一条中国特色城镇化和农村现代化协调发展的道路，才能最终促进城乡一体化发展。

统筹城乡发展表面上是解决城乡二元结构，推动城乡一体化发展问题，实质上是进一步解放和发展生产力，调整生产关系的重大变革。对于今天的中国，统筹城乡发展是新时期带有开创性、时代性、群众性特征的伟大变革、伟大探索和伟大实践，是经济新常态下保持经济平稳较快发展，保持社会和谐稳定必须面对的重大挑战，是推进供给侧结构性改革，改善和增加制度供给，实现科学发展的重要方面。

2. 科学把握统筹城乡的重大关系

1）处理好城镇与农村的动态关系

既要稳步推进城镇化，促进大中小城市和小城镇协调发展，发挥好小城镇一边连城市、一边带农村的作用；又要抓好新农村建设，按照"生产发展、生活宽裕、乡村文明、村容整洁、管理民主"的要求扎实推进。要克服把推进城镇化简单地等同于城镇建设的错误观念，一些地方热衷于征地拆迁，大搞城镇基础设施建设，盖高楼、修广场、建公园，但城镇经济发展不快，农村人口转移不多，"人口城镇化"慢于"土地城镇化"，就是没有把城镇与农村统筹考虑、动态发展。

2）处理好市民、农民工、农民的关系

"十三五"末期，我国将全面建成小康社会，开启现代化建设新征程，未来半个世纪左右将基本实现现代化，大部分农民逐步变为市民，这是复杂而艰巨的重要任务。要解决好农民工稳定就业、社会保障、权益维护、子女教育和居住、户籍等问题。要提高农村机械化、水利化和科学种田水平，加快土地流转，适度规模经营，发展现代农业，提高农业劳动生产率，使更多农民转移到非农产业就业。

3）处理好城乡一体化、均等化、差异化的关系

统筹城乡不是一刀切，不是时时处处无差别，更不是要回到吃大锅饭的时代。而是要在城乡规划、产业发展、劳动就业、社会保障、基础设施、公共服务、管理体制等方面努力推进一体化。城乡基本公共服务要综合考虑财力可能、建设管理成本、城乡居民意愿等因素，既尽力而为，又量力而行。要根据各地区发展基础和条件，根据城镇化、工业化所处阶段因地制宜，有差别、有侧重、有针对性、积极稳妥地推进统筹城乡。任何偏颇都会招致工作失误，都会阻碍统筹城乡发展。

4）处理好一、二、三产业协调发展的关系

产业是财富之源、就业之基，是城镇稳步发展的重要依托和保障。城镇要重视二、三产业与农业的协调发展，工业化和城镇化与农业现代化的互相推动。一方面，城镇要为农业现代化提供要素支持、装备支撑；另一方面，农业现代化要紧跟城镇市场需求，并为城镇经济提供劳动力储备和支持。民以食为天，食以田

为源，农村和城郊要更加注重严格保护和高效利用耕地。

5）处理好城镇化和逆城市化的关系

逆城市化是世界城乡关系变动过程中的一个必然现象，当前中国统筹城乡的主要方向是继续深入推进新型城镇化，随着中国城镇化水平的提高和城乡一体化发展，在一些特大城市和大城市必然也会出现逆城市化。未来中国的逆城市化既有城市人口、产业的外迁，也有农民工在城市赚钱后或年长后返回农村，这是中国的逆城市化与外国不同的特点，也是下一步中国统筹城乡需要提前关注的问题。

6）处理好市场机制决定性作用和政府调节引导作用的关系

中国经济社会发展中的许多事情，离开了政府会解决不了，不运用市场机制、不尊重农民意愿处理不好。城乡生产要素的流动遵循市场经济规律，制度设置可以延缓矛盾集中爆发但不能消除矛盾，结果往往付出更大的代价，在处理城乡关系上，市场更聪明也更管用，要把握好政策在城乡利益之间的平衡，营造好促进城乡要素双向流动的环境，单纯依靠市场或政府都不能解决中国的"三农"问题。

二、统筹城乡需要新认识

（一）新局势提出统筹城乡新命题

1. 统筹城乡面临新常态

2008 年全球金融危机以来，世界经济增速持续走低（表 1-2），由于金融危机与主权债务危机、生产过剩危机、失业危机叠加，影响范围之广、持续时间之长、后果之严重都大大超出预期，世界经济进入不稳定、不确定状态。在增长放缓的同时，世界经济持续深度调整，主要经济体走势和政策取向继续分化，各主要经济体增速又出现明显差异和分化。

表 1-2　2008~2017 年世界主要经济体 GDP 增长率（单位：%）

世界主要经济体	2008 年	2009 年	2010 年	2011 年	2012 年	2013 年	2014 年	2015 年	2016 年	2017 年（预测）
世界	1.7	-2.2	2.7	3.8	3.1	3.3	3.4	3.1	3.1	3.4
发达经济体	0.4	-3.3	1.8	1.6	1.4	1.3	1.9	1.9	1.6	1.8
美国	0.4	-2.5	2.5	1.8	2.8	2.2	2.4	2.4	2.2	2.5
欧元区	0.5	-3.9	1.0	1.4	-0.7	-0.5	0.9	1.7	1.6	1.4
日本	-1.2	-5.4	1.3	-0.8	1.4	1.6	0	0.5	0.3	0.1
新兴市场和发展中经济体	5.6	1.2	5.2	6.2	4.9	4.7	4.6	4.0	4.1	4.6
撒哈拉以南非洲	5.1	1.1	3.8	5.1	4.8	5.2	5.1	3.3	1.6	3.3
南非	3.7	-1.8	2.0	3.1	2.5	2.2	1.6	1.3	0.1	1.0
新兴和发展中亚洲	7.7	7.0	9.5	7.8	6.4	6.6	6.8	6.6	6.4	6.3
中国	9.0	8.4	9.0	9.2	7.9	7.8	7.3	6.9	6.7	6.5

续表

世界主要经济体	2008年	2009年	2010年	2011年	2012年	2013年	2014年	2015年	2016年	2017年（预测）
印度	7.3	6.4	7.6	6.8	3.2	5.0	7.2	7.6	7.5	7.4
东盟五国[1]	7.0	1.7	6.9	4.5	6.2	5.2	4.6	4.8	4.7	4.9
拉美和加勒比	3.9	−2.6	3.1	4.5	3.0	2.8	1.3	0	−0.4	1.3
巴西	5.1	0.1	3.6	2.7	1.0	2.5	0.1	−3.8	−3.3	0.5
墨西哥	1.4	−7.1	3.5	3.9	3.7	1.4	2.2	2.5	2.5	2.6

1）东盟五国包括：印度尼西亚、马来西亚、菲律宾、泰国和越南

资料来源：根据国际货币基金组织 2017 年 7 月发布的《世界经济展望》及各年《世界经济展望》整理

从历史的视觉看，可以做出如下基本估计：冷战结束后，由经济全球化、社会信息化带动的这一轮全球经济增长周期已进入尾声，新一轮科技革命尚在孕育突破之中，新的可持续增长动力还没有形成，在未来一段时期世界经济持续低迷将成为常态。

1）世界经济新常态对统筹城乡的新影响

（1）国际经济竞争格局出现新变化。改革开放以来，中国引进外资得到发展，出口物美价廉的产品让西方国家得到了实惠，是"双赢"的格局。2008 年全球金融危机以来，一方面，和发达国家在工业化和贸易上冲突，有的发达国家认为中国引资造成了它们的制造业空虚，就业下降，税收减少，提出再工业化战略，希望高端制造业回流；指责中国出口造成它们的实体经济萎缩、流动性过剩，实行贸易保护主义。中国已经连续 20 年成为全球遭受贸易摩擦最多的国家。2013 年 22 个国家和地区对中国发起 94 起贸易救济调查，增长 22%；2014 年又有 22 个国家和地区对中国出口产品发起贸易救济调查 97 起，涉案金额 104.9 亿美元；2016 年又遭遇来自 27 个国家（地区）发起的 119 起贸易救济调查案件，案件数量和涉案金额同比分别上升 36.8%、76%。这其中既有传统的反倾销、反补贴、特保案件，也有技术壁垒、绿色壁垒等贸易摩擦。另一方面，又与新兴国家在劳动密集型产业上形成正面冲突，由于国际市场需求萎缩，新兴市场国家把中国作为对手，与中国在劳动密集型产业招商引资和产品出口上的竞争加剧，由于东南亚、南亚、南美国家劳动力成本更低，竞争优势逐步显现。

新竞争格局对统筹城乡的影响需要继续观察和深入研究。由于国际竞争国内化，国内市场国际化，城乡要素的流动范围极大拓展，对于中小城市和乡村来讲，很可能带来的主要不是净流入，而是净流出，出现所谓"过道效应"。在新竞争格局下，发展基础好的城镇地区都会获得更多聚集要素资源的机会，基础较差的乡村地区经济发展缓慢，加剧城乡不平衡。乡村地区的传统农业将受到挤压，由于农业同质化发展，一到收获上市季节，各地相互杀价，结果都难以做强做大，竞争将更加激烈。中小城镇的一些传统制造业由于低技术含量、低附加值产品同构，

产业关联度低，产业链短，这些产业竞争将更加激烈。大城市对农村的极化效应更加明显，对大部分地区统筹城乡形成了新挑战。

（2）国际经济合作格局出现新变化。世界经济新常态下，国际区域合作组织快速发展，抱团应对竞争，这其中影响最大的无疑是"一带一路"战略。中共十八大以来，以习近平同志为核心的党中央，准确把握全球经济和地缘政治格局的深刻变化，准确把握经济发展梯级推进和区域协调发展的新要求，提出建设丝绸之路经济带和21世纪海上丝绸之路的伟大战略，这是新形势下加快中国向西开放的重大举措，是主动应对复杂国际政治经济矛盾的新布局，有利于保障国家经济安全，拓展发展空间。

"一带一路"战略给沿线地区统筹城乡带来新机遇。一是交通运输条件更加完善。沿线地区将加快干线铁路、高速公路、机场等建设，改善城乡交通条件，通过资源优化配置、协调发展、优势互补和综合利用，最大限度地发挥综合交通的整体效应，提高对外开放水平。二是加快城镇化进程。快速通道建设促进人口流动，增强中心城市对周边城镇、乡村的辐射带动作用。新的商业中心和服务中心将不断形成，带动新型工业化和新型城镇化快速推进，吸收大批人口向城市、小城镇涌进，形成不同规模、不同类型、功能互补的城市带和城镇密集区，城乡经济将更加协调发展。三是促进沿线地区产业优化布局。产业分工将更加细化，协作更加密切，资源配置更加科学，城乡合作发展、利益共享将开启新局面。

2）中国经济新常态对统筹城乡产生深刻影响

改革开放39年来，中国经济增速有3次连续2~3年低于8%，即1979~1981年、1989~1990年、1998~1999年，这三次回落主要是受短期因素的干扰，过后都回到了高速增长轨道上。

2012~2016年，中国经济分别增长7.9%、7.8%、7.3%、6.9%、6.7%，连续5年出现增速下行态势（图1-2），这是改革开放以来首次出现的现象，这种现象表明中国经济不是短期波动（波动之后会恢复到之前的速度），而是发展趋势和阶段的改变。

延伸阅读

新常态下，我国经济发展的主要特点是：增长速度要从高速转向中高速，发展方式要从规模速度型转向质量效率型，经济结构调整要从增量扩能为主转向调整存量、做优增量并举，发展动力要从主要依靠资源和低成本劳动力等要素投入转向创新驱动。

———习近平2016年1月18日在省部级主要领导干部学习贯彻党的十八届五中全会精神专题研讨班上的讲话

GDP增长速度/%

16

14

12

10

8

6

4

2

0

11.7　7.8　7.6　5.2　9.1　10.9　15.2　13.5　8.8　11.6　11.3　4.1　3.8　12.8　9.2　13.4　11.8　11.0　9.9　9.2　7.8　7.7　8.5　8.3　9.1　10.0　10.1　11.4　12.7　14.2　9.7　9.4　10.6　7.9　9.5　7.8　7.3　6.9　6.7

1978 1979 1980 1981 1982 1983 1984 1985 1986 1987 1988 1989 1990 1991 1992 1993 1994 1995 1996 1997 1998 1999 2000 2001 2002 2003 2004 2005 2006 2007 2008 2009 2010 2011 2012 2013 2014 2015 2016

年份

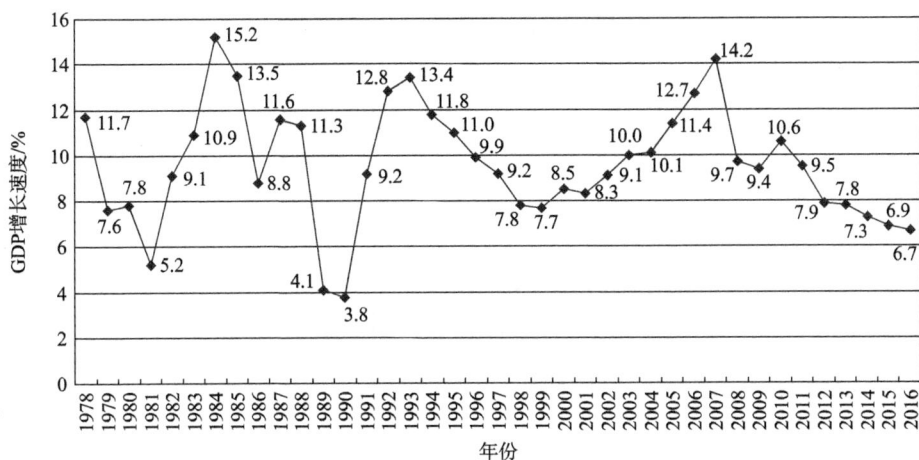

图 1-2　1978~2016 年中国经济增长速度变化图

为什么会有速度换挡？中国经济增速回调有必然性。一是总量和基数变大。现在中国 GDP 每增长一个百分点，绝对值要比过去大很多，不可能长期维持过去那样的高速增长。二是要素投入变化。过去主要依靠实物要素投入驱动，知识、技术投入不足，随着实物要素价格上涨，农村剩余劳动力减少，人口红利逐步消失，局部地区农民工短缺，普通劳动力价格比东南亚国家高出一倍。投资增长放缓，民间投资增速大幅度下降，新的投资热点不多，投资效益降低，企业投资意愿弱。三是资源环境难以支撑。根据中国石油集团经济技术研究院发布的《国内外油气行业发展报告》，2016 年中国石油表观消费量 5.56 亿吨，原油对外依存度超过 65%。海关总署统计的 2016 年铁矿石进口 10 亿吨，煤及褐煤进口 3 亿吨，而这恰恰是在国内钢铁、煤炭产能严重过剩，中国成为世界产钢、产煤大国情况下的进口量，说明大量消耗资源、大量进口资源支撑经济增长的发展模式不可持续。由于一些地方环境污染加重，越来越多的人从盼温饱到盼环保、从求生存到求生态。

为什么会有动力转换？过去中国经济增长主要依靠投资、消费和出口拉动，就是传统增长动力上的"三驾马车"，2016 年全国固定资产投资（不含农户）59.7 万亿元，相当于 GDP 的 80.2%，投资率比世界平均水平高一倍以上。中国在一段时期内高投资率有其必然性、合理性，但长期维持高投资率不可持续。净出口带来外汇盈余，2016 年国家外汇储备超过 3 万亿美元，为稳定汇率，中央银行要按照 1∶6.6 增发基础货币 20 多万亿元来对冲。超发的基础货币流向大宗商品市场就出现"姜你军""蒜你狠""豆你玩"，为了收回这部分流动性，需要发行中央银行票据回购，付息就增加资金成本。一些企业还由于出口退税和补贴政策优惠，创新动力削弱，成为劳动密集型简单加工装配企业。

　　上述变化表明，中国经济正面临从高速增长转向中高速增长，发展方式从粗放增长转向集约增长，经济结构从增量扩能转向调整存量、做优增量并举，发展动力从传统的"三驾马车"转向改革、开放、创新驱动经济增长。从当前我国经济发展的阶段性特征出发，需要正确认识新常态，适应新常态，引领新常态，保持中高速增长，迈向中高端水平，这是当前和今后一个时期我国经济发展的大逻辑。

　　新常态必然对统筹城乡产生深刻影响。一是速度换挡影响就业。经济结构不变的情况下就业机会就会减少，农民工首先受到冲击；在结构优化升级的情况下就业需求结构会相应变化，农民工一时又难以适应。二是传统产业发展持续艰难。过去经济增长主要依靠第二产业，即工业和建筑业驱动，高新技术产业、服务业，尤其是现代服务业发展不足，劳动密集型和资源密集型制造业外需下降，依靠农民工低工资低成本的传统优势不断削弱，新的优势没有确立。在微观经济层面，企业销售困难首先会压缩利润、利息、税收，甚至不提取折旧，依靠贷款维持生产，因为企业关门会丧失原有市场和流失现有的熟练工人，一旦无力负担银行利息或获得新的贷款，就只能压缩支出，第一批解雇的工人就是农民工。在宏观经济层面，就业形势会持续绷紧，收入增长缓慢，更多农民工感觉在城市"留下来意义不大，回乡下又不甘心"，务工就像"食之无味，弃之可惜"的鸡肋，在新常态下这种状态会在一些领域、一些区域僵持。

　　3）中国统筹城乡正面临八大全局性趋势性新变化

　　（1）综合国力实现重大跨越，为统筹城乡奠定坚实基础。统筹城乡综合配套改革启动以来的 10 年，是全国城乡综合实力提升最快、城乡面貌变化最大、城乡居民受益最多的时期。一是综合经济实力历史性跃迁。2016 年全国 GDP总量 744 127 亿元，10 年年均增长 9.1%；人均 GDP 增加到 53 975 元（8 100美元）。全社会固定资产投资（不含农户）596 501 亿元，年均增长 19.2%。社会消费品零售总额 332 316 亿元，年均增长 14.9%。货物进出口总值 243 344 亿元，年均增长 9.2%。主要经济社会发展指标 10 年都上了一个大台阶。二是经济结构不断优化。产业结构方面，三次产业增加值比例由 2006 年的 10.6：47.6：41.8 调整为 2016 年的 8.6：39.8：51.6，服务业逐步主导经济发展。区域结构方面，国家统筹推进"一带一路"、长江经济带、京津冀协调发展"三大战略"和西部开发、东北振兴、中部崛起、东部率先发展战略，推动形成一批新的经济增长极、增长带和增长点，地区发展更加均衡协调。城乡结构方面，城镇化率由 2006 年的 44.3%提高到 2016 年的 57.4%，城镇居住人口首次超过农村人口，开启了农业文明向城市文明的伟大转折。三是发展环境明显改善。2016 年全国基础设施投资 118 878 亿元，尤其是交通基础设施功能日臻完备，为集聚资源要素奠定了坚实基础。横贯东西和纵穿南北的铁路干线、高速公路干线，保障了货畅其流，城市之间实现高效沟通，城乡之间交通改善，对实现大城市带动大农村和城乡一体化具有十分重大的战略作用。电源电网建设力度加大，2016年全国发电装机容量达到 16.4 亿千瓦，人均装机超过 1 个千瓦的水平，电气化接近发达国家的门槛。

（2）"三农"发展进步巨大，出现标志性重大变化。全国整体已进入以工促农、以城带乡的阶段，重化工业加速发展为农业提供充足的技术装备和生产资料。以水利为重点的高标准农田建设整体提速，以种业为重点的农业科技不断进步，以农业机械化为重点的耕作方式加快变革，农业现代化水平迈上了一个新台阶。一是农业综合生产能力实现新跨越。2015 年全国粮食总产量 62 143.5 万吨，实现"十二连增"，2016 年粮食总产量 61 624 万吨，比上年略降 0.8%，仍是历史上第二个高产年。二是农业结构调整取得重大突破。主要农作物产量预期增加的都有所增加，预期下降的都不断下降。玉米种植面积持续调减、大豆种植面积调增都好于预期。2016 年油料、蔬菜、水果产量分别为 3 613 万吨、80 005 万吨、28 319万吨，分别增长 1.9%、2.2%、3.4%；棉花产量 534 万吨，下降 4.6%。畜牧业结构继续优化，2016 年牛肉、羊肉、禽肉、禽蛋产量分别为 717 万吨、459 万吨、1 888万吨、3 095 万吨，分别增长 2.4%、4.2%、3.4%、3.2%；猪肉产量 5 299 万吨，下降 3.4%。新产业新业态蓬勃发展，新型农业经营主体大量涌现，农民工返乡创业，大学生下乡创新创业蔚然成风。三是农民生活水平整体走向宽裕。自 2010 年开始，全国农民收入增速连续 7 年超过城镇居民，这是改革开放以来持续时间最长的一次。2016 年城镇常住居民人均可支配收入 33 616 元，增长 7.8%；农村常住居民人均可支配收入 12 363 元，增长 8.2%。城乡居民人均收入倍差 2.72，比上年又缩小0.01。城乡居民收入差距持续缩小，标志着城乡协调发展的新格局正在形成。四是农村面貌呈现新气象。水、电、路、气和通信等基础设施加快建设，农村教育、文化、卫生等事业加快发展，社会保障水平不断提高，美丽乡村建设全面展开，扶贫攻坚取得积极进展，农村生产生活条件明显改善。统筹城乡综合配套改革成就举世瞩目。

（3）工业化峰值正在过去，对传统农民工的需求减少。主要判断依据：一是三次产业结构发生根本性转变。2013 年全国三次产业结构（产业增加值占 GDP 的比重）为 10∶43.9∶46.1，首次形成"三二一"的产业结构，到 2016 年服务业增加值占比又提高了 5.5 个百分点，这标志着中国经济正转向服务业为主导的发展阶段。正如历史上工业取代农业是生产力发展的结果一样，服务业取代工业成为主导产业也是产业结构演进的必然结果，如今服务业也已不是传统意义上的服务业，而是与工业尤其是与"互联网+"紧密结合的现代服务业，是工业化与信息化融合、传统服务业与现代服务业共生的综合产业，今天农民工进入现代服务业比当初进入加工装配制造业的困难要多。二是工业产能严重过剩，工业投资增长大幅下滑。

经过长期持续的工业高投资和产值高增长，中国已成为世界加工制造大国，产能过剩，高投资难以为继，我国 250 多个工业品产量居全球第一，粗钢、水泥、电解铝、平板玻璃的产能均占全球 50% 左右，船舶制造产能甚至相当于全球总需求的 150%，风电设备制造能力超出国内需求一倍以上，煤炭产能超过需求 10 亿吨以上，电力产能利用率为 60%，制造企业平均设备利用率为 70%。受市场需求不足和国内产能过剩影响，全国制造业投资已由 2012 年的 22% 下滑到 2016 年的 4%。上述变化表明，传统工业对传统农民工的需求将减少，未来农民进城不一定务工，甚至不再叫"农民工"，更多的是从事服务业，一部分农民会坐在办公室打工。

（4）城镇化速度开始放缓，新增就业容量下降。城镇化有一个缓慢—加速—缓慢的逻辑斯蒂曲线推进过程（图 1-3），农村城镇化既受城镇的吸引力影响，也受农村的发展水平和条件影响，城乡差异越大，城镇化的动力越强。城镇化初期农村人地矛盾缓和，城镇就业容量有限，城乡差距不大，农村人口转移不多，城镇化缓慢推进，这一阶段城镇化率在 30% 以下。随着工业化进程加快，农业劳动生产率大幅提高，释放出大量的富余劳动力，城镇经济快速发展提供较多的就业机会，大量农村人口向城镇转移，城镇化进入加速发展的中期阶段，城镇化率在 30%~70%。此后乡村富余劳动力相对减少，而科学技术进步和经营管理水平提高，城镇经济社会发展主要不再依靠增加大量的简单劳动投入来推动，产业高度化后出现"机器换人"，就业机会减少、就业竞争加剧，从业门槛会提高，城市工业富余劳动力向第三产业转移就业，城镇发展环境下降甚至出现逆城市化，而农村地区由于现代化进程加快，农业生产专业化，农业服务社会化，农业劳动生产率提高，农民收入大幅度增加，城乡差异减少，农民向城镇转移的意愿下降，城镇化速度放慢，进入成熟阶段。2002 年中国城镇化率为 39.1%，2010 年为 50%，2016 年为 57.4%，从 2002 年到 2010 年年均提高 1.36 个百分点，而从 2010 年到 2016 年年均仅提高 1.23 个百分点，增速放缓。《国家人口发展规划（2016—2030 年）》预计，2016~2030 年全国农村向城镇累计转移人口约 2 亿人，年均转移 1 333 万人，城镇化率年均提高 1.03 个百分点，势头进一步放缓，城镇新增就业机会随之会逐年下降。

（5）人口结构发生显著改变，农村富余劳动力不再充沛。一是劳动力供应量绝对减少。据统计，2012 年我国 15~59 岁劳动年龄人口比上年减少 345 万人，2013 年又减少 240 万人。根据《国家人口发展规划（2016—2030 年）》，进入 21 世纪后，我国人口发展的内在动力和外部条件发生了显著改变，出现重要转折性变化。15~59 岁劳动年龄人口于 2011 年达到峰值后持续下降。"刘易斯拐点"的出现会导致劳动力市场供求关系出现逆转。二是新生劳动力快速减少。根据有关资料，1979~2009 年的 30 年间，全国共撤并小学和初中 66.79 万所，其中 2000~2009 年

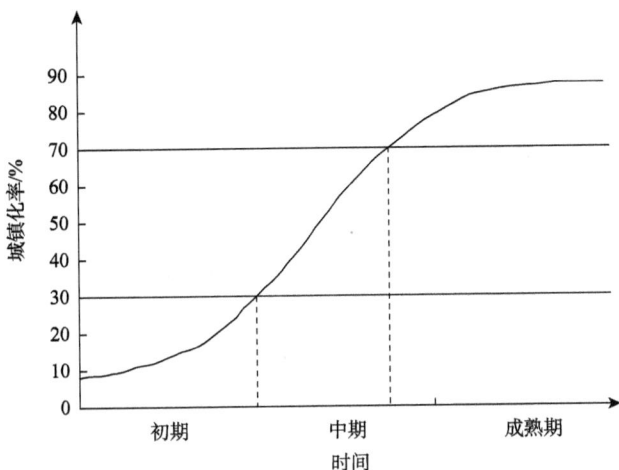

图 1-3　城镇化逻辑斯蒂曲线图

减少了 27.98 万所，占 30 年学校减少总量的 41.9%，平均每天约有 77 所学校消失。2000~2010 年，我国学龄人口降幅达 23.7%，农村小学招生数总共减少 338.5 万人，减幅达 27%；农村初中学生招生数总共减少 694.2 万人，减幅达 54.8%。三是一些地方出现招工难。近年来，沿海地区先后出现招工难、民工荒。据估计，2013 年广东、浙江、江苏等用工大省招工峰值缺口达数十万到上百万人，有的城市求人倍率（岗位空缺与求职人数的比）达到 1.5。民工荒甚至向内地蔓延，一些传统的劳动力输出大省也出现用工缺口，如 2013 年安徽缺口 25 万人，四川、贵州等地也出现招工难。四是劳动力成本上升。由于一些地方和行业出现招工难，倒逼企业涨薪，推动工资水平大幅上升。有人认为，目前我国劳动力成本已高出印度、越南、柬埔寨等许多发展中国家，综合成本甚至接近美国等发达国家的水平。五是劳动力老化程度加重。根据《国家人口发展规划（2016—2030 年）》，劳动年龄人口在"十三五"后期出现短暂小幅回升后，2021~2030 年将以较快速度减少。到 2030 年，45~59 岁大龄劳动力占比将达到 36% 左右。劳动年龄人口趋于老化，竞争优势正在减弱。2016 年我国 60 周岁及以上人口 23 086 万人，占总人口的 16.7%，明显高于 10% 的联合国传统老龄社会标准。未来 20 年中国将进入人口老龄化高峰，预计到 2050 年左右，老年人口将达到全国人口的三分之一。人口老龄化使养老保险金支出总额逐年增大，青壮年社会负担越来越重。总体上看，我国城乡人口发展进入关键转折期。

（6）"民工潮"正向"返乡潮"转化，深刻影响统筹城乡格局。一是农民工从沿海返乡创业或重回田间地头发展现代农业，这是主动返乡。2016 年全国人户分离人口（即居住地和户口登记地不在同一个乡镇街道且离开户口登记地半年以上的人口）为 2.92 亿人，比上年末减少 203 万人，其中流动人口 2.45 亿人，比上年末减少 171 万人，人户分离的流动人口减少就是农民工返乡人口增加，每年 170 多万农民工返乡回流农村，说明"返乡潮"正在出现。近年来西部地区常住人口增长量超过人口自然增长，一个重要因素就是农民工回流的机械增长，这其中有农民工积累了创业资本和实力、家乡发展机会增加、国家政策引导等多种因素的影响。例如，国务院办公厅出台《关于支持返乡下乡人员创业创新促进农村一二三产业融合发展的意见》，对农民工、中高等院校毕业生、退役士兵、科技人员等返乡下乡人员到农村开展创业创新给予政策支持。二是城镇吸引力下降，一些工厂倒闭，劳资纠纷增加，有的企业大规模采用"机器换人"减人增效，农民工无奈返乡。三是农村留守老人、孩子需要照顾，农民工是被迫返乡。本书通过问卷调查得出，重庆在广东打工愿意返乡就业的农民工占比达到 61.2%，主要原因分别是家乡就业机会多（58.3%）、家庭因素（51.6%）。其中，农民工返乡就业最青睐制造业，占比 57.3%。调查发现，30 岁以下农民工对沿海务工的收入预期较高，同时愿意继续外出务工见世面、长见识，返乡意愿不强烈。随着年龄增加，家庭生活的渴望不断增强，返乡意愿显著增强。问卷调查显示，愿意返乡就业的农民工年龄段在 41~50 岁的占 60%，31~40 岁的占 30%，16~30 岁的仅占不到 10%。农民工返乡的意愿是回家乡找份稳定的工作，同时也方便照顾老人、孩子。在务工地缺乏城市认同感和归属感也增强了农民工返乡意愿。此外，部分在外务工农民虽然收入水平高于家乡，但难以融入当地生活，也有返乡的意愿。问卷调查显示，农民工觉得留在打工城镇工作生活居前三位的困难分别是：房价高（66.7%）、物价高（63.6%）、子女教育困难（18.2%）。有的农民工在东莞打工 15 年，朋友圈还是一起来打工的老乡，业余时间就是和老乡玩麻将，没有其他娱乐生活。

（7）家庭联产承包责任制"红利"减弱，农村改革亟待纵深突破。农村家庭联产承包责任制使农村土地所有权和承包权分离，给予农民自主经营权，激发了农民的生产积极性，曾经极大地解放和发展了农村生产力，经过近 40 年的生产实践，政策红利逐步减弱，伴生的问题逐步显现。一是以农户为单位生产经营的平均规模小，与现代农业规模化、社会化大生产的要求不适应。中国人多地少，1.35 亿公顷（1 公顷=0.01 平方千米）耕地，2.3 亿农户承包土地，户均耕种不足 0.5 公顷、人人分地、户户种田，土地分散经营的小农经济难以推广机械化、规模化、产业化生产，生产效率不高，影响农业现代化进程。二是单家独户闯市场，抵御经济风险能力不强。一家一户独立生产经营，既难以及时掌握市场信息变化，更难对冲市场波动的影响。"猪周期"就是一个十分典型的例子。三是农民文化技能的限制，难以进行专业化分工协作。市场经济的重要特点就是进行专业化分工，发挥各自的比较优势，实现经济效益最大化。农民文化程度不高，农业装备水平低，不利于发展社会化、专业化的农业生产服务。这种制度安排把农户束缚在狭小分散的土地上，阻碍了农业现代化进程。

（8）顶层设计步伐加快，新一轮统筹城乡改革蓄势待发。今日的中国，宏观层面的改革形势出现三大新变化。一是改革政策设计强调从单项突破转向综合联动。2015 年中共中央办公厅、国务院办公厅印发的《深化农村改革综合性实施方案》明确提出，农村改革综合性强，靠单兵突进难以奏效，必须树立系统性思维，做好整体谋划和顶层设计，找准牵一发而动全身的牛鼻子和主要矛盾，从全局上更好地指导和协调农村各项改革，加强各项改革之间的衔接配套，最大限度地释放改革的综合效应。2016 年国务院印发《关于深入推进新型城镇化建设的若干意见》，明确了农业转移人口市民化、提升城市功能、培育中小城市和特色小城镇、辐射带动新农村建设、完善土地利用机制、创新投融资机制、完善城镇住房制度、推进新型城镇化综合试点八个方面同步推进。二是改革政策指向从局部试点转向全局推进。近年来，国家出台一系列文件，全面推动统筹城乡深化改革。2016 年国务院办公厅印发《推动 1 亿非户籍人口在城市落户方案》，要求年均转户 1 300 万人以上，除极少数超大城市外，全面放宽升学和参军进城的农村学生、长期在城市居住的农业转移人口和新生代农民工等重点人群的落户条件，确保落户后住房保障、基本医疗保险、养老保险、义务教育等同城同待遇。2016 年国务院公布《居住证暂行条例》，提出在全国建立居住证制度，以法治助推新型城镇化，明确了居住证持有人通过积分等方式落户的通道。2016 年国务院印发《关于整合城乡居民基本医疗保险制度的意见》，推动整合城镇居民基本医疗保险和新型农村合作医疗两项制度，建立统一的城乡居民基本医疗保险制度。2015 年国务院印发《关于开展农村承包土地的经营权和农民住房财产权抵押贷款试点的指导意见》，要求深化农村金融改革创新，稳妥有序开展"两权"抵押贷款业务，有效盘活农村资源、资金、资产，增加农业生产中长期和规模化经营的资金投入，为稳步推进农村土地制度改革提供经验和模式。三是地方改革从简单探索转向强力攻坚。近几年各省市出台的改革政策都集中在一些"硬骨头"领域。例如，广东省发布《进一步推进户籍制度改革的实施意见》。海南省政府办公厅发出通知，全面实施居住证制度。《湖南省常住户口登记管理办法》取消农业户口与非农业户口的区别，统一登记为居民户口。浙江省政府办公厅出台了《关于深入推进城乡居民基本医疗保险制度建设的若干意见》，推进全民医保统一参保范围、统一统筹层次、统一资金筹集、统一保障待遇、统一管理体制、统一基金管理和统一医保监管（"七统一"）。河南省启动农村金融改革试验区建设，引导更多金融资源投向农村地区，提升金融服务"三农"的能力和水平。广西出台《关于引导和规范农村土地经营权有序流转的意见》，推进土地承包经营权有序流转，促进全区农业适度规模经营健康发展。安徽开展农民土地股份合作社试点，采取"三权"（土地承包经营权、集体资产收益分配权和宅基地使用权）入股、多要素入股等多种合作模式，规范、改造和新建农民土地股份合作社，主要试点自主经营型、内股外租型、内股外租+自主经营型等三种模式。江西省印发《江西省财政支持农业信贷担保体系实施方案》，创新财政和金融协同支农机制。

基于上述八个方面的全局性趋势性新变化分析，可以做出如下重要判断：

其一，中国的城乡关系正发生历史性转变。中国经济发展进入新常态，是新型工业化、城镇化、国际化演进的结果，也是统筹城乡必须经历的阶段。中国经济新常态是一个长期过程，目前正值关键窗口期，原有的数量型、速度型、粗放型的发展模式已走到尽头，传统的主要依靠大量农村廉价劳动力供应、依靠大量消耗土地资源、依靠大量固定资产投资推动的城镇化发展模式难以为继，依靠大量农民工搞"人海战术"发展经济已经行不通。构建质量型、效益型、集约型发展模式需要时间，需要付出成本和代价，这对统筹城乡也提出了新要求。

其二，目前，统筹城乡改革易改的问题已基本解决，剩下的都是难啃的"硬骨头"，需要解决深层次的矛盾和问题。历史发展的一般规律表明，一个国家在从传统社会向现代社会转变的过程中，往往都要经历一个社会矛盾和社会风险的高发期。正如邓小平同志就曾深刻地指出，"发展起来了的问题不比不发展起来的时候少"[1]。改革越向前推进，触及的矛盾就越深，利益冲突增加，风险加大，统筹兼顾各方面利益难度也将加大，充满挑战，也充满机遇。

其三，经过最近十年的统筹城乡综合配套改革，一些领域、一些省市的试点探索，积累了宝贵的经验。新一轮统筹城乡改革蓄能聚势，需要在全面总结试点经验基础上更多地从战略全局进行谋划，需要更多地从顶层进行推动。中央提出全面深化改革，"全面"就是要对涉及统筹城乡的所有范围发起改革冲锋，"深化"就是要向统筹城乡的深水区纵深推进改革，这是由当前我国面临的国际宏观环境和国内八大全局性趋势性新变化共同决定的。

4）新经济对统筹城乡的影响

美国学者杰里米·里夫金在《第三次工业革命》中提到，信息技术、新能源、新材料、生物技术、空间技术和海洋技术等诸多领域的信息控制技术革命正在广泛而深刻地影响全球经济社会发展格局，一种建立在互联网基础上的新经济正在到来，在接下来的半个世纪里，传统的集中经营活动将被分散经营方式取代，其标志着合作、社会网络、大数据、移动浪潮将改变整个经济。为此，美国制订先进制造业国家战略计划，德国发布"工业4.0"战略，英国编制"工业2050"战略，法国推出新工业法国计划，等等。在第三次工业革命推动下，新经济快速发展，众包、众创、众筹大行其道，即时制造、柔性生产、个性化定制等新业态蓬勃兴起，O2O（online to offline，即线上到线下）等新商业模式快速发展。

---

① 中共中央文献研究室. 邓小平年谱：一九七五—一九九七. 北京：中央文献出版社，2004：1364.

"互联网+"农业革命也在悄然发生。互联网带来线上线下电商模式，线上众筹，线下体验；线上聚人气，线下集产品；一网连天下，一网通各业。农产品通过互联网联结消费者，农资通过互联网联结农民，减少中介，缩短中间环节，从而减少成本，提高效率。近年来，一些地方结合自身产业特色，积极探索信息化助推农业农村发展的机制，促进互联网融入农业全产业链，有效推动特色效益农业、绿色加工业、现代物流业和批发零售业联动发展，使"互联网+"经济成为促进农村产业结构调整的"新引擎"。

▶ 专栏 1-1

重庆发展农业"互联网+"

荣昌开展生猪活体网上挂牌交易：荣昌是国家生猪养殖大县、全国仔猪外销"第一县"。为破解传统生猪交易模式中信息不对称、不透明，生猪价格周期性剧烈波动，以及食品质量安全违法责任难追溯等难题，在农业部支持下，荣昌区改革传统生猪交易模式，挂牌成立了国家级重庆（荣昌）生猪交易市场，产业规模已超过 100 亿元。主要做法是：生猪交易商实行会员制，依托互联网平台，实现线上交易、线下交割、即货即款。一是变现货交易为网上交易。网上交易充分利用互联网的公开性、及时性、客观性、普及性，解决传统生猪交易模式中间环节多、信息来源窄、难以实现公平交易等问题。二是变口头定价为市场定价。交易双方可实时查询全国各地生猪市场价格作为定价参考，使定价更公开透明，更趋于合理，解决传统生猪交易模式中的压级压价、定价无参考依据、生猪养殖户缺乏话语权等问题。三是变凭经验办事为依靠科学办事。传统生猪交易模式中生猪有关信息存在不准确、不及时、不客观、不真实等弊端。通过重庆（荣昌）生猪交易市场的交易数据能准确、及时、客观、真实地了解与生猪相关的信息，有利于政府加强对生猪市场的科学规划，有利于养殖户科学预测市场前景，合理安排养殖规模及周期，改变过去凭经验办事、靠经验决策的状况。四是变肉眼监管为科技监管。为了在网上交易中能够有生猪质量参考依据，荣昌与相关科研院校共同开发建立生猪质量标准化体系并通过了重庆市质监部门认证。同时，建立了生猪及其产品质量安全监控溯源系统，为猪肉食品质量安全溯源提供可靠依据。在线交易买卖双方主体明确，参考标准客观精确，实现了依靠科技来加强生猪及猪肉产品质量安全的监管，改变了过去主要靠肉眼观察的监管方式。

铜梁借力互联网发展蔬菜产业：铜梁区是全国蔬菜生产重点区，近年来借力互联网技术，打破蔬菜供销阻隔，2016 年蔬菜产品总产值达 13 亿元，蔬菜电商年销售总量 7 万余吨。铜梁区重点发展两种模式的蔬菜电商。一是网站承接订单模式。门户网站全面介绍蔬菜的品种、种植、收获、绿色品牌等情况，大型超市、企业、学校、机关食堂等用户通过网站下订单采购。永丰蔬菜专业合作社建立"中国绿色蔬菜行业网"，御丰蔬菜专业合作社建立合作社门户网站，两家合作社通过网站销售"天天鲜""黄楠门""御丰"等品牌蔬菜，年均直销超市达到 2 万吨，直供企业、学校及机关食堂的蔬菜超过2 000 吨；重庆绿油坡蔬菜有限公司每年通过公司网站销售芽苗菜 3 万余吨。二是 APP 电商配送模式。新陆农业开发有限公司、凯胜蔬菜专业合作社通过 APP、微信圈等方式实现蔬菜配送到户，价格比市场价便宜两成。同时，用户只需通过手机扫描包装上的二维码，便可查看蔬菜从播种到收割的全过程。

新经济对统筹城乡的深刻影响。一是新技术在农业生产领域快速推广。农村出现"专家大院"，农业技术首席专家、科技特派员活跃在田间地头，一些地方建立"农民田间学校"，构建起"一个产业+一个研究中心+一个专家大院+一个良繁中心"的农业科研体系和"专家团队+农技员队伍+科技示范基地+科技示范户"的农业科技推广服务体系。二是出现新的生产经营方式。为推进农产品产销对接，有的推广以"农超对接"为主的农产品直供直销模式；有的支持农业龙头企业、专业合作社建设直销网点，形成"基层社+农村合作经济组织+龙头企业+基地"的新型供销合作体系；有的建立电商综合平台，打造电商众创空间，拓宽农产品销售渠道，实现县、乡镇、村三级电商经营服务体系全覆盖。例如，重庆秀山县"武陵生活馆"线下展示交易、线上网络订购相结合，实行网络代购、农产品收购、快递分发等。重庆梁平天龙八部公司由县政府授权"梁平柚"品牌，与 10 个乡镇、几万户柚农建立合作关系，通过网上购买、定制、溯源，3 年实现梁平柚销售额突破 5 亿元，这就是"羊毛出在猪身上"。三是出现新型农业经营主体。传统一家一户的农业耕作依然会存在，但随着推进农业适度规模经营，土地入股、合作、租赁、转包、转让、反租倒包等多种流转方式大行其道，种养专业大户、家庭农场、农民股份合作社、龙头企业+农户等经营主体相继涌现。和过去单纯局限于种植养殖业不同的是，新的农民专业合作社开始向加工、服务、旅游、流通、金融业等领域发展。例如，重庆黔江区醉美知音乡村旅游股份合作社，就是 146 家农户将村子里 120 间房屋、500 亩土地、12 家餐饮店、7 家综合服务社折资入股成立，其产业集休闲垂钓、特色养殖、QQ 农场、乡村旅游等为一体，实现一、二、三产业融合发展。

▶专栏 1-2

重庆秀山县的武陵生活馆

建设电商平台。线上做大云智网商城、微信云智50生活馆，做强"边城故事""武陵遗风"等品牌，发展"武陵生活馆"淘宝店、天猫店、京东店、微店等第三方平台销售终端。线下依托秀山物流园区，以 16 个专业市场为支撑，以农村淘宝代购站、农产品收购点、万村千乡市场工程等为终端，组建门类齐全、品种丰富的组货平台，发展商品"线下展示交易、线上网络订购"O2O营销模式，促进农产品进城、城市资源进村。

壮大电商队伍。引进电子商务行业精英团队以及电子商务实操经验管理人才。与阿里巴巴合作开展农村淘宝"千县万村百万英才"培训项目，指导农业企业和农户开设淘宝店。与西南大学、重庆大学开展电商人才培训。

推进特色农产品标准化。制定农村种养基地认证标准，坚持"一村一品""一镇一品"思路，开发特色电商农产品。挖掘民族元素和传统手工艺，开发苗绣、丝巾等民族风情时尚商品。构建农产品质量追溯体系，建成农产品交易检验检测中心，通过一村一店分散收购农产品，经过流通加工、质量检测、上线销售等环节，所有货物均采用二维码管理追踪认证体系与计算机仓库数据管理系统。

发展城乡配送网络。加快建设以"武陵生活馆"仓储配送中心为配送基地，周边县城及重要集镇60个二级分拨中心为骨架的城乡一体化物流配送网络，打通城区到乡村电商配送"最后一公里"，目前已实现县内城区40分钟、农村24小时配送。货运调度中心上线运营，提供实时货运信息。

打造一站式便民服务窗口。依托"武陵生活馆"，整合村级便民服务中心功能，实现网络代购、生活超市、农产品收购、快递收发、缴费充值、票务办理等一站式服务。

2. 统筹城乡面临的新问题

1）城镇化中的新问题

（1）农民工群体出现新变化。第一代农民工是完全纯粹的农民，在城镇省吃俭用，拼命挣钱，大部分收入寄回家或积攒起来回农村盖房。目前，农一代中少部分已经转化为城镇居民，还有少部分留在城镇坚守，其余部分因为年老体衰已经返回农村。

一是农二代甚至农三代群体崛起。农一代在城镇出生、成长的子女，今天正成为第二代农民工，但没有城镇人的身份，他们在家乡既没有承包地，也没有务农的技能，有的在城镇一时也没有找到合适的就业岗位，成了"种田无地，上班无岗，低保无份"的"新三无"人员，他们越来越要求享受城镇居民一样的权利。现在农民工的第三代也开始出现，再过几年就进入劳动力市场成为第三代农民工。未来农二代、农三代这个群体会越来越大，也会给社会稳定带来压力，这是统筹城乡面临的新问题。

二是农民工同乡抱团集聚形成团体。近年来，由于外出务工机会减少，城镇就业难度增加，农民工在劳动力市场上的竞争与流入地城镇居民相比处于劣势，出现首先找老乡落脚，依靠老乡在城镇的人脉寻找工作，以同乡关系为基础建立和拓展社会网络，并以此求职和适应城市生活的现象。在一些城市区域、一些劳动密集型企业聚集，形成"老乡带老乡、老乡拉一帮"的景象，越是受教育程度低、工资收入不高的农民工，越会加入同乡聚集，这种弱势聚集有利于争取就业机会。同乡聚集在城镇三轮车搬运、废品收购、家政等非正式经济部门也较多。在一些特大城市的边缘和城乡结合部，来自同一地方的农民工往往从事同一类职业，集聚并形成同乡社区，一些诸如北京的"浙江村"、"新疆村"、"河南村"和"安徽村"，深圳的"平江村"等庞大社区，汇聚成一种强大的同乡势力，给社区管理带来压力。

（2）高房价和高房租是农民工市民化不能承受之重。习近平同志说，"房子是用来住的，不是用来炒的"。这些年各地政府积极主动、煞费苦心调控房价，但房价、房租却一路上扬，因为与房地产有关的五方群体中，强势的四方都看涨房价，弱势的一方才希望降价。强势的四方有：第一方，开发商和房产中介希望房价涨，市场总是追涨杀跌，房价涨房子才好卖。第二方，已经有房的人希望房价涨，房价涨手中的房子才能保值增值，二手房才能卖出好价钱。第三方，个别地方城市政府希望房价涨，土地出让才能卖出好价钱，才有房地产和配套设施投资，才有相关税收和土地出让金收入，才有房地产产业链发展和就业，才有住房装修、家具、家电消费等，有的地方房地产投资占全社会固定资产投资的 1/4 以上，土地出让金收入占地方政府可支配财力的 1/3 以上。第四方，媒体看涨房价，才有房地产商的广告收入，才有炒作"地王"的热点新闻。只有与房地产有关但弱势的第五方希望降价，这就是无房的年轻人、农民工群体，这部分群体没有多大的价格影响力和话语权。

高房价、高房租的根源在于：一是快速城镇化带来的城镇建设用地需求巨大，以及中国建设用地总体短缺。城镇住房说到底是商品，必然遵循商品经济的规律，即供不应求就会涨价，供过于求就会降价，由于房地产需求总体刚性扩大，一线城市建设用地总体短缺，二线城市供求关系处于紧平衡状态，房价必然上涨，预计只有当这些城市出现逆城市化，部分城市人口因为大城市病而向外逃离，外来人口减少时，房价才会下降。二是建设用地的区位不可移动性和不可替代性。充分竞争的商品，如彩色电视机，世界各地生产、流通和消费，如果一个品牌的彩色电视机价格畸高，必然就会有其他同功能的彩色电视机来竞争，甚至部分潜在客户购买电脑来替代，结果这个商品就只有降价。建设用地不能在空间上流动，虽然一、二线城市人多地少，但三、四线城市的建设用地也不能流动到一、二线城市来补充，在一个城市内部，一些配套功能完善、居住条件优越的地方建设用地少，房地产需求大，潜在购房者多，供求关系紧张。许多商品的使用属性可以找到相同的替代品，就像笔记本电脑的部分功能可以用 iPad 甚至智能手机替代一样，但建设用地没有其他替代品，建设用地供求关系不变，房价就会一直高企。房租和房价是一对孪生兄弟，有了高房价，必然就有高房租。绝大多数农民工收入水平处于所在城市居民平均收入水平之下，成为高房价、高房租最大的受害者。

建设公租房可以缓解低收入群体的居住问题，但不能解决根本问题。一是与城镇低收入群体和农民工人群庞大的需求相比，许多城镇的公租房供给总量十分有限，在大城市建设用地总体紧张的背景下，用于建设面向低收入阶层住房的用地必然紧张，一部分人群尤其农民工拿不到公租房，只能租住价格更高的城市二手房、城郊农民住房。二是由于公租房需要政府贴钱，只能选址一些区位较偏、配套设施不够完善的地段建设，这些地方征地成本相对要低，政府负担减轻，但居住条件相对较差，居住者需要付出更高的出行成本，一些农民工出于子女入学、就近上班等，也不会舍近求远。对许多农民工来讲，居住工厂提供的职工宿舍既便宜，又不远，但不能让家属同住，因此，一些同城打工的农民工夫妇也分居。

（3）社会保障和企业福利提高有时影响企业录用农民工。城乡社会保障和福利不平等的老问题一直广受诟病，尽管在短期内让城乡居民都达到同一福利水平还不现实，但通过劳动合同法的强制作用，至少在一定程度上保障了农民工的基本权益。如果换一个角度思考，有时社会福利水平提高会影响企业录用农民工的积极性。

对企业而言，首先，在经济下行时期面临的成本压力更大，农民工从事的行业多为劳动密集型行业，产品市场竞争激烈，企业利润微薄，职工工资和保险费用在企业刚性成本中占比高、增长快。全国各地征收"五险"（养老保险、医疗保险、失业保险、工伤保险、生育保险）有所差异，但大都以职工工资为基准，征收比例在40%以上（其中：企业缴纳31%左右，职工缴纳11%左右）。面对成本压力，企业要么少招人，要么机器换人，农民工的就业机会就会减少。近年来，广州、东莞、佛山等地先后实施了"机器换人"计划。据统计，2015年东莞441家重点工业企业中，开展"机器换人"的占66%，其中有49%的企业节省生产人员10%以上，20%的企业节省生产人员30%以上。以东莞毛纺产业大镇大郎镇为例，2013年大郎镇的数控织机总量已经超过4万台，按一台数控织机替代8名工人计算，可以少用30多万名产业工人。根据广州的"机器换人"工作方案，2017年60%以上的规模以上工业企业应用工业机器人及智能装备，将造成几十万名工人被机器"替换"。其次，培训成本增加推动企业用工成本上升。如今，一个职业干一辈子的已经很少了，越来越多的新生代农民工不断跳槽以寻找更适合自己的岗位，一些非公有制企业每年职工流失率在20%左右，新就业人员的培训成本不断增加，同时，为了适应企业技术升级换代，对劳动力的培训支出也在增加。再次，职工软福利也增加企业压力。面对新生代农民工，不少企业必须提供带电视、独立卫生间的宿舍，还要组织各种娱乐活动，才能吸引和留住技术职工，这部分成本必然要分摊到职工福利上。

对农民工而言，社会保险费对当年农民工工资收入增速却有一定抵消作用。工资基数增长越多则员工自己缴纳保费也越多，相应拉低了当期农民工实际的收入增速。养老保险、医疗保险在账户中累积多年，农民工也仅能带走自己出资的部分；失业保险、工伤保险、生育保险三个险种不能转移接续。

有关的制度设计不够合理。本书在调研中发现，一个金融企业创造 1 亿元的利润，只需要雇佣 30 人，企业相应替 30 人缴纳相应的社保；一个摩托车生产企业创造 1 亿元的利润，需要雇佣 3 000 人，相应要缴纳 3 000 人的社保。结果一些实体企业脱实就虚，转产后很少雇佣农民工。

（4）农村土地征用制度改革刻不容缓。摆在统筹城乡面前的问题是，一些人说征地对农民补偿太低，地方政府征地侵犯农民权益，农民不满意。一些人又说地方政府搞土地财政，城镇土地价格高，建设用地指标少，企业家不满意；高地价导致高房价，市民也不满意。问题到底出在哪里？地方政府到底该怎样调控？下一步统筹城乡在征地制度上怎样改革？

一是合法的征地政策不一定合理。根据《中华人民共和国土地管理法》（简称《土地管理法》）（2004 年第二次修正）第 47 条：征收土地的，按照被征收土地的原用途给予补偿。征收耕地的土地补偿费为该耕地被征收前三年平均年产值的六至十倍。征收耕地的安置补助费补助标准为该耕地被征收前三年平均年产值的四至六倍，最高不得超过十五倍。被征收土地上的附着物和青苗的补偿标准由省、自治区、直辖市规定。土地补偿费和安置补助费尚不能使需要安置的农民保持原有生活水平的，经省级人民政府批准，可以增加安置补助费。土地补偿费和安置补助费的总和不得超过土地被征收前三年平均年产值的三十倍。

按 2016 年粮食价格（2016 年三等早籼稻、中晚籼稻和粳稻国家最低收购价分别为每 50 千克 133 元、138 元和 155 元）和假定最高亩产 1 吨粮计算，即使土地补偿费和安置补助费的总和按照国家允许的最高线补偿，综合计算 30 倍产值最多也不到 9 万元/亩，这样的补偿既不能满足失地农民的基本生活，更不能保障其长远生计，所以合法的征地政策不一定合理。

从全国看，农村征地形势总体平稳有序。但由于局部地方征地补偿、安置中的问题，近年来不断有媒体报道因征地引发的极端事件，表明征地仍存在尖锐矛盾。要提高征地补偿标准就要修改《土地管理法》，修法其实很简单，难办的问题是补偿标准提高到多少才合理，才既能让被征地农民基本接受，又让地方政府能够承受。

▶ 专栏 1-3

媒体报道的农村征地事件

江苏父子自焚警示农村拆迁立法，华商报，2010 年 4 月 7 日。

江西宜黄拆迁引三人自焚，凤凰网资讯转自西部网，2010 年 9 月 12 日。

云南绥江暴发征地拆迁群体性事件，《东方早报》，2011 年 3 月 31 日。

河北定州血案揭血腥征地的幕后推手，《新京报》，2011 年 11 月 10 日。

福建仙游强占村民百余亩土地，凤凰网资讯转自人民网，2012 年 5 月 14 日。

辽宁盘锦再发"征地拆迁血案"实在令人匪夷所思，《新京报》，2012 年 9 月 24 日。

河南中牟农民阻挡征地被铲车碾死，腾讯新闻转自中国广播网，2013 年 3 月 30 日。

湖北巴东维权农民因纠纷被碾压致死，腾讯新闻转自新华网，2013 年 3 月 31 日。

贵州三穗百余村民因征地围攻警察，三穗县政府网站，2013 年 5 月 5 日。

湖南会同县发生一起暴力征地事件，红网-百姓呼声，2013 年 9 月 13 日。

山东平度发生征地血案，光明网，2014 年 3 月 21 日。

吉林龙潭发生征地血案，《新京报》，2014 年 8 月 1 日。

云南征地致 8 死，中华网新闻转自《京华时报》，2014 年 10 月 16 日。

甘肃陇西：企业暴力强征土地引冲突致多人受伤，新华网，2014 年 11 月 24 日。

内蒙古征地补偿血案致一死三伤，财新网，2016 年 4 月 7 日。

郑州拆迁户对拆迁方案不满杀 3 人被击毙，新浪新闻转自光明网，2016 年 5 月 12 日。

当贾敬龙血案与拆迁再次交织，《南方周末》，2016 年 11 月 11 日。

（上述资讯来自网络媒体报道，未经核实）

二是合理的征地政策不一定合情。一个城市规划控制的片区可能几平方千米甚至几十平方千米，需要一次成片征完、居民整体转户，否则在一个村就出现城镇和农村两种居民户籍身份、两种社会福利体制，就会出现社会矛盾。片区整体征地后，由地方政府平台进行储备、整理，按照规划用途分类、分批出让或划拨。根据《城市用地分类与规划建设用地标准（GB 50137—2011）》，城镇建设用地包括居住用地、公共管理与公共服务用地、商业服务业设施用地、工业用地、物流仓储用地、交通设施用地、公用设施用地、绿地、特殊用地九大类。其中，居住用地占城市建设用地的 25%~40%，公共管理与公共服务用地占 5%~8%，工业用地占 15%~30%，交通设施用地占 10%~30%，绿地占 10%~15%，建设用地的不同规划用途决定不同的出让价格，有的甚至是划拨土地。一个片区如果征地 10 平方千米,只有 2.5~4 平方千米的建设用地可以用来盖商品房,这部分土地通过招拍挂和房地产开发商竞价,土地出让金高,地方政府可以赚钱;其余建设用地的征地都需要地方政府贴钱,征收后土地整理需要继续贴钱,整理后用来修学校、医院、公园、广场、道路、供水、排水、电力、消防等设施的用地及地上设施都需要贴钱,为了吸引企业入住增加就业,对工商企业的建设用地要优惠,商业服务业用地、工业用地、物流仓储用地等也需要贴钱,地方政府贴的这些钱只能从居住用地的出让金中找回来。

矛盾总是以对立方式出现的。现实生活中我们往往只看到商业用地和商品住宅用地招拍挂出现天价"地王",以及与农民征地低价补偿之间的巨大落差,却看不到地方政府取得的商住用地土地出让收入中的大部分被用在了平衡其他建设用地的成本上。既然压低对农民的征地补偿标准已经备受广泛批评,地方政府就只能提高补偿标准,所以有的特大城市边缘的农民因为征地一夜暴富。提高征地补偿标准后,地方政府手中的土地出让金收入相应减少,对工业、服务业用地补贴的能力就下降,这个地方招商引资的竞争力也就下降,来投资的企业少,创造的就业机会相应减少,不仅涉及当地就业,还有政府税收和 GDP,为此,就要想办法在企业用地上优惠,出路只有提高城镇商贸用地和居住用地出让价格,否则就无法实现区片土地综合收支的平衡。地方政府这样选择似乎合理,也没有其他路可选择,但在一定程度上推高了城镇地价,地价影响房价,加上资本的投机炒作,一些城市的房子甚至贵到工薪阶层都买不起。说到底,地方政府是在被征地农民利益、城镇工商企业主利益、城镇居民利益、公共服务设施和绿化等公众利益四者之间踩平衡点,把握好多方平衡十分不易。一些人指责,在城镇与乡村、企业主与农民工、城镇高房价与农村征地低价格补偿之间的矛盾冲突中,地方政府不是超脱出来作为裁判进行利益裁决,而是参与其中,尤其是更多地站在城镇一方拉了偏架。

(5)城镇边缘区各种矛盾交织。城镇边缘区也是城乡结合部,这里像城不是城,是村又不像村。既有城镇低收入群体居住,又有未转户的当地农村居民;既有当地人,又有外来农民工。各种问题交织,冲突易发多发。

一是小产权房问题十分棘手。在城镇近郊,一些农民或村集体组织利用闲置的宅基地盖房出售给非当地农村户籍居民,这些住宅不受法律和政策保护,不允许进入房地产市场,成为小产权房。据统计,在城乡结合部,全国有将近 5 万个城中村,有 2.6 亿人居住在农村宅基地和农村集体建设用地上盖的小产权房屋。在城镇高房价、高房租的背景下,个别地方小产权房甚至呈蔓延之势,屡禁不止,日积月累,体量大到不能碰的地步。

小产权房不合法也不合理。农村集体建设用地是指符合规划、经过批准、属于农民和农村集体经济组织的土地,在其上只能建设自己使用的建筑,也就是"土地自有、房屋自用"。说它不合法，因为小产权房违反了土地利用规划，如果任其发展，法定规划就成为一纸空文。说它不合理，因为小产权房价格极低，但享受了城镇商品住宅同等的城市服务设施的便利，破坏了房地产市场的公平；因为小产权房造成相关的政府税费收入流失，极少数人获得了开发出售小产权房的利润，这部分收入没有参与国民收入二次分配。

但对小产权房又不能一拆了之。一方面涉及当地农民和村集体组织的利益，另一方面大多数小产权房的拥有者是城镇低收入群体和农民工，涉及对弱势群体的处置和社会稳定问题，涉及情与法的矛盾。强行拆除小产权房也产生大量浪费。但小产权房隐含民事纠纷，在不允许搞建设的农村土地上建房，利益有关各方都面临风险和损失。小产权影响城镇规划和基础设施建设，影响耕地保护，经济社会隐患大，必须整顿治理。

▶ 专栏 1-4

北京宋庄"画家村"的小产权房

20 世纪 90 年代中国启动房地产市场，一些地方在农村集体土地上建设小产权房，一些农民也向城镇居民出售房屋，引发法律纠纷。

闻名全国的宋庄"画家村"：20 世纪 90 年代初，北京圆明园集聚了一批画家形成"画家村"，1995 年圆明园"画家村"被解散，相当一部分画家迁往北京通州城北的宋庄，逐步集聚形成"画家村"。"画家村"住有艺术家近 2 000 人，其中 300 多人买下了农民的房子。

宋庄"画家村"小产权房案件：2002 年 7 月，画家李氏夫妇以 4.5 万元的价格从村民手里购买一处带宅基地的闲置房，双方签订买卖合同，辛店村大队盖章同意，并将集体土地建设用地使用证交给了购房人。2006 年 10 月，原房主要求收回房子，拟支付 7 万元补偿，遭到拒绝。2006 年 12 月，原房主状告李氏购房人，要求法庭确认双方协议无效。2007 年 7 月，通州区人民法院一审判决，认为城市居民依法不得买卖农村集体经济组织成员的住房，判决房屋买卖合同无效，责令腾退房屋。根据法院评估，判定卖主支付 93 808 元补偿款。2007 年 12 月，北京市第二中级人民法院终审判决双方签署的房屋买卖协议无效，判定卖房人有造成合同无效的责任，画家可另行主张赔偿。其后，11 名在宋庄买房的艺术家也被村民告上法院要求退还原来的房子，在社会上引起巨大反响。

"画家村"小产权房整治：2012 年北京市国土资源局公布了首批清理的小产权房名单。2013 年开始大规模清理整顿小产权房，并公布了第二批名单，宋庄成为通州区重点整治地区。其后，宋庄"画家村"开始了 20 年来第一次大规模的"小产权房"拆除行动。

二是"城中村"积累各种矛盾。在世界各国快速城镇化进程中，往往形成城中村，就像新衣上的补丁。城中村耕地少甚至无地可耕，只能以房生财；村内公共设施薄弱，违章建筑不少，安全隐患较多，脏乱差十分典型；管理缺位，大量流动人口涌入，成为社会不良现象的多发地。当前我国大中城市也普遍存在城中村，这里位置偏僻，居住环境差，但房租低廉，成为农民工的首选之地。据有关部门调查，农民工在城镇居住，52%为用人单位提供的集体宿舍，47%为租住城中村、城乡结合部或城近郊区的农民住房，自购住房的比重不足1%。与城市社区和农村村落相比，城中村的居民构成复杂，农民工在这里居住但有"三不在"："人在关系不在"，外来农民工居住在城中村，但与当地村民、当地行政管理机构和服务组织没有任何关系，没有进入这里现实的社会生活；"人在利益不在"，村集体所有的福利分配都只针对原住村民，农民工就是过客；"人在权力不在"，农民工选举权难落实，知情权缺乏，决策参与权和建议表达权缺失。城中村数量积累越多问题越大，改造成本也将越高，新阶段统筹城乡要高度重视解决好城中村问题。

2）农村面临的新问题

所谓新问题，不是这些问题过去没有、近几年才出现，而是尽管过去早就存在，但对统筹城乡影响不大、范围不广，由于近年来发展变化才成为统筹城乡的重要问题，上升为主要矛盾或矛盾的主要方面，影响统筹城乡大局和未来的城乡关系走势。

（1）一些农村衰落。一是农村社会缺乏蓬勃生机。目前，全国农村45岁以下的青壮年50%已外出务工，25岁以下的青年人70%都已外出务工。农村青壮年劳动力逐年减少，留下妇女、小孩和老人，被戏称为"386199部队"。一些农村留守老人和妇女尽管艰辛劳作，但耕种方式落后，生产效益不高，面临沉重的生计和发展压力。例如，重庆已累计转移农村劳动力918万人，占农村人口的45%，农村劳动力平均年龄50岁以上。二是农业生产缺乏活力。近年来，农民务农收入占总收入的比重逐年下降，2015年全国农村居民家庭经营性收入占可支配收入的比重降至35.9%，农户普遍兼业化。由于家庭开支主要收入来源不再靠务农，一些地方农民务农积极性很难提高。三是一些村庄空心化。农村人口减少、农村劳动力常年外出务工，以及农民新居异地迁建导致一些村庄空心化，乡村道路废弃，村小学校舍荒废。据有关资料统计，我国20世纪80年代有94万个村庄，目前已减少到不足70万个，有些村庄还会继续自然消亡。

（2）资源环境响起警报。一是资源承载力下降。根据有关资料介绍，中国东北地区的黑土地最初开垦厚度达到1米多，现在只有30~40厘米，且每年以1厘米左右的速度流失。近年来，江南地区农田水改旱，水田调节局地气候的功能下降，水产自然生产能力降低。二是环境污染较为突出。根据国家环境保护部发布的《2015 中国环境状况公报》，2015 年全国水稻、玉米、小麦三大粮食作物化肥利用率为 35.2%，农药利用率为 36.6%，也就是接近 2/3 的化肥、农药流失到土壤、水体中，加剧了河流、湖泊富营养化。目前，我国耕地平均每年每公顷化肥施用量达 400 千克，远远超过发达国家每公顷 225 千克的安全上限。农用塑料使用量和覆盖面积居世界首位，每年有 45 万吨地膜残留于土壤中，光新疆使用薄膜的土地就达到 470 万亩，一亩地残留 16.5 千克，由于薄膜大部分不可降解，影响土壤通气和水肥传导，造成粮食减产。农村集约化畜禽养殖程度越来越高，一些小养殖场没有污水处理设施或处理不达标，造成了水体富营养化，水质恶化，土壤板结和盐渍化。一些地方大规模使用除草剂，全国有 5 000 万亩耕地受到污染。三是部分地区生态环境退化。根据第一次全国水利普查水土保持情况普查成果，中国现有土壤侵蚀总面积 294.9 万平方千米，占普查范围总面积的 31.1%。2015 年生态环境"脆弱"的县域有 68 个。由于填海造陆、围湖造田、草原垦殖，人与动物争夺生存空间，正影响着人地系统生态安全。

延伸阅读

　　生态环境和资源条件这两道"紧箍咒"也严重束缚农业长远发展……生态环境严重受损、承载能力越来越接近极限，资源开发利用强度过大、弦绷得越来越紧。大量使用化肥、农药、农膜等化学产品，不仅使地越种越薄，还带来严重的面源污染、白色污染，再加上工业污染和生活垃圾污染等，农村环境问题愈发严峻，严重危及农业持续发展和农产品质量安全。

——李克强《求是》2015 年第 4 期

　　（3）土地规模化经营遇到瓶颈。农民进城务工，或从农业生产转入工业建设，一些地方耕地无人耕种而闲置、荒废，迫切需要推行耕地流转，保护和合理利用耕地。从全国情况看，前些年流转速度快、规模大，但近年来明显减弱。主要问题：一是部分农民不愿意流转。耕地流转的收益较低，流转后接盘人不合理、不科学使用会造成地力下降甚至破坏耕作条件，在流转期限截止后，收回来的土地不适合耕种，流转的收益小而风险大。二是农民工不愿意流转。耕地既是农民基本的生产资料，又是生活保障来源，是农民生存安全的最后一道防线。由于在城镇务工压力大，工作不稳定，收入不稳定，又缺乏必要的社会保障，农民工一旦厌倦了打工生活，或者被解雇，就只能回乡务农。"手中有地，心头不慌"，务工农民没有城镇工作机会还可以返乡种地，没有发展机会还有生存保障。流转了土地后，就可能城乡两头无着落。三是规模大户不愿意推动流转。一家一户的承包地块零星分散，种植大户需与大量农户协商，部分农民对土地十分依赖不愿流转出承包耕地，连片流转难度大、成本高。四是自然条件限制流转。南方地区受地形、地貌等自然条件限制，山地、河谷地区的耕地流转普遍难以集中连片。土地流转应是一个长期渐进的过程，要符合各地实际，符合农民意愿，符合市场经济规律。不能盲目贪大求快，与耕地流转制度的初衷背道而驰。

（二）新发展理念提出统筹城乡新使命

1. 统筹城乡的新语境

1）新发展理念是统筹城乡的行动指南

习近平总书记指出："创新、协调、绿色、开放、共享的发展理念，是针对我国经济发展进入新常态、世界经济复苏低迷开出的药方。"新发展理念是管全局、管根本、管长远的指挥棒，也是统筹城乡的行动指南。

创新发展才能增强统筹城乡动力。要用改革的办法和创新的精神推进新阶段的统筹城乡，坚持统筹城乡综合配套改革的方向，注重改革的系统性、整体性、协同性，综合考虑和统筹协调各方面利益与矛盾；坚持发挥市场在城乡资源配置中的决定性作用与更好发挥政府的引导作用结合，妥善处理政府与市场的关系；坚持加强顶层设计与地方积极探索相结合，调动各方推动统筹城乡发展的积极性；坚持试点先行与渐进式、累计式改革相结合，蹄疾步稳，积微成著。

协调发展才能平衡城乡关系。一要充分认识中国城镇化发展的长期性、艰巨性、综合性和复杂性，遵循城镇化发展规律，积极探索新型城镇化发展的新体制机制，要在城镇化进程中统筹解决好农民工、城乡结合部、城中村等问题，走集约高效、公平共享的城镇化道路。二要完善以工促农、以城带乡的长效机制。建立起新型工农、城乡关系，城镇的功能定位、规模等级、发展速度、拓展方向都要与所在腹地和农村协调，积极稳妥推进工业反哺农业、城镇支持农村，推动基础设施向农村延伸、公共服务向农村覆盖、城市文明向农村辐射，改变我国农业基础薄弱、农村发展滞后、农民增收困难的局面，实现新型工业化、新型城镇化和农业现代化协调发展，形成城乡经济社会发展一体化新格局。

绿色发展才能避免环境透支。一要统筹利用城乡资源承载力和环境容量，以城镇的建设用地、水、能源等供给保障能力和环境容量来确定城镇合理的人口和经济规模，以农村的环境容量来确定人口转移规模，坚持产业跟着城镇功能定位走，人口跟着产业走，建设用地等要素配置跟着人口和产业走，公共服务设施配置跟着功能定位和人口走，实现资源优化配置和城乡可持续发展。二要树立绿色低碳发展理念，加强城镇生态红线管控，严格新建项目环境准入，加强主要污染物排放总量控制，严格执行环保负面清单制度，关停并转高消耗、高排放、高污染、低效益企业和项目，推广绿色建筑，构建绿色生产方式、生活方式和消费模式，建设资源节约型、环境友好型城乡。三要统筹推进城乡节能减排和治理雾霾，加大污染治理力度，守住环保底线，不能以牺牲生态环境为代价追求城镇化，不能以牺牲绿水青山为代价发展"三农",走生产发展、生活富裕、生态良好的文明发展道路。

开放发展才能促进城乡资源要素双向推进。开放是一种思想观念,是政策制度,也是经济社会行为方式。如果简单地用数学公式来概括:开放=放开,放开不外乎放进来和放出去。放进来就是允许农民工转化为城镇人,支持和促进农产品进城,要完善相关制度安排。放出去就是引导城镇资本、技术、信息、产品、服务向农村流动,要完善相关引导机制。开放是城乡融合发展的经济社会生态,传统农业和工业的研发、生产、流通、销售基本上是企业独家完成,随着产业分工日益细化,产品复杂程度日益提升,技术集成的广度和深度大幅拓展,需要企业与大学、科研机构、行业协会及其他企业等组成新型的经济社会协同网络,不同类型的组织可以迅速地参与研发、设计、生产、物流和服务等活动,实现价值和资源配置优化,一产连接二产和三产,形成所谓"接二连三"。因此,开放发展以建立城乡平等的要素交换关系为前提,以缩小城乡居民收入差距为目标,以市场调节和政府引导为手段,着力破除不合理的资源配置政策、要素流动制度性障碍。

共享发展才能解决城乡公平正义问题。要以人的城镇化为核心,更加注重提高户籍人口城镇化率,更加注重城乡基本公共服务均等化,更加注重环境宜居和历史文脉传承,更加注重提升人民群众的获得感和幸福感,着力构建与农业现代化相辅相成、相互促进的体制机制,让城乡群众共享改革发展成果。

延伸阅读

实现创新发展、协调发展、绿色发展、开放发展、共享发展。牢固树立并切实贯彻这"五大发展理念",是关系我国发展全局的一场深刻变革。

——习近平在党的十八届五中全会第二次全体会议上的讲话

2)"五位一体"和"四个全面"对统筹城乡提出新要求

中共中央提出,要统筹推进"五位一体"总体布局和协调推进"四个全面"战略布局,这是推进新型城镇化与农村现代化,工业、农业与服务业协调发展,物质文明建设、精神文明建设和人的全面发展的重要指导思想。统筹推进经济建设、政治建设、文化建设、社会建设、生态文明建设"五位一体"的总体布局,需要更好地统筹城镇与农村的关系,在创新城镇增长极、引领整体发展的过程中,着力精准解决农村发展"短板"问题。全面建成小康社会、全面深化改革、全面依法治国、全面从严治党的战略布局,体现的是发展目标、发展动力、发展环境和发展之领导力的关系,既涉及城镇,也包含农村,目的是构建民主法治、公平正义、诚信友爱、安定有序的社会主义和谐社会,让城乡全体人民共同分享改革发展成果。

2. 统筹城乡的新目标

1) 走出一条中国特色统筹城乡新路

（1）总体目标。城乡产业紧密协作，三次产业融合发展，资源要素有序流动。户籍制度改革深化，形成农民工稳定就业、有序迁居城镇的政策制度。城乡教育机会均等，多层次教育大力发展。农村医疗卫生服务极大改善，公共卫生服务体系健全，人人享有基本医疗卫生保健服务。建成城乡一体的劳动力市场、就业服务和职业培训体系。形成城乡一体的社会保障制度，城乡居民收入差距控制在合理水平，社会保障全面普及，针对农村留守老人、儿童和特困家庭的救助体系得到完善。形成保障城乡基本公共服务均衡化的公共财政框架。

（2）分目标。空间布局统筹城乡一体化：统筹城乡规划，高标准规划、高起点建设、高水平管理城镇和村落，形成一批功能完善、环境优美、特色鲜明的现代化新城镇和众星拱月的村落，带动城乡发展。建设衔接城乡的基础设施体系，强化城乡空间联系，加快城乡交通建设，加密路网，提高等级，依托城镇推动通信、供排水、能源设施向农村拓展覆盖，形成多方式、多层次、多功能的基础设施网络。

经济建设统筹城乡一体化：统筹城乡生产要素配置，引导城镇资源下乡，促进农村劳动力、土地等生产要素和城镇人才、资本和技术等生产要素双向流动和有效组合。统筹城乡产业结构调整，加快发展城镇特色经济，引导农村产业与城镇企业配套，增强城乡发展的协调性。统筹城乡市场建设，培育农产品加工流通中心和农业科技中心，构建以中心城市商贸龙头企业为核心，以乡镇供销社为骨干，村专业合作社、综合服务社为依托的商贸流通网络，利用现代信息技术和互联网平台促进城乡市场对接、产品互通。

社会发展统筹城乡一体化：坚持以人民为中心的发展思想，着眼于人的全面发展，大力发展农村社会文化事业，健全农民社会保障体系，实现基本公共服务均等化；着眼于农民市民化，实行城乡户籍管理一体化；着眼于缩小城乡差别，引导人口向城镇集中、耕地向规模经营集中、工业向特色园区集中的战略，基本形成城乡同享社会福利与保障的社会发展格局。

生态文明建设统筹城乡一体化：健全差别化的城乡人口流动与居住政策，支持鼓励限制开发和禁止开发区的人口自愿迁出，多措并举引导乡村人口向城镇重点开发区集聚，严格控制超大、特大城市人口规模。加大城乡环境治理与保护力度，城镇重点控制环境污染，改善环境质量；农村重点防止生态恶化，恢复生态功能。可持续开发利用乡村自然资源，大力发展循环经济。积极建设生态型城镇、生态农业示范区和生态工业园区，推动形成绿色发展方式和生活方式，构建生态人居系统。

2）城镇化需要植入"新"

近年来，在中国的城镇等级结构中，各类资源大规模向大城市、特大城市集聚，北京、上海、广州、深圳等沿海特大城市人满为患，一些小城市和新区门可罗雀，造成城市像欧洲，农村像非洲，一些村落衰败甚至消失。新阶段统筹城乡的重点应是推动大城市资源向中小城市延伸，中小城市资源向中心镇和中心村延伸，城镇资源向农村延伸，以资源和产业疏导带动人口流动，使国土资源分布重新整合提升，使中小城镇和广大农村得到复兴。

（1）把小城镇建设作为新时期统筹城乡的重要抓手。中国小城镇数量多、分布广，是大中城市与农村的连接点，具有补充完善城市功能、支撑特色产业、服务"三农"、联动城乡发展的重要作用。其一，小城镇是农村二、三产业的聚集区。小城镇的水、电、路、气、通信等基础设施相对农村较好，农村的二、三产业主要集中在小城镇。其二，小城镇是农民兼业的首选地。众多小城镇二、三产业的发展，不仅为农村富余劳动力创造出大量就业岗位，而且让农民就近就地务工成为兼业农民，减少外出务工的成本（据测算，就地就近务工比到外省市务工减少成本 30%~50%），大幅度增加农民实际收入，并有效解决留守儿童、空巢老人等社会问题。其三，小城镇是带动新农村建设的火车头。加快发展小城镇二、三产业，能够大幅度增加基层政府财力，直接反哺农业，拉动农村基础设施建设，促进社会事业发展。要以小城镇建设为重点，统筹规划、调整优化工业与农业、城镇与农村的空间布局，充分发挥小城镇沟通城乡、连接三次产业的作用。

小城镇建设要突出四个重点。一是突出产业特色。立足资源禀赋、区位条件、历史文化、产业基础，加快发展特色优势产业，扩大就业，集聚人口，实现特色产业立镇、强镇、富镇。二是突出创业创新。发挥小城镇创业创新成本低、进入门槛低、生态环境好的优势，发展服务基层的低成本、便利化、开放式服务平台，构建富有活力的创业创新生态圈。三是突出面向农村。积极推进城镇基础设施向农村延伸，共建共享。推动公共服务从按行政等级配置向按常住人口规模配置转变，根据城乡人口增长趋势和空间分布，统筹布局公共服务设施。四是突出生态宜居。牢固树立"绿水青山就是金山银山"的发展理念，保护城镇特色景观资源，加强环境综合整治。推动生态保护与旅游发展互促共荣，建设有历史记忆、文化脉络、地域风貌、民族特点的美丽小城镇。

（2）着力打造面向大学生和返乡农民工的创业小区。创业小区不是行政区划的"区"，也不是产业园区、风景区的"区"，而是按照新发展理念打造具有明确产业定位、文化内涵、社区功能的平台，是协同创新、合作共赢的企业社区，也是大众创业、万众创新的空间平台，为"有梦想、有激情、有知识、有创意"的返乡农民工提供创新创业平台。每个创业小区布局一个产业或行业甚至某一产品，避免同质竞争，即使是定位于同一行业也要细分领域、错位发展。创业小区具有产业、文化、社区、创业功能，紧贴产业定位融合发展。创业小区规划建设与城乡规划结合，可以布局在城内、城郊，也可布局在交通便捷的乡村，并与当地地形地貌、生态环境结合，展现出独特风貌。各地要配套出台优惠政策，并借助血缘、亲缘和地缘纽带吸引民工返乡进入创业小区安居乐业。

（3）推动乡村企业向工业小区集中。按照产业跟着功能定位走、人口跟着产业走、建设用地跟着产业和人口走的思路优化布局，推动乡村企业向工业园区、创业小区、小城镇集聚，提高产业集中度，引导人口向城镇集聚，积极解决农民工的居住、公共服务和社会保障等问题，集约化利用土地，做到形态、业态、文态、生态"四态合一"。创新投融资机制，统筹政府、社会、农民三大主体积极性，形成多方主体参与、良性互动的发展模式，实现乡村工业化和城镇化良性互动。

3）"三农"需要植入"新"

（1）大力培养新农民。新农民需要市场经济意识、绿色发展理念、农业科学技术和企业管理技能。当前，农民就业正在发生重大变化，总体上呈现出三大特点，大体分离出三种类型：一是永久离乡务工型农民。这部分农民离土离乡长期在外打工，很少回到农村，基本已经脱离农业生产，叫"农民"名不副实，但没有城镇户籍，仍被称为农民。二是就近兼业型农民。这部分农民对农村土地有一定依赖，一方面从事农业生产，另一方面就近务工增加收入，农忙时务农，农闲时务工，成为兼业农民或亦工亦农型农民。在一些农村家庭中部分成员务工、部分成员务农，成为兼业农户。三是留守务农型农民。这部分农民缺乏从事二、三产业的技能和门路，对农业生产及农村生活具有较为强烈的依赖性，主要从事农业生产，有时帮助邻居或大户，或到农业企业打短工，基本不到城镇务工。针对当前农民就业的情况，必须认真研究，准确把握农民从业规律，因势利导解决好新时期的农民问题。在工作思路上，努力促进农村劳动力转移就业从体力型向技能型转变、从打工型向创业型转变、从转移农村劳动力向转移农村人口转变。

随着下一阶段统筹城乡深入推进，城镇资源要素会加快下乡，农村三次产业会融合发展，新农民还会发生更多新变化。预计未来种地的新农民可能有以下几种人：第一种新农民是农民中的种植能手、种植大户。他们通过转包、租赁扩大耕地面积，推进农业规模化、机械化、信息化，实现现代化，留守农民、返乡农民工甚至大学毕业生都可能被其雇为雇工。现在一些平原地区的种植大户最多耕种两万多亩田地，雇佣农业工人机械化操作。第二种新农民是有知识懂技术的新型农民。这其中又有三种人可能向技术型农民演化，包括有一定专业知识的农村青年、大学毕业生、有志于农村创业的城镇农技人员。第三种新农民是有资本懂市场的城镇企业家。与农业产业化相关的城镇企业带着资本、技术下乡租地发展现代农业，出现一批跨界农业企业家。

▶专栏 1-5

跨界农业企业家

褚时健种橙子：褚时健曾经是有名的"中国烟草大王"，75 岁到云南哀牢山承包建了一个 2 400 亩的冰糖橙园，固定资产 8 000 万元，这是当地最大的农场。果园年产"褚橙"8 000 吨，通过电商平台在全国热卖，利润超过 3 000 万元。果园雇佣 110 多家农户种橙，农户每年可以挣 3 万元~8 万元。

柳传志种蓝莓和猕猴桃：在联想集团总裁柳传志的推动下，2012 年 8 月原联想农业投资事业部成立佳沃集团，先后并购青岛沃林蓝莓果业有限公司、四川中新农业科技有限公司及智利的一家种植公司，陆续在山东、四川、陕西、河南、湖北、安徽等地建立规模化蓝莓和猕猴桃示范园，并拥有南美洲和澳洲首批种植基地，高端品牌金艳奇异果冠以"柳"字，被称为柳桃。

丁磊养猪：2009 年网易首席执行官丁磊宣布进军养猪业，养猪场坐落于浙江省湖州市安吉县，总面积 1 200 亩，目标是建立养猪示范基地，为中国探索"第三代养猪模式"，为中国的养猪业寻找一条全新的路子。2016 年网易味央黑猪肉以拍卖的形式首次亮相，在拍卖会上网易味央整头黑猪拍出了 27.7 万元高价。

任志强卖小米：2004 年全国近百位企业家成立阿拉善 SEE 生态协会，以社会责任（society）为己任，以企业家（entrepreneur）为主体，以保护生态（ecology）为目标，2009 年成立阿拉善 SEE 基金会。北京华远集团总裁任志强退休后执掌阿拉善 SEE 生态协会，2015 年携手中粮我买网、大成食品有限公司达成战略合作，通过社会企业以商业方式运营阿拉善沙漠小米项目，实现小米种植、加工、销售的全产业链覆盖，促进当地农民增收，改善生态环境。

（2）转型发展新农业。新农业可以是新的行业、新的产品，也可以是传统行业采用新的生产方式、新的商业模式，如互联网+农业，还可以是传统行业培育新的业态，如集群化、链条化农业，其中发展现代农业是实现统筹城乡、稳定农村的基础，要因地制宜大力发展。

一是利用新技术提高农业综合生产能力。土地是农业生产力的基本要素，是不可再生、不可替代的稀缺资源，要珍惜和用好现有土地资源。要改进耕作工艺，采用测土配方施肥，改善土壤理化条件，保持和提高地力。要加大农田基本建设投入，加强水利建设管护，依靠科技和机械化、信息化、规模化、产业化，改善农业生产条件，提高抵御自然灾害能力，整体升级农业综合生产能力。

二是健全现代农业支撑体系。具体包括：①种养业良种体系。实施农作物种子工程、畜禽良种工程和水产良种工程，构建政府扶持与市场推进互动的种养业良种体系。②农业科技创新与应用体系。实施农业科技创新工程和农业科技成果转化应用工程，整合全国农业科技力量，组织关键技术攻关，推动科研向产业聚集、技术向产品聚焦。③动植物保护体系。组织实施动植物保护工程，强化疫病检测，提高动植物疫病虫害有效预防、快速扑灭能力和农产品卫生安全监控能力。④农产品质量安全体系。突出产地环境监测和产品质量监管，建设优势农产品标准化生产示范基地。⑤农产品流通和市场体系。积极发展现代物流、冷链物流，健全农产品市场网络，发展农业和农村电子商务。⑥农业资源与生态保护体系。大力培肥地力，防治面源污染，改善水域生态环境，改善农业生产和农村生活条件。⑦农业社会化服务与管理体系。引导农村专业合作组织和中介组织健康发展，强化农产品深加工，发展物流、销售以及融资租赁、保险、农业科技咨询等社会化服务，形成农业产业集群。

三是发展特色农业产业链。当前一些地方农业优势不突出，表面上看是农产品质量不过关、竞争力不强，深层次看是农业的企业化程度偏低，龙头企业不强，不能有效延伸产业链，增加附加值。因此，要加快农业产业化，推进农业企业化，重点打造加工型龙头企业群，引导企业建立与农民利益共享、风险共担的机制，让农民从产业化经营中得到更多实惠。要通过土地流转、规模经营，推进种养大户向农业种养业企业转变。要大力发展供应链农业，传统农业是单干，首先要支持发展农业一体化供应链，如把养奶牛、做鲜奶和奶粉打通；其次要大力发展协作供应链，促进农业生产者、中间商、加工商和采购商建立长期稳定合作关系，建立共同利益连接机制。大力推动信息化融入现代农业产业链，依托电商、微商等平台和渠道，吸引更多社会资本投资绿色生态有机农业，促进城市居民农产品需求与农业生产的紧密衔接。

（3）提质建设新农村。中国城乡差距大不仅表现在城乡收入上，也突出表现在城镇与农村人居环境上。加快乡村社区建设，缩小城乡社区差距，既是新农村建设的重大任务，又是深受农民欢迎的"民心工程"。

一是着力打造乡村新面貌。着眼长远，立足当前，合理规划布局以集中居住为主与分散居住相结合的农村新型社区，要认真分析伴随新型工业化、新型城镇化和农村劳动力的加速转移，农村产业结构、人口结构和居住方式的新变化，综合考量确定建设规模和空间布局，避免建大了、建多了浪费资源，建少了、建小了面貌难改。要围绕集中居民点布局基础设施，统筹新农村建设规划与小城镇规划，建设城乡衔接的基础设施网络，解决农村饮水安全，提高能源保障水平，抓好生态家园富民建设，治理农村面源污染。村民村居在空间组织上要处理好山、水、田、林、路的关系，做到秀山秀水，保留生态本底；在建设形态上要展现具有农村特色、地方特色和文化内涵的现代农村风貌，发展有历史记忆、民族特点的美丽新村，让居民望得见山、看得见水、记得住乡愁。近年来一些地方积极推进新农村综合体建设，为农村社区建设进行了有益探索。

⊙ 专栏 1-6

成都的小组微生新农村综合体

成都市运用统筹城乡改革的思路和办法，按照"宜聚则聚、宜散则散"的理念，探索形成"小规模、组团式、微田园、生态化"新农村综合体建设的体制机制，被称为"新农村建设的 2.0 版本"。

小规模聚居。本着尊重农民意愿、方便农民生产生活的原则，合理控制新村建设规模，一般以 100~300 户为主，内部组团控制在 20~30 户。考虑家庭人口状况、经济承受能力，统一设计不同的户型，建设"紧凑型、低楼层、川西式"特色民居。

组团式布局。利用林盘、水系、山林及农田，合理考虑农民生产生活半径，新村由几个大小不等的小聚居组团组合而成，组团间留有足够的生态距离和空间，形成自然有机的组团布局形态。

微田园风光。对于相对集中的居民，规划出前庭后院，让农民因地因时种植，形成"小菜园""小果园"，保持"房前屋后、瓜果梨桃、鸟语花香"的田园风光和农村风貌。

生态化建设。尊重自然、顺应自然，利用原有地形地貌，保护林盘、田地、沟渠、水体等生态资源体系，保留生态本底，延续川西林盘特色，体现乡土味道和农村特点。

"小组微生"运用农村产权制度改革成果，盘活土地、资金等要素资源。完善村民议事会等村级治理机制，引导群众自主实施建设。创新统筹城乡规划机制，引领"小组微生"规划布局。完善"村公资金"等城乡基本公共服务均等化机制，改善农村人居环境，遵循"设施共享、弹性配置"的原则，着力构建"10 分钟生产生活圈"，提高农民生活品质。

二是着力建设乡村新社区。新型农村社区不同于传统的农村社区，它不但以农业为基础，还将工业开发、服务业发展衔接起来形成地域综合体，促进农民就地就近转移就业，集约节约用地，改变农民生活和生产方式，缩小城乡差距。围绕新型社区建设好社区服务中心，加强社会保障和社会福利服务，做好农村基本养老、最低生活保障、拥军优属、社会救助、新型合作医疗、大病救助等服务工作；加强便民服务，建设好便民超市、农资超市、金融超市，解决农村居民生产生活中的实际困难；加强平安服务，建设综治调解室、社区警务室、新居民服务站，维护农村社区和谐稳定。完善市场主体提供的商业服务，培育社区社会组织提供非营利性服务，鼓励志愿组织提供互助服务。

三是着力塑造乡村新风尚。我国乡村优秀传统文化博大精深，源远流长，其中"仁爱""孝悌""修身""守望相助""行善积德""尊师重道""吃苦耐劳"的伦理道德思想深深植根于农耕生活，深刻影响着村民的思想观念和行为方式。树立新风尚，要充分发掘、大力弘扬这些传统优秀文化资源，形成和巩固中华民族核心价值体系。但是，在乡村城镇化、农业现代化进程中，农村也面临传统的与现代的、创新的与守旧的、本土的与外来的价值观念、思维方式、文化习俗等的相互影响，呈现出较为复杂的局面。农村自古以来自给自足的小农经济，成为保守观念根深蒂固的经济基础。加之群山连绵、沟壑纵横的地理环境，也容易形成封闭意识。长期实行计划经济体制，更束缚和阻隔了农村开放的视野。有的难免会囿于本村本土，画地为牢，没有在更大范围内配置资源的意识；有的虽知外面的世界很精彩，但又缺乏在更广阔的空间参与竞争、寻求发展的勇气；有的小进则止，衣食无忧则可，温饱度日即安，个别地方有些农民还抱有"养鸡为换盐，养猪为过年"的陈旧思想。这些观念和心态尽管不是农村文化的主流，但在一些地方和一些人身上存在，这绝无法适应市场化、国际化、现代化的要求，尤其当前农村以留守务农型农民为主，以妇女、老人、儿童和中年劳动力为主，文化素质、开放意识、竞争思维、经营技能都无法适应新阶段统筹城乡的新要求，这是新农村建设面临的重要问题。新阶段实现统筹城乡，既需要树立和发扬乡村传统的吃苦耐劳、埋头苦干的风尚，又更加需要开拓开放的精神，只有勇敢地走出去，大胆地引进来，以更强的改革精神、更浓的开放意识去配置人、财、物等各种资源，新农村才能真正走出一条新路子。适应乡村经济社会发展变化的新要求，要大力引导村民树立开放的视野、宽阔的胸怀、高远的追求、进取的意识、文明的行为和高尚的人格。要整合历史和现实文化，增强村民的文化归宿感，树立起共同理想，形成共同信仰和价值观，增强乡村的凝聚力。要培育现代农村精神，包括科学精神、规则意识、公德意识，以及善待生命的慈悲胸怀，等等。在发挥好农村文化活动娱乐作用的同时，把农村文化建设与普法教育、健康教育、政策宣传、精神文明创建和推广农村实用技术紧密结合起来，真正做到寓教于乐、移风易俗、革故鼎新。

四是着力探索乡村治理新机制。其一，探索乡级行政治理创新。例如，在条件成熟的情况下，是否可以探索将有的乡镇政府改设为街道办事处，作为县政府的派出机构，大幅精简乡镇机构和人员，解决一些地方人浮于事、无权管事、无钱办事的问题。是否可以探索在经济基础好、农业组织化程度高的地区，将乡镇政府履行的部分经济事务和社会公共服务职能移交给社会中介组织和农民自治组织，由财政购买服务，等等。其二，改革调整强化村民委员会的职能。中国行政村的角色、地位在乡村治理中十分独特，"三不像"却担负三种功能。不像经济组织，但和农户签订土地承包合同，承担发展集体经济的职能；不像政府组织（村民委员会不是乡政府的派出机构），但又调节村民社会事务，代行土地管理、政府征地职能，还要受到乡政府的行政干预；不像社会组织，但村民委员会是村民自我管理、自我教育、自我服务的基层群众性自治组织，实行民主选举、民主决策、民主管理、民主监督。顺应统筹城乡改革新要求，要完善村民自治制度，推行社区自治。完善民主选举制度，依法界定村民决策参与的程序，保障农民有序的政治参与。完善村民议事会等村级治理机制，形成政府引导、农民主体、市场运作的治理模式。其三，发展各类新型农村合作组织。结合农民新村社区化、农民生活市民化等新趋势，探索基层自治组织改革。鼓励和支持农民按照自愿、民主的原则，发展农村专业合作社、综合服务社、专业生产协会，鼓励和支持农民参与村社会事务管理。鼓励和支持社区内各类机构组织参与社区社会治理服务，发挥其在反映诉求、化解矛盾、提供服务等方面的作用。大力加强社区居民自我教育、自我服务、自我管理功能，实现乡村社会社区化和社区社会化。

3. 统筹城乡的新路径

（1）农民工渐次梯级市民化。2016 年末中国内地总人口 13.83 亿人，城镇常住人口城镇化率为 57.35%，户籍人口城镇化率为 41.2%，也就是有 2.23 亿农村户籍人口常住在城镇。每年大批农民工在沿海与内地、城镇与乡村、务工地与务农地之间潮汐式流动，给农民工及家庭、城镇社会、交通运输、社会管理都带来巨大压力，甚至资源浪费，新阶段的统筹城乡首先要解决好农民工问题。

农民工渐次梯级市民化要坚持自愿、分类、有序。自愿就是要充分尊重农民意愿，让他们自己选择，不能"被上楼""被进城"，不强迫不阻拦，不引诱不忽悠。分类就是要根据各地千差万别的实际，成熟一批，落户一批。有序就是要按照"三个优先"的原则，渐次梯级推进，不要搞冒进，不要搞运动。一是优先解决失地农民问题。将那些因城镇建设征用承包土地而无法再主要依靠土地谋生（承包地大幅减少），但按照现行政策（仍有部分承包地）又不能整体转户的农村人口转为城镇居民，负责提供就业援助、技能培训、失业保险和最低生活保障等，平等享受公共服务。二是优先解决存量农民工问题。目前我国 2.23 亿农民工及其家属长期在城镇常住，比仍在农村的人口更具备条件在城镇定居，应优先解决其中进城时间长，就业能力强，适应城镇产业转型升级和市场竞争环境的农民工及家属进城落户。三是优先解决本地农民工问题。由于文化习俗、地缘经济、社会网络等因素影响，本地农民工转户融入当地的各种障碍相对要小。以就业、居住、缴纳社会保险等作为落户条件，让就近就地稳定就业和居住的农民工尤其是新生代农民工转为市民。依法保护农业转移人口的宅基地、承包地、林地以及集体财产收益分配权等权益，让自愿退地农民得到公平、合理的补偿。健全改革成本由政府、企业和转户居民共同分担的机制。

（2）发展产业新业态。第一，发展现代农业。伴随着新型工业化、新型城镇化快速推进，农业在 GDP 中占的比重会越来越低，下一阶段农业的发展方向主要不是继续外延扩大规模。随着全国耕地、农村劳动力的逐年减少，也很难扩大种植面积和生产规模。统筹城乡产业发展必须发展现代农业，借鉴和依托城镇二、三产业发展优势，在内涵发展上做文章，稳步发展种植业，引导鼓励农民按照依法自愿有偿原则流转土地承包经营权，推进农业规模经营，提高土地利用效率和农业生产能力，减少农业劳动力。大力发展家庭养殖场和养殖小区，引导技术、资金等向种养大户和专业能手集中。实现从低附加值到高附加值、从自给自足的传统农业向高效开放的现代农业转变，构建城乡产业分工合理、生产要素和资源优势得到充分发挥的产业发展格局。

第二，积极推进农业"接二连三"。一是提升农产品加工水平。因地制宜发展农村非农产业，提高农产品加工深度，提升附加值和产出效益，延伸农业产业链，促进农民就近创业就业、增收致富。二是健全新农村现代流通新体系。市场经济条件下只有流动才能增值，只有流动才能优化资源配置。下一阶段的统筹城乡工作，促进农村资源和要素流动是重点，要围绕统筹城乡发展搞活流通，优化市场布局，加快设施建设，建立商业网点，完善流通网络。全面推进农产品物流服务体系建设，培育第三方冷链物流企业，支持农产品仓储、转运设施和运输工具标准化改造，创新农产品流通模式，积极做好农商对接，推进农产品产销合作，大力发展联合采购，积极培育农村现代流通主体，实施"名店下乡"和培育农村商贸"小巨人"，构建衔接城乡、统一开放、竞争有序、业态多元、互动高效、制度完备的农村现代流通体系。三是积极发展"互联网+农业"。将农产品种植、养殖、加工、销售各环节通过网络链接起来，促进农业信息化、自动化与智能化融合发展。大力发展农村电子商务，提升农产品批发市场信息化和检验检测水平。四是充分挖掘传统农耕文化、民俗文化等农村旅游资源，推进乡村旅游发展，鼓励发展农村交通运输业，促进一、三产业互动。

第三，培育新农村产业综合体。把健全新型农业经营体系作为推进农业现代化的重要载体，推广农业共营制、托管经营制、土地股份合作制等新型农业经营方式，推进专业合作社股份化，鼓励与龙头企业相互参股，引导企业完善与农户间利益联结机制，带领农民开展专业化、标准化生产经营，组织农民对接市场，培育新的农业经营业态。鼓励承包经营权在公开市场上规范有序地向专业大户、家庭农场、农民合作社、农业企业流转，推动特色主导产业连片规模发展，配套发展关联产业和服务体系，形成产业综合体。围绕新农村产业综合体规划布局农业生产基地和产业园区，大力发展特色效益农业。围绕新农村产业综合体创新社会化服务机制，在全国普遍健全乡镇或区域性农业技术推广、动植物疫病防控、农产品质量监管等公共服务机构。推行农业全程社会化服务，探索政府购买农业公共服务的路径。

（3）推进基本公共服务均等化。统筹城乡社会事业发展，加快公共服务体系向农村延伸，把更多的财力、物力投向农村，把更多的人才、技术引向农村，加强农村公共服务机构、设施和能力建设，促进基本公共服务设施布局、供给规模与城乡人口分布相适应。

健全覆盖城乡的教育培训体系。统筹发展学前教育、义务教育、高中阶段教育，实现义务教育城乡均等，高中、职业教育城乡协调。调整城乡教育布局，小学就近入学，初中相对集中，职业教育同产业布局配套，高等教育凸显地域特色。注重区域办学平衡，适度撤并部分生源不足的村级校点，把农村有限的教育资源向乡镇集中，加大对农村留守儿童的服务力度，有条件的地区建立小学、初中寄宿制学校。解决好农民工随迁子女义务教育问题。建立城镇学校支援农村学校的合作机制。大力发展农民职业技能订单式培训，以市场需求为导向，加快建设职业教育基地。

健全覆盖城乡的就业扶持体系。认真贯彻劳动者自主就业、市场调节就业、政府促进就业和鼓励创业的方针，不断优化城乡就业结构，拓宽就业创业渠道，促进城乡就业政策统一、就业服务共享、就业机会公平和就业条件平等。建立城乡统一的失业管理、就业困难援助机制。严格落实农民工与城镇职工同工同酬制度，合理确定最低工资标准，推进实施工资集体协商、农民工工资支付保证金等制度。推进农民工养老保险异地转移与接续，明确国家在社会保险财政补贴中所应承担的具体比例；建立农民工上岗保证保险补贴制度，引导农民工购买上岗保证保险。塑造劳务品牌，推动农村劳务输出从自由、零散式向区域化、集团化转变。加强劳务转移服务，培育专业化、规模化和标准化的劳务公司，培训农村劳务经纪人，建立劳务转移双边联动机制，切实维护农民工的合法权益。强化政府公共服务，为返乡创业农民工提供必要的技术、信息、用地等支持，改善创业环境，变"民工潮"为"创业潮"。

健全覆盖城乡的文体卫生体系。加强村卫生室、镇卫生院建设，提高县城医院医疗水平，解决农民分级医疗、分级转诊问题。培育乡村全科医生，发展巡回医疗，改善农村医疗条件。提高新型农村合作医疗（简称新农合）筹资和保障水平，普遍开展新农合门诊统筹，健全农村三级医疗卫生服务网络。推动县乡公共文化体育设施和服务标准化建设，加快以农村基层和中西部地区为重点的公共文化服务体系建设，鼓励社会力量兴办农村文化产业，组织居民开展丰富多彩的文体活动，重视解决新生代农民工的精神文化需求问题。

（4）建设碧水青山新农村。统筹城乡生态环境建设，要求我们反思人类干预自然的限度及其合理性基础，在统筹城乡发展过程中以资源约束和环境承载能力为重要考察指标，在城镇化和新农村建设中树立起新的生态观，坚持共抓大保护，不搞大开发，禁止大开挖，摒弃城镇化以大量消耗资源、牺牲乡村环境为代价的发展模式，坚决守住耕地、林地、森林生态红线，推进"水十条""土十条"贯彻落实，推进森林公园、湿地公园建设，强化森林采伐管理，严格保护天然林，实施好退耕还林还草，抓好石漠化综合治理，加强野生动植物抢救性保护，走生产发展、生活富裕、生态良好的文明发展道路，把美好家园献给人民群众，把青山绿水留给子孙后代。

统筹城乡环境治理保护要尽快补齐环保设施和监管能力短板。加快城乡一体的水资源安全利用及水利建设，推进城乡河道综合整治、控源截污、生态修复，加快城乡污水配套管网建设，村庄集中建设小型污水处理设施，农业地区积极探索生态化处理方式，加快推进村庄设施维护、河道管护、绿化养护、垃圾收运等体制改革，提高农村污水处理水平。

（5）推进乡村社会治理体系和能力现代化。当前乡镇政府在统筹城乡中主要面临两大问题。一是功能定位不够清晰，权力与责任不对称。在《中华人民共和国宪法》（简称《宪法》）和《中华人民共和国地方各级人民代表大会和地方各级人民政府组织法》（简称《地方各级人民代表大会和地方各级人民政府组织法》）中，对乡镇政府的职责虽有规定，但规定的不够具体清晰。由于缺乏有效的纵向权力划分和协调机制，在实际运行中区县政府有多少事务和责任，乡镇政府就有多少事务和责任。法律明确规定县级以上人民政府的行业行政主管部门负责本辖区内的行业监督管理工作，但有的县级政府及有关部门往往仅凭下发一个文件或一纸通知，就将其交由乡镇政府承担。由于乡镇政府职能泛化，责任大、事务多、权力小，工作越来越难做，上级多个部门都向乡镇部署工作，但乡镇机构少，无法按照部门一一对应来承接工作，一个单位往往要处理上级多个部门部署的事项。从现实情况看，目前乡镇仍然管了一些不该管、管不了、也管不好的事，承担了一些本应该由上级政府部门承担的任务。这些任务往往通过目标考核的形式下达，并与乡镇干部的政治命运紧密相连，乡镇推不掉也不能推。同时，还有一些应该管好的事却又没有完全管好。在发展农村经济、开展公益事业方面，该提供的服务没有服务到位。二是乡镇公共服务体系和机制不健全，难以满足乡村社会公共需求。在建设公共服务体系方面，为"三农"服务的基层农业服务、农村合作医疗、社会保障、环境整治、信息服务等体系有待进一步完善，农村中介组织的管理体系有待进一步规范，难以适应乡村日益增长的社会公共需求。在建立公共服务应急机制方面，应对突发公共事件缺乏相应的组织和物质保障，信息化水平不高，难以胜任各类突发性公共事件的处置需要。在公共服务的运行和监督机制方面，以政府为主导、政府部门和非政府组织相协调、社会各方面力量积极支持的公共服务运行机制还未形成。

强化乡镇政府依法行政。从《宪法》和《地方各级人民代表大会和地方各级人民政府组织法》的规定看，乡镇政府行使的职权主要有八项，可以分为三类。一是执行类：执行本级人民代表大会的决议与上级国家行政机关的决定和命令，发布决定和命令；执行本行政区域内的经济和社会发展计划、预算；办理上级人民政府交办的其他事项。二是管理类：管理本行政区域内的经济、教育、科学、文化、卫生、体育事业和财政、民政、公安、司法行政、计划生育等行政工作。三是保护保障类：保护社会主义的全民所有的财产和劳动群众集体所有的财产，保护公民私人所有的合法财产，维护社会秩序，保障公民的人身权利、民主权利和其他权利；保护各种经济组织的合法权益；保障少数民族的权利和尊重少数民族的风俗习惯；保障宪法和法律赋予妇女的男女平等、同工同酬和婚姻自由等各项权利。乡镇政府应严格按照法无授权不可为的原则，严格依法履职。

大力建设服务型乡镇政府。推进新阶段的统筹城乡，乡镇政府不仅要为农业生产发展服务，更要为快速发展的农村二、三产业创造条件；不仅要搞好一般行政管理和社会治安，还要办好越来越多的各项社会公益事业。乡镇政府基本不具备经济调节和市场监管的履职条件，其他经济职能在完善社会主义市场经济体制的过程中也正在弱化，但其政治职能绝对不能弱化，社会管理和公共服务职能必须加强。按照"小政府、大服务"的要求，服务型乡镇政府的主要职能可以界定为：贯彻法律政策，加强政权建设，发展农村经济，增加农民收入，加强社会管理，提供公共服务，强化服务体系，建设文明环境，促进村民自治，维护社会稳定。具体而言，应该做到：一是宣传贯彻党和国家现行的方针政策和法律法规，提供法律政策服务；二是指导基层民主法制建设，促进村民自治；三是健全农业社会化服务体系，引导农业产业结构调整，规范农产品市场，完善农业支持保护体系；四是对经济、人口、婚姻、住房、耕地等生产生活状况进行登记统计，对当地的生存环境进行及时到位的监测；五是做好卫生防疫、安全监管、优扶救济等工作；六是调解民事纠纷、接待上访群众、处理事故苗头、及时上报和处置重大社情、疫情、险情及突发事件等，维护社会稳定。要创新服务手段，运用政策引导、典型示范、说服教育、市场服务、技能培训、综合协调等手段开展工作。

建立乡村多元治理体系。一是继续转变乡镇政府职能。实现乡镇政府职能从管制型向服务型转变，至少需要同时具备四个条件：村民自治组织的作用增强，农村中介服务组织发展，农村经济水平提升和乡镇政府职能"法定化"水平提高。转变职能还要把成本概念、竞争机制导入政府管理，强调用市场经济的思维、规律、法则解决问题，进一步把一些技术性、服务性、辅助性的职能交给农村中介服务组织，将农村经济结构调整、劳动力转移、农业技术推广等一些政府管不了也管不好的事情转为由市场调节。乡镇政府职能转变的重点应放到建立健全农村市场经济体系，强化政府的社会管理和公共服务功能上，在管理方式上实现由微观管理向宏观指导转变，由计划手段向市场引导转变，由行政命令向管理服务转变。二是大力培育中介服务组织。提倡借助社会团体和民众力量共同承担完善基层农业服务体系建设、农村卫生应急体系建设、农村医疗互助制度建设、农村社会保障体系建设和扶贫帮弱救助制度建设等各项工作，积极支持行业协会、社会福利组织、社区组织等非政府公共组织的建设，把村民自治的职能交还给村民委员会，弱化政府统揽所有公共事务的角色职能，彰显社会共同承担公共事务的角色职能。三是促进公民有序的政治参与。推进政务信息公开，保障公民知情权，逐步扩大基层民主和社会自治，拓宽村民参与地方立法和政府重大决策的途径，继续完善听证、市民评议、信访等制度，创造良好的社会舆论监督环境，切实保障公民政治权力。

三、统筹城乡永远在路上

统筹城乡发展是一个历史过程，不可能一蹴而就。必须立足基本国情和各地发展阶段，做好总体规划和顶层设计，根据各地实际确定任务措施，有计划有步骤地推进；必须坚持政府引导、农民主体、社会参与，形成合力；必须创新体制，鼓励试点，支持探索，包容试错。

（一）统筹城乡是一个永恒课题

从全球统筹城乡形势来看，欧洲已经处在后工业化阶段，进入城镇化减速甚至逆城镇化阶段，经济发达，城乡和谐。北美和大洋洲地区人少、地多、资源丰富，城乡差异小。新兴国家，如日本、韩国及以色列人多地少、经济发达，城乡矛盾得到了很好的解决。而广大的发展中国家人多、地少、资源差，经济欠发达，又都处在城镇化和工业化加速发展阶段，城乡差异大、矛盾多，统筹城乡发展是未来一个时期十分重要的战略任务。

1. 城乡差异永远存在

1）中国地理生产条件决定小农业永远存在

中国农村的地形条件是七山二水一分田，12%的土地适宜耕种，水、光、热分布不平衡、不匹配，难以进行大规模、标准化农业生产。水资源是农业发展的命脉，我国总的情况是南多北少，有效灌溉面积仅为 52%。土地是农业的基础，我国总的情况是东多西少，农业"靠天吃饭"短期无法改变。由于中国地域辽阔，农村人口多，二元结构可能会长期并存，而且是不同的形态。

南方地区：水、热组合条件好，但多山地、丘陵，难以进行大规模机械化耕种；雨水丰沛、积温高、无霜期长、热量条件好，适合种植蔬菜、瓜果、花卉，但这些产业恰恰需要大量人工管护、采摘，属于劳动密集型行业。由于耕地受河流、湖泊、山地、丘陵阻隔，地形破碎，集中连片的土地相对较少，自古以来农民就是分散居住、分散耕作，小农业是主体，统筹城乡遇到的矛盾就大一些。

北方地区：地形相对平坦，总体适合规模化、机械化耕作，农村居民点的规模自古以来就比南方大，但雨热条件相对较差，降水少、无霜期短、积温偏低，农业生产效益相对要低，城乡差距较大，也是统筹城乡的重要问题。

西北牧区：内蒙古、新疆、青海、西藏等广大牧区，占国土面积的 41%，地广人稀，由于低温、少雨，草场、草原载畜量有限，牧民来回游动避免过牧，不适合大规模集中居住，也不适合农区的城镇化，统筹城乡最大的问题是基本公共服务。

2）中国地理居住条件决定小农村永远存在

中国的村有南方散居村落、北方的村庄、自然村（相当于村民小组）、行政村四种，中国的城镇有集中居住的乡集（乡场）、建制镇、独立工矿区、社区街道、城市、城市群六种，每一种聚落的人口和经济规模都不一样，多样化的聚落形态决定了多样化的统筹城乡道路和方式。中国辽阔的地域、众多的人口、巨大的区域差异决定了小聚落小农村永远存在。

城镇化的基本规律是从小聚落向大聚落发展，从村向镇、从镇向小城市、从小城市向大城市演化。据统计，我国镇区人口超过 10 万人的镇有 235 个、超过 5 万人的有 882 个，很多镇已具备城市的人口规模、经济规模和基本形态，但囿于行政体制束缚不能撤镇设市，要素保障滞后于城镇发展，城镇功能滞后于产业发展，城镇建设管理任务超载，发展活力和增长潜力得不到有效释放，解决这些问题都需要长期的过程。

3）中国城乡投入产出差异永远存在

决定生产要素流动的因素如下：一是等量投入的回报。要素总是流向回报相对高的地方。农业的属性决定投入产出相对于二、三产业要低。二是投入要素的回收期。同样回报的投入，尽可能追求投资回收期短的领域和区域。农业生产有周期，农田水利基础设施投资的回收期相对更长。三是投入风险。要素投入追求相对风险较小的领域和区域。二、三产业投入面临的主要是市场类风险，但投入农业除了要面对市场风险外，还要面对气候干旱、雨雪霜冻、风雹洪涝、动物疫病等天灾。四是投资管理的复杂程度。工业按照流水线操作，随时检验产品是否合格，随时根据市场变化调整产量和产品结构。与工业生产不同，农业生产是自然再生产与社会再生产紧密结合的过程，庄稼、畜牧、水产都是自然再生产，对自然环境依赖较大，农业更多地取决于动植物生长过程的管理，随时要适应环境的变化，农产品生命周期结束后才能知道准确的产量、质量，错过农时不能调整结构，质量不符合要求不能当即返工。

2. 城乡关系永恒变动

城镇化需要一个长期的过程，不能一蹴而就。2013 年 7 月，习近平总书记在湖北考察时强调，即使将来城镇化达到 70%以上，还有四五亿人在农村。农村绝不能成为荒芜的农村、留守的农村、记忆中的故园。城镇化要发展，农业现代化和新农村建设也要发展，同步发展才能相得益彰。像中国这样一个人口大国，在推进现代化过程中，必须选择稳健的城镇化道路，农民进城如果没有解决好生存与发展问题，势必影响城镇社会稳定，所谓稳健就是城镇化的规模、速度、节奏与城镇吸纳人口的容量，与农村转移人口的数量、速度、节奏大体相当。一是中国今天还没有庞大的经济实力，包括财政投入来解决全部农民工市民化问题，这涉及对城镇基础设施和社会公共服务的投入，农民工的社会保障和福利，农村生产力布局和结构的重大调整等。二是有市场经济就存在竞争和剩余，农民工市民化过程一定存在竞争和选择，只有最具备条件的农民工才应该先市民化，这是让劳动力市场保持活力的重要保障。如果取消了竞争和比选，就违背了市场经济规律。三是农民工的存在为应对经济波动增加了调节器。当经济波动下行乃至经济危机时，城镇就业机会减少，必然有一部分人员下岗，这其中当然包括农民工，而农民工回到农村尚有耕地确保其基本生计，比城镇下岗人员面临的生活压力相对要小，这些农民工在经济下行时期客观上为全国经济平稳运行做出了贡献。但从大局考虑，如果必须要有劳动力蓄水池应对经济波动，这个蓄水池放一部分在农村比全部放在城镇，社会稳定的压力要小。

城乡关系的演变是一个长期的动态过程。推进城镇化需要大力扶持发展城镇经济，引导农村劳动力转移，就会拉大城乡差异，为此，又需要加大对"三农"的投入，改善农村生产生活条件，我国每年都要出台针对"三农"的中央一号文件，就是要控制和缩小城乡差异。农村投入的加大和条件的改善，农民收入增加，吸引更多农民留在农村，结果又放缓农村劳动力向城镇转移的步伐。城镇化扶持政策和"三农"扶持政策都需要，政府的调控是跷跷板艺术。

3. 统筹城乡不是消灭差异

统筹城乡的实质是对城乡社会资源和财富实行二次分配。任何社会在收入分配和社会福利上都有差距，差别有两种情况：一种是合理的差别，如城乡居民由于禀赋不同，受教育程度不同，形成的知识水准、劳动技能不同，所得的劳动报酬也不同，这在社会主义初级阶段不可避免，也无法消灭；另一种是不合理的差别，如城乡之间存在土地级差地租和工农产品剪刀差，地区之间发展条件和环境不同，又没有相应的利益补偿机制。统筹城乡要体现按劳分配为主、多种要素参与分配的原则，这就不可能没有差别。统筹城乡不是要取消城乡差别，更不是吃大锅饭，如工业反哺农业、城镇反哺农村、发达地区对发展中地区的支持，都通过统筹来推进，从而促进了城乡协调，避免了社会矛盾冲突，有利于和谐发展。

（二）中国统筹城乡永远绕不开的大问题

1. 永远绕不开粮食安全问题

1）中国粮食产量年年增长但赶不上消费增长

我国土地的农业产出水平高。2016 年我国耕地面积 20.3 亿亩，占全球的 9%；年末中国内地总人口 13.8 亿人，占全球的 19%；粮食产量 61 624 万吨，占全球的 22%。可见，中国以占全球较小比重的耕地生产出了较大比重的粮食，养活了庞大的人口。

粮食产量增长赶不上需求增长。2003 年中国粮食总产量 4.3 亿吨，到 2015 年实现了"十二连增"，12 年增加了 1.9 亿吨（2016 年略降 0.8%）。但经济发展、人民生活水平提高和城镇化快速推进，人们对粮食等主要农产品的需求也在快速增长。一是人口增加和生活水平提高带来粮食需求增加。2011 年以来的最近 6 年全国人口平均每年增长 700 万人，并呈加快增长之势，2016 年净增加 809 万人。加上生活水平提高，根据有关专家测算，全国每年需要增加 35 亿~40 亿千克粮食。二是城镇化提速带来粮食消费结构改变。城镇居民口粮消费低，2015 年城镇居民人均消费粮食只有农村居民人均消费量的 70.6%，但食用油、蔬菜、肉类、禽类、水产品、蛋类和奶类消费量分别是农民人均水平的 109.9%、115.6%、125.1%、132.4%、204.2%、126.5%和 271.4%，肉、奶、蛋需要动物消费更多粮食和饲料来转化。城镇化加快意味着肉、奶、蛋消费增加。三是工业化带来粮食深加工转化需求增加。粮食用途多元化，酒精、淀粉等工业原料需要粮食转化，加剧了粮食供求矛盾。

2）进口量不断增加引发粮食安全隐忧

自 2009 年开始中国连续成为稻谷、小麦、玉米三大谷物净进口国，进口量呈现扩大趋势。2009~2016 年我国进口谷物和谷物粉分别为 315 万吨、571 万吨、545 万吨、1 398 万吨、1 458 万吨、1 951 万吨、3 270 万吨、2 199 万吨。2008 年我国粮食自给率曾高达 95%，2012 年降至 88.4%。2016 年全国消费谷物 17 172 万吨，进口依存度为 12.8%，自给率再降 1.2 个百分点。2016 年全国城乡居民消费食用植物油 1 381 万吨，进口依存度为 40%；消费猪肉 2 777 万吨、牛肉 221 万吨、羊肉 166 万吨、奶类 1 672 万吨，进口依存度分别为 5.8%、26.2%、13.3%、4.9%。从表 1-3 中可以看出，2016 年主要农产品进口数量大、花费金额多、增长快。从多年来《中国统计年鉴》反映的情况看，尽管一些年份有波动，但总体上我国主要农产品进口量呈不断增加的趋势。

表 1-3　2016 年我国主要进口农产品情况

进口货物种类	进口量/吨	增速/%	金额/万元	增速/%
肉类及杂碎	4 684 860	63.9	6 993 200	59.8
牛肉	579 836	22.4	1 659 781	14.7
猪肉	1 620 192	108.4	2 105 244	132.9
羊肉	220 063	−1.3	377 462	−16.4
冻鸡	569 132	44.3	811 759	45.5
乳品	2 246 332	21.2	4 498 409	19.6
奶粉（不含邮购和出国购买）	825 535	14.2	2 964 786	19.9
粮食	114 680 000	−8.1	27 416 233	−5.4
谷物和谷物粉	21 990 000	−32.8	3 752 058	−35.5
玉米	3 170 000	−33.0	417 124	−38.7
小麦	3 410 000	13.5	536 674	−3.9
稻谷和大米	3 560 000	5.5	1 064 913	14.2
大豆	8 391 000	2.7	22 467 133	4.1
食用植物油	5 530 000	−18.3	2 755 486	−11.5
花生油	106 963	−16.2	99 062	−6.3
棕榈油	3 160 000	−26.8	1 333 515	−22.3
菜籽油和芥子油	700 000	−14.1	345 178	−15.3
豆油	560 000	−31.5	299 572	−25.4
食糖	3 060 000	−36.8	773 162	−29.8
豆饼豆粕	18 077	−69.7	8 904	−65.4
羊毛	318 744	−9.8	1 549 712	1.0
棉花	900 000	−39.1	1 038 800	−34.7

资料来源：海关总署官网统计月报

　　像中国这样一个人口大国，粮食供不足需就很危险。2013 年中央农村工作会议指出："我国是个人口众多的大国，解决好吃饭问题始终是治国理政的头等大事。中国人的饭碗任何时候都要牢牢端在自己手上。我们的饭碗应该主要装中国粮，一个国家只有立足粮食基本自给，才能掌握粮食安全主动权，进而才能掌控经济社会发展这个大局。"我国农业基础薄弱的状况尚未根本改变，农业生产力的发展仍然明显滞后，对此在任何时候都不能掉以轻心。

　　3）国内主要农产品价格大大超过国际市场农产品价格

　　国际粮食进口到岸价格比国内低很多。从表 1-4 中可以看出，2016 年国内部分农副产品价格普遍高出国际市场 1 倍以上。由于数据调查没有涵盖所有进口货物，可能不是所有国内农产品价格都比国外的高，也不排除一些地区、季节上的价格差异，但总体上看，中国主要农产品在国际市场上没有价格竞争力。

表 1-4 2016 年主要农产品进口价格与国内市场比较（单位：元/千克）

进口货物种类	中国海关进口价	国内大型农贸市场平均价
牛肉	28.63	53.41
猪肉	12.99	26.08
羊肉	17.15	46.9
奶粉	35.91	150.0
玉米	1.32	2.94
小麦	1.57	2.6
稻谷和大米	2.99	5.32
大豆	2.68	5.33
花生油	9.26	24.67
菜籽油和芥子油	4.93	7.5
豆油	5.35	11.8
食糖	2.53	6.5
棉花	11.54	15.6

资料来源：中国海关进口价根据海关总署官网数据和表 1-3 计算整理。国内大型农贸市场平均价根据价格行情网等相关市场网上资料整理

4）粮食进口问题将长期持续存在

1995 年中国还是大豆净出口国，2016 年进口 8 391 万吨。世界各国正常年景生产大豆总计 2.5 亿吨左右，各国自己消费 1.5 亿吨，投放在国际市场销售 1 亿多吨，超过 80% 运到中国。受中国人饮食结构的影响，食用油需求量大，进口大豆主要用于榨油，国内食用植物油严重短缺，除了进口大豆用于榨油外，2016 年还进口 553 万吨植物油。按照中国的粮食生产率，种植 8 391 万吨大豆至少需要 6 亿亩耕地，由于粮食总量不够，无法腾出耕地多种大豆、少种粮食来平衡大豆进口。我们面临的局势是：要么多进口大豆、少进口粮食，要么少进口大豆、多进口粮食，而大量进口粮食的弊端显然要大（下文详细分析）。从目前情况看，未来相当长时期中国需要进口 8 000 万吨以上大豆的格局无法改变。

5）调整粮食政策需要慎重处理重大关系

（1）处理好基本自给自足与适当进口的关系。我国的粮食政策必须立足基本自给自足，允许适当进口来调整粮食消费结构，满足国民多样化需求。而实现基本自给自足首先应增强粮食生产能力，关键是提高农业科技水平，改善农业社会化服务业体系，加强农田水利等基础设施建设，增强土地产出能力，不断提高粮食产量。尽管我国外汇储备高达 3 万亿美元，但如果放开粮食进口，国内受影响最大的是农村 6 亿农民的生计，2 亿多农村劳动力的就业，留在农村种地的大都是老人和妇女，他们无法被城镇吸纳就业，如果不种地，这个庞大的群体就没有就

业出路，没有其他生计赖以维持生存，调整粮食政策不能使这个农民群体的利益受到太大伤害。如果放开粮食进口，对国外影响最大的是国际市场粮食供应量和价格。2016 年中国 13.8 亿人，全世界一年正常年景出口谷物 2.6 亿~2.8 亿吨，我国一年的粮食需求量是全球粮食市场供应量的两倍，我国的购买力和需求可以把全球粮食买完。如果放弃了粮食基本自给的目标，对全球粮食市场乃至全球资源配置的冲击都很大。据有关资料，目前全球有 9 亿多人严重缺粮，如果中国大量进口粮食，一些缺乏耕地、人口不多但要靠进口粮食的国家就可能吃不上饭，中国大量进口粮食必然引发国际纷争。由于国际粮价话语权掌握在少数粮食出口大国手中，也受到大宗商品期货市场和金融资本操纵，还有气候变化等不确定性影响，如果有人利用中国因素炒作粮食期货价格，引起价格剧烈波动，就为"中国威胁论"找到了口实。因此，中国确保粮食基本自给是对全世界粮食市场做出的巨大贡献。

（2）处理好政府推动与农民自愿的关系。中国连续 12 年实行最低收购价格、临时收储价格的政策，已经基本实现了刺激粮食增产、带动农民增收的目标。粮食政策到了需要调整的时候了，2014 年国家开始对主要农产品价格形成机制、补贴政策、收储政策进行了适度调整。例如，在新疆和东北三省、内蒙古东部地区实行棉花和大豆的目标价格改革，实行轮作休耕试点，实行"藏粮于地、藏粮于技"的战略等。这些年，一些地方推动农民调整种植结构、发展多种经营，但效果往往适得其反，遭到农民埋怨，主要原因在于我们对市场的把握与实际不符。有时一窝蜂上烤烟，结果烤烟销售难；又一窝蜂种苹果，结果苹果烂市。种植业结构调整不能采用计划经济的办法，要尊重农民自愿，遵循市场经济规律，结合各地实际，把握时机进行引导和推动。

（3）处理好市场调节与政策引导的关系。一是发挥市场供求在价格形成中的基础作用。农业生产说到底是经济活动，必须遵循市场规律，首先要把国内粮价逐步回归到与国际市场粮食价格相近的水平，这样才有利于抑制粮食进口、减少国内粮食库存量、恢复国内粮食的市场流通。其次要根据供需变化和价格涨落来安排农业生产，利用市场机制调整种养殖结构，根据消费需求的多层次、差异化来引导农产品生产的多层次和价格的差异化。二是政策引导要顺势而为。政府的补贴既要考虑农民增收，也要考虑 WTO 规则，更要考虑农业可持续发展。我国"黄箱"政策已经用尽，入世时承诺的黄箱补贴上限不超过农业产值的 8.5%（发达国家为 5%，发展中国家为 10%），目前有些农产品补贴已经超越上限，再补贴就违反了 WTO 的规定，且一直补贴下去不可持续。要采取 WTO 所允许的"绿箱"补贴政策，与粮食产量、粮食价格脱钩，加大农业科研、土地整理、农田水利、农村道路、扶贫开发、农民培训、科技推广、自然灾害救济补贴等投入力度。用好"蓝箱"政策，逐步取消种粮直补，放开保护价收购，对地力下降的土地实行休耕，实现农业可持续发展，对由于补贴减少或价格下调引起的农民收益损失，可以通过加大农村社会保障的财政投入来弥补。

▶**专栏 1-7**

WTO 设置的粮食"黄箱""绿箱""蓝箱"政策

"绿箱"政策：补贴不进入成本核算，不干扰市场价格的国内支持政策，包括：农业科研、农业基础设施建设等补贴，粮食安全储备补贴，与生产不挂钩的收入补贴，自然灾害救济补贴，农业结构调整投资补贴，农业环境保护补贴等。在《乌拉圭回合农业协议》下不需要做出减让。"绿箱"政策是 WTO 成员对农业实施支持与保护的重要措施。

"黄箱"政策：政府对农产品的直接价格干预和补贴政策，包括对种子、肥料、灌溉等农业投入品的补贴，对农产品营销贷款的补贴等。农业补贴进入成本，干扰市场价格，妨碍农产品自由贸易，要求成员方用综合支持量来计算其措施的货币价值，并以此为尺度逐步进行削减。

"蓝箱"政策：限产计划下给予的某些直接支付政策，包括休耕补贴、按固定面积或者产量提供的补贴、根据基期生产水平85%（含85%）以下提供的补贴、按牲口的固定头数所提供的补贴，无须承担削减义务。

2. 永远绕不开农业现代化问题

到 2020 年，中国将全面建成小康社会，开启现代化建设新征程。现代化自然包括农村现代化，农村现代化需要农业现代化支持，农业现代化绕不开规模化、专业化经营。中国人多地少，农村一家一户精耕细作，增产的空间十分有限，更何况农村妇女和老人正成为农业生产的主要劳动力，年老体衰不堪繁重的体力劳动，解决"老弱病残"种粮食的问题只能走机械化的道路，农业机械化要求土地规模化，只有规模化才能支持机械化的高成本。当前我国农户分散经营的模式制约了农业机械化、现代化发展，要在坚持农村土地集体所有的前提下，促进土地使用权有序流转，向种田能手或农业经营组织适当集中，提高农业生产效率，也让无力耕种、不愿多种地的农民有序退出。

1）土地流转的障碍

（1）自然条件的限制。南方山区土地规模化空间有限，有的省市山区深丘占75%，平坝占7%，15°以上坡耕地占50%左右，中低产田土地占70%左右，有效灌溉面积仅占30%，人均耕地1.1亩左右，绝大多数农户承包经营的耕地规模小且高度分散，多"鸡窝地""插花地""巴掌地"，即使流转集中到种田大户手中也难以大规模机械化耕作。

（2）有的农民撂荒也不愿意流转土地。耕地对农民起着保障基本生计的功能，具有托底作用。保留了耕地，农民就可进可退——进城可务工、返乡可务农，这就避免了经济下行期间由于农民工在城镇失业而沦为游民，影响社会稳定。由于取消了农业税，农民撂荒耕地不会支出任何成本。如果耕种反而要投入种子、化肥、农药和人工费用，一旦农产品价格下跌，生产就可能亏损，流转耕地后双方因为农业亏损可能扯皮，土地流转的收益本来就不高，一些农民不愿意因土地流转费用与邻居讨价还价，影响邻里关系。当无力耕种或因农业收益太低不愿耕种时，一部分农民工宁愿选择撂荒土地。

（3）利益连接机制缺失影响土地流转。土地规模化经营如果与农民个体利益脱节，农民出工不出力，反而降低农业企业的经济效益。例如，农业企业租地经营，雇农民种养管护，农民的务工收入与工作量挂钩，一般按日或按月结算，与农业企业的收益不挂钩。由于农业生产周期较长，作物一般春种秋收，药材、果树甚至需要多年才有收成，期间又有气候变化、病虫害等因素影响作物生长，结果一些农民在种养管护期间出工不出力，农业企业也难以发现。在农业企业与农户利益连接机制缺失的情况下，流转土地越多，企业遇到的麻烦可能也就越多。

针对上述障碍，要因地制宜积极探索，稳步发展农业规模经营。一是尊重农民意愿。以农民为主体，坚持依法自愿有偿流转土地经营权，不能强迫命令。2007年国家批复重庆为全国统筹城乡综合配套改革试验区，重庆在全面推进改革试验的基础上，又选择九龙坡、梁平、垫江 3 个先行示范区县分类改革试验。其中梁平在农村土地制度改革试点上取得了一些突破。二是明确接盘主体。坚持家庭经营在农业中的基础性地位，将家庭农场、专业大户等适度规模经营农户作为扶持对象。对工商企业租赁农户承包地严格准入门槛，建立资格审查、项目审核、风险保障金制度，对准入和监管制度做出明确规定。三是鼓励适度规模。不同的生产力水平下农业产业化经营有不同的合理规模，要根据各地发展基础和耕作条件稳妥地推动适度规模经营，重点支持土地经营规模相当于当地户均承包面积 10~15 倍的专业大户及家庭农场。要把握社会承受程度，兼顾效率与公平，既注重提升土地经营规模，又防止土地过度集中，尤其南方地区人均耕地少，流转耕地规模太大会让多数留守农民无地可耕甚至无工可打，流转规模太小又没有效益。例如，假定有 1 000 亩耕地流转给一户人家种，该户一年收入 100 万元。流转给 10 户人家种，每户收入 10 万元。从经济学角度分析，按照效益优先原则流转给一户最好；从社会学角度分析，按照公平优先原则流转给十户最好，因为涉及社会民生，涉及资源分配公平公正问题。四是土地流转与城镇化进程和农业社会化服务水平相适应。土地流转后富余出来的劳动力一部分能够就地雇佣成为务工农民，一部分能够转移到城镇就业。土地流转规模还要与农业科技进步和生产手段改进相适应，与农业社会化服务水平提高相适应。

▶专栏 1-8

重庆梁平"三方联动供需平衡"的土地承包经营权退出机制

一是发包方有退出通道。村（组）集体经济组织作为发包方，建有畅通退出机制是基础。目前的《中华人民共和国农村土地承包法》（简称《农村土地承包法》）对自愿有偿退地没有约定，在允许试验的前提下，制定统一的有偿退出土地承包经营权的办法和流程，让"想退出"的农户"能退出"。

二是退出方有退出意愿。退出农户自愿退出是关键，坚决防止强迫农民退地。随着城镇化的推进，土地的生存保障功能正在弱化，如果农民在其他非农产业获得了稳定的收入，他们有退出土地承包经营权的意愿。

三是承接方有用地需求。农户退出的承包地，有人接盘经营是保障。集体用退出的承包地经营、入股、出租、发包，收入归还周转金，方可最终解决周转金筹集、兑现问题。

四是供需关系力求平衡。坚持政府引导、市场配置，不用行政力量强推，发包方居中协调，供需双方对接，退地行为水到渠成，事半功倍。

2）农业专业化经营面临的障碍

（1）农村劳动力的限制。鲜活农产品、高附加值农产品需要精细化生产、专业化管理，对种子选育、栽培、采摘、保鲜、储存、运输、销售各个环节都有技术要求，如大棚种植与滴灌技术、温控、采光、通风等信息控制、自动化控制技术密切联系，对农民的文化素养和专业技能要求高。推进农业专业化经营必须以新型职业农民为主力军，引导和组织有关涉农职业学校培育新型职业农民，择优遴选培育对象，建立培育场所和实训基地，并从资金、项目等方面对新型职业农民的生产经营活动给予倾斜和扶持。

（2）社会化服务体系的限制。以家庭为农户生产经营基本单元，获取社会化服务的成本高。要把农民组织起来，打造不同类型的新型经营主体，培育专业大户、家庭农场、农民合作社以及农业产业化龙头企业，配套完善农村基础设施、农业机械化、农产品质量安全、农产品加工和流通、农业科技和信息、农村金融等农业社会化服务体系。

（3）融资的限制。大棚种植、工厂化养殖的投资大，一家一户农村家庭和一般合作社的自有资金不够，融资难、融资贵是农业专业化经营面临的重要问题。要在坚持不改变土地集体所有性质、不改变土地用途和不损害农民土地承包权益的前提下，不断扩大农村产权抵押融资范围，推广土地收益保证贷款。探索农村土地承包经营权流转、林木种植、水利设施建设和公路建设等"四证"为有效抵押融资凭证融资。引导有融资需求的农户合作组建非营利性的村级金融服务组织，为农户向银行申请抵押贷款提供农村产权托管、风险代偿及资产处置服务。积极稳妥地推动农村资金互助社等新型农村合作金融组织规范发展。

3. 永远绕不开生态补偿问题

中共十八大、十八届三中全会、十八届五中全会接连提出，要建立反映市场供求和资源稀缺程度、体现生态价值和代际补偿的资源有偿使用制度和生态补偿制度，推动地区间建立横向生态补偿制度。国务院出台了《关于建立健全生态补偿机制的若干意见》等一系列政策。

统筹城乡生态文明要体现城镇对农村的生态补偿。在城乡关系中，农村为城镇提供三大产品，也承载着城乡之间的三大矛盾。一是农村提供农副产品，承载了农产品和工业品之间的价格矛盾；二是农村提供劳动力，承载了农民工与城镇居民"同工不同酬、同命不同价"的矛盾；三是农村提供生态产品，承载了农村治理保护投入、城镇享受生态环境的矛盾。按照谁开发谁保护、谁受益谁补偿的原则，综合考虑生态系统服务价值、生态保护成本、发展机会成本，要通过经济补偿维护城乡公平，保护和治理生态环境。但这是一项动奶酪的改革，直接影响到城镇与农村、政府与企业、公众与市场的利益平衡，必须在各方利益中找好平衡点。

生态补偿一般遵循四原则，即城镇补农村、平坝补山区、河流下游补上游、主体功能区的开发区补保护区，但在实际操作中往往出现矛盾。以重庆为例，经济相对发达的主城区、城市发展新区处于市域长江干流的上游，上游改善生态、治理污染后，一江碧水流到市域下游的三峡库区，从理论上讲应该是下游的三峡库区对城市发展新区和主城区进行生态补偿，因为上游治水才会有下游的清水，但三峡库区恰是重庆的欠发达地区，这就会出现"穷人补富人"的现象。从更大范围看，重庆三峡库区的生态功能建设应该由处于更下游江段的湖北、湖南乃至江苏、上海等省市来主要补偿，因为这些省市享受了三峡库区退耕还林创造的生态价值和治理污水、垃圾所获得的环境价值，重庆主城相距三峡库区 600 多千米，没有享受到三峡库区提供的清洁水源、洁净空气。这样，生态补偿就遇到了矛盾。

目前生态补偿在操作层面至少有三个体制瓶颈。第一，中央牵头组织与地方属地责任的矛盾。生态补偿说到底就是利益再分配，同一层级区域之间、城乡之间的补偿只能由上一级政府来牵头，省市之间没有行政隶属关系，上游省市不可能要求下游省市进行横向财政转移支付。而目前生态环境治理保护又按照属地责任原则，国家要求地方承担主体责任。到底由谁来牵头统筹协调建立成本共担、效益共享的机制，至少省际生态补偿只能由中央政府来统筹协调。第二，各方诉求和利益平衡的矛盾。以长江流域为例，下游的上海、江苏每年上缴中央财政的资金占这些省市总税收的大部分，这部分财政收入经过中央转移支付拨给了包括长江上游在内的中西部省市，再让下游省市对长江上游进行生态补偿需新增税收科目，地方阻力较大。而长江上游地区因为生态功能定位、持续的生态投入、产业结构调整等，与中下游地区的发展差距持续拉大。第三，生态补偿的计算、评估、裁决的矛盾。乡村对城镇的生态价值也是一个动态变化的过程，哪些指标算、怎样算、算多少，各方看法都不一致，这就要求第三方机构既专业权威、又公正公平，否则乡村不满意，城镇也不满意。要探索建立统一可行的生态资源承载力水平及价值量测算工具，开展乡村生态资源价值评估试点，将生态资源价值量的增损作为地方经济社会资源环境水平的重要考量指标。

处理好各方面利益平衡。一是建立有利于乡村、山区、河流上游地区的生态补偿体制机制。在国家层面首先建立东、中、西部之间，大江大河上中下游之间的生态补偿机制。省市之间的生态补偿由国家部委牵头组织实施、中央财政负担，省际不发生横向支付。只有解决了省际的生态补偿，才能解决省内城乡之间的生态补偿。二是建立与生态环境保护目标挂钩的横向激励-惩罚机制，如乡村、山区达到了约定的生态功能则城镇需要补偿，若不达标则向城镇进行经济赔偿。三是建立多元化的生态补偿投入机制。鉴于自然资源的使用人或受益者是全体公民，主要应由国家对乡村生态环境进行补偿，建立以中央财政为主的生态补偿资金支付机制。中央财政增加用于限制开发区和禁止开发区生态保护的预算规模和转移支付力度，增加对乡村、山区、贫困地区环境治理和生态保护的专项财政拨款、财政贴息和税收优惠等政策支持。对公益林进行生态效益补偿，通过加大对农户的补助，让公益林得到有效保护。西部地区尤其是长江上游地区生态建设的任务繁重，但这些地区是我国欠发达地区，在这些地区开展城乡生态补偿不过是落后地区之间的相互帮助和收益转移支付，作用和意义都十分有限。应该主要通过东、中、西部之间，大江大河上中下游之间的生态补偿来推动城乡生态补偿。同时，某些自然资源的使用人或受益者是少数群体，按照"谁开发、谁保护、谁利用、谁补偿"的原则，受益者应从收益中安排资金予以补偿，这有利于将生态补偿资金纳入企业开发建设成本，逐步建立起稳定的投入渠道，确保生态补偿机制的有效运转，最终推动形成生态环境"有偿使用、全民受益、政府统筹、社会投入"的良性格局。例如，推动矿产资源开发生态补偿，矿山企业在采矿过程中以及矿山停办、关闭或闭坑时，按照有关标准预提并单独存储一定的矿山环境治理和生态恢复保证金，主要用于开发矿产资源造成的矿山环境破坏后的恢复保护和地质灾害及其隐患的治理。

（三）统筹城乡改革急不得也拖不得

经过30多年的改革，目前大多数易改的问题基本解决，剩下的都是多年想改未改、改了未改到位必须攻坚的"硬骨头"，这些问题往往与政治、文化、社会等领域的改革联系在一起，受到既得利益集团的干预，各种关系盘根错节，统筹兼顾各方面利益难度加大，各种社会矛盾可能激化，改革风险增加。推进改革攻坚，既要有一定的力度和气魄，确保在关键环节和重要领域不断突破，也要考虑城乡居民的承受能力，确保社会稳定。

1. 当前城乡改革不能再"摸石头过河"

单靠"摸石头"不能有效解决复杂问题。1978 年的农村改革、1984 年的城市改革，都是前无古人的尝试，只能"摸着石头过河"。当前改革进入深水区，既有传统体制中剩下的"硬骨头"，也有多年经济持续快速发展累积的一些矛盾；既有宏观经济放缓暴露出的新问题，也有国际经济环境提出的新挑战，这些问题交织在一起，系统性、复杂性、风险性强。由于水太深，不能再采取摸石头过河的办法，必须调整思路，另辟蹊径，这就需要理性的顶层整体设计，谋定而后动。

统筹城乡改革已等不得、拖不起。马克思认为经济基础决定上层建筑，当前中国正处于跨越"中等收入陷阱"的关键阶段，需要建立相应的体制机制。由于生产成本上升和资源环境承载力下降，我们已难以与低收入国家竞争；由于企业和全社会创新能力不足，又难以与高收入国家竞争，各种矛盾和风险在不断集聚，改革形势十分紧迫。尤其是农村税费改革后，基层政府职能转变不及时、不到位，行政理念及管理服务方式转变滞后。一些农村基层干部适应新形势和解决新问题的能力较差，求稳较多，敢闯较少；应付较多，开拓较少。解决农村经济发展问题、法制建设问题、农民利益协调问题、社会治安问题等，都亟须改革突破，统筹城乡改革已等不得、拖不起。

2. 新阶段统筹城乡要"穿新鞋走新路"

1）开展新的谋划

谋划新阶段宏观层面的统筹城乡改革大思路，把握改革走向、制订总体方案、提出重点。谋划宏观层面的改革就是抓好顶层设计，顶层设计不等于上级乃至中央设计，即使是乡镇基层的改革也需要全域规划和分阶段安排，如果就事论事，改革就会缺乏顶层设计和全局观，如果头痛医头脚痛医脚，改革就会缺乏长远谋划和通盘考虑。顶层设计不是讲大道理、喊大口号，要提出有针对性、操作性的措施，如要建设产权清晰的农村市场经济，兼顾长远和近期、需要和可能、公平与效率，这些提法大方向都对，但指导性、操作性不强。顶层设计不能事无巨细、包罗万象，而是突出首要，纲举目张。例如，农村闲置资产股权化就涉及十分具体的清产核资、量化确权、量化确股等问题。

2）设计新的路径

统筹城乡推进困难，既有改革本身的问题，包括改革目标、改革重点、改革措施等设计是否合理，也有工作层面的落实问题，包括实施路径、操作办法、技术流程等，现实生活中往往忽略后者，如果将工作重心放到多出文件、多制定政策上、搞形式主义，做表面文章，但最后落不了地，还是解决不了问题。下一步抓统筹要突出抓落实，一是注重统筹衔接。上下衔接要根据中央部署深化、细化地方统筹城乡改革思路；横向衔接要注重各个专项改革方案的衔接，不脱节，更不要冲突；纵向衔接要注重改革短期目标与长远目标的衔接。二是注重统筹平衡。对改革的节奏、力度和社会的承受能力结合起来深入研究，把握好轻重缓急，既要大胆探索，着力于制度建设和体制创新，避免问题拖延不决；又要沉着冷静，周密安排，避免社会震荡。三是注重统筹把关。保证部门和地方不要抢跑、不跑偏。

3）实施新的监督

改革要依靠部门但不能依赖部门，过去一些地方统筹城乡改革机构抓改革，要么注重前端的方案谋划，结果有的部门被实施部门应付糊弄，改革"虎头蛇尾"；要么亲自"披挂上阵"，由于跨行业跨专业，有时被弄得"焦头烂额"。要解决公众利益部门化、部门利益个人化的问题，为防止有的部门利用改革的主导权来维护和谋取本部门、相关企业和个人的利益，就必须加强监督。要解决过去部门自己改自己不深入不全面，端架子、装样子和绕圈子等问题，必须动态跟踪各个专项改革过程，对推进不快、推进不力的要加强督促，不能文件来、文件去，看材料、听介绍。

4）开展新的评估

评估是对改革方案实施过程和效果的全面检视，是对改革态势的再认识。由于长期以来改革的风险主要由执行层承担，造成一些地方有了"等""怕"的心态，评估可以及早发现问题并纠错，减轻执行层的思想负担，如果是政策设计问题就要提出调整建议，如果是操作问题就要提出纠偏办法。评估可以采取有关部门评估、独立第三方评估、企业和老百姓调查评估，提高全社会对改革的关注度和凝聚力。要通过评估总结提炼改革创新的做法，形成制度方法和推广经验。

3. 深化土地制度改革势在必行

1）创新农村土地制度

规范农地征用制度。为确保粮食安全，中国实施最严格的耕地管控制度保护18亿亩耕地红线。建设用地的供给实施严格的指标控制，即按照土地利用总规划（规划期为15年）、城市总体规划（规划期为10年）、城市新增建设用地规划（规划期为1年），确定土地供应和利用计划，并严格按照计划征收、储备土地。

（1）科学合理地确定征地补偿标准，平衡被征地农民与城镇开发的矛盾。如果没有科学的标准，各方就会各自从自身利益出发漫天要价，农民谈征地补偿标准最好是天价，企业谈征地补偿标准最好是白送，地方政府谈征地补偿标准最好是低进高出有差价，所以合理的征地补偿标准应该科学计算，不是某一方说了算。征一块地对农民的补偿，应该从土地出让收益中去除全部土地的征地成本、整理成本、绿化和基础设施投入成本，剩余部分全部给予农民补偿，这样做地方政府征地就既不赚钱，也不会贴钱搞道路和绿化，不贴钱在市政公益设施用地上，工商业用地按照征地成本加土地整理成本价出让，政府没有优惠，工商企业没有占农民的便宜。账目清楚，农民自然就认可。如果在征地、土地出让过程中让农民代表参与，增加透明度，政府不偏不倚，标准就能为各方接受了。

（2）改革现行征地制度，平衡被征地农民与公众集体利益。一是尽可能缩小征地范围，规范征地程序，扩大国有土地有偿使用范围，减少非公益性用地划拨。二是探索农地直接入市。在城镇规划范围内的农村土地，允许一些地方探索让农民的土地直接进入建设用地市场的路径，在土地利用规划确定的城镇建设用地范围外，经批准占用农村集体土地建设非公益性项目，允许农民依法通过多种方式参与开发经营并保障农民合法权益。例如，只要符合城镇土地利用规划，城郊农村建设用地要作为商品住宅建设用地，可以探讨不实行政府征收，让农民集体的土地直接与开发商交易，其土地增值中的一部分用于农民的安置补偿，另外一部分可以交给开发商建设配套设施，或者农民集体成立公司建设配套设施，或者交由第三方建设。规划建设必需的配套设施是这块土地增值的前提条件，商品住宅如果没有规划建设配套设施，其土地是卖不出好价钱的。按照这样的思路，可以实现农村集体经营性建设用地出让、租赁、入股与国有土地同等入市、同权同价，实现土地价值重估，城乡建设用地市场就实现了统一。改革现行征地制度，目的是既要重视土地对农民的社会保障功能，更要重视土地对农民的资本增值功能。

2）发挥好两个规划的管制作用

中国土地市场城乡分离。城镇土地属于国有，农村土地属于农民集体拥有，农地转非农用地受政府管制。符合城镇规划和土地利用规划（简称"两规"）是农村土地变更为城镇建设用地的前提。

城乡土地价格差异悬殊，不是因为用地性质不同，而主要是因为用途不同。同样一块农用地，如果确定为建设商品住宅或修建鱼塘，价格差异就显现出来了，而这个用途的确定就是"两规"，因此，规划确定土地用途，用途决定土地价格。一块鱼塘用地无论在城镇还是在农村都不会卖出"天价"，除非变更用途。编制好、使用好和管理好城镇土地利用规划，城镇土地性质的差异、城乡分隔的土地市场问题都会迎刃而解。农民手中的土地虽然多，但由于规划用途决定了城郊大部分农村土地、远郊所有农村土地都不能作为建设用地，也就不可以进入土地市场，城镇土地市场不会受到冲击。

编制规划、变更规划是农村土地用途变更的条件。这就要求土地利用规划的编制和变更必须科学合理、程序合法。规划的制定一定要广泛征求社会的意见，注重扩大农民参与。土地用途的变更需要以规划变更为依据,而变更规划要强化程序性、权威性,规划是政府定的,也是"管"政府的,规划经法定程序批准后,任何人都必须遵守。

4. 解决好热点难点问题

1)户籍改革要积极稳妥梯度推进

中国农村人口多,彻底放开城乡户籍管理,政府财力做不到,城镇基础设施支撑不了,管理和服务也跟不上,只能按照城镇等级规模设定不同门槛,根据农民工在城镇的情况设定不同的标准稳妥梯度推进户籍改革。大城市、特大城市继续严格控制人口总量,根据城市经济社会发展需要引导人口有出有进,优化结构布局,进一步提高户籍人口的比重。中小城市和城镇放开户籍,但也要以稳定就业为前提,尊重农民意愿,坚持自愿转户。转户居民就业、养老、医疗、住房、教育等城镇保障一步到位,通过多种形式保障转户居民在城镇社区参与社会事务管理和民主选举的权益。保留转户居民在农村的相关权益。对自愿退出的承包地,通过市场化方式处置利用,确保不闲置、不撂荒。

2)农民工住房保障要更加精准

安居才能乐业,在农民工最急需解决的问题中,居住问题是第二位的紧急问题,政府要着力帮助解决。一是科学确定城镇房地产总量。根据农村人口转移速度、流向准确测算城镇人口扩张速度、规模和农民工分布,结合户籍改革更加精准地解决好转移人口的居住问题。住房和城乡建设部规定,城镇人均住房建筑面积(30平方米),乘以城镇规划人口数量,就是城镇所需的房地产总量。将10年的规划总量分解到每个年度,确定当年施工量、建设量,有序推进建设。二是科学合理规划布局。针对农民转移人口的住房保障与工业园区的分布协调,与城镇商品住房布局、商业中心布局协调,共享城镇公共服务和生活环境,避免社会阶层隔离和形成"贫民窟"。

3)城中村要改造"老村"避免"新村"

结合统筹城乡改革,要抓好城中村的系统改造。一是留村升级。将一些难以城镇化的城中村保留下来,深度融汇地理景观和本土文化,策划升级打造成都市田园、古镇名居等个性风情。例如,云南普洱市平原村,城中村改造抓住中心城区拓展的机遇,投资9亿多元整体打造平原新村,凸显普洱茶文化特色,集居住、商贸、旅游、休闲为一体,美其名曰"普洱茶马古镇"。青岛打包改造城中村,形成"Beer民俗文化街"。广州荔州区白鹅潭片区城中村统一打造"一江两岸、百里河涌"的秀水花乡。二是拆迁升级。结合城市规划整体拆迁城中村,在城中村内、外分别配置产业用地。在整体安置区内布置以商业、服务业为主的用地,以满足近期还建居民就近就业的需求;在整体安置区外布置以工业为主的用地,以满足远期集体经济组织发展的需要。例如，北京在改造唐家岭村时就考虑到农民长远生计问题，调整部分产业用地用于中关村园区新建配套设施；部分集中建设公租房，产权为集体所有或原住民所有，定向出租给流动人口。三是预防新生城中村。按照城乡"统一规划、统一布局、统一建设"的原则，要超前谋划城市发展建设，有效控制新区出现潜在城中村。对城市紧邻的农村要与新区作为有机整体进行规划，成片储备土地；对城市周边近郊的村镇建设要以乡镇而不能以行政村为单元分散预留，将各村还建用地、产业用地、开发用地统一规划选址，积极完善环境规划，市政基础设施和公共服务设施与村庄规划建设相配套，既要形象换貌，又要产业升级，还要传承文化，避免出现新的城中村。

第二章　统筹城乡新理论

一、近年国内统筹城乡理论综述

进入 21 世纪以来，尽管我们党和国家加大了对"三农"问题的解决力度，但由于我国"三农"问题是长时间形成的，不可能在较短的时间根本解决，城乡差距扩大、城乡矛盾突出的问题仍然存在，而且在有些方面还有不断加深的趋势。针对这一情况，党中央、国务院高度重视，自 2004 年开始连续 14 年发布以解决"三农"问题为主题的一号文件，并在十六大、十七大和十八大上提出高度重视统筹城乡、构建城乡经济社会发展一体化的新格局。与此同时，统筹城乡问题也引起了理论界、学界的广泛关注，呈现了较为丰富的新理论成果。

（一）统筹城乡的定义

1. 统筹城乡的科学内涵

马克思、恩格斯和列宁都没有直接用"统筹城乡"的概念，但他们的文章中不乏"城乡一体化""城乡融合""城乡连接"等理念与思想。我们认为，从导师们的理论来看，这些概念与"统筹城乡"具有本质的一致性。

党的十六大以来，我国理论界对统筹城乡发展的内涵进行了广泛的讨论，尽管研究较多，但已有研究的文献显示，目前对统筹城乡发展尚没有形成统一的解释。有人提出统筹城乡发展主要就是保持城乡协调发展，并非城乡要有统一的政策；也有人将统筹城乡发展定义为城乡平等、共同发展；较多的人认为统筹城乡发展就是要改变过去长期实施的"重工轻农、城乡分治"的经济社会发展战略，把整个"三农"的发展纳入国民经济和社会发展的全局中统一规划，逐步缩小城乡产业、居民收入和公共服务等方面的差距，逐步消除二元经济社会结构，实现城乡各具特色的一体化发展。

提出"统筹城乡发展"的理念固然重要，但理解其科学内涵更为关键。就其内涵我们选择两种比较典型的观点。一是提出统筹城乡经济社会发展的基本内涵，包括：统筹经济资源，实现城乡经济均衡增长和良性互动；统筹政治资源，实现城乡政治文明共同发展；统筹社会资源，实现城乡精神文明的共同繁荣。二是提出其基本内涵，包括：改变和摒弃过去"重工轻农、城乡分治"的传统观念和做法，通过体制改革和政策调整，清除城乡之间的樊篱；破除城乡"二元结构"，把城乡作为一个整体，对国民经济发展计划、国民收入分配格局、重大经济政策等，实行统筹城乡；把解决"三农"问题放在优先位置，更多地关注农村、关心农民、支持农业，实现城乡协调发展。统筹城乡是一个内涵丰富的整体设计，它体现在经济、社会、文化、政治和生态发展的各个方面。一是统筹城乡生产力布局，提高现代农业的生产力发展水平；二是统筹城乡产业结构调整，加快农村一、二、三产业的融合发展；三是统筹城乡就业，加快农村富余劳动力向城市的转移；四是统筹城乡社会事业发展，提高农村教育、卫生和文化水平及其他公共服务水平；五是统筹城乡投入，加大对农业和农村的支持保护力度；六是统筹城乡的空间布局，逐步实现空间、生态、人口的科学布局。我们相对更倾向于第二种观点，总体来看，就是要贯彻党中央决策部署，按照"五位一体"总体布局和"四个全面"战略布局，认真落实"五大发展"理念，统筹考虑城乡发展，最终实现城乡一体化。

2. 基本内容的界定

具体内容上可以从多角度去分析，从大统筹方面，应该包括城乡关系、城乡要素、城乡发展三大方面；从内容层次方面，涉及农业、农村和农民三大层面；从统筹路径方面，包括党和各级政府谋划城乡关系与经济社会发展，消除城乡二元结构及其赖以存在的政策和制度安排，构建城乡兼顾、协调发展的平台，建设包括农村在内的全面小康社会；从统筹方法方面，包括研究城乡空间协调、城乡产业融合、城乡差距缩小、城乡社会共同进步的实现方式、步骤及其方针政策等。

实现统筹城乡发展应当包含以下要点：第一，统筹城乡发展不是城乡孰先孰后，而是要从根本上改变"重工轻农"的政策偏好，把城乡作为整体，建立城乡平等的制度平台，统筹配置资源，实现城乡协调和均衡发展。第二，统筹城乡发展不是城乡同步同等发展，城乡差距不是短期内形成的，也不可能在短期内完全消除，要承认城乡发展能力的不平衡，允许和鼓励城市继续利用和发挥自身优势在公平竞争中率先发展。第三，统筹城乡发展必须注重以工促农、以城带乡。鉴于累积"三农"问题的严重性和复杂性，统筹城乡发展要有区别、有重点、有选择地配置资源，重点投向解决"三农"问题的关键点或突破口，通过推动"三农"发展有效地缩小城乡差距。

3. 统筹城乡的资源要素

统筹城乡的三大资源要素，包括土地、资金和劳动要素。统筹城乡发展，就要统筹城乡资源配置，建立城乡统一的土地、资金和劳动要素配置机制，使其在城乡之间科学合理流动，实现优化配置，促进城乡协调和共同发展。这三大要素，下文中将有更为详细的阐述，在此，仅就要素配置简要说明。

土地是社会的重要资源，是城乡人民的共同财富。一方面，土地是农业最基本的生产要素，是农民生产和生活的载体，是农村最重要的资本财富。另一方面，在工业化和城市化进程中，大量农地非农化，为城市的经济和社会发展提供资本积累和空间载体。城乡是国家经济社会发展的两个相互联系的空间，统筹城乡空间协调，就要求统筹配置城乡土地资源。农地非农化的机制是国家征地，它应当同时也是国家统筹配置土地资源、促进城乡经济与社会发展的机制。只有统筹城乡土地要素配置，才能既保证国家工业化、城市化和社会公共事业发展对土地的需求，又严格控制征地规模，保护耕地，保护农业和农民的生存空间，保护失地农民的土地权益。统筹城乡土地要素配置的本质就是要使土地资源真正成为城乡人民的共同财富，造福于城乡人民。

资金是经济发展的血液。国家统筹城乡资金要素的重要制度和机制是财政分配制度、税收制度和金融信贷制度。在特定的时间和空间条件下，一个社会的资金要素也是既定的。在工业化初期，农业、农民、农村承担着向城市和工业输出资金支持工业化、城市化发展的任务。进入中期阶段，农业、农民、农村向城市和工业输出资金的任务逐渐结束，转而实行工业反哺农业、城市支持农村。统筹城乡发展，从我国现阶段看，就是要建立有利于"三农"发展的统筹城乡资金要素配置制度和机制。

劳动是创造财富之父。劳动者是生产力中最活跃、最基本的的要素，根据马克思的观点，劳动者与生产资料结合，成为现实的生产力，而劳动力是其中最重要的因素。世界上绝大多数国家的城乡居民可以自由迁徙、自主就业，市场是配置劳动要素的机制。统筹城乡发展，必须建立统筹城乡劳动要素配置的制度和机制。要改革城乡分割的户籍制度和就业制度，构建城乡公平的劳动就业市场，按照市场经济的要求，使城乡劳动力在全社会合理流动，加速农村剩余劳动力转移。要完善劳动市场管理，维护劳动市场秩序，实现城乡劳动力公平竞争就业，同工同酬。要统筹城乡劳动就业培训，发展技术和职业教育，提高城乡劳动者的文化素质和生产技能，尤其是提高农村剩余劳动力的求职能力。

（二）统筹城乡的方法思路

1. 统筹城乡发展的基本原则

（1）政府是统筹的主体。关于这个问题，学界有争论，我们认为，从我国当前的发展阶段看，统筹城乡发展政府应该是主体，现阶段的统筹城乡发展不能由市场来主导。政府在统筹城乡发展中居于主导地位，从根本上说是由于政府具有全社会利益的代表的功能和职责。我国的"三农"问题不完全是市场机制作用的结果，长期奉行"重工轻农、城乡分治"的经济社会发展战略是我国"三农"问题的根源。统筹城乡发展治理"三农"问题是生产"公平"的公共产品，而市场生产公共产品是低效的，存在市场失灵。

一个社会存在各种各样的利益群体和团体，统筹城乡发展不能由这些不同的利益群体或团体来实行，而必须由代表全社会共同利益的政府来实行。统筹城乡发展是利益格局的大调整和利益再分配，统筹城乡发展并不意味着短期内社会利益矛盾会消除，而是要形成长期的有效机制和体制，这需要协调和消除新产生的社会利益矛盾，具有单方利益的团体是不可能承担这种任务的，必须依靠政府。

（2）发展是统筹的第一要义。改革开放以来的历史证明了发展是硬道理，我们党反复强调，必须坚持把发展作为党执政兴国的第一要务。统筹城乡发展也是第一要义，存在的问题只能通过发展才能解决，蛋糕分配不均衡的问题，也只能通过做大蛋糕来解决。统筹城乡发展要求城乡都要把经济社会发展放在首位，但是，在统筹城乡背景下的发展，不是"重工轻农"的城市优先发展，也不是片面强调农业和农村发展，而是用系统的思维，统筹配置全社会的资源，把城乡作为整体，推进城乡协调、均衡、共同发展。

（3）城乡发展必须统筹兼顾。统筹城乡的核心是统筹兼顾，实现城乡地位平等、优势互补、协调发展，形成城乡经济社会发展一体化新格局。实现城乡地位平等是指城乡的各种制度所涉及的利益关系必须平等，城乡居民都是我国的公民，应当平等享受"国民待遇"，拥有平等的权利、义务和发展机会；实现城乡优势互补是指城乡相互促进，改变城乡分割的发展方式，发挥城乡的特色和优势，取长补短，形成共同发展的格局；实现城乡协调发展是指城乡关系、工农关系相互兼顾，协调共赢，从自身条件出发，合理分工，共同发展。

（4）必须坚持以人为本。以人为本是统筹城乡的立足点和着眼点，以人为本，就是把人作为社会的主体和中心，在社会发展中以满足人的需要、提升人的素质、实现人的发展为终极目标。城乡二元经济制度的本质反映了一种社会等级的观念，以等级来决定发展的先后顺序，而统筹城乡发展必须消除这种人为设置的等级壁垒，使城乡人民平等共享改革开放的发展成果。

（5）必须保持可持续发展。可持续发展是人类经济和社会发展最基本的指导思想。统筹城乡发展应该是可持续的发展。要做到可持续，就必须将经济增长与环境保护结合起来，将资源开发与资源永续利用结合起来，将近期的发展与长远的发展结合起来，走出一条科技含量高、经济效益好、资源消耗低、环境污染少、人力资源优势得到充分发挥的新型道路，使城乡经济建设与人口、生态、环境、资源相协调，只有这样，才可能做到可持续发展。

2. 国内对统筹城乡发展思路的理论研究

（1）统筹城乡发展的总体思路。2007年，国家批准重庆和成都开展统筹城乡综合配套改革试验，两大城市结合本地的实际情况提出了统筹城乡的总体思路，本书的第三章有较全面的阐述。在此，仅提出学者的两种主要观点。国内对总体思路的研究主要涉及统筹城乡发展的重点、关键、阶段性和切入点等方面。一种观点认为统筹城乡应该考虑到农村公共品的供给、资源的有效利用、工业化、农业化和城市现代化之间的关系，以及劳动力流动与产业转移之间的关系，站在一个高度对统筹城乡进行理论性的分析。另一种观点认为统筹城乡问题的实质是农村收入相对较低，解决农民低收入就必须提高农业效率问题，而提高农业效率就必须减少农村劳动力和对农业、农村进行支持，借此最终实现统筹城乡。从不同的角度都说明了一个问题，即统筹城乡发展，改变城乡二元经济结构的根本途径是工业化和城市化。

（2）统筹城乡发展的专业思路。随着统筹城乡实践的深入，越来越多的学者开始重视探讨统筹城乡中出现的具体问题，如统筹城乡的社会保障制度、财政政策、公共服务、收入分配、就业政策等。由于问题具体，所以提出的措施也很具体。例如，就财政政策而言，就提出了建立规范的城乡统一税制、向城乡提供均等化的公共服务产品、进一步规范完善分税制；针对社会制度而言，提出了必须彻底打破城乡就业的歧视、教育培训的歧视、社会保障的歧视、户籍附着的福利性成分歧视等，统筹城乡就业需要强调劳动就业是公民身份的权利，完善社会保障、提供公平一致的公共服务；教育是公共产品，国民应该平等享受，农村教育供给不足，农村教育供求结构不良正是造成农村落后的主要原因之一，因此要把统筹城乡教育发展作为统筹的基础，这就需要完善财政转移支付制度和加强城乡教育资源交流，最终实现均等化的公共教育服务。但当前我国的公共产品供给总体是偏向城市的，所以政府应当提高效率，不断提升农村公共产品的供给能力，建立农村公共产品需求偏好表达机制，给予农民充分参与公共产品决策的民主权利，使有限的财政资源能用于大多数农民最急需的公共产品和服务的供给上，从而促进公共服务基本均等化目标的实现。

（3）统筹城乡必须正视"三农"问题。我国的统筹城乡之路，一定要从自己的国情出发，中国农业发展思路绝不能以西方农业模式为范本，统筹城乡不能将农村"化"掉。一些发展中国家步发达国家后尘，用城市化把农村淹没，结果形成庞大的贫民窟，造成了严重的贫富差别和社会问题，使整个国家陷入了灾难。我们是一个大国，有自己特殊的国情，要立足经济社会全局，统筹考虑城镇化和"三农"的动态发展关系。乡村是我国永远都要存在的基本形式，坚持农村统分结合的基本土地制度，坚持把自己的饭碗端在自己手里，坚持为广大农民保留基本的生活居住空间，坚持端正对农业发展的基本的认识，不陷入"唯市场化"误区，这些都事关国家安全大局，事关国家战略全局，这是国家长治久安的基础，在这个问题上，不能有半点含糊的认识。

（三）对统筹城乡相关理论研究的评论

近年来，国内学界对于统筹城乡发展问题的研究，较多的是从经济制度分析的视角，这些分析对推动统筹城乡起到了积极的作用，也促使实践者从较深的角度去思考和研究甚至试点一些问题，有力地辅助了统筹城乡的实践工作向纵深推进。同时，研究的内容日趋丰富、研究的方法不断创新，但从总体上看，下列问题应该引起关注：

（1）现象罗列较多、深层探讨较少。部分研究成果在研究问题的逻辑深度上亟待提高，研究方法创新和案例研究也有待进一步加强。

（2）对国外反映生产力方面的经验研究较少。结合市场化、工业化、城镇化、国际化过程的规律性研究，探讨统筹城乡发展的成熟理论成果不多。

（3）对城乡发展的阶段性和区域性的问题研究较少。虽然少数学者注意到统筹城乡发展的阶段性问题，但就总体而言，对于统筹城乡发展的方向和阶段性、近期目标、长远目标及其相互关系仍缺乏深入研究。

（4）对改革试验中的实证性研究较少。在多数研究中，理论思路和政策研究各行其是的现象比较普遍，如何将统筹城乡发展的理论思维，切实转化到政策的调整和制度设计中，需予以重视。

（5）运用党的十八大以来的新思想研究问题较少。大部分研究就事论事，缺乏统筹理念，统筹城乡涉及的领域及其宽泛，要按照党的十八大以来所提出的"四个全面"战略布局、"五位一体"总体布局和"五大发展"理念的要求，进行全面系统的分析总结和提炼。如果统筹城乡的研究只停留在空泛的理论上，实地调查实证研究少，其结果变为对事实的解释力不强，并造成相关理论文献虽多，但是对实际问题的解决并没有太大推动力，这是目前理论研究中要注意克服的关键问题。

二、理论政策渊源

（一）习近平总书记有关城乡发展的理论

1. 关于"三农"及其改革的工作

城乡二元结构与"三农"问题紧密相连，正是城乡二元结构的存在，使中国的"三农"问题日益突出。党的十八大以来，习近平总书记在多次会议和深入各地的调研考察中，就"三农"问题发表一系列重要讲话，深刻阐述了推进农村改革发展和统筹城乡发展的具有方向性和战略性的重大问题，为进一步加快破除城乡二元结构，加快统筹城乡提供了世界观和方法论。

强调"三农"是重中之重的战略。城乡二元体制的改革，将导致农民收入的增加和农民生活方式的变化，以及社会最低生活保障制度基本建立而导致的社会低收入家庭后顾之忧的逐渐消除，必定会引起内需的大突破。中国要强，农业必须强；中国要美，农村必须美；中国要富，农民必须富。农业基础稳固，农村和谐稳定，农民安居乐业，整个大局就有保障，各项工作都会比较主动。正因为如此，总书记一直坚持把"三农"工作放在重中之重的战略地位，指出"任何时候都不能忽视农业、不能忘记农民、不能淡漠农村，必须始终坚持强农惠农富农政策不减弱、推进农村全面小康不松劲，在认识的高度、重视的程度、投入的力度上保持好势头"。

强调农村改革必须坚持"统分结合、双层经营"的体制。历史经验告诉我们，昨天、今天和明天的中国农村改革，还必须坚持"统分结合、双层经营"体制，以农户为基础实现耕者有其田，但决不搞土地私有化。中国如果回到私有化小农的分散经营，必然加剧两极分化和土地兼并，带来灾难性的后果。习近平总书记高度重视坚持和完善农村基本经营制度，强调坚持党的农村政策，首要的就是坚持农村基本经营制度。坚持农村土地农民集体所有，这是坚持农村基本经营制度的"魂"。坚持家庭经营基础性地位，农村集体土地应该由作为集体经济组织成员的农民家庭承包，其他任何主体都不能取代农民家庭的土地承包地位，不论承包经营权如何流转，集体土地承包权都属于农民家庭。坚持稳定土地承包关系，依法保障农民对承包地占有、使用、收益、流转及承包经营权抵押、担保的权利。土地承包经营权主体同经营权主体发生分离，这是我国农业生产关系变化的新趋势，对完善农村基本经营制度提出了新的要求，要不断探索农村土地集体所有制的有效实现形式，落实集体所有权、稳定农户承包权、放活土地经营权，加快构建以农户家庭经营为基础、合作与联合为纽带、社会化服务为支撑的立体式复合型现代农业经营体系。土地经营权流转、集中、规模经营，要与城镇化进程和农村劳动力转移规模相适应，与农业科技进步和生产手段改进程度相适应，与农业社会化服务水平提高相适应。要加强土地经营权流转管理和服务，推动土地经营权等农村产权流转交易公开、公正、规范运行。在深化农村改革过程中，总书记指出了农村土地制度改革的重要意义与时代价值，提出了深化农村土地制度改革，实行所有权、承包权、经营权"三权分置"，是继家庭承包制后农村改革的又一制度创新，是农村基本经营制度的自我完善。要围绕正确处理农民和土地关系这一改革主线，不断探索农村土地集体所有制的有效实现形式。

强调坚持走中国特色新型农业现代化道路。总书记指出，农业的出路在现代化，农业现代化关键在科技进步。我们必须比以往任何时候都更加重视和依靠农业科技进步，走内涵式发展道路。没有农业现代化，没有农村繁荣富强，没有农民安居乐业，国家现代化是不完整、不全面、不牢固的。中国现阶段不是要不要农业的问题，而是在新形势下怎样抓紧、抓好的问题。新型工业化、信息化、城镇化、农业现代化中，农业现代化不能拖后腿，这点必须始终保持战略的清醒。

2. 关于城乡发展一体化的问题

关于如何推进新农村建设与新型城镇化协调发展的问题上，总书记指出了推进城乡发展一体化，是工业化、城镇化、农业现代化发展到一定阶段的必然要求，是国家现代化的重要标志。当前，我国经济实力和综合国力显著增强，具备了支撑城乡发展一体化的物质技术条件，到了工业反哺农业、城市支持农村的发展阶段；把工业反哺农业、城市支持农村作为一项长期坚持的方针，坚持和完善实践证明行之有效的强农惠农富农政策，动员社会各方面力量加大对"三农"的支持力度，努力形成城乡发展一体化新格局。推进新农村建设，使之与新型城镇化协调发展、互惠一体，形成双轮驱动；完善规划体制，通盘考虑城乡发展规划编制，一体设计，多规合一，切实解决规划上城乡脱节、重城市轻农村的问题；完善农村基础设施建设机制，推进城乡基础设施互联互通、共建共享，创新农村基础设施和公共服务设施决策、投入、建设、运行管护机制，积极引导社会资本参与农村公益性基础设施建设；推动形成城乡基本公共服务均等化体制机制，特别是要加强农村留守儿童、妇女、老人关爱服务体系建设；加快推进户籍制度改革，完善城乡劳动者平等就业制度，逐步让农业转移人口在城镇进得来、住得下、融得进、能就业、可创业，维护好农民工合法权益，保障城乡劳动者平等的就业权利。

3. 关于推进城镇化的问题

在城乡发展一体化中稳步解决"三农"问题，把城镇化作为解决"三农"问题的战略支撑点。城镇化问题伴随统筹城乡发展问题已成为理论与实践中的现实问题。城镇化与统筹城乡发展紧密相连，只要城镇化目标正确、方向对头、措施得当，将有利于释放内需巨大潜力，有利于提高劳动生产率，有利于破解城乡二元结构，有利于促进社会公平和共同富裕。改革开放以来，我国城镇化进程明显加快，2012年城镇人口达到7.1亿人，城镇化率基本达到世界平均水平。到了社会发展新阶段，如何加快城镇化进程？

2013年12月召开的中央城镇化工作会议上提出，城镇化是现代化的必由之路，推进城镇化是解决农业、农村、农民问题的重要途径，是推动区域协调发展的有力支撑，是扩大内需和促进产业升级的重要抓手，对全面建成小康社会、加快推进社会主义现代化具有重大现实意义和深远历史意义。城镇化与工业化一道，是现代化的两大引擎。走中国特色、科学发展的新型城镇化道路，核心是以人为本，关键是提升质量，与工业化、信息化、农业现代化同步推进。城镇化是长期的历史进程，要科学有序、积极稳妥地向前推进。新型城镇化要找准着力点，有序推进农村转移人口市民化，深入实施城镇棚户区改造，注重中西部地区城镇化。要实行差别化的落户政策，加强中西部地区重大基础设施建设和引导产业转移。要加强农民工职业培训和保障随迁子女义务教育，努力改善城市生态环境质量。

在具体工作中，要科学规划实施，加强相关法规、标准和制度建设。坚持因地制宜，探索各具特色的城镇化发展模式。

推进城镇化的主要任务，除了做好提高城镇建设用地利用效率、优化城镇化布局和形态、提高城镇建设水平、加强对城镇化的管理、建立多元可持续的资金保障机制等工作，首先推进农业转移人口市民化，解决好人的问题是推进新型城镇化的关键。从目前我国城镇化发展的要求来看，主要任务是解决已经转移到城镇就业的农业转移人口落户问题，努力提高农民工融入城镇的素质和能力。推进农业转移人口市民化要坚持自愿、分类、有序，充分尊重农民意愿，因地制宜制定具体办法，优先解决存量，有序引导增量。

伴随城镇化进程，城市发展已经进入新时期、新阶段。城市发展带动了整个经济社会发展，也为如何实现统筹城乡带来新的课题与挑战。2015年底召开的中央城市工作会议分析了城市发展面临的形势，明确了做好城市工作的指导思想、总体思路、重点任务。一是尊重城市发展规律。城市发展是一个自然历史过程，有其自身的规律。城市和经济发展两者相辅相成、相互促进。城市发展是农村人口向城市集聚、农业用地按相应规模转化为城市建设用地的过程，人口和用地要匹配，城市规模要同资源环境承载能力相适应。二是统筹空间、规模、产业三大结构，提高城市工作全局性。我国城镇化必须同农业现代化同步发展，城市工作必须同"三农"工作一起推动，形成城乡发展一体化的新格局。三是统筹规划、建设、管理三大环节，提高城市工作的系统性。四是统筹改革、科技、文化三大动力，提高城市发展持续性。要推进规划、建设、管理、户籍等方面的改革，以主体功能区规划为基础统筹各类空间性规划，推进"多规合一"。推进城镇化要把促进有能力在城镇稳定就业和生活的常住人口有序实现市民化作为首要任务。要加强对农业转移人口市民化的战略研究，统筹推进土地、财政、教育、就业、医疗、养老、住房保障等领域配套改革。五是统筹生产、生活、生态三大布局，提高城市发展的宜居性。六是统筹政府、社会、市民三大主体，提高各方推动城市发展的积极性。

（二）14年来中央一号文件有关统筹城乡论述演进

进入21世纪，党中央深刻认识到"三农"工作的重要性，截至2017年，连续14年以中央一号文件方式出台"三农"工作的重大举措，为我国农村社会的改革与发展提供了强大的政策支持与保证。梳理14年来中央一号文件统筹城乡的政策，发现除了2011年《中共中央国务院关于加快水利改革发展的决定》、2012年《关于加快推进农业科技创新持续增强农产品供给保障能力的若干意见》、2017年《中共中央国务院关于深入推进农业供给侧结构性改革加快培育农业农村发展新动能的若干意见》外，11个文件有专门阐述统筹城乡的内容，既突出了统筹城乡的重点在"三农"，也表明了农村社会改革发展中统筹城乡的目标任务，这 14 年大致分为三个阶段。

1. "多予少取放活"阶段（2004~2006 年）

这三年，是我国统筹城乡全面发力起步的三年。充分认识到统筹城乡难点在农村，重点在农民，焦点在增收，基本形成三个方面的观点：一是农民增收问题不解决，统筹难以实现；二是不加大对农业的投入，农业发展无望；三是没有"多予少取放活"的政策基调，农村不可能发展，也不可能推动社会主义新农村建设。在 2004 年的《关于促进农民增加收入若干政策的意见》中，指出当前农业和农村发展中还存在着许多矛盾和问题，突出的是农民增收困难。现阶段农民增收困难，是农业和农村内外部环境发生深刻变化的现实反映，也是城乡二元结构长期积累的各种深层次矛盾的集中反映，提出，当前和今后一个时期做好农民增收工作的总体要求是，按照统筹城乡经济社会发展的要求，坚持"多予少取放活"的方针，调整农业结构，扩大农民就业，加快科技进步，深化农村改革，增加农业投入，强化对农业支持保护，力争实现农民收入较快增长，尽快扭转城乡居民收入差距不断扩大的趋势。到了 2005 年《关于进一步加强农村工作　提高农业综合生产能力若干政策的意见》已进一步明确，坚持统筹城乡发展的方略，坚持"多予少取放活"的方针，稳定、完善和强化各项支农政策，切实加强农业综合生产能力建设，继续调整农业和农村经济结构，进一步深化农村改革，努力实现粮食稳定增产、农民持续增收，促进农村经济社会全面发展。特别是 2006 年的一号文件，统筹城乡经济社会发展已经放在扎实推进社会主义新农村建设中首要位置。该文件指出，全面建设小康社会，最艰巨最繁重的任务在农村。加速推进现代化，必须妥善处理工农城乡关系。构建社会主义和谐社会，必须促进农村经济社会全面进步。统筹城乡经济社会发展，必须坚持实行工业反哺农业、城市支持农村和"多予少取放活"的方针，加快建立以工促农、以城带乡的长效机制。不断增加对农业和农村的投入。要把国家对基础设施建设投入的重点转向农村。提高耕地占用税税率，新增税收应主要用于"三农"。抓紧制定将土地出让金一部分收入用于农业土地开发的管理和监督办法，进一步加大支农资金整合力度，提高资金使用效率。金融机构要不断改善服务，加强对"三农"的支持。要加快建立有利于逐步改变城乡二元结构的体制，实行城乡劳动者平等就业的制度，建立健全与经济发展水平相适应的多种形式的农村社会保障制度。充分发挥市场配置资源的基础性作用，推进征地、户籍等制度改革，逐步形成城乡统一的要素市场，增强农村经济发展活力。

2. 把统筹城乡作为贯穿"三农"工作的主线（2007~2009 年）

在这三年的一号文件中，都强调坚持把解决好"三农"问题作为全党工作的重中之重，把统筹城乡经济社会发展，实行工业反哺农业、城市支持农村和"多予少取放活"的方针，巩固、完善、加强支农惠农政策，作为贯穿"三农"工作中的主线。也就在这一阶段，中央提出坚定不移地走中国特色农业现代化道路，按照形成城乡经济社会发展一体化新格局的要求，建立促进城乡经济社会发展一体化制度，推进城乡经济社会发展一体化。特别是在 2008 年 10 月党的十七届三中全会出台《中共中央关于推进农村改革发展若干重大问题的决定》文件之后到 2009 年中央一号文件，对推进城乡经济社会发展一体化提出明确要求。在《中共中央关于推进农村改革发展若干重大问题的决定》中，着重于一体化制度的建立，尽快在城乡规划方面，统筹土地利用和城乡规划，合理安排市县域城镇建设、农田保护、产业聚集、村落分布、生态涵养等空间布局。在产业布局方面，统筹城乡产业发展，优化农村产业结构，发展农村服务业和乡镇企业，引导城市资金、技术、人才、管理等生产要素向农村流动。在统筹城乡基础设施建设和公共服务方面，全面提高财政保障农村公共事业水平，逐步建立城乡统一的公共服务制度。促进公共资源在城乡之间均衡配置、生产要素在城乡之间自由流动，推动城乡经济社会发展融合。按照形成城乡经济社会发展一体化新格局的要求，提出继续切实加大农业投入，积极推进现代农业建设，强化农村公共服务，深化农村综合改革，促进粮食稳定发展、农民持续增收、农村更加和谐，确保新农村建设取得新的进展，巩固和发展农村的好形势。在《中共中央国务院关于 2009 年促进农业稳定发展农民持续增收的若干意见》中，为了推进城乡经济社会一体化发展，提出了加快农村社会事业发展、加快农村基础设施建设、积极扩大农村劳动力就业、推进农村综合改革、增强县域经济发展活力、积极开拓农村市场、完善国家扶贫战略和政策体系等七项具体任务。

3. 加大统筹城乡发展综合力度阶段（2010 年至今）

以 2010 党中央国务院《关于加大统筹城乡发展力度　进一步夯实农业农村发展基础的若干意见》为标志，我国统筹城乡进入实质性的全面推进阶段，具有标志性意义。该文件指出，把统筹城乡发展作为全面建设小康社会的根本要求。同时全面分析破除城乡二元结构的任务越来越重。当前，我国农业的开放度不断提高，城乡经济的关联度显著增强，气候变化对农业生产的影响日益加大，农业农村发展的有利条件和积极因素在积累增多，各种传统和非传统的挑战也在叠加凸显。面对复杂多变的发展环境，促进农业生产上新台阶的制约越来越多，保持农民收入较快增长的难度越来越大，转变农业发展方式的要求越来越高。强调必须不断深化把解决好"三农"问题作为全党工作重中之重的基本认识，稳定和完善党在农村的基本政策，突出强化农业农村的基础设施，建立健全农业社会化服务的基层体系，大力加强农村以党组织为核心的基层组织，夯实打牢农业农村发展基础，协调推进工业化、城镇化和农业现代化，努力形成城乡经济社会发展一体化新格局。

在此之后，正如 2013 年《中共中央　国务院关于加快发展现代农业　进一步增强农村发展活力的若干意见》中所述，全面推进"三农"实践创新、理论创新、制度创新，全面确立重中之重、统筹城乡、"四化同步"等战略思想，全面制定一系列多予少取放活和工业反哺农业、城市支持农村的重大政策，全面构建农业生产经营、农业支持保护、农村社会保障、城乡协调发展的制度框架，农业生产得到很大发展、农村面貌得到很大改善、农民群众得到很大实惠，农业农村发展实现了历史性跨越，迎来了又一个黄金期，初步探索出一条中国特色农业现代化道路。伴随工业化、城镇化的深入推进，我国农业农村发展正在进入新的阶段，呈现出农业综合生产成本上升、农产品供求结构性矛盾突出、农村社会结构加速转型、城乡发展加快融合的态势。

2014 年，在《关于全面深化农村改革加快推进农业现代化的若干意见》中，把赋予农民更多财产权利、推进城乡要素平等交换和公共资源均衡配置放在统筹城乡联动中的突出位置，让农民平等参与现代化进程、共同分享现代化成果，健全城乡发展一体化体制机制。2015 年、2016 年，再次提出"围绕城乡发展一体化，深入推进新农村建设"，"推动城乡协调发展，提高新农村建设水平"。

（三）统筹城乡政策的制定

统筹城乡政策的制定与我国各地丰富的实践紧密联系在一起，在经验中总结，在失败中完善，在失误中纠偏，引领并逐步形成党和政府关于统筹城乡的理论和政策思想。党和政府关于统筹城乡发展、推进城乡一体化的战略方针，是在中国特色社会主义建设中，对马列主义关于社会主义社会中必须逐步缩小乃至消除工农之间、城乡之间、脑力劳动和体力劳动之间差别的思想，关于实行土地社会所有、组织农民合作通向社会主义等思想的继承，以及在当代条件下的实践和探索；同时，它也参考借鉴了先行工业国和发展中国家城乡关系发展的经验和教训。我们梳理了这方面理论的形成和发展轨迹。

1. 提出统筹城乡发展

统筹城乡发展涉及很多方面，规划要一体化、基础设施要一体化、产业布局要一体化、公共服务要一体化、社会管理要一体化，可能还有其他方面也需要一体化。这些一体化，概括起来，从本质上讲就是城乡居民权利的一体化，包括政治权利、经济权利和社会权利，让农民享有与市民一样的权利、一样的地位、一样的利益，实际上是要解决农民事实上长期处于"二等公民"地位的问题，真正获得《宪法》赋予的公民权利，给农民完全的国民待遇，建立以公平、平等为基本特征的新型城乡关系。统筹城乡经济社会发展是建立新型城乡关系的必然要求。改革开放前，我国城乡之间一直未能建立起良性关系，导致城乡二元经济结构凝固化。改革开放以来，随着市场机制的引入，城乡联系显著增强。但是，城乡分隔的二元结构体制尚未从根本上改变，城乡差距过分悬殊。

党的十六大报告指出，"统筹城乡经济社会发展，建设现代农业，发展农村经济，增加农民收入，是全面建设小康社会的重大任务"。这是在党的文件上首次提出统筹城乡的概念。十六届三中全会通过的《中共中央关于完善社会主义市场经济体制若干问题的决定》提出："按照统筹城乡发展、统筹区域发展、统筹经济社会发展、统筹人与自然和谐发展、统筹国内发展和对外开放的要求……为全面建设小康社会提供强有力的体制保障。"其中"统筹城乡发展"内涵丰富，包括社会政策的统筹城乡发展。十六届五中全会又提出实行"工业反哺农业、城市支持农村"，"建立以工促农、以城带乡的长效机制"。工业反哺农业，其实质是要处理好对农民"取"与"予"的关系，加大公共财政对"三农"的支持力度，让公共服务更多地深入农村、惠及农民。十六届五中全会第一次把扩大公共财政覆盖农村范围作为政策的导向性要求提了出来。城市支持农村，就是要加快城镇化进程，城市向农民敞开大门，为农民进城就业创造更多机会，使农民在城市有长期、稳定的生存手段，为农民进得来、留得住创造更好的制度环境。十六届六中全会提出了建立"覆盖城乡居民的社会保障体系"的目标：到2020年，构建社会主义和谐社会的目标和主要任务是……城乡、区域发展差距扩大的趋势逐步扭转，合理有序的收入分配格局基本形成……覆盖城乡居民的社会保障体系基本建立……实现全面建设惠及十几亿人口的更高水平的小康社会的目标。

2. 提出推进城乡经济社会发展一体化

党的十七大提出把统筹城乡作为推进社会主义新农村建设的主要动力，在报告中指出，"解决好农业、农村、农民问题，事关全面建设小康社会大局，必须始终作为全党工作的重中之重。要加强农业基础地位，走中国特色农业现代化道路，建立以工促农、以城带乡长效机制，形成城乡经济社会发展一体化新格局。坚持把发展现代农业、繁荣农村经济作为首要任务，加强农村基础设施建设，健全农村市场和农业服务体系。加大支农惠农政策力度，严格保护耕地，增加农业投入，促进农业科技进步，增强农业综合生产能力，确保国家粮食安全。加强动植物疫病防控，提高农产品质量安全水平。以促进农民增收为核心，发展乡镇企业，壮大县域经济，多渠道转移农民就业。提高扶贫开发水平。深化农村综合改革，推进农村金融体制改革和创新，改革集体林权制度。坚持农村基本经营制度，稳定和完善土地承包关系，按照依法自愿有偿原则，健全土地承包经营权流转市场，有条件的地方可以发展多种形式的适度规模经营。探索集体经济有效实现形式，发展农民专业合作组织，支持农业产业化经营和龙头企业发展。培育有文化、懂技术、会经营的新型农民，发挥亿万农民建设新农村的主体作用"。

突出战略地位。改革的统筹城乡发展，关键是改革，核心是解决体制机制问题，改革是推进统筹城乡发展的根本动力。要打破城乡分割的二元体制，必须依靠实质性改革，一种既动增量、又动存量的改革，才能从根本上解决问题，除此别无他途。党的十七届三中全会指出，我国总体上已进入以工促农、以城带乡的发展阶段，进入加快改造传统农业、走中国特色农业现代化道路的关键时刻，进入着力破除城乡二元结构、形成城乡经济社会发展一体化新格局的重要时期。这次全会提出了必须统筹城乡经济社会发展，始终把着力构建新型工农、城乡关系作为加快推进现代化的重大战略；统筹工业化、城镇化、农业现代化建设，加快建立健全以工促农、以城带乡长效机制，调整国民收入分配格局，巩固和完善强农惠农政策，把国家基础设施建设和社会事业发展重点放在农村，推进城乡基本公共服务均等化，实现城乡、区域协调发展，使广大农民平等参与现代化进程、共享改革发展成果；建立促进城乡经济社会发展一体化制度；尽快在城乡规划、产业布局、基础设施建设、公共服务一体化等方面取得突破，促进公共资源在城乡之间均衡配置、生产要素在城乡之间自由流动，推动城乡经济社会发展融合。

3. 实质性推动统筹城乡发展

农村改革发展的前景是实现城乡经济社会发展一体化，统筹城乡经济社会发展是解决好"三农"问题的根本方针。2010 年的中央一号文件进一步把统筹城乡发展作为主题，《中共中央　国务院关于加大统筹城乡发展力度　进一步夯实农业农村发展基础的若干意见》完整地阐述了加大统筹城乡发展力度的原则、路径、方法，把加大统筹城乡发展力度作为解决"三农"问题的核心抓手。以此为标志，统筹城乡发展进入了实质性的操作阶段。党的十八大认为我国的城镇化水平明显提高，城乡区域发展协调性增强，并提出推动城乡发展一体化，就是解决好农业农村农民问题，这是全党工作的重中之重，城乡发展一体化是解决"三农"问题的根本途径。要加大统筹城乡发展力度，增强农村发展活力，逐步缩小城乡差距，促进城乡共同繁荣。坚持工业反哺农业、城市支持农村和多予少取放活方针，加大强农惠农富农政策力度，让广大农民平等参与现代化进程、共同分享现代化成果。加快发展现代农业，增强农业综合生产能力，确保国家粮食安全和重要农产品有效供给。坚持把国家基础设施建设和社会事业发展重点放在农村，深入推进新农村建设和扶贫开发，全面改善农村生产生活条件。着力促进农民增收，保持农民收入持续较快增长。坚持和完善农村基本经营制度，依法维护农民土地承包经营权、宅基地使用权、集体收益分配权，壮大集体经济实力，发展农民专业合作和股份合作，培育新型经营主体，发展多种形式规模经营，构建集约化、专业化、组织化、社会化相结合的新型农业经营体系。改革征地制度，提高农民在土地增值收益中的分配比例。加快完善城乡发展一体化体制机制，着力在城乡规划、基础设施、公共服务等方面推进一体化，促进城乡要素平等交换和公共资源均衡配置，形成以工促农、以城带乡、工农互惠、城乡一体的新型工农、城乡关系。

加快建设统筹城乡发展的一体化格局，已成为小康社会发展的紧迫任务。城乡一体化是我国城乡经济、社会发展的终极目标，更是城乡空间、经济、社会发展演变的综合体现，这其中不但包含着可持续发展的深刻内涵，而且展现出区域经济、文化、社会协调发展的深邃思想。从宏观上来说，城乡一体化主要体现为城乡之间的经济、社会动态平衡发展，各种生产要素能够在城乡范围内自由流动和优化组合，使城乡之间的经济和社会发展水平的差距逐渐缩小，联系越来越紧密，最终实现城乡同发展、共进步，实现我国全面建设小康社会的目标。随着我国全面深化改革，进一步认识城乡二元结构是制约城乡发展一体化的主要障碍。必须健全体制机制，形成以工促农、以城带乡、工农互惠、城乡一体的新型工农城乡关系，让广大农民平等参与现代化进程、共同分享现代化成果。为了健全城乡发展一体化体制机制，党的十八届三中全会提出了加快构建新型农业经营体系、赋予农民更多财产权利，推进城乡要素平等交换和公共资源均衡配置，完善城镇化健康发展体制机制等举措；提出保障农民集体经济组织成员权利，积极发展农民股份合作，赋予农民对集体资产股份占有、收益、有偿退出及抵押、担保、继承的权利。保障农户宅基地用益物权，改革完善农村宅基地制度，统筹城乡基础设施建设和社区建设，推进城乡基本公共服务均等化。

2015 年 4 月，习近平总书记在政治局学习会上发表了关于健全城乡发展一体化体制机制的重要讲话，从战略高度全面阐述了中共关于城乡发展一体化的理论方针，十分切合实际，具有很强的指导意义，标志着统筹城乡政策的全面确立并进入实施操作阶段。

三、理论的创新

（一）三权分置理论——统筹城乡新契机

在改革开放前，我国农村集体土地的所有权和经营权是合二为一的，家庭联产承包制将两权分离，这是我国农村改革的重大创新。今天，我们又把农民土地承包经营权分为承包权和经营权，实现承包权和经营权分置并行，这是改革的又一次重大创新。继家庭联产承包责任制后，我国农村改革再度迎来重大制度创新。2016 年 10 月中共中央办公厅、国务院办公厅颁发《关于完善农村土地所有权承包权经营权分置办法的意见》，标志着这一重大创新的开始。2017 年中央一号文件提出，深入推进农业供给侧结构性改革，要求细化和落实承包土地"三权分置"办法。其根本目的在于培育新型农业经营主体和服务主体，一方面为农民固化离乡不离土进城，回乡还有土地在的权利，让土地承包经营权有偿有序的时间、空间让渡；同时，也为农业规模化经营、集约化生产创造了政策可行与现实的可能。

1. 认识"三权分置"的社会功能

改革开放以来，无论是双层经营还是三权分置，农村改革的主线一直是处理好农民与土地的关系。三权分置的制度设计，更是回应社会问题，契合社会发展，为城镇化、农业现代化的发展做了理论准备，凸显其社会功能与价值。

一是三权分置的核心在于承包经营权中承包权和经营权的分离，大量农民工进城后，不再担心家乡土地问题，既可离乡，也可离土，土地承包权还在，地也有人种，从制度上解决了农民的顾虑，避免了土地权利的任意流转可能引发的相关社会问题，也为社会人口有序迁徙创造了条件。

二是经营权的创设，赋予农民承包经营权更加完整的用益物权能，促进农地产权在更大范围内和更大程度上流转，加速构建城乡统一、竞争有序的土地市场，从而让市场在土地资源配置中真正起到决定性作用。实现集体、承包农户、新型经营主体对土地权利的共享，让流出土地经营权的农民定权定心，又增加财产收入；让新型农业经营主体实现规模收益。这种社会互惠分工与协作，有利于农村劳动力合理流动，促进新型城镇化，实现城乡、工农、区域协调发展。而随着工业化、城镇化的快速发展，大量劳动力离开农村，农民出现了分化，承包农户不经营自己承包地的情况越来越多。经营权的创设，保证了地始终有人种，使农业现代化的持续发展有了基础和增长动力，也不会导致农田荒芜。

三是从历史进程看，城镇化的推力更大一些，许多地方尚未实现农业现代化，农村就已经空心化了。经营权在更大范围的优化配置，使土地使用相对集中，有助于实现适度规模经营，改变农村土地碎片化经营方式，避免土地撂荒，使绿色集约型现代农业成为可能，不仅使土地利用效率得到提升，更能明显提升务农劳动力的劳动生产率，提高农业行业全社会利润水平，从而提高农业效率和竞争力，加速农业现代化的进程。相比单门独户的自然经济，规模化生产也使农村社会结构悄然发生了变化，农村社会治理对象更多的是合作组织、家庭农场、职业农民，从而使农村有了探索现代社会管理的组织基础。

四是进一步强化农村土地承包经营权的社会保障属性，农村仍然是我国改革发展的最为重要的稳定器。目前我国经济社会发展水平尚不足以为全体农民群众提供充分的社会保障，城市公共服务均等化是一个渐进的过程，土地仍然是农民的基本生活保障。农村人口的流动需要各个方面的社会体系作支撑，当前户籍、教育、医疗等方面的路障正在被消除，但基础不够稳固，因此农村土地权益的调整，在很长的一个历史时期内还需要为农民留下退路。

2. 准确把握"三权"的相互关系

随着统筹城乡各项措施的出台以及城镇化进程的进一步加快，农村劳动力已经迈过城乡二元的羁绊，实现跨区域流动，走上进城入镇的道路。在城市化大潮下，一旦农民的身份与职业分离，农民进城务工，不再从事耕作，因其身份承包的土地要么闲置，要么委托他人经营。当第三方经营这块土地时，土地承包经营权的当事人权利之间如何划分？本来只有集体内农民这一身份才能承包土地，现在作为职业的农民或其他经营主体来经营耕作土地，他们的权利如何界定、他们和承包人之间又如何划分都需要得到解决。

以土地承包经营权设立为起点，家庭经营为基础，统分结合的双层经营体制构成我国农村的基本经营制度。改革开放以来的实践证明，这一制度既维护了农村土地的集体所有制度，又赋予了承包农户相对独立的承包经营权利，通过农村土地的"两权分离"，促进了集体统一经营、农户承包经营"统和分"两个层次的形成。如今，将土地承包经营权进行承包权与经营权的分设，就是要落实集体所有权，稳定农户承包权，放活土地经营权，探索符合当下社会变革中农村土地集体所有制的有效实现形式。为此，依照现行的《农村土地承包法》、《中华人民共和国物权法》（简称《物权法》）以及未来立法的完善，厘清完善"三权"关系，科学界定农民集体和承包农户在承包土地上、承包农户和经营主体在土地流转中的权利边界及相互权利关系等问题，显得越发迫切。把农民集体的所有权、农户的承包权、经营者的经营权界定清楚，真正做到承包户能放心流转土地、经营者能放心投资土地。

1）土地集体所有权

农村土地农民集体所有，是农村基本经营制度的根本，也是三权分置的根本。所有权是承包权、经营权的权利来源。农民集体是土地集体所有权的权利主体，不是农村集体组织。事实上，我国集体所有权的来源是农民私产的组合和农民合作以后形成的资产，是一个集体内农民土地等财产的集合，集体组织只是集体内的农民集合委托使用、管理与经营集体资产的代理人。依照现行法律和中共中央办公厅、国务院办公厅《关于完善农村土地所有权承包权经营权分置办法的意见》规定，土地集体所有权人对集体土地依法享有占有、使用、收益和处分的权利。要充分维护农民集体对承包地发包、调整、监督、收回等的各项权能，发挥土地集体所有的优势和作用。农民集体有权依法发包集体土地，任何组织和个人不得非法干预；有权因自然灾害严重毁损等特殊情形依法调整承包地；有权对承包农户和经营主体使用承包地进行监督，并采取措施防止和纠正长期抛荒、毁损土地、非法改变土地用途等行为。承包农户转让土地承包权的，应在本集体经济组织内进行，并经农民集体同意；流转土地经营权的，须向农民集体书面备案。集体土地被征收的，农民集体有权就征地补偿安置方案等提出意见并依法获得补偿。为防止少数人侵害农民权利，确保农民集体有效行使集体土地所有权，要求以集体经济组织民主议事机制保障集体成员的知情权、决策权、监督权。

2）土地承包权

承包经营是农民身份独有的权利，非该集体的机构和个人无权承包经营土地，承包人之外的土地经营者没有权利保障，农户享有土地承包经营权，是集体所有的具体实现形式。依照《物权法》的规定，土地承包经营权是农民依法享有的用益物权，除了不能处分土地外，土地承包权人对承包土地依法享有占有、使用和收益的权利。任何组织和个人都不能取代农民家庭的土地承包地位，都不能非法剥夺和限制农户的土地承包权。所有权是承包权的基础，承包权是所有权的具体实现形式。承包农户有权占有、使用承包地，依法依规建设必要的农业生产、附属、配套设施，自主组织生产经营和处置产品并获得收益；有权通过转让、互换、出租（转包）、入股或其他方式流转承包土地并获得收益；有权依法依规就承包土地经营权设定抵押、自愿有偿退出承包地，具备条件的可以因保护承包地获得相关补贴。

3）土地经营权

经营主体通过流转方式取得土地承包经营权人的土地经营权后，土地经营权人对流转土地依法享有在一定期限内占有、耕作并取得相应收益的权利。土地经营权源于土地承包经营权，是承包人对经营权利的转移与让渡，一旦取得土地经营权，即获得了独立于承包权的一项请求权，承包农户也不得妨碍经营主体行使其合法经营权利，经营主体理应与集体所有权和农户承包权一样，平等受到法律保护，以保障实现其有稳定的经营预期。经营主体有权使用流转土地，自主从事农业生产经营并获得相应收益，经承包农户同意，可依法依规改良土壤、提升地力，建设农业生产、附属、配套设施，并依照流转合同约定获得合理补偿；有权在流转合同到期后按照同等条件优先续租承包土地。经营主体再流转土地经营权或依法依规设定抵押，须经承包农户或其委托代理人书面同意，并向农民集体书面备案。流转土地被征收的，地上附着物及青苗补偿费应按照流转合同约定确定其归属。

农村土地集体所有权是土地承包权的前提，农户享有承包经营权是集体所有的具体实现形式，在土地流转中，农户承包经营权派生出土地经营权。总而言之，"三权"构成我国农村基本经营制度，又是一个不可分割的整体，三者之间相互关联，又各自独立，有清晰的边界和权利义务关系。

3. 正确理解"三权分置"中经营权的权利特征

土地经营权是土地三权之一，三权分置制度中，创新是完善农村基本经营制度的关键。我们应全面把握理解土地经营权的内核与特质：

（1）法定权利。中共中央办公厅、国务院办公厅《关于完善农村土地所有权承包权经营权分置办法的意见》颁布实施，标志着三权分置制度正式确立，土地经营权在我国农村基本经营制度中有了基本的地位。尽管《物权法》《农村土地承包法》还没有做出相应的修改，以中共中央、国务院发文的形式颁布，从立法层面上也是党的意志和行政法规的体现。

（2）财产权利。承包经营权分置为两权，扩展了农民的权利，农民可以流转土地使用权来获得地租，这样也保护了耕作者的权利，让其有稳定经营的预期，放心进行长期投资。这包含两个方面，一方面，土地承包权人将经营权转让、流转给他人，可以取得经营主体给付的价格，使土地承包权变现，从而具有了含金量；另一方面，土地经营权人对流转土地依法享有在一定期限内占有、耕作并取得相应收益的权利，对未来有稳定的经营预期。土地经营权人依照流转合同约定获得合理补偿；在承包农户同意的情况下还可以行使再流转土地经营权利；有权在流转合同到期后按照同等条件优先续租承包土地。特别是可以依法依规设定抵押，为农业融资提供了法律上的通道，凸显其财产价值。

（3）土地权利。第一，是源于土地承包经营权的权利，没有土地承包经营权就没有土地经营权；第二，是经营土地的权利，尽管土地经营权可以派生出融资权、享受优惠政策等权利，但都是为从事农业生产服务的，是在生产过程中所产生的各项权利；第三，受一系列土地管理等法律法规调整的权利，与所承担的义务相对应；第四，权利行使以实现土地资源更有效合理利用为目的，尽管经营主体在行使过程中实现了自己的收益和预期。

（4）市场权利。市场权利的显著标志就是权利既能流转，又能变现。土地经营权是可以流转的权利，包括承包人对经营人的流转和经营人有条件的再流转，流转的标准是市场价值和规则。土地经营的最终收益和经营权的最终实现，依靠的是市场自主投资自担风险的市场机制。经营主体土地经营权抵押贷款、土地经营权入股农业产业化经营等，虽有政策因素，最终还是市场说了算，这就是市场权利的特质。有了土地经营权，农民的土地权利成为完整权利，可以促成农村土地权利自由流转，激活农村土地的资本潜能，扩大农民的市场融资渠道。

4. 科学界定土地经营权的权利属性：用益物权还是债权

"三权分置"制度的确立，回应了农村改革中的实践，政策已走在前面，迫切需要加快《农村土地承包法》等相关法律的修订完善工作，尤其是要先在法律上给农村土地经营权属定性，明确土地经营权的权利属性，究竟是用益物权还是债权。

　　根据《物权法》的规定，承包经营权是用益物权，按照中央文件，土地经营权是从承包经营权中分离出来的一种权利，其将被看做在承包经营权这个用益物权之上设置的另一个用益物权。有人认为，从法律角度说，土地经营权应被界定为从土地承包经营权中分离出来的新的用益物权。土地承包经营权是在农村土地所有权上设立的用益物权，在这一权能基础上可以再分离权利，设立新的用益物权。但这并不是将农村土地承包经营权分离为承包权和经营权，而是将农村土地承包经营权的占有、使用和收益权能分离出去，形成经营权。在经营权分离之后，农村土地承包经营权并不因此消灭。经营权到期后，承包经营权人的权能就自动恢复。土地经营需要的用益物权性质，对于经营主体来说，能更好地定权定心，并持续大量地对农业生产进行投入。学者谢鸿飞认为，土地经营权仍应体现为一种用益物权，如果土地经营权被确定为一种债权，那么就难以用于抵押贷款，因为很少有银行愿意对一份合同进行抵押贷款，那改革就失去了价值。用益物权的基本权利就是占有、使用和收益，若是这样，经营权将占有、使用和收益权能从土地承包经营权分离出去，那《物权法》规定的土地承包经营权的用益物权还有什么权利？农户基于的土地承包经营权利又如何实现？为了更好地保护经营者的积极性而淡化农民土地承包经营权的做法，只会加重农民流转出去的土地难以收回的心理不安，实践中肯定是有害的。

　　笔者认为，承包土地的经营权更像债权。一种用益物权之上设置另一种用益物权，在理论上没有障碍，但现实中还未出现过。事实上，从权利来源分析，"三权"中的承包土地的经营权取得，是基于承包土地的经营合同而与农民签订经营协议，基于农民对土地权利进行流转的自由和处分。经营权必须通过合同方式取得，即土地承包权人与受让人（土地经营人）应订立合同，明确规定经营权人必须承担维持土地质量的义务，坚持土地的农业用途，以避免土地的"非农化"和"非粮化"。这些都充分表明承包土地的经营权的债权属性，土地经营人之所以能安心进行长期投资，保持土地生产力，是因为其更看重的是土地经营预期收益，更类似于基于租赁而获取的权利。农村集体土地所有权和土地承包权由于物权的性质，确权颁证要么基本完成、要么进展迅速。土地经营权如果是一种用益物权，则应该进行颁证确权，所以中共中央办公厅、国务院办公厅《关于完善农村土地所有权承包权经营权分置办法的意见》提出"提倡通过流转合同鉴证、交易鉴证等多种方式对土地经营权予以确认"，本身就暗含了政策制定者的债权说思路。

　　在今后相当长时期，我国土地经营权的性质应该界定为债权。同时，随着对耕作者保护的重视，土地经营权物化属性也理应逐步得到强化。但无论如何，都应该在债权这一基本制度框架下进行完善与合理保护。说到底，今后土地经营权性质的界定是逐渐在承包权和经营权二者之间找到一个权利的"平衡点"。国际上，将与土地经营权较为类似的租赁权性质界定为债权并进行物权化，是多国通行的做法，目的是平衡权利关系。

（二）农民财产权理论：两权抵押带来的统筹红利

农村土地不流转，土地就无法实现城乡意义上的统筹，也无法解决社会金融资本对农村有效转移和投入，更重要的是，土地对于农民的财产价值无法实现和释放。而土地流转的关键，就在于能否实现两权（农村承包土地的经营权和农民住房财产权）的抵押，能否实现有效盘活农村资源、资金、资产，增加农业生产中长期和规模化经营的资金投入，保障农民财产权的顺利实现。

1. 先行实践中的摸索

近 10 年来，我国一直在稳妥地探索消除农地金融化的制度障碍。事实上，在各地统筹城乡改革试验试点过程中，农村土地承包经营权和宅基地使用权抵押贷款业务起步较早，在 2008 年 10 月中部六省和东北三省就开展了这项工作。据统计，试点省涉农贷款余额增速比同期的农村贷款和农户贷款增幅高，同时也高出同期全国各项贷款增幅。这说明其具有较强的生命力和适应性。

2009 年《国务院关于推进重庆市统筹城乡改革和发展的若干意见》中，曾要求重庆在全国率先探索"缩小城乡差距"和"统筹城乡发展"的新路径，提出支持重庆大力推进农村金融产品和服务创新，鼓励重庆"先行先试"。2010 年金融监管部门要求探索开展农村土地承包经营权和宅基地使用权抵押贷款业务，并提出"在城镇化和农业产业化程度高的地区，金融部门要积极支持和配合当地党委和政府组织推动的农村土地承包经营权流转和农房用地制度改革，按照依法自愿有偿原则，在不改变土地集体所有性质、不改变土地用途和不损害农民土地承包权益的前提下，探索开展相应的抵押贷款试点"。从 2010 年下半年起，重庆开始建立重庆农村"三权"抵押融资政策体系，探索推进农村金融服务改革创新工作。重庆市政府先后出台《关于加快推进农村金融服务改革创新的意见》和《重庆市农村土地承包经营权、农村居民房屋及林权抵押融资管理办法》，确定了"三权"抵押的性质，以政府文件形式对"三权"的抵押、登记、转让和处置等进行规范，探索开展农村土地承包经营权和宅基地使用权抵押，对当地农村经济发展产生了积极的意义。

2. 政策的调整

对于土地承包经营权能否抵押的问题，理论上一直争论不休，实践中做法不一。社会对此极其敏感，中央对此极为关注，并把这个问题作为深化改革的重点和难点。2008 年《中共中央国务院关于切实加强农业基础建设进一步促进农业发展农民增收的若干意见》指出，"积极推进农村担保方式创新，扩大有效抵押品范围"，2012 年中央颁布《关于加快推进农业科技创新持续增强农产品供给保障能力的若干意见》着重强调"积极探索农业科技专利质押融资业务"，2014 年国务院办公厅颁布《关于金融服务"三农"发展的若干意见》提出创新农村抵（质）押担保方式，制定农村土地承包经营权抵押贷款试点管理办法，在经批准的地区开展试点。2010 年 7 月，"一行三会"也联合印发了《关于全面推进农村金融产品和服务方式创新的指导意见》，提出要探索开展农地承包经营权和宅基地使用权抵押贷款业务。

2008 年，《中共中央关于推进农村改革发展若干重大问题的决定》指出，要扩大农村有效担保物范围，同时又提出允许农民以转包、出租、互换、转让、股份合作等形式流转土地承包经营权。2009 年中央一号文件提出了依法开展权属清晰、风险可控的大型农用生产设备、林权、四荒地使用权等抵押贷款。2012 年党的十八大提出依法维护农民土地承包经营权、宅基地使用权、集体收益分配权。2013 年中央一号文件，提出创新符合农村特点的抵（质）押担保方式和融资工具，建立多层次、多形式的农业信用担保体系。党的十八届三中全会，提出稳定农村土地承包关系并保持长久不变，在坚持和完善最严格的耕地保护制度前提下，赋予农民对承包地占有、使用、收益、流转及承包经营权抵押、担保权能。2014 年中央一号文件在坚持和完善最严格的耕地保护制度前提下，提出赋予农民对承包地占有、使用、收益、流转及承包经营权抵押、担保权能，在落实农村土地集体所有权的基础上，稳定农户承包权、放活土地经营权，允许承包土地的经营权向金融机构抵押融资。有关部门要抓紧研究提出规范的实施办法，建立配套的抵押资产处置机制，推动修订相关法律法规。2015 年中央一号文件也强调了做好承包土地的经营权和农民住房财产权抵押担保贷款试点工作。2014 年中共中央办公厅、国务院办公厅颁布《关于引导农村土地经营权有序流转发展农业适度规模经营的意见》，按照全国统一安排，稳步推进土地经营权抵押、担保试点，研究制定统一规范的实施办法，探索建立抵押资产处置机制。党和国家的这些文件，为此项工作的改革提出了战略要求和政策方向，既为实际工作指明了方向，又为下一步的立法创造了条件。

2015 年 8 月，在国务院下发《关于开展农村承包土地的经营权和农民住房财产权抵押贷款试点的指导意见》之后，相关工作提速。2016 年 3 月，中国人民银行会同相关部门联合印发《农村承包土地的经营权抵押贷款试点暂行办法》和《农民住房财产权抵押贷款试点暂行办法》，从贷款对象、贷款管理、风险补偿、配套支持措施等多方面，对金融机构、试点地区推进落实"两权"抵押贷款试点明确了政策要求。2016 年 6 月，中国银行业监督管理委员会（简称银监会）与国土资源部联合发文，对开展农村集体经营性建设用地使用权抵押贷款业务做了详细规定，备受瞩目的农村"两权"抵押贷款正式进入实际操作阶段。不过，实践中仍有不少人对此质疑观望，有人认为土地制度改革最核心的问题是流转，最近这几年都在力推两权抵押的贷款，这件事情值得认真探讨，如果换位思考，作为金融机构，其可能接受一个不能流转的、不能变现的抵押品吗？

3. 现行有关法律的限制

目前关于土地使用权抵押的制度依然遭到禁锢，土地承包经营权抵押贷款本身与现行法律也存在冲突，主要表现在：

一是《中华人民共和国担保法》（简称《担保法》）第37条规定：耕地、宅基地、自留地、自留山等集体所有的土地使用权不得抵押，但该法第34条第（五）项，抵押人依法承包并经发包方同意抵押的荒山、荒沟、荒丘、荒滩等荒地的土地使用权和第36条第三款规定的乡（镇）、村企业的土地使用权不得单独抵押，以乡（镇）、村企业的厂房等建筑物抵押的，其占用范围内的土地使用权同时抵押的除外。

二是《农村土地承包法》中，土地承包经营权的抵押在该法中被定位为一种流转方式。该法第49条规定，"通过招标、拍卖、公开协商等方式承包农村土地，经依法登记取得土地承包经营权证或者林权证等证书的，其土地承包经营权可以依法采取转让、出租、入股、抵押或者其他方式流转"。第32条规定，"通过家庭承包取得的土地承包经营权可以依法采取转包、出租、互换、转让或者其他方式流转"。土地承包经营权人处分其权利的方式也就限定为"转包、出租、互换、转让或者其他方式"，这里并不包括"抵押"这一方式。虽然没有明确土地承包经营权可以抵押，但从该法的立法语境和上下法条的关联来说，是不可以抵押的。《农村土地承包经营权流转管理办法》秉承《农村土地承包法》的立法原意，也仅规定以其他承包方式取得的土地承包经营权的抵押化，对以家庭承包方式取得的土地承包经营权的抵押问题未置明文。

三是《物权法》第128条规定，"土地承包经营权人依照农村土地承包法的规定，有权将土地承包经营权采取转包、互换、转让等方式流转"。第133条规定，"通过招标、拍卖、公开协商等方式承包荒地等农村土地，依照农村土地承包法等法律和国务院的有关规定，其土地承包经营权可以转让、入股、抵押或者以其他方式流转"。第180条规定，"债务人或者第三人有权处分的下列财产可以抵押：……（三）以招标、拍卖、公开协商等方式取得的荒地等土地承包经营权"。第184条规定，"下列财产不得抵押：……（二）耕地、宅基地、自留地、自留山等集体所有的土地使用权，但法律规定可以抵押的除外"。全国人民代表大会法律委员会研究认为，"抵押应与转让问题通盘考虑，允许土地承包经营权有条件地抵押"。《物权法草案（第四次审议稿）》第135条规定：土地承包经营权人有稳定收入来源的，经发包方同意，可以将土地承包经营权抵押。实现抵押权的，不得改变承包地用途。但《物权法草案》第五次审议时，情况又有变化：目前，我国农村社会保障体系尚未全面建立，土地承包经营权和宅基地使用权是农民基本生产、生活的保障。从全国范围看，放开土地承包经营权抵押和宅基地使用权转让的条件尚不成熟。《物权法》最终通过，这一立法态度也未改变。

四是《最高人民法院关于审理涉及农村土地承包纠纷案件适用法律问题的解释》第 15 条明确规定，"承包方以其土地承包经营权进行抵押或者抵偿债务的，应当认定无效"。

就农地金融化而言，我国现行法分别就不同情形做了不同的制度设计：第一，就以其他承包方式取得的土地承包经营权而言，其权利主体没有身份限制，民事（市场）主体依招标、拍卖、公开协商等其他市场交易方式均可取得此类土地承包经营权，其权利主体完全可以依市场规则处分权利，当然包括以此类土地承包经营权设定抵押权。第二，就以家庭承包方式取得的土地承包经营权而言，虽然《农村土地承包法》和《物权法》均未明确允许权利主体以之设定抵押，但从《物权法》第 180、184 条规定看，《物权法》明令禁止抵押的仅是耕地上设定的此类土地承包经营权，在《物权法》尽量放松抵押物范围管制的立法指导思想之下，其他用途农地上设定的此类土地承包经营权均可抵押。例如，集体林权制度改革时，林地的土地承包经营权，即使是以家庭承包方式取得的，也可以设定抵押，其依据即为此种解释论。就此，《农村土地承包法》与《物权法》的解释论并不一致，但《物权法》是后法，是基本法，依据"后法优于先法"的基本法适用规则，《物权法》自应优先适用。

4. 从社会视角进行的思考

当前农地金融滞后，农地抵押制度一直没有放开，有一定的社会渊源。长期以来，理论界和决策层认为，土地问题解决不好，农民就会失去保障、流离失所。事实上，关于土地除了财产功能外，还有社会保障功能的说法一直占据主流，也更为社会各界所接受。实际上没有任何法律能够为此提供法律依据，土地视为社会保障的基础，完全是一种人为的说法。本质是一些学者对我国农民未来不自信，宁愿牺牲效益换取稳定，让农民困在一亩三分地上的利己主义表现。过分强调保障功能，限制农民对农用地的承包经营权的抵押融资，不仅剥夺了农民对财产的行使权、限制了土地财产功能，更重要的是在农民致富的道路上关闭了通过农地金融实现发展的大门。在法律政策层面，《物权法》和《农村土地承包法》明确规定以家庭承包方式取得的土地承包经营权可以"转让"，应当允许限制程度较轻的土地承包经营权的"抵押"。我们知道，"转让"比"抵押"责任程度加重，土地承包经营权抵押的情况下，抵押只是权利的暂时限制，抵押权行使只是一种农户对农地占有、使用、收益权能的期限让渡。而转让的情况下，农户对农地的权利消失，完全没有占有、使用、收益的权能了。既然法律上允许土地承包经营权的转让，再禁止其抵押，于法于理都说不通。另外，土地承包经营权的三权分立后，金融机构行使担保物权，实现承包土地经营权抵押权本身并不是取得土地承包经营权的承包权，只是其中的经营权，从法律和政策上并不必然导致金融资本和工业资本直接进入农村，危及耕地保护政策，不危及农户承包权。

深化农村土地改革，探索农村土地承包经营权抵押贷款试点，至少有以下意义：一是在行使农村土地承包经营权上经营权可以抵押，让农民的地权更加完整，在《物权法》之下，土地承包经营权被界定为一种用益物权。既然属于用益物权，农户作为权利人不能在其上设定权利负担（包括设定抵押权），用益物权处分权能如何具体体现？二是为农民融资开辟了直接通道，三是因土地承包经营权的抵押，显现了土地的本来价值，也为农民财产权注入了具体内容，提升了个人的信用。四是在试点中自动调整以地权为核心的权利秩序。正因为如此，才有了后来通过土地承包经营权三权分置的制度设计，把承包土地的经营权从土地承包经营权中分设独立出来，并允许融资抵押的试点政策出台。

（三）统筹的农村社会结构理论——三位一体的社会机制

1. 农村社会的合作组织是统筹城乡的有效形式

现代化的城市经济必须与现代化的农业匹配，城乡要统筹，需要现代化农业的形式。亚当·斯密认为，"农村的住民，散居相距很远的地方，不能容易地结合起来。他们不但从来没有组合，并且一向就缺乏组合的精神"[①]。费孝通认为，在乡村工作者看来，中国乡下佬最大的毛病就是"私"。农民不善合作的问题，也就是农民原子化的问题，是一个老问题而非新问题。"农民善分不善合"既是农村的现实经济结构和基本生产、生活形态，也是农村圈层社会结构中固有的社会文化。农民不善合作，不能有效组织动员，就不能解决农民生产和生活中公共物品的供给问题，农民就不得不付出高昂的代价。

随着社会市场经济的不断深入，高度的市场化带来大量经济资源，复活了传统文化和传统的人际关系，从而强化了合作组织与团体精神。合作成为农民在生产经营中的必然选择，也是统筹城乡的必然要求。"在国家的力量无法达到每一个农村的神经末梢的情况下，农村生产力水平低下与生产生活的复杂性之间的矛盾必须依靠农民合作来解决。农民善分不善合本不是'天注定'，一切归结于分合能否带给农民以好处。当今，农民要求合作，要求建立合作组织，是因为只有合作，只有合作组织，才能维护和扩展其权益，才能过更好的日子。"[②]"农业生产的前前后后任何一道环节上都能找到合作社的踪影，整个农业经常就是合作社

---

① 斯密 A. 国民财富的性质和原因的研究（上卷）. 郭大力，王亚南译. 北京：商务印书馆，2004：112.
② 王立胜. 中国农村现代化社会基础研究. 北京：人民出版社，2009：135-136.

编织的一张生产网络。农业生产领域合作社实质上是农民共同经营的实体，是代表农民利益、为之服务的特殊经济组织。合作社的经济活动已成为农民社员经济活动不可分割的组织部分。一个农业合作社，就是许多农民为了给他们自己提供某种服务而组织起来的一种商业形式。在利益的驱动下，农民既善分也善合。"①其实，中国农民并不缺乏合作的能力和智慧，问题的关键是需要有一个利于他们发展合作的大环境。而且，不断增长、活跃的民间社会组织，是市民社会兴起的另一个表现。

　　农业发展面临的困境与难以遏止的农民致富冲动之间的矛盾，应该怎么解决？当前理论界给出的最有影响力的就是农民合作化。农民在合作中通过组织与制度创新，以分工与联合的方式，在分散农户之间调节内部的资源分配，使公共品的外部效应内部化，从而获取经济发展的规模效应，改变市场中的力量对比，增大实现增收的可能性。从这个思路出发，合作是理性小农的一种理所当然的客观必要选择。当今世界无论是发达国家，还是不发达国家，凡是受市场支配的农业，都存在着农民的合作组织，并且这种组织在社会经济中扮演了重要角色。美国农业经济学家约翰·W. 戈德温曾经推断农民建立合作社的主要原因，就是获得议价。要议价的权利，就必须要有集体的组织，农业合作社，就是农民们为了给自己伸张某种权利而组织起来的形式。放眼世界，一百多年前农业合作社创立之初，农民生产生活还面临许多困难。如今农民富裕起来了，合作社做出了重大贡献。可以说，合作社是带领农民进入市场的桥梁，是富裕农民、繁荣农村的重要途径。美国经济学家曼瑟尔·奥尔森在他的"集体行动理论"中强调，组织都有自己的目的，其中为大多数组织所具有，特别是经济组织都有的目的，就是增进其成员的利益。我国现有的"土地股份合作社""土地信用合作社""园艺合作社""土地流转合作社""农民议会""产业合作社"等农民组织都是自发产生的，其作用就是维护自己的利益，管理农民自己的事务，用组织的话语权来与其他社会组织和政府合作、对话，甚至参与社会的管理。到今天，我国的农民合作组织除了维护自己的利益外，也正在为统筹城乡贡献力量，因为只有集体合作组织，才能提高农业生产效率，才能延长自己的产业链条，才能在与城市经济组织的合作中具有强大的话语权。

　　如何建立农村合作组织，实现农民自身的有效动员？这里有制度的设计，有农民意愿的表达，有合作意识与合作精神的奉献，有正确认识的保证，有文化的支撑。丹麦早在18世纪就有了农民动员组织，即具有农民合作社性质的农民夜校，通过这个平台，农民不仅可以学知识，更多的是讨论社区的发展问题，统一思想认识，培养农民的主体与自觉意识，农民们能够意识到保护利益的绝对重要性，

---

① 徐勇. 如何认识当今的农民、农民合作与农民组织. 华中师范大学学报，2007，46（1）：1-3.

这样的组织形式从一开始就会积淀人文的基础。中国农民在经历了改革开放的洗礼后，尽管有了一些组织的概念，但总体上组织程度是相当差的，有三个特点：一是多数人的无组织化，多数农民并不参加任何组织，也意识不到组织的作用；二是弱组织化，即便是已经有的农民组织，多数自我服务能力和话语权不强；三是被组织化，多数农民组织由离任干部或企业负责人主事，或由龙头企业组建。组织农民固然可以按照下级服从上级的行政管理模式，有效地把农民组织集中起来办大事，但它在本质上否定了平等的合作精神，模糊了个体与群体的权益界限，忽视了农民的自主权和产权，使个体利益极易遭受侵害，个体的积极性严重受挫。而农民自己起来组织自己，就可以有效地克服上述弊端，从而使农民在任何经济活动中都有一个能够参与的平台和主导的空间。

博弈理论告诉我们，任何个体要维护自身利益、表达自身诉求，必须主动或被动地整合进组织体系之中，这是现代社会政治的"游戏规则"。在中国农村，宗族和血缘组织仍然对农民现实生活有较大的影响。无论是现实中的亲戚朋友还是多数农民走向城市的重要渠道和依赖力量都离不开宗教和血缘组织的支持。因而，改善政府的公共服务供给，倡导公共生活和公民精神，这样的努力则是推动农民整合的客观进程。究竟是"组织农民"还是"农民组织"，能否实现"组织农民"向"农民组织"的跨越，不仅仅是词序的颠倒，而是一次农民动员组织发动的模式变革，质的变革和飞跃，更是统筹城乡这场伟大的改革能否成功的关键点之一。

2. 专业合作社是我国农村的主要合作形式

统筹城乡的一个非常现实的命题就是要实现农业现代化，因为只有工农现代化才可能有城乡的统筹结果。马克思和恩格斯在19世纪就提出了合作理论，那是基于工人运动和农民运动的实践而创立的，他们认为合作组织是从资本主义向共产主义过渡的中间环节。恩格斯认为，对于小农的任务，首先是把他们的私人生产和私人占有变为合作社的生产和占有，但不是采取暴力，而是通过示范和为此提供社会帮助。从关于集体与个人关系中，也能看到合作产生的源头。卢梭在论财产权时认为，"集体的每个成员，在形成集体的那一瞬间，便把当时实际情况下所存在的自己——他本身和他的全部力量，而他所享有的财富也构成其中的一部分——献给了集体。这样合作存在着先天性的要求"[1]。

合作组织的制度安排，本身就是为了保护合作社社员的利益，能减少中间环节出现的利益流失，并弥补了个体对外交易的弱势与不足，因而150多年来在西方各国得到迅速发展，特别是在农业流通领域获得了巨大成功。从我国和其他各国合作社发展的实践来看，合作社组织形式主要在农业领域里得到了发展。农业

① 卢梭 J J. 社会契约论. 第3版. 何兆武译. 北京：商务印书馆，2003：27.

生产领域，合作社实质上是农民共同经营的实体，是代表农民利益、为之服务的特殊经济组织。在合作社从事经营活动已成为农民社员经济活动不可分割的组成部分。一个农业合作社，就是许多农民为了给他们自己提供某种服务而组织起来的一种商业形式。

合作社具有经济属性与社会属性，社会属性是目的，经济属性是手段、是物质基础，社会属性为经济属性的实施提供指引和目标。从合作社的社会属性来看，合作社不仅是经济组织，同时也是社团组织，是社员联合起来在自愿自助的基础上满足社员经济、社会需求的联合体。合作社内部强调伦理价值，创立合作社的人其动机不在于自身致富，而是基于伦理的动机。就合作社的社会功能而言，由于合作社具有社员间的互助性及公平性、追寻内部服务效益最大化、从事经济活动的经济性等特征，因此合作经济在解决就业问题及提供农村社会保障等方面能够充分发挥其社会职能，而这些，正是统筹城乡过程中要充分重视的问题。就合作社的民主政治功能而言，由于合作社实行的是社员民主而不是股份民主，能够充分体现社员的主人翁精神，实现经济民主化的目标。就合作社的经济属性而言，其价值在于能够联合全体社员的经济力量进入市场，通过为社员提供服务，形成聚合的规模经济，节省交易费用，增强整体竞争力，增加社员收入，增进社会福祉。

农民合作社是带动农户进入市场的基本主体，是发展农村集体经济的新型实体，是创新农村社会管理的有效载体，是统筹城乡改革的重要的农村组织方式。在市场经济条件下，合作社既是竞争的产物，也是竞争的需要。特别是农村基于资金需求的联合，通过信用合作和互助，为农村合作金融的生存和发展提供土壤。"要有效地解决小农户与大市场的对接和适应，使农民以较低的交易成本进入市场，增强合作社与其他社会利益集团的竞争力，对合作社而言，限制竞争比实行自由竞争更明智、更可取。全国性、大规模的合作社联合发展，一方面有利于在市场中的谈判，降低交易成本；另一方面，通过合作社联合，有利于参与全国和国际性的合作组织活动，进一步稳定经营，使经济一体化得到发展。"[1]

历史经验证明，合作制是适应农业生产经营特点的较好的组织形式，不失为解决目前我国双层经营机制中集体经济组织存在缺陷的一种较好的经济组织选择。国务院多次强调，大力发展农民专业合作社和各种农业社会化服务组织，为农户提供低成本、便利化的生产经营服务。中国人民银行提出，农村经济组织是联系千千万万农户和市场的中介。相对于农户而言，农村经济组织能更好地利用市场信息、农业科技和金融市场提高农业生产的效率。应加强信贷政策指导，积极鼓励各类金融机构为农民专业合作社提供信贷支持。我国各地的合作社发展有

---

① 欧阳仁根，陈岷. 合作社主体法律制度研究. 北京：人民出版社，2008：26.

效地带动了广大农户，如广东全省农业产业化经营组织带动农户 514.3 万户，订单带动农户 131.1 万户。

3. 信用合作——合作金融

信用合作是农民专业合作的延伸，是合作的更高形式，兼具"人合"与"资合"，更是统筹城乡改革中农民最需要的组织形式，也是农民为了提升获得金融资源能力的合作，体现风险共担、利益共享的合作精神与文化。农民专业合作社内开展信用合作是专业合作的一种形式，是指经农民专业合作社成员（代表）大会决议通过，以产业为纽带，以成员信用为基础，由本社全部或部分农户成员自愿出资筹集互助资金，为本社成员发展专业化生产提供互助资金借款业务的资金互助性业务活动。

合作社本来就是一个熟人社会，大家彼此知根知底。我国农民在长期的共同生活中建立起相互信任的关系，在抵押品不足的情况下，农村的这种特殊关系通常具有相互提供担保的特征，这为信用合作的存在提供了基础。正确、全面、客观地认识农民专业合作社内部信用合作的作用，既不能全盘否定、限制发展，也不能放任自流、不管不问。从制度层面加大力度，不能让新生事物变成死胎，也不能变成怪胎。在转型社会下，信用合作是农民合作完善统分结合制度的升级形态，也是新型农民、现代农民的重要标志，信用合作成为农民发展的硬实力。

信用合作是农民合作的最高形态，也是农村合作金融的最广泛的社会信用基础。实践中，形式不同、名称各异的农村信用合作组织在全国广泛出现，从类型来看，这些信用合作组织可以分为四种，即由银监部门批准的农村资金互助社、农民专业合作社开展的信用合作、由各级扶贫办公室利用财政扶贫资金设立的扶贫互助社、农民自发或外部资金推动成立的资金互助组织，其中依托农民专业合作社开展信用合作占主体地位[①]。有了成熟的信用合作机制，就有成熟的合作金融。信用合作是整个农村社会转型中最重要的金融基础，只有在信用合作基础之上的金融生存机制，才有条件把握准确有效的农村金融需求。

专业合作社是典型的合作经济，开展合作信用上的合作金融，是合作金融的天然土壤。首先是有产业的基础作为支撑，目前我国各种农村专业合作社大量涌现，合作社必然要统购统销，在这个过程中，会出现赊购赊销，催生商业信用，从而具有衍生为金融信用的可能性。有农村熟人社会带来的非正式的制度条件，通过血缘、地缘的关系来降低融资交易成本，通过信用和声誉来促成内生的自我机制，是我国农民专业合作社开展信用合作的一大特点。

从农村金融的实践看，除了供销合作社的改造外，通过农村专业合作社开展

① 薛桂霞，孙炜琳. 对农民专业合作社开展信用合作的思考. 农业经济问题，2013，（4）：76-80.

信用和金融上的合作是一种现实选择，为此应积极创造条件。历史的教训以及国际的经验都已表明，小农社会条件下的单独的"信用合作"是难以有效存活的。先前类似的农村合作基金会就是一个历史教训，提高农民信用组织化是农村金融改革的关键和突破，农民并不是没有互助合作的意愿，而是不了解政策，也不知道怎么合作。作为银监会核准成立的全国首家农村资金互助社——吉林省梨树县闫家村百信农村资金互助社，已经成功地在中国农民信用组织化的道路上迈出了第一步。闫家村百信农村资金互助社是农民在生产和购销基础上发展成的新型资金互助组织，是农民走向联合过程中，为解决资金不足而孕育出来的，资金互助社真正是农民自己的银行。据了解，该互助社于 2007 年 3 月 9 日正式挂牌开业，由 32 位农民社员发起，截至目前，入社社员达到 109 户，为社员提供生产与生活贷款 83.44 万元。发展农民信用合作组织需要条件，就是国家要向农村资金互助社提供流动性支持，包括农民信用合作制度及国家支持发展信用合作的融资制度①。越来越多的人认为，我国农村金融改革的最大瓶颈，仍然是以农民为主体的合作金融的缺失。农村资金互助合作社是构建农村经济金融体系的基础。发展农民资金互助合作社，是发育农户合作经济组织的制度需要。从长远看，也是建立竞争性的农村金融市场的需要。2006 年全国人大常委会通过的《中华人民共和国农民专业合作社法》(简称《农民专业合作社法》)，是把金融合作(信用合作)排除在外的，这在立法过程中就引起了不少争议。为此，国务院印发的《推进普惠金融发展规划(2016—2020 年)》中明确推动修订《农民专业合作社法》，明确将农民合作社信用合作纳入法律调整范围。明确农民合作社合作金融的任务。坚持社员制、封闭性、民主管理原则，在不对外吸储放贷、不支付固定回报的前提下，发展农村合作金融。支持农民合作社开展信用合作，积极稳妥组织试点，抓紧制定相关管理办法。在符合条件的农民合作社和供销合作社基础上培育发展农村合作金融组织。有条件的地方，可探索建立合作性的村级融资担保基金。稳步开展农村合作金融服务已成为深化农村供销合作的重要任务。这些将成为今后农村合作金融的重要政策指引，也是未来立法的方向。

4. 三位一体模式

资本要素是推动统筹城乡发展中最为重要的要素，这其中金融资本有序进入农业、农村、农民，是激活资本要素最重要的标志。吸引金融资本进入农业领域，从根本上讲要靠市场力量、利益机制。当前，我国工业化、信息化、城镇化快速发展，农业现代化深入推进，农村经济社会发展进入新阶段。农业生产经营方式深刻变化，适度规模经营稳步发展，而实践中专业合作社规模小、经营粗放、市

---

① 赵威. 农村金融改革突破点是提高农民信用组织化. 南方农村报，2009-01-13.

场对接能力差等问题逐渐显现，如何解决这些问题，如何适应这些发展需求？实践证明，创新农业组织形式是实现金融资本与现代农业对接的有效举措。

2016 年 5 月习近平总书记在考察黑龙江水稻种植专业合作社时指出：农业合作社是发展方向，有助于农业现代化路子走得稳、步子迈得开。经过多年发展，特别是《农民专业合作社法》的出台，政府鼓励并依法成立的专业合作社已近百万家；我国的农民专业合作社已经涌现出土地入股、资金互助、综合性供销合作社的诞生等多种合作模式，农村这些新型经营主体不断发展，为"三农"注入了新的活力。当前，农民合作社处于历史最好阶段。我国农民合作社数量持续增长，呈现带动能力增强、产业分布广、服务领域宽三个新特征。截至 2016 年 10 月底，全国依法登记的农民合作社达 174.9 万家，东部占 31.8%，中部占 27.5%，西部占 28.3%，东北地区占 12.4%。

我国的农业合作社开始呈现"三位一体"的模式。所谓"三位一体"，就是指农村单一的专业合作社变身为生产、供销、信用的合作模式。陈锡文认为，"三位一体"这种模式是中国几代搞合作制的人的追求。如何把农民组织起来，在"三农"领域里已是一个老课题。真正实践是从 10 年前的浙江瑞安开始的，时任浙江省委书记习近平在全省农村工作会议上就提出了农民专业合作、供销合作、信用合作"三位一体"的构想，并于当年 12 月浙江省委召开现场会时进行了经验推广。2017 年中央一号文件也提出了加强农民合作社规范化建设，积极发展生产、供销、信用"三位一体"综合合作。"三位一体"既是农村发展经济的重要机制变革，也揭示了农村社会转型过程中社会结构的变迁。

这其中，如何发挥供销合作社的作用成为关键。长期以来，供销合作社扎根农村、贴近农民，组织体系比较完整，经营网络比较健全，服务功能比较完备，完全具备在"三位一体"中发挥的作用。新形势下加强农业、服务农民，如何把供销合作社系统打造成为与农民联结更紧密、为农业服务功能更完备、市场化运行更高效的合作经济组织体系，成为服务农民生产生活的生力军和综合平台，成为党和政府密切联系农民群众的桥梁纽带，这既是农村社会改革发展的重大举措，也是广大农民群众的迫切期待。2015 年 3 月，中共中央、国务院发布了《关于深化供销合作社综合改革的决定》，2016 年 4 月在安徽凤阳县小岗村召开的农村改革座谈会上习近平总书记进一步指出，加快构建新型农业经营体系，推进供销合作社综合改革。

▶ 专栏 2-1

河北省的"旗帜供销"工程

作为全国供销社综合改革试点之一，2014 年河北省开始实施"旗帜供销"工程试点，服务型党组织建设与供销社综合改革同步推进。从卖产品到卖服务，"老供销"加快转型。在村一级，基层供销社领办农民专栏合作社，在合作社建立党支部，提升其带动力、覆盖面；在乡镇一级，农民合作社联合社改造传统的基层社，形成规模和品牌优势。按照"顶层设计、把控风险、龙头带动、上下贯通"的原则，各级财政和社会出资共计12亿元，组建了投资管理、农村产权交易、农村资金互助、小额贷款、农业保险等11个农村合作金融服务体系，结合合作社的实际情况设计了不同形式的金融服务品种。2015年河北省供销社正式上线"新合作金融"平台，依托互联网开展网上融资，一年多来，累计融资达到1.51亿元，建设分支机构126个。

（四）金融在统筹城乡中的社会功能理论

1. 统筹城乡的金融视角

统筹的原因在于结构不平衡、权利不平等，统筹城乡的价值在于追求社会公平正义，缩小甚至消灭城乡差距。金融在城乡中的统筹，就是在农村实现与城市一样的金融资源统筹，农民享有与城市居民一样的金融权利，在农村建立与农村社会经济发展相适应的金融秩序；在农村享有与城市一样的激活金融资源的基本要素，实现享有金融资源配置均等化，金融服务均等化，金融对经济发展促进力度的均等化。认真分析我国推进统筹城乡的体制障碍时会发现，农村的资金基本上都是存的多、贷的少，这种现象根源于我国城乡二元结构形成的制度性障碍。我国推进统筹城乡发展的主要制约因素主要表现在城乡产业、户籍、土地、金融等制度方面。在促进城乡要素平等交换和公共资源均衡配置，形成以工促农、以城带乡、工农互惠、城乡一体的新型工农、城乡关系过程中，金融资源在城与乡之间还有藩篱，要么是资源的稀缺，要么是配置中的无序，农村中的金融一直成为统筹城乡中的难点和重点。从对农村增加投入的角度看，没有金融的投入，"投入"最终会是画饼充饥。近几年来，党的政策更强调对农民权利的保护和财产权的实现，如果在现代社会发展中农民还没有像城镇居民一样平等获得金融权利，如果农民手中的重要资产——土地承包经营权和房屋产权无法抵押变现，城乡之间的二元结构就难以在短时期内消除，最终只会加大统筹城乡的成本和难度。事实上，在加快实现城乡经济社会发展一体化进程中，金融已成为做好"三农"工作的关键，也是统筹中的关键。自2010年统筹城乡发展进入实质性的操作阶段以来，纵观近几年的中央一号文件，金融工作已成为农民增收、向农村配置资源、深化农村改革、加大对农村的投入的重要抓手和内容。

2. 统筹城乡的金融制度

贫穷不是社会主义。如果我们依然有众多的贫困人口，依然有广大的贫困地区，贫困现状长期得不到改变，那就不是我们要的社会主义。破解"三农"，加快统筹,必须金融先行,这已是各界逐渐达成的共识,更是统筹城乡理论与实践中的共识。

从 2010 年开始,中央一号文件就一直把农村金融的发展放在统筹城乡的重要位置,并明确了具体任务和要求。例如,2010 年中共中央国务院颁发的《关于加大统筹城乡发展力度 进一步夯实农业农村发展基础的若干意见》中,专节提出将"提高农村金融服务质量和水平"作为健全强农惠农政策体系,推动资源要素向农村配置的重要内容。统筹中的金融任务,归纳起来,一是加大金融投入,加大国家财政对农村金融的扶持力度,加强财税政策与农村金融政策的有效衔接,引导更多信贷资金投向"三农",体现统筹"多予";二是加大金融资源供给,强化金融机构对"三农"的服务,发展新型农村金融机构,创造金融统筹的物质基础;三是加大金融创新力度,深化农村金融改革,建立与城乡一体化发展相适应的体制机制;四是探索农村两权抵押,努力实现农民财产权,解决农民增收难的问题,从金融角度化解统筹中的难点;五是防范农业产业风险,强化农业保险功能作用,发展合作金融,构建农村社会信用体系,解决城乡信用一体化问题;六是努力发展农村经济,创造良好的信用环境,为农村金融的最终创造激活更多的金融需求。

3. 金融在统筹城乡中的社会功能

金融在统筹中的社会功能除去经济因素之外,与社会制度、社会运行、社会控制紧密相连,要发挥好金融在统筹中的作用,应更多体现金融在农村社会功能中的实现。"对于农村金融来说,在制定和实施作为资源配置方式的金融政策时,国家所考虑的并不仅仅是'效率'这一方面。而是要使金融成为重要的纽带,不仅使经济能够得到平稳健康的增长,而且要以金融为纽带使整个社会更加严密高效地组织起来。也就是说,金融不仅作为经济纽带而存在,而且具有鲜明的政治和社会意义。"[①]按照统筹的社会政策理念,在农村,我们希望金融的社会功能充分发挥,金融能够大众化,使社会进步的利益能被广大人民分享,金融的大众化过程中有效地解决发展中无理由的收入不平等、共享经济中待遇不公正问题。在过往的发展中,农村金融在农村社会经济发展中发挥的作用,至少体现了国家对农村金融制度安排的基本取向。即使随着农村经济体制变革和金融体制改革不断发展,市场经济进程中,农村金融依然作为国民经济的宏观调控手段,农村金融服务政治、经济、社会发展目标的意图清晰可见。进入 21 世纪,农村金融作为深化农村改革的重要内容和手段,几乎出现在每个中央一号文件之中,不再仅仅作为一项制度安排。这其中,农村金融被赋予新的使命,那就是把农村土地制度改

---

① 王立胜. 中国农村现代化的社会基础研究. 北京:人民出版社,2009:35-36.

革、农村经营形式、农村政府政策引导和投入、农村权益的法治化、农村合作经济与组织方式、社会资源的有效整合等与其紧密结合，让农村金融承载更多的社会责任，既促进了城乡之间的统筹，也实现了为统筹的服务。在农村，我们希望金融的社会功能得到充分发挥，金融能够大众化，使社会进步的利益能被最广大的人民分享。金融的大众化过程中有效地解决发展中无理由的收入不平等、共享经济中待遇不公正问题，体现了统筹的方法，也实现了统筹的成果。

4. 农村金融中主体权利价值与实现

对农民来说，金融权就是发展权，是真切的权利。金融的获得感往往成为统筹城乡成果的体验感。金融权利的实现过程，是进一步唤醒农民在统筹中的主体意识与权利本位意识的最佳路径。历史证明，只有那些以农民为农村变革的主体和内在动力、以农民利益和愿望为内在需求的变革才有真正富有的成果，才能充分调动农民的积极性而获得农民的极大支持，从而使这些变革得以取得应有的胜利，如土地改革、合作化运动、家庭联产承包责任制和乡镇企业异军突起，都反映了农民主体地位的确立，农民主体性的充分诠释。根据社会学学者陆学艺的《当代中国社会阶层研究报告》的分析，无论从哪个层面，新时代的中国农民都已经成为推动农村经济社会发展的主体力量，确立了其在农村经济社会发展乃至整个中国社会科学发展过程中的历史地位。在农村金融发展中，要把农民的创造与需要作为出发点和落脚点。在城乡一体化的过程中，通过金融的发展，围绕农民的主体作用与意识、农民的需求与发展、农民的合作与动员、农民权利的归位与尊重进行的改革更有现实意义。

农村金融作为普惠金融的重要组成部分，其体制机制和创新目标，就是以立足机会平等要求和商业可持续原则，按照廉价金融和可承受的负担、成本的思路，为有金融服务需求的农村社会和农民提供可消费得起、直接有效的金融服务。金融在农村的大众化过程，就是增强农村主体对金融的便捷感、获得感，增进社会公平和社会和谐，实现农村社会更好的治理与发展，推动农村社会改革发展与顺利转型。

即使随着农村经济体制变革和金融体制改革不断发展，市场经济进程中，农村金融依然作为国民经济的宏观调控手段，农村金融服务政治、经济、社会发展目标的意图清晰可见。进入 21 世纪，农村金融作为深化农村改革的重要内容和手段，不再仅仅作为一项制度安排。这其中，农村金融赋予了新的使命，那就是把农村土地制度改革、农村经营形式、农村政府政策引导和投入、农村权益的法治化、农村合作经济与组织方式、社会资源的有效整合等与其紧密结合，让农村金融承载更多的社会责任。

农村金融理应成为统筹城乡和社会制度完善的推动器。农村金融的薄弱，不仅是农村金融制度上的薄弱，而且在一定程度上反映出统筹社会政策和社会制度建设上的差距，反映出农村法制化水平上的差距。例如，没有稳定成熟的农村土地承包经营权制度设计，就不可能有稳定成熟的农地金融制度。这既无法回答现实的困惑，也成为农村社会发展的现实阻碍。反过来，农村金融的现状，为社会规范、制度建设提供了一次良好的重建机遇。在这个过程中，农民的金融获得权尤为重要。

农村金融保障了农民的发展权，在中西部地区特别是贫困地区促进底线公平与社会保障。能否获得必要的融资，特别是中西部地区不发达的农村，对于农村经济和农民生活至关重要，因为它牵涉到能否使一个有利可图的农村小型投资进行下去，能否使农户的季节性收入和连续性支出之间的消费平衡化。"更为关键的是，在小农最为关注的涉及婚丧嫁娶、生病上学等突发性的大额而刚性的消费需求来临时，能够获得必要的融资。因此，农村金融安排的存在，对于农业生产、农村发展和农民生活，都至关重要。"①从这个意义上来说，农村金融实质上已成为另一种形式的社会保障。更积极的意义在于，农村金融对于地方农村经济的推动力，促进了城乡一体化的形成与发展。

（五）以信用理论为基础的农村社会建设

在我国大部分农村，农村金融薄弱瓶颈的现状依然没有改变，农村金融制约发展的事实依然没有改变，这是极不利于统筹城乡改革推进的。究其原因，忽视农村金融中信用的力量是一个很重要的因素。信用是一种品格，信用是维系社会秩序的文化基础，是城与乡统筹中的精神纽带。

1. 社会秩序的基石——信用

"人道酬诚，商道酬信"，是中国几千年传统文化中的普遍价值和行为准则，也是这种基于"仁、义、礼、智、信"构造的商业信用的思想基础。古人云，言忠信而行正道者，必为天下人所心悦诚服。信用，是经济的文化基因，是一种内化于心，外化于形的精神力量。信用，通俗地讲就是外在对你的信任程度。《牛津法律大辞典》中对信用的解释是："信用（credit），指在得到或提供货物或服务后并不立即而是允诺在将来付给报酬的做法。"

信用的法律、经济属性，使资本的流动与资金的让渡成为可能。也就是说，有了信用，资金的城乡间融通就能顺利完成；没有信用，资金的融通缺乏有效的介体，融通的过程变得困难，还会加大成本。农村需要资本，农民需要资金，信用成了农村金融的中介，也自然成了农村金融的逻辑起点。信用对农村金融的重要性，犹如大厦对基石的需求。信用不仅靠制度，更要靠根植于乡土之中

---

① 周立. 农村金融体系的市场逻辑与中国经验. 中国乡村研究, 2009,（3）: 41.

的文化；信用没有指标，却是让农民无法回避的硬约束。信用形式上关系到农民的金融能力，其根本考验的是农民的发展能力，从而最终影响农民自身权益的维护能力。

信用是文化的契约、伦理的契约，是人与人之间相互信任的无形合同，本质上信用是超越物质的精神守望。它与信用主体人格、品德及内心的认同等因素紧密相连，与主体的职业、经济发展水平没有必然的关系。以血缘关系、亲情为经济交易的基础能降低违约风险、降低交易成本，这是人类社会的共性，在西方社会也是如此。这不仅维持着农村社会秩序，而且，靠长期的传统经验积累和自然选择下的重复博弈，自动维持着农村经济秩序。通过以声誉惩罚和合理利用亲缘化的关系建立起来的长期信用担保纽带为重点，建立内部化的劝诫机制，让内心的文化自觉变成约束行为的道德规范。

信用以信任为前提，有了信任才会有信用。信任是思想范畴的东西，信用更多地体现为一种社会关系。在传统的农村社会，以血缘为核心的家族关系，在传统的中国社会关系中占有支配地位，是建立人际信任的纽带，并通过各种方式将其进一步泛化和扩展到没有血缘关系的其他人际交往当中，在中国社会中信任的范围内形成一种人伦关系的信任。建立在人际关系规范下的信任，是熟人社会的秩序基础。

长期以来，我国农村一直以自给自足、自担风险的小农经济结构为基本特征，以封闭型、碎片化、"圈层"化形态为主要社会形态。"圈层结构"的社会基础，决定其经济活动常常以圈层为社会单元。这种结构又成为中国农村经济的基本社会文化基础，也决定了中国社会特殊的信任（信用）结构。圈层中基于的是人伦的信任以及亲情、血缘的社会纽带，以熟人社会为关系背景，以信用为交往纽带，为小范围熟人社会中合作奠定了深厚的基础，成就了农村社会中普遍的熟人借贷和友情借贷，这便构成了乡村社会所特有的人文景象。圈层内部的"熟人信用"，区域内的相互信任程度高，超过农村这个熟人社会的有效半径未必就那么可靠了。在农村，农民恶意拖欠金融机构贷款的现象较为普遍。不少借贷的农民不讲信誉，往往认为金融机构的钱是公家的钱，能拖则拖，能赖则赖。例如，各地在推行"公司加农户"的订单农业时，农户中途毁约、以次充好、以假充真等不讲诚信的现象也时有发生。改革开放后，社会的转型迅速改变了社会信任结构。传统的人际关系下，伴随着进城打工、下海经商、下岗再就业等频繁的社会流动与地理迁徙，邻里关系的冷漠，婚姻关系的脆弱，家庭关系的复杂，熟人社会结构开始松弛与瓦解。这些都恶化了农村信用环境和金融环境，损害了农村的信用形象，动摇了本不牢固的信用基础，也恶化了城乡中金融统筹的生态环境。

2. 信用的社会力量

　　"诚信"作为道德的一个重要范畴，在农业社会中深入人心且占据着重要地位。在祖祖辈辈生活的相对封闭的乡村社会中，农民的信用建立在熟人社会、封闭社会和互相依赖的基础之上，"人无信则不立"的观念可以说是农民安身立命的根本，这也从伦理与道德两个维度揭示了信用资源的社会源头。

　　费孝通先生指出，陌生人所组成的现代社会是无法用乡土社会的习俗来应付的。现代市场经济更多的是陌生人之间的匿名交易。把交易从熟人之间扩展到陌生人之间，交易机会才有可能大大增加，从而创造出巨大的社会财富。这其中，信用是实现交易的最小成本，它需要建立在普遍主义信任的基础之上。这也为城乡的顺利统筹带来社会力量。

　　信用是无形的东西，看不见，摸不着。但是，信用是有灵魂的、有主体的，信用最终是依附于人的。就农民而言，金融信用是指个体为拥有一定的农村金融资源而需要的诚信以及社会对农民的信任程度。它有自身的特点：一是农民个体是信用主体，信用是农民在金融秩序中的社会符号；二是信用是一种反复使用的资源；三是社会对信用主体的综合评价；四是金融信用本身是金融秩序的重要方面；五是信用本身是一种文化力量；六是有具体的指标体系，不仅是主体的主观认识。正是农民的信用特点，为普遍主义信任的建立提供可能，也为农村金融的深耕提供广泛的资源。

　　以信用为核心建构的农村金融当中，信用可以转换成农民需求的金融资源。例如，农业合作社中资金的信用合作，就是人与人之间以信用作担保的资金融通；还有在一笔贷款中担保人、提供人的保证，都是客观上把信用变成了农村金融中的资源要素。又如，在很多农村地区已开始试行的小额信用贷款，就是以贷款人的信用基础作为风险评价的基本依据，而贷款本身的偿还能力、还款来源、抵押等不是发放贷款的决定性因素。

　　遗憾的是，商业性金融的传统做法，以不相信信用为前提，以假设不信用为起点，为了资金安全，只会将资金贷给优质的、有担保的、有抵押的客户，从而用抵押制度来否定信用文化力量，用担保的第二责任来强化还款的内在动力。在我国农村，农民文化程度普遍较低，无抵押、无担保，很难从金融机构贷到款，成为"金融不可接触者"，这样从贷款的起点就否定了农民的基本信用。

　　个人利益是人的创造力的基础和源泉。这对财富的积累是至关重要的。只有借贷人对个人利益的追求，才是信贷质量的根本保证。忽视第一还款来源质量，本来就是借贷风险管理的本末倒置。以抵押担保作为风险控制的手段本身就存在一定的问题，因为抵押品的价值随时都可能发生变化，在一定时期反而成为产生信贷风险的源泉。将抵押担保作为衡量贷款发放的标准容易产生逆向选择和道德风险，使金融机构选择有抵押担保但还款意愿不强的客户，而失去还款能力和还款意愿强但缺少抵押的客户。

我国农村金融发展还涉及一个认识上的大问题，就是金融能否为穷人服务？农村之所以贫穷，并不在于农民没有本事，农民的贫困表现出的是经济上的贫困，实质上是权利的贫困，而权利贫困就金融服务而言，根源在于主流金融制度设计上的不合理，社会规则对农民的偏见。制定政策的人，站在成熟、发达、现代的市场经济之上，无视农民的利益，漠视农村的信用，设计出来的农村金融制度是不可能助力农村发展和农民致富的。农民更需要来自实践中的，反映农民需求和信用现状的，能够更好地维护农民利益的制度关怀。其实，农村虽然现在还不够发达，但从来不缺少创造财富的智慧；虽然农民手上没有多少商业金融家们眼中看得上的抵押财产，但从来不缺少取之不尽用之不竭的信用资源。

3. 农村的信用社会建设

在勤劳与致富之间，资本扮演着重要的角色。农民有能力运用资本的力量来改变自己的命运，但金融机构"嫌贫爱富"的本性，需要制度的设计来解决。金融机构向农民放贷，风险过高、信息不对称、成本过高的劣势始终存在，农民难借贷的命运几乎不可能改变。所以，只有通过制度的设计，创立从中国农村实际情况出发的，基于互信、责任、参与及创造力的金融贷款制度，为农民提供贷款业务。当然，我们仍然需要通过制度的设计激活农民的信用，使农村贷款制度可持续。

虽然担保方式有抵押、质押和保证三种，但在我国农村，农民想贷款，提供足额抵押几乎是唯一渠道，但农民基本上没有能够得到银行认可的抵押物。根据现行法律的规定，农民手中承包的土地和宅基地属于集体所有，不能抵押，这样农民作为融资主体的能力基本被剥夺。中央一直都在研究如何在政策上使农地产权进一步明晰，通过产权的释放，把农民手中的农地由生产生活型资料转化成资本性资产。但是，若抵押后引起大规模无序的农地流转，会不会引起社会上农民因抵押失地而造成的农民无序流动呢？这种担心是无法回避的现实。对于农民来说，获得发展的权利是一种公平，但没有金融的通道，就没有发展的路径。如果我们不在制度设计上做文章，农民拥有已经物权化的农地，现实中又得不到实质性的权利，长期下去，会引发社会的不稳定。政策对法律的不断挑战，农民与政府和金融机构的博弈，构成当下我国农村金融的现实窘境。

欠债还钱，天经地义，这里隐含着信用属性与本质要求。从伦理道德层面看，信用主要是指参与社会和经济活动的当事人之间所建立起来的、以诚实守信为道德基础的"践约"行为，是"信守诺言""一诺千金"的一种道德品质。本来信用是不分区域的，农村有没有信用本身就是个伪命题。农民并非没有信用，而是农民的信用隐藏在乡土社会之中。现有的银行体系是基于城市工商社会建立的，对于农民的信用无法掌握。要充分发挥乃至放大农村和农民的信用，就必须降低农民与银行之间的信息不对称。信用建设建立在良好的信任关系基础之上，而信任关系是可以通过理性选择而建立起来的，并且在适当的社会条件和环境下可以转化为一种普遍的社会文化倾向。目前，一方面，我们要积极推进信用体系的完善，让守信者能获得更多的社会合作机会；另一方面，还必须加强对失信行为的社会惩戒，努力形成培育新信任文化的社会条件和环境。农村信用建设是新农村建设的重要内容，是农村和谐社会建设的基础。很多地方建设信用村后，闹事的少了，赌博的少了。当信用建设强有力地介入社会管理与人们生活的方方面面时，其最终产生的能量远远超越最初的想象。当信用建设强有力地介入农村金融的各项制度之中时，也在以其自身的优势参与社会管理及人们生活的方方面面，使信用建设在优化当地的金融生态的同时，积极自主地投身乡村治理与社会管理的创新，并形成良性互动。这就是信用的力量。

信用需要识别和管理，更要培养和激活。我们需要的是对诚信的监督，需要的是一种强调后的经济伦理，以及诚实守信的经济文化。从信用出发，加快农村征信系统建设已成为我们破解农村贷款难问题的迫切任务。政府应为农村的信用建设付出成本。卢梭说过，财产是政治社会的真正基础，是公民订约的真正保障。推动农村经济发展是政府的职责所在，发展经济，壮大农村经济实力，让农村发展起来，让农民富裕起来，是全面建设农村信用的根本方法，是全社会诚信履约的物质基础。仓廪实而知礼节，衣食足而知荣辱。尽管信用与经济实力无关，但是有了财产之后，农民完全更有理由、更有能力去珍惜和维护信用，这是一个治本的方法。

30 多年的改革开放开启了中国建构经济社会新秩序的改革，在农村社会步入全面转型与不断改革的进程当中，在统筹城乡这个伟大的历史进程中，守望相助的乡土社会终将成为一个逐渐消失的时代背影，传统文化的余光难以照亮中国社会信任建设的未来之路，我们理所当然地要把加快重构新型社会信任关系和现代信用秩序作为眼下一项重要的建设任务以更好地服务于统筹城乡这项庞大的工程。

（六）土地统筹中的资本化探索

土地是农民手中特别是欠发达地区农民手中的金饭碗，但捧着金饭碗要饭也是不争的事实；城镇化的发展使土地成为最稀缺的资源，然而，广大农村非生产性土地的大量闲置，使土地的矛盾难以调和；从中央文件的制定到金融部门对土地的预期，与农民难以把手中的土地资源转换成金融资源的无奈，形成鲜明的对照；农民依附土地的权利写在文件中、制定在法律上，但是实现权利的过程中，还有很多鸿沟难以跨越，特别是很多土地权利在流转中被逐渐稀释了，这些土地乱象进一步加重了农村固有金融秩序中的混乱。农民手中有两地，即承包地和宅基地。当下，承包地通过流转的方式在进行资源的重新整合，当然，也面临着如何资本化的问题。而作为更代表农民自身利益的宅基地如何变成"苏醒的财富"，既是农民在转型社会致富道路探索中的一个最实在的心中期盼，也是考量执政者为"三农"工作服务的决策与水平，同时也是统筹城乡过程中有条件进城农民所必须面对的一个重大问题。2004 年 10 月国务院发布《关于深化改革严格土地管理的决定》，增减挂钩政策的正式出台，被业界称为"过去十年最具影响力的土地政策之一"。其中第十条规定：鼓励农村建设用地整理，城镇建设用地增加要与农村建设用地减少相挂钩。于是，针对城市对建设用地的需求持续强劲以及 18 亿亩耕地红线不能突破的双重压力找到了一条通过增减挂钩的方式来解决的办法：将农村的建设用地复垦成为耕地，就可以在城镇增加一块相同面积的建设用地。城市建设用地的"增"，要和农村建设用地的"减"挂钩。由此，全国各地开始进行挂钩的试点，其中，重庆的"地票"试验为大家所关注。

1. "地票"的试验

作为全国统筹城乡综合配套改革试验区，重庆抓住政策机遇，推出城乡统一的建设用地市场是土地管理制度改革的重要举措。2009 年《国务院关于推进重庆市统筹城乡改革和发展的若干意见》中，明确了设立重庆农村土地交易所，开展土地实物交易和指标交易试验（地票交易），逐步建立城乡统一的建设用地市场，通过统一有形的土地市场、以公开规范的方式转让土地使用权，率先探索完善配套政策法规。据此，地票制度开始探索。重庆市政府以地方政府规章的方式颁布了《重庆市地票管理办法》。该办法自 2016 年 1 月 1 日实施，把地票制度纳入法制化轨道。

地票制度正是顺应国家征地思路，开始由总量扩张逐步向盘活存量转变。所谓"地票"，是利用城乡建设用地增减挂钩原理和级差地租理论，把闲置、废弃的农村建设用地复垦为耕地形成权利凭证后，在农村土地交易所公开交易，从而转化为可在全市规划建设用地范围内使用的建设用地指标。2008 年底，经国务院批准，作为全国统筹城乡综合配套改革试验区的重庆推出全国首家农村土地交易所，探索农村集体建设用地和城市建设用地指标进行置换的地票交易，以解开"城市发展扩张缺乏空间，农村建设用地闲置"的疙瘩。国家现有土地征收政策加剧了矛盾。城镇建设用地"先占后补"的模式，占地在先是刚性的，补地在后是柔性的，往往"只占不补""占优补劣""多占少补"，很难保障补地的数量和质量，长此以往必然造成耕地总量减少和生产能力的下降。重庆地票的最大优点在于"先造地后用地"土地指标交易制度的模式，先把农村建设用地转化为耕地之后，才在城市新增建设用地，对耕地的保护力度更大，保护效果更好。

国土资源部政策规定，把农村建设用地的减少与城市建设用地的增加挂起钩来。农村建设用地复垦为耕地后，城市就可以将一定量的耕地转变为城市的建设用地，城市就缓解了建设用地缺乏的矛盾。地票制度实际上正是巧妙利用国土资源部实施的城乡建设用地"增减挂钩"试点政策。农户通过村庄整理、合并，节约出了土地，将其复垦以后增加了耕地面积；本着"占一补一、占补平衡"的原则，便给城市扩张占地生出了"用地指标"。投资者如果没有这个指标就不能获得占地项目的投标机会，这个指标就有了稀缺性，也就有了价格。如果农民拥有这个指标的出售权，就会增加收入。举例来说，一家远离重庆市区的农户，他所在的村落复垦了建设用地，就产生了地票，土地开发商买到地票后就可以进一步参加重庆扩张区地块开发招标。这个村庄得到卖地票的收入后，就可给那家农户分配一定的收入，而且要高于国内一般的征地补偿标准。

地票制度从一开始就进行了完整的制度设计，通过制定相应的政策，确立了收益归农的基本原则，对复垦宅基地，农户作为土地使用权人与集体作为所有权人分别享有85%和15%的净收益。重庆地票改革实践8年来，为统筹城乡发展改革和农村土地管理的创新提供了实践经验。全市每年交易地票约2.5万亩，帮助农户和农村集体经济组织实现200多亿元的财产收益，支持了农村危旧房改造、采煤沉陷区搬迁治理等工作。约8.8万户转户居民提出自愿将宅基地以地票方式"套现"，以便更好地在城镇安居乐业。其中，近七成的地票来自经济相对落后的渝东南、渝东北，促进了重庆市的区域协调发展。地票建立了城乡建设用地价值关联的市场通道，其与城乡人口布局相协调的用地"一增一减"使建设空间逐步趋于动态均衡，为建立城乡一体化的建设用地市场奠定了基础，为未来土地要素市场化改革继续深入预留了空间。地票既盘活了农村废弃闲置建设用地，也使城市用地更加理性，减少土地闲置浪费。截至目前，重庆市累计交易地票17万亩，交易额达340亿元。通过地票交易，重庆地区农户普遍能获得10万元左右的净收益。同时，复垦工程成本中，由于农民参与施工，有相当一部分以劳务收入的方式回馈农民；实际操作中，地方政府结余管理费中绝大部分也投入了农民新村及农田水利基础设施建设，地票为"三农"筹措了巨额资金。

地票推动了远距离、大范围的城乡统筹，特别是对于边远山区，通过农村建设用地指标方式，时空转换，分享到城市周边土地开发的收益，实现了政府加大城市反哺农村、发达地区支持落后地区的社会目标，助推了山区农户增收。重庆2/3的地票来源于渝东北生态涵养发展区、渝东南生态保护发展区，相当于这些区域以地票收益方式分享到了城镇化、工业化快速发展区域开发建设的收益。

2. 地票的价值核心：金融

地票具有新增建设用地指标、耕地占补平衡指标等功能。一是具有新增建设用地指标功能。地票是通过城乡建设用地增减挂钩机制而产生的指标，有了地票，就等于有了国家下达的新增建设用地指标。建设单位通过购买地票，就相当于持有了新增经营性建设用地指标，可以申请政府启动土地征（转）用。二是具有耕地占补平衡指标功能。农村建设用地经过复垦后形成量质对等的耕地。地票不仅代表着相应的新增建设用地指标，同时也表示增加了相应的占补平衡指标。凭地票取得国有建设用地使用权之后，不再缴纳新增建设用地有偿使用费和耕地开垦费。然而笔者认为，地票制度的最大价值在于其具有有价凭证的金融功能，这是制度设计的重大创新。地票交易程序完成后，由农村土地交易所将地票证书发放给投资主体，作为其支付地票价款的凭据。这样，地票就天然地附载了货币价值，具备了有价证券的属性，土地证券化后变成一种特殊的商品，可以进行交易。这样，地票制度自然就实现了我国现行农村土地制度与金融制度的顺利对接。

有了地票制度的政策助推，重庆作为全国最大的统筹城乡试验区，才使土地与资本有效对接成为可能。从金融交易的角度看，土地有了票证，犹如土地镀了资本的金，农民的土地权利自然演变成金融资源。正是地票的创设，才有了重庆的全国首家农村土地交易所，才有了围绕土地权利的金融的有序交易。重庆土地交易所正是利用"占补平衡"试点扩展到整个重庆的政策窗口，尝试的就是土地指标交易，农村建设用地的交易和需求也有了现实支持。房地产开发在不违反国家土地用途管制制度、不利用集体建设用地的前提下，促进了农村建设用地，包括宅基地、耕地、林地、荒地等农村土地通过招拍挂方式以转让、出租、作价入股、抵押等形式进行流转。

地票制度既是土地制度的创新，更是土地金融的又一发明创造。在社会变革与转型中，地票在农村社会改革的实践中突显其全新的金融价值。地票制度设计呈现出与金融秩序的良好互动关系。第一，地票的创设把农民手中拥有而又无法实现的权利进行了一次证券化的权利转移，实现了农民土地权利到金融权利的一次平移与飞跃，为农民权利可实现提供了可能；第二，地票的创设，使广大农村的闲置土地资源与农民需求旺盛的金融资源有了全面对接的通道；第三，地票的创设为重新构建农村金融新秩序提供了创新金融产品和技术支持。

3. 需要进一步研究和必须面对的问题

地票制度是制度改革的产物，是把农民的土地资源激活成金融资源的一条有效途径，但是社会各界对地票制度仍有不少疑虑。从重庆、成都的试点来看，地票制度也会带来相关的负面效应。一是在中西部欠发达地区，非农就业机会少，地票使农民从眼前需求出发，把地票作为当前应生活、生产之急而做的短期行为。

由于农民并没有更多的谋生手段和就业机会，最终农民表面上得到了资金，但根本上失去了家园。二是地票制度中必须是农民完全自愿，若没有遵循农民的意见，其到头来会演变成城市对农村发动的一场圈地运动，农民从地票中尝到了甜头，但政府最终得到了好处。同时也还存在以搞新农村建设为名义强迫农民集中居住的情况。三是地票作为一种创设的金融工具，仍然存在城市资本对农村资源的不平等占有。在地票制度中没有相应约束机制，就会出现地票真实的形成情况缺乏透明度，政府获取租金利益的空间大，对农民的权益保护不力。

从总量、结构和方式几个层面看，地票制度并非市场化的制度。国土资源部对这项试点政策实行指标控制，有不允许随便多垦多占的严格规定。全国许多地方都在利用这项试点政策解决城市建设用地扩张问题，但都没有利用地票制度，地票的供给取决于可复垦的土地数量，对于城市扩张的用地需求量有相对的独立性。农村建设用地复垦多，地票供应量当然就大。另外，国家对各地的城市建设用地使用进行指标控制，不能因为复垦土地多，就可以多占农地搞建设。如果地票的交易量与地票"落地"所匹配的城市扩张用地面积长期不匹配，地票价格下降怎么办？有价无市怎么办？地票市场本质上是不是一个政府的"提线木偶"，根据级差地租的原理，有专家就提出，为什么世界上主要市场经济国家没有一个集中的土地交易市场？就是因为土地不具有同质性，每块土地都需要实地"看货交易"，他们认为，只有同质性较强的东西才适合集中起来搞规模化交易。政府可以兴办一个集中办理交易手续的业务大厅，但建立一个批量交易的土地市场，就没有必要了。

2015年5月，习近平总书记就做好耕地保护和农村土地流转工作强调，依法依规做好耕地占补平衡，规范有序推进农村土地流转，他指出，"耕地占补平衡政策是对工业化、城镇化建设占用耕地不断扩大的补救措施，是国家法律和政策允许的，但必须带着保护耕地的强烈意识去做这项工作，严格依法依规进行。要采取更有力的措施，加强对耕地占补平衡的监管，坚决防止耕地占补平衡中出现的补充数量不到位、补充质量不到位问题，坚决防止占多补少、占优补劣、占水田补旱地的现象。在农村土地制度改革试点中要把好关，不能让一些人以改革之名行占用耕地之实"。2011年1月4日，国务院办公厅下发《国务院关于严格规范城乡建设用地增减挂钩试点切实做好农村土地整治工作的通知》，明确"中央原则上只同意重庆的'地票'试点"。这也表明了中央对这项工作的高度关注和稳慎。

地票制度在重庆已试点八年了，并没有作为一项可以复制的改革举措向全国推广，本身就考量着该制度的成熟性以及由此带来的社会效果，毕竟，在国家层面，"要实行最严格的耕地保护制度，依法依规做好耕地占补平衡，规范有序推进农村土地流转，像保护大熊猫一样保护耕地"是首位的。有专家就认为，土地的生产、生活功能是第一位的，仓促、过度推进农村土地的资本化，在现有的制度、法律等基础都不具备的情况下，处于弱势的农民是无法抵挡强势、不受节制的资本进攻的。最终只会损害农民的根本利益，带来更大的经济损失和社会失序。一旦农村土地被这样的资本盘活，农民失地后往往走投无路。在实际操作过程中，不少地方政府在耕地增减挂钩旗号下，简单地通过村庄大拆并让农民被动"上楼"腾出土地来搞城市化。地票交易不仅没有解决通过耕地占补平衡解决城市化用地与粮食安全的矛盾，而且，引发了统筹城乡中新的矛盾。地票的"纸面平衡"问题应引起重视。拆并的土地基本上都是边远山区的村庄，土地配套的基础条件较差，土质差长期不宜耕种，还有几十年甚至上百年的村庄被推平，改为耕地。而实际占用的建设用地基本上都是郊区的蔬菜地、良田，自然条件好，土壤肥沃。土地增减挂钩基本上都是拿劣地换良田，可能面积上差不多，耕地质量却打了许多折扣，同样的面积粮食产量却差别很大。长此以往，不仅会影响我国粮食安全，也达不到统筹城乡改革发展的目的。增减挂钩，没有解决困扰农村建设用地的根本问题，即流转的"违法"问题。在这一语境下，农村建设用地的价值要么被严重压低，要么不得不依附于城市。不改变这一语境，就不能还原其生产要素的本色，更不能完成设计"地票"时，中央所要求的通过实验摸索"以城带乡、以工辅农"，实现统筹城乡的目标。

第三章　统筹城乡新实践

实践是检验真理的唯一标准，而实践总是跟随时代在不断创新。21 世纪前十年，中央政府实施了一系列综合配套改革，其中包括重庆省成都市的统筹城乡综合配套改革，有效推动了统筹城乡改革实践水平的提升和丰富化，特别是党的十八大以来，党中央国务院又提出了加快推进"三农"问题的解决，加快精准脱贫、精准扶贫，加快工业化、城镇化和农业现代化的步伐，加快供给侧结构性改革等新政策、新举措。在这样的背景下，统筹城乡的实践更加丰富，认真吸收国内外在这方面的经验教训，总结综合配套改革的好做法，特别是党的十八大以来的新实践，对推动统筹城乡改革理论和实践的深化思考是十分必要和有意义的。

一、国际国内城乡发展统筹实践发展

（一）经验教训与启示：美国、日本的农业及城乡发展

1. 典型的私有化：美国的农地管理

1）私人家庭化的农地管理制度

美国的土地资源非常丰富，独立后联邦政府非常重视土地资源的合理利用。首先是制定土地制度，目标是土地私有化的土地制度。建国初期的百余年间，政府主要通过公开拍卖出售公有土地，在"西进运动"中向拓荒者免费赠送土地，这就逐渐形成了 20 世纪初的家庭农场制度，奠定了私有土地制度的基础，从此政府政策设计就转向土地资源保护。目前美国的农业以家庭农场为主体，自 20 世纪中叶以来，家庭农场开始出现规模扩大的趋势。在组织形式上私人业主制是最普遍的形式，占农场总数的 90% 左右，其余为公司化的农场。公司化农场存在的直接目的是发行股票筹集资金和保证土地的完整性。美国家庭农场土地制度虽然以私有制为主，但还有一些特点。家庭农场的土地所有者并没有完全的土地所有权，联邦和州政府对土地始终拥有土地征用权、土地管理规划权和政府征收土地税，这表明联邦、州及县政府保留了相当的农地控制、管理和收益权。农场主的土地所有权虽不完整但十分有保障，他们不用担忧自己的土地权益被他人侵占，土地

所有者在《土地分区法》规定的范围内有充分的自主经营使用权利,有土地收益分配和处分的权利,使农场土地规模能够保持并不断扩张。家庭农场的组织形成及其制度有利于家庭农场土地规模的保持,《土地分区法》客观上保护了农场土地的完整性,而稳定的土地私有权利,是家庭农场得以巩固发展的根本原因。

其次是高度重视各类法规和规划的作用。随着美国经济的高速发展,土地使用的矛盾,特别是与土地利益的相邻关系矛盾凸显,《土地分区法》应运而生。该法主要规定土地使用权利和限制,内容包括土地的使用类型范围、地面建筑地点、高度和体积、停车场要求、土地开发强度等。《土地分区法》的文件一类是土地使用综合规划,是官方控制土地使用权利的基础;另一类是土地类型的分区条例,它是描述不同地区土地使用类型、范围的规章。

2)自治互助组织是农民的安全网

美国有广泛的农业保险体系,同时完善的农民自治、互助组织也为农民搭建了一个安全网。农民自治、互助组织分为农业协会和农业合作社两大类。在种植前,它们为农民提供市场供求信息,以便农民能种植适销对路的农产品;在种植中,为农民提供科研、耕种指导;收获后还帮助农民销售农产品,这些组织有效降低了农民可能遭遇的市场风险,对保障农民收益发挥了重要作用。农业合作社则直接参与农产品的收购和销售,集生产、仓储、营销和融资等功能于一体。农业合作社在美国已有上百年历史,与专营农产品的批发零售的中间商不同,农业合作社是一种互助性质的企业,与合作社有业务往来的农民也自然成为合作社的股东,股份与业务量呈正比。这种性质有效降低了合作社运营成本,其运营利润也以股息的形式返还农民。农业合作社对中小农户意义更大,这些农户往往缺乏仓储和运输能力,在收获后可以及时将农产品送至邻近合作社仓库,合作社再将农产品整合打包出售,在市场上获得更强的议价能力。合作社还统一与食品加工厂、超市、餐馆甚至国外进口商洽谈供货协议,减少了供应链上不必要的环节。此外,还向会员提供融资服务,与商业银行相比,农业合作社提供的利率并没有明显优势,但其独特之处在于借贷人本身也是股东。

3)有机农业转型成为近年发展的新特点

近年来,美国农业部大力发展有机农业生产体系以满足国内对有机食物不断增长的需要。美国农业部的重要使命之一就是确保有机农业生产体系的发展。具体的做法是,农业部负责设置有机标准、提供农民有机认证程序的资源、收集有机农业种植情况的数据、为向有机农业转型的农民恢复土壤肥力等提供技术与财政支持帮助。农业部对有机农业的扶持主要体现在几个方面:确保有机认证体系的严格执行,以财政补助与技术支持来帮助农民与牧民向有机生产转型;有机数据收集与经济市场研究、有机与可持续农业体系的研究、教育与传播有机农业信息与知识。如何从化学农业向有机农业转型?从 2014 年开始,美国国家有机项目提供经费给全美 14 个组织和项目，研究如何让美国有机农业认证体系更易理解，如何降低获得有机认证的花费和难度，并同时保证有机生产的高标准与有机食物的诚信度。2015 年，农业部发出了一份给农民、牧民与食品企业家的商品计划报告，提供了向有机农业转型的详尽策略，并提供了向有机农业转型的实用工具。

　　4）精准定量性的特色扶贫制度

　　在医疗上，为穷人服务的医院一点不逊色于其他医院。在美国，有专门为穷人服务的医院，可以少缴费或免费进行治疗，穷人只要申请，就可以参加这种医疗计划，计划会根据参加者的家庭收入情况，分等级进行资助，资助主要体现在医疗费的缴纳上，如果家庭非常困难，就可免费就医。这类医院的医疗等服务质量，与其他的医院或诊所没有差别，就诊设备与环境基本一样。穷人的孩子，可申请领取每月 80 美元的食品支助金。美国有一个专门给穷人孩子提供食品的育儿基金，由政府主办和管理，全称为"妇女及婴幼儿特殊营养补助计划"。凡是人均月收入在 1 500 美元以下的家庭，只要出示收入依据，都可以参加。补助的内容有：从孩子出生到 5 岁，每月可领取约 80 美元食品支票，用于购买牛奶、面食等，如果不买则过期作废。与此同时，妇女及婴幼儿特殊营养补助计划办公室还会对孩子的身体情况进行追踪，为孩子测量身体数据，掌握看病记录。营养专家还不时为家长讲解小孩子在不同年龄段的营养需求，指导家长对孩子的进食做合理安排。在住房上，实施住房补助金制度。对于那些因贫穷而租不起房的人，政府提供住房补助计划，称为"住房选择券计划"，属于政府资助项目。申请参加计划，也是根据家庭的收入情况，如果家庭收入低于居住地区最低贫困线，就可得到资助。参加这个计划的人，政府会提供一定数量的钱补助租房，房子自找，找到房后，就可领取补助券交房租，遵循贵者自补、少者不退的原则。在对待失业者上，失业者可从政府获得退税的支助。在就业上，对于失业者和求职者政府有专门计划来帮助，如果失业了，可以向政府申请失业补助。如果此人之前曾向政府纳过税，政府就会从他以前缴纳的税中拿出一部分按月返给他资助其生活，但有要求：每月需去政府部门报到一次，汇报自己的收入情况。一旦有了工作，失业补助就马上停发。而且，利用失业者每月去政府报到的机会，工作人员还会对其进行如何利用网络来找工作培训。对于没有工作，但想找一份自己喜欢的工作的人，政府则提供免费或缴费的职业教育，帮他们学会一技之能。在教育上，穷人的孩子考上了大学，但无力承担高昂的学费，政府设有专门的基金为其提供帮助，凡是三口之家年收入在 4 万美元以下的家庭都可以申请。资助按其家庭收入分等级，在贫困线以下可免费上大学。在对待残疾人上，设立残疾人救济金。残疾者救济金相当于中等偏下从业者的收入，对于残疾人士，政府会根据残疾情况，发放数量不等的生活补助，以保证他们不必因身体的缺陷而为生活发愁。

5）近年美国农业政策新动向

随着世界农业发展的不断变化，美国近年在缩小城乡居民收入水平差距上采取了一些新政策。例如，取消了实施近 18 年的农业直接补贴政策，转而在 2014 年启动实施多样化的农业保险。美国于 1996 年开始实施农业直接补贴政策，对小麦、玉米、高粱、棉花等 10 余种农作物按种植面积给予现金补贴，每年补贴总额约 50 亿美元。2014 年取消直接补贴政策主要基于三方面原因：一是农业部研究表明，农业补贴促进美国农业发展的效果欠佳，反而容易引起国与国之间的贸易纠纷；二是农业补贴最初确定的种植地随着时间变迁很多已挪作他用，而一些土地所有者不种地也拿补贴；三是农业补贴占农民实际收入比例不高，很多农民建议将节省的资金用于发展农业保险。在过去 10 年中，农民每年领取的农业直接补贴占全部收入的 1%~2%，取消农业补贴对他们生产和生活的影响并不大。艾奥瓦州 90%的农民加入了农业保险，美国联邦政府担负他们保费支出的 60%左右。农民普遍认为保险要比直接补贴重要得多，对政府取消直接补贴转而加强农业保险的做法持支持态度，如完善农业保险体系，提高覆盖率等。到 2013 年，美国农业保险项目涵盖的农作物品种已超过 100 种，参与各保险的农业用地面积占农地总面积的比例，从 1994 年的 33%升至 89%。农业保险政策由联邦农作物保险公司确定，该公司同时负责设计和管理农业保险产品，并委托 16 家私人保险公司销售，其主管机构是农业部风险管理局。私人保险公司也可设计自己的农业保险产品，但需经联邦农作物保险公司认可。同时，联邦农作物保险公司还履行稽核和监督等职能，并为私人保险公司提供再保险业务。美国农业保险大致可分为产出保险和收入保险两类。产出保险以农场过去几年平均产量或地区平均产量为基础，具体又分为巨灾保险和扩大保障保险。巨灾保险提供最低基本保障，保费由联邦政府全额补贴，农场主只需缴纳约 300 美元的手续费，刚开始务农的农民和贫困农民可以免缴手续费。巨灾保险保障水平为平均产量的 50%，赔偿标准为政府指导价的 55%，而政府指导价则以过去 5 年平均农产品价格为基础，不随市价实时波动。扩大保障保险最高投保产量可达平均产量的 85%，投保价格最高可为政府指导价的 100%，但联邦政府补贴的保费比例相应下降。为防止骗保现象发生，保险公司通常采用两种方式来核实农民提供的信息：一是在收获时派人实地检查，调阅农田里的一些实时数据；二是调阅农民仓储和销售数据，如通过农民自治组织搭建农业产销安全网。

6）启示与思考

第一，美国的农地绝大部分属于农户或农场主私人所有，因此家庭农场制度构成了美国农业的基础，但是农地私有制度并没有给所有者带来完整的土地权利，联邦、州及县政府保留了相当多的对农地控制和管理的权力。比较而言，中国农民已经获得从集体土地所有权中分离的使用权，它的权益已近似于美国农场主对私有土地的使用权，只不过在权利保障方面存在一定的差距。由此可以得出的结论是，中国农地制度改革方向绝不是私有化，而是赋予农民长期而有保障的土地使用权。

第二，美国联邦政府占有了超过三分之一的土地，就耕地而言，私人农场占有96%，其余4%属于公司所有，有些州政府拥有本州的大部分土地。因此，一部分农民不得不从政府手中租地；联邦和州政府不断增加土地征用，不断扩大对私有农地利用的限制，特别是政府通过对土地使用的规划权实行强有力的官方控制。所以，在不同的行政管理层次、不同的部门之间合理分享土地权利，并构筑一套制度规范，无论是公有制还是私有制国家都是必要的。

第三，美国农地法律的制定过程非常注意吸纳各类组织机构、利益群体参与，如《土地分区法》，制定土地利用综合规划必须邀请战略和长期规划部门、农业部门、商业和经济开发部门、水资源部门、环保及污染控制部门参加，并请土地所有者及本社区成员进行广泛讨论，通过不断的讨价还价，最后达成一致的意见。而在我国农村，长期形成的"各家自扫门前雪"的传统文化，还很难比较广泛地形成这样的局面，但必须为之努力，逐渐强化法律意识教育是刻不容缓的重大任务。

第四，美国的非政府组织农场局在维护农户或农场主利益中发挥着重要作用。农场局在20世纪中期就与联邦、州、县形成了完整的网络体系，联结着全美340多万个农场，通过各种渠道获得农户的利益信息，以正式的渠道和不同的方式维护农户利益。在我国，培育农民集体利益组织，让组织起来的农民有表达利益的渠道，不仅对维护土地使用权益，而且对整个农村和农民权益的保障都是十分有意义的。

第五，充分发挥农业保险在降低农民风险中的积极作用。我国目前也有不少的农业直接补贴，其效果也不好，可以考虑实施多样化的农业保险，逐渐完善农业保险体系，逐渐提高主要农产品品种保险的覆盖率，同时，要加强保险的风险管理，提高保险水平。

第六，发展有机农业。根据2016年国际有机农业运动联盟与美国有机农业研究所的资料，目前我国有机农业土地面积为192.5万公顷，占所有农业土地面积的0.4%，居世界有机耕作面积国家的第四位。

从美国的经验中，我们得到以下启示：要完善有机认证与监管体系以保证有机产品的诚信，在我国，参与保障体系作为一种局域性的质量保证体系，以国际有机农业运动联盟的基本标准为基础，基于当地利益相关者的主动参与，对农户生产模式进行评估。它可以作为第三方认证的辅助手段，适用于本地化的小农户。参与保障体系结合本地化的社区支持农业，将食物的生产者与消费者相连，对推动可持续农业、本地经济与食物体系的安全与健康具有重要意义。然而，商业化、大规模的有机农业产业链，尤其需要有机认证与监管体系来保障有机食物的诚信。因为食物生产者与消费者并不认识，唯有依靠认证标志来了解食物。由于我国有机农业生产的高标准，有机生产者的生产成本和交易成本也随认证标准和认证费用的提高而增加。可以借鉴美国的做法，国家出台对有机农业的生产、加工、认证等环节的补贴政策，对有机农业的从业者尤其是处在向有机农业转型的生产者给予适当的直接补贴和认证费用补贴，降低进入者和生产者的交易成本。同时，考虑到有机农业对环境恢复的作用，可从改善环境质量的角度提供补助，以激励农民向有机农业转型。要加大可持续生态农业的科研投入、实践推广与数据收集。

2. 日本城乡一体化：政府主导下的多元主体参与

日本从明治维新到第二次世界大战前，采取了牺牲农业进行资本原始积累，促进近代资本主义产业发展的政策，这导致日本在第二次世界大战结束后面临农业衰退带来的粮食危机。为此，从 1946 年开始，日本的农业政策进行了全面的改革，但城市经济的快速发展，仍然导致地区差距扩大，各种收入差距也不断拉大，严重影响了农业及其农副产业的发展。对此，从 20 世纪 70 年代开始，日本政府采取了一系列扶持农业发展的积极措施。

1）制定法律奠定基础

政府首先从法律入手，20 世纪 70 年代开始着手制定了一系列的法律支持农业的发展，如《农林中央金库法》《农林渔业金融公库法》等都是在那个年代形成的。根据法律，日本政府向农业提供了大量资金，其中，农业基本法确立的目标是：克服不利于农业发展的自然、经济、社会方面的限制，提高农业生产率，增加务农人员收入，使其生活达到其他产业人员水平。这些措施很快产生了积极的作用，到 80 年代，农业总产值比 1955 年增长了 6 倍，食用农产品的综合自给率不断上升，70 年代初就一直保持在 70% 以上。与此同时，农民收入大幅增加，农民收入水平逐渐超过城市职工家庭，到 20 世纪末，日本农民收入已经比城市职工平均水平高 15%，逐渐实现了城乡一体化发展。

2）坚持改革土地制度

日本第二次世界大战后至今的农地制度和政策演变大致分为两个阶段。第一个阶段是 1946 年 "农地改革" 开始到 1970 年 5 月第二次修改《农地法》之前，此阶段制定农地法律的目标是实现 "耕者有其田"，包括《农地调整法》《建立自耕农特别措施法》《农地法》等，都主要是从法律上确立农民所有制的永久地位。第二个阶段是 1970 年《农地法》第二次修改，日本经历了第二次世界大战后经济的高速增长，创造了大量非农就业机会，农民兼业化现象十分普遍，兼业收入占农户收入比重不断上升，此背景也导致非农人口激增，农业生产者高龄化，后继乏人，农地抛荒现象严重。针对这种严峻的形势，法律重点指向突破土地占有和使用方面的限额，以土地的利用权转移为中心内容，鼓励土地租借和流转，其目的是改变小农经济，促使土地向愿意且有能力的农民集中，扩大农户经营规模，实现高效稳定的农业经营。此后进行了一系列的法律制定与修改，目的主要是控制优良农地的面积缩小、促进农业经营发展和农地流转、鼓励农民相互形成农地的合作规模化利用。特别是 1992 年《粮食、农业、农村政策的新方向》和 1993 年 5 月《农业经营基磐强化促进法》颁布，前者提供了不同作物规模经营的具体目标，后者标志着"认定农业者"制度的开始，并从融资制度上促进规模经营发展。纵观日本农地制度和法律的历史发展过程，日本实际从 20 世纪 60 年代就开始了改变小农分散经营现状的步伐，特别是 70 年代到 20 世纪末，农地法律一直坚持农地集中和规模扩大。但从总体实践效果看，这一目标的实现进展十分缓慢，到 21 世纪，分散农地的集中和规模经营，仍然是政府农地工作的重点。

3）政府为主导多元主体参与城乡发展

一是政府提供公共服务，加大对农村教育和社会保障方面的投入，第二次世界大战后日本一直致力于加大在教育文化和社会保障方面的财政支出，提高包括农民在内的全体劳动者素质。二是制定相关法规，推进农村土地规模经营。三是遵循工业化发展的一般规律，适时进行农村建设，通过地方政府、农会、产业组织各类团体对农村进行支持，经过大规模农村建设，城乡间的差距逐步缩小。四是统筹规划城市和农村发展，促进农民兼业。把农村、农业的发展纳入全国综合开发规划，利用日益完善的连接农村与城市的道路，使部分农户以兼业方式从事非农部门工作，为农民收入的增加提供空间，也减少了农业人口外流，缓解了城市人口过度集中。五是社会力量和农民共同参与农村城市化的建设，这对农村基础设施建设、农村工商业发展、农村社会服务改善、农村经济繁荣发挥了巨大推动作用。

4）日本近年对农业的保护政策

近年来，日本紧紧围绕减税费增补贴对小农业实施"大保护"。首先是增加补贴降低税费激发农民积极性。日本目前共有耕地面积 450 万公顷，其中 40 万公顷处于荒弃状态，2013 年的广义粮食自给率只有 39%，在世界主要经济体中最低，农业生产总值只占 GDP 的 1%左右，除大米外，其他农产品基本都依靠进口；为确保粮食安全和保护农民利益，日本取消了与农业有关的各种税赋，并对从事农业生产的企业和个人在土地继承、赠与等方面给予税收优惠，激发国民务农的积极性。例如，继承人在继承农业用地上从事农业生产，部分遗产税可延期缴纳；务农 20 年后，未缴纳的部分税赋可以免除，为农业设置各类高额补贴；根据《农业基本法》的规定，对农业的补贴种类多达 470 多种，每年用于农业补贴和维持农产品价格的费用高达 4.2 万亿日元（约合人民币 2 260 亿元），约占全国农业总产值的 80%。价格也是重要的保护措施之一，大米是日本最重要的粮食作物，政府实施高价收购、低价销售的政策，每年都对其收购、销售价格进行调整，保证大米价格涨幅高于其他农产品。对农业现代化设备进行补贴，规定农民或公共团体购买共同使用的机械设施，由政府负担 30%~50%的费用。对农业贷款进行利息补贴等。其次是利用提高关税与技术壁垒保护农民利益。政府通过高关税和严格的技术壁垒，限制外国农产品进口，维护国产高价农产品在国内的销量；设置浮动关税、差额关税、季节关税、分配关税、特惠关税等，调节农产品进口的数量和周期，如设立的农产品农药和化肥残留量标准远高于国际标准。最后是运用农业保险制度降低农民风险。农业保险采用政府支持下的互助会社保险模式，以农户为单位参保，按三级模式运营，最基层的是市、町、村一级的"农业共济组合"，农户以加入共济组合的形式参保；第二级是都、道、府、县一级的"农业共济联合会"，接受辖区内共济组合的保险业务，并按保费的一定比例向第三级的农林水产省的农业共济再保险会计处申请再保险。一旦发生灾害，赔偿责任根据损失程度由三级组织分担。一般情况下政府承担 50%~70%，特大灾害政府承担 80%~100%的赔偿，体现出政府兜底的特点。农业保险采取强制与自愿参保相结合，凡生产规模超过一定量的农民和农场都必须参保；国家通过立法对关乎国计民生和对农民收入影响较大的农作物，如水稻、小麦、大麦以及重要饲养动物实行法定保险。特别值得一提的是，日本长期以来不准城市资本下乡，担心农民在与城市资本谈判中处于弱者地位，这样，反而会影响农业经济的发展。但是，从 2013 年开始，日本放开了这一限制，允许城市资本参与农业产业化链条的延伸，也就是说，利用城市资本推动农业现代化的发展。从近年的实践看，日本城市资本下乡的规模并不是很大，参与的城市资本主要是那些本身就与农业有着关联的行业。

5）启示与思考

一是对农村的科技、教育、卫生的投入增加强度，以改善农民生活条件。一个国家的发展和强大，离不开民族整体素质的提高。而这其中，教育是关键，尤其是农民教育问题至关重要。同时，加强农村基础设施建设，缩小城乡差别，增加城乡交流，努力提高农民的生活水平和生活质量。二是保护农产品收购价格，切实增加农民收入。政府应通过提高农产品收购价格和对从事农业生产的农民进行补贴的方式，加大对农业的保护力度，使农民增产增收，让农民能从农业生产本身得到实惠，激发农民种粮的积极性，稳定基本农作物的生产，缩小农民和城镇职工的收入差距。三是提高农业的组织化程度。农业的组织化程度是现代农业发展的标志，注意引导农户由家庭小生产向大市场迈进，需要提高组织化程度，大力发展各类专业协会，坚持民办、民营、民管的原则，发展合作经济组织，不仅要鼓励发展专业合作经济组织，而且要重视发展为农民提供综合服务的社区性合作经济组织。四是合理利用土地资源。土地是农业发展最基本的生产资料，能否做到合理利用，直接关系到农业的效益和前途。应该强化法律作用，加大土地流转，促进规模经营，提高土地利用效率。五是加快城镇化步伐。推动加工业、服务业和城市公共事业的发展以及全国统一市场的形成。我国是一个农业大国，要在工业化和城镇化发展的基础上，创造就业岗位，逐渐把农村人口转向城镇从事非农产业，才能有效地改变人口结构、产业结构，促进经济和社会的全面进步。六是利用好税费手段对重要农产品实行保护。我国幅员辽阔，各地区的地质和生态环境都有很大的差距，且农产品种类繁多，必须根据各地的不同实际情况因地制宜地采取相应手段；利用税费对不同地区和不同农产品进行调节，主要是根据大宗产品进行的，稳住了主要品种，就稳住了农业的根基。

3. 基于发达国家城乡发展（理论）模式的提炼

城市与农村经济协调发展是世界各国在经济发展过程中曾经面临或正在面临的一个共同问题。几乎世界上所有的发达国家都曾思考和实践过如何实现城乡的协调发展，特别是许多先行国家都进行了试验，尽管这些国家在着手解决这些问题时并不一定提统筹城乡，但本质上却是异曲同工。回顾第二次世界大战结束以来，随着世界经济的恢复及科学技术的发展，工业社会的生产组织方式日新月异，工业发展的经验和模式在世界范围内不断推广，先进的工业发展模式在带动经济高速度增长的同时，也普遍产生了区域经济发展和国家内部区域发展不平衡的问题，且都集中突出表现在城乡间的经济发展不平衡上。如何消除城市与农村经济发展的差距，既成为许多发达国家政府面临的重大问题，同时也是经济学家广泛关注的一个重大问题。以城乡协调发展为目标，除了上述国家的路径外，先行发达国家在实践中逐渐形成了几大理论和实践模式。

1）城乡相对封闭式发展

这种模式的理论体系比较散，如带有理想色彩的霍华德"田园城市理论"，强调农村发展的相对独立性，但这种理论也带有城乡一体的发展思想萌芽，强调城市发展中的农村独立。封闭式发展理论源于美国伯克利大学城市规划学院的"马克思主义"地理学专业的部分教授，提出了城乡必须相互封闭发展，这是基于城市发展中，形成了对农村的土地占有和劳动力的剥削，他们形象地将城市比喻为一块巨大的吸铁石，把农村的劳动力、水、矿产、农产品等资源都吸收到城市来；又将城市比喻为一个贪得无厌的吸血鬼，导致了农村的衰败。要想保持农业和农村的良性发展，就要通过相互独立来杜绝城市的这些吞并与侵蚀。这种理论具有一定的逻辑性，但是从哲学意义上看，是将城市与农村作为两个相互独立的体系来对待，各自的发展只能导致城乡的割裂，各种生产要素不能交换，不可能实现资源要素的最优配置，最终导致城乡差距出现，所以没有任何国家成功地实践过这种方式。

2）城市优先发展

这种理论的特征是高度重视城市经济的发展，且认定经济的发展首先应该以城市为中心，由此带来城乡经济增长的不平衡性；持这种理论者认为到了一定阶段，城乡之间要素交流是必需的，认定农村发展要在城市发展到一定水平后才可能，这样，强调城市的主导作用就成为必然。很明显，这种理论是把城乡联系看成以城市为中心的联系，资源要素只有通过从城市到乡村的流动，才能带动乡村的发展，其实，这样的流动是以农村资源向城市流动为前提的。过分强调城市的作用而忽略农村最原始的资源流动是这种理论的共同弊病，集中表现为"城市偏好"的城乡联系。世界银行在 20 世纪中叶，按照这种理论给非洲和拉丁美洲许多国家开出发展"药方"。世界银行认定，一国经济要摆脱贫困，最重要的就是发展大城市，只有大城市才能提供足够的就业，才能促进农业现代化。这种理论直接导致非洲、拉美的不少国家，百分之八十的人口都集中在几个大城市里，但城镇体系并不健全，中等城市和小城市寥寥无几，农村大量耕地被侵占毁灭，农民迅速涌入大城市，但由于没有就业岗位，形成了大片的贫民窟。到 20 世纪末，非洲和拉美一般城市 70%的土地面积被贫民窟包围，而在农村，因为劳动力过早过快地转移，无人种地，造成粮食的缺乏，80 年代仅非洲的饥民总数就达到 2亿多人。针对城市化所出现的这些问题，英国著名的规划学家霍尔教授将 50 年代以来的城市化实践归纳成三种类型：一是失败的城市化，发生在非洲与拉美国家，劳动力转移在前，就业安排滞后，使经济发展不可持续。二是以中国及东亚为代表的相对有序城市化，也就是劳动力的转移与就业的安排基本匹配，但中国出现的农民工现象，值得关注。三是日本和欧盟，呈现了一些逆城市化现象，也值得重视。

3）城乡同质化发展

同质发展模式理论主要是强调工农业同时发展，如舒尔茨的传统农业改造论，在他的代表作《经济增长与农业》中，强调了农业和农村发展在工业化过程中的重要作用，强调人力资本开发对工业化至关重要。舒尔茨认为在工业化过程中，农业像工业一样是经济的重要部门，农业对经济发展的贡献是巨大而突出的，重工抑农的政策不可能取得良好的工业化成果，也不可能使经济社会现代化。舒尔茨提出了农业要发展和改造的新思想，提出了向农民投资的新观点，提出了向农业供应新的生产要素的思想。加拿大学者麦吉也提出了与城乡同发展思想相近的观点，他提出了"desakota"（印度尼西亚语中，desa 是村庄，kota 是城市）的定义，这被麦吉称为"城乡结合体"，根据他的考察，这种结合体在当时出现在人口密集的亚热带地区，地处于大城市之间的交通走廊地带，借助于城乡间强烈的相互作用，带动了劳动密集的工业、服务业和其他非农产业的迅速增长，实现了居民职业活动和生活方式不同程度的转变。麦吉的 Desakota 模式，是向传统西方国家以大城市为主导的单一城市化模式提出的挑战，他强调城乡之间的相互作用和双向交流理论具有较高的价值，为城乡一体化研究提供了新的思路。

4）城乡差别化协调发展

城乡有各自的特性，城市就是城市，农村就是农村，各有区别，各有侧重，在自身发展基础上各自承担着相应的功能。任何国家或地区都存在着城市与农村，由于其功能的不一致，就决定了二者发展的不同水平，但人类都需要二者，所以，要通过人类的努力来保证城乡可持续发展。理论上最为朴素和古典的就是霍华德的田园城市理论，这是较早的论述城乡一体化发展思想的西方经济理论。欧洲产业革命后，随着工业化和城市化的发展，以伦敦为代表的大城市出现了无序的急剧扩张，引起了噪声、煤烟的严重污染和城市贫民窟的大量出现等社会问题，霍华德和佛力丘等就是针对这些问题提出了田园城市理论。他们在主张城市田园化的前提下，提出了城市与农村自然结合、农业与工业联合、农村与城市共建等。田园城市理论使那些居住在混杂喧闹城市里的人感到新鲜，而其理论作为解决城市问题的模式至今在西方仍有影响。佛力丘的观点与霍华德一样，他在坚持农村重要性的同时，认为没有城市现代生活也不行，主张城市与农村要用统一的规划协调进行发展。从 19 世纪中叶开始，在欧洲的许多国家，大量的农居建筑围绕教堂聚集，四周被田园和树林环绕。20 世纪 60 年代以后，日、韩的农村也都呈现出类似的景观，这些田园农村与城市体系相互分工、相得益彰。21 世纪以来，世界上连续评出来的最佳人居环境，一般都是在小镇和农村。

▶专栏 3-1

新西兰对农业"零补贴"发挥市场调节作用

农业是新西兰的立国之本，占新西兰 GDP 的 8.5%以及所有出口产品的半壁江山。与欧美发达国家实行农业补贴政策不同，新西兰取消了农业补贴等农产品价格保护机制，让农牧民参与国际市场竞争。不过，值得注意的是，这种政策是新西兰在长期实行高额农业生产补贴，未能取得效果反而背上沉重财政负担的背景下，被迫改革的产物。

（1）高额补贴未能带动农牧业走向繁荣。新西兰人口相对稀少，农产品主要用于出口，价格容易受到国际市场的影响。20 世纪 70 年代前，新西兰羊毛、乳制品和肉制品主要出口至英国，但随着英国加入欧洲共同体、国际农产品市场价格下跌，新西兰经济陷入困境。为此，新西兰政府提出一系列农业保护政策，向农牧户减税，实行农产品最低保护价，提供化肥、除草补助，自然灾害补贴等。新西兰政府还鼓励信贷机构给农牧户提供优惠贷款利率。20 世纪 90 年代，新西兰农业补贴占农业总产值 30%左右，农牧户毛收入的约 40%来自政府补贴。然而，高额补贴并没有给新西兰农业带来繁荣，反而导致生产效率下降。一方面产品供给增加，大量的羊卖不出去，但为获得价格补贴，农户还继续扩大存栏量；另一方面，过度放牧破坏了生态环境。高额补贴和信贷支持使政府背上了沉重的财政负担，不得不取消大部分农业补贴政策。从 1984 年开始，30 多项农业补贴政策被取消，农业信贷优惠政策也同时终止。这项改革的代价是导致不少农牧民破产，农业用地价格骤降 50% 以上。新西兰产业格局发生了改变。农牧民寻求调整生产结构，不少农牧民开始转向酒业、林业、果业和乳制品加工等附加价值更高的产业。

（2）取消农业补贴依据市场调结构。新西兰政府取消了农业补贴，而其农牧业发展却持续走强，农产品出口也重新成为新西兰经济的重要支柱。根据亚洲太平洋经济合作组织公布的最新数据，新西兰广义农业生产者支持支出占农产品产出的不到 1%，而亚洲太平洋经济合作组织成员平均农业生产者支持水平高达 18%。高额农业补贴取消后，新西兰农业结构不再依据政府决策，而是高度依赖市场供求，"看不见的手"迫使农牧民从更高层次平衡产量、品质、价格和成本。新西兰学者认为，取消农业补贴是一场"颠覆性革命"，政府的作用减少，但根据市场需求产生了一套满足消费者需求的新标准和行业规程，如适用欧洲市场环保标准、零售商质量控制标准等。凭借改革农业补贴政策，新西兰农业实现了转型。农业全要素生产率年增幅达 4%，高于其他产业 1.4% 的平均增长率。良好的投入产出比进一步吸引内外投资，农业占 GDP 的比重不降反增。

（3）规模化经营提高国际市场竞争力。除了促使农牧业高度市场化之外，新西兰还把农业合作社和现代企业制度有机结合起来，集中散农户，通过产业联合、合作制企业等多种模式鼓励规模化生产和经营，并对这些合作制新型农业机构从政策、税收和信贷等方面提供支持。农业合作制企业在新西兰十分普遍，如乳业巨头恒天然集团，这类合作社达 80 多家，几经合并后出现了控制 90% 以上奶源的恒天然集团。作为农业合作社，集团的每个加盟奶农都是股东，股份数量依供奶量而定。奶农加盟合作社后，可以无后顾之忧地投身传统牧业，而企业则集中资本劳力从事加工、科研和全球营销，形成产销结合、生产和研发互动的运营模式。2015 年，全球乳制品价格大幅下降，集团同样遭遇寒冬，但正因其农业合作社属性，奶农的合同依然可以执行，没有出现"倒奶"现象。集团还专门为加盟奶农设立无息贷款，帮助新西兰 2 700 名果农自发组建猕猴桃国际销售公司"佳沛"。佳沛拥有新西兰猕猴桃排他性出口经销权，彻底改变了市场混乱局面，开创了一个全球知名的水果品牌。新西兰猕猴桃产业成功得益于"工厂式生产、消费品式营销"，即把水果当成商品，严控质量，宣传品牌，注重奶农摆脱困境，实现奶农和企业"抱团取暖"。除了恒天然集团，新西兰还有"佳沛模式"。

（二）国内统筹城乡实践新发展及其思考

1. 以"三大联动、把握三大关系"改革统筹城乡发展

习近平总书记在浙江考察调研时，强调城乡发展一体化是解决中国"三农"问题的根本途径，是一个长期渐进过程，转变思维方式和工作方式很重要。要换位思考，以"三大联动"改革为突破，处理好"三大关系"，率先推进城乡发展一体化和经济社会转型发展。

推进"城乡联动"的改革。针对城乡二元结构既涉及基本公共权益又涉及财产权益，且基本公共权益安排具有地方分割性等特点，推进浙江城镇户籍制度与农村产权制度的联动改革，以实现浙江居民在基本公共权益和财产权益上的城乡平等、城乡融合和城乡一体化，率先解决好浙江自身农业转移人口的市民化问题。

推进"区域联动"的改革。探索和推进跨地区尤其是跨省区的相关制度联动改革，只有推进人口流入地和流出地的联动改革，探索基本公共权益的跨地区、跨省区携带、流动和交易，才有可能解决好非本地农业转移人口的市民化问题。

推进"上下联动"的制度改革。探索与推进地方和中央在基本公共权益制度安排方面的联动改革，以进一步理顺中央和地方在财权与事权上的关系，为基本公共权益的城乡一体、区域一体和全国通兑探索新路，努力破除各类农业转移人口市民化进程中的制度障碍。

把握好城镇化和城乡发展一体化的关系。新型城镇化道路是以人为本，大、中、小城市和城市群协调，人与自然、人与人和谐，城乡一体的道路，城乡发展一体化是新型城镇化的特征体现和目标所在。我们既要防止过去那种城乡分割、牺牲"三农"的城镇化发展偏差，又要防止放缓城镇化进程的"三农"发展偏差，要在新型城镇化引领下实现城乡经济社会关系的高度协调与融合、城市与乡村的各具特色和共同繁荣。

把握好城镇化与美丽乡村建设的关系。美丽乡村建设是新型城镇化的有机组成部分，应重视特色村保护和城中村改造，突出中心村与田园生态城镇建设，着力彰显"一村一品、一村一景、一村一韵、一村一业"的美丽乡村发展格局，努力打造宜居、宜业、宜游的美丽乡村和特色城镇。

把握好中小城市发展和大城市发展的关系。大、中、小城市的协调发展必须建立在城市群空间合理布局的基础上，大城市的发展形态要从"摊大饼"式的扩张模式向产业和功能分工协作基础上的城市群模式转变。大城市群的发展应特别注重包括地县级城市、相关中心镇、特色小镇等中小城市在城市群发展框架下的加快发展，这是农村工业转型和产业集群升级的迫切需要，是降低农业人口市民化成本、实现城市不同人口融合发展的有效途径。

2. 城市化先行并形成典型二元结构的珠三角地区的实践

广东毗邻港澳，地处我国改革开放的前沿阵地。十一届三中全会以来，广东不仅在经济社会和城市化发展上"先行一步"，取得了举世瞩目的成就，而且在体制改革和制度创新方面也走在全国前列，党的十八大以来，更是创造和积累了很多破解城乡二元结构问题的经验和做法。与此同时，作为先行发达地区面对统筹城乡这个世界性的难题，所呈现的困惑、困难和挑战也是非常明显的。

1）共性化的"三农"现象

广东省改革开放以来，仍然是以沿海城市加工贸易为主发展经济，"三农"问题并没有因其整体经济实力提高而有所缓解，区域发展的马太效应十分明显，甚至在某些方面表现得更为突出。例如，农民收入低且增长速度明显低于城镇居民，城乡收入差距不断扩大；农村基础建设长期孤立于城市之外且十分落后；农业产业结构长期得不到有效调整，农业现代化程度不高等。

2）存在的突出问题

20 世纪 70 年代末以来，广东经济发展迅猛，体制变革频繁，社会急剧转型，加之流动人口众多，使该地区因城乡二元结构体制而孳生的新问题层出不穷，涉及经济、政治、行政、社会、法律、文化等方面。归结起来说，城乡二元结构体制给珠三角地区经济社会发展带来的突出问题如下：

一是流动人口与城市管理的矛盾。资料显示，进入 21 世纪以来，珠三角地区外来流动人口达到 3 000 多万人，占全省流动人口的 80%以上。流动人口集中分布趋势十分明显，珠三角地区以全省三分之一的土地承载了全省四分之三甚至更多的人口，造成人口与资源之间的严重失调。在城乡二元结构体制尚未打破的情况下，流动人口的涌入，给该地区的城市管理带来诸多的矛盾，如出租屋管理、城市治安、环境保护等。

二是农民失地与社会保障问题。为满足高速发展的工业化和城市化需求，地方政府征用了大量耕地，甚至还一度出现变相占有农地的现象，致使不少农民失去了土地。在城乡二元分割及其现行土地制度下，基于集体所有权形成的农地产权结构，使国家在没有为广大农民提供与城镇居民相同的社会保障制度背景下，土地成为农民最大的财产，土地权利就是农民最大的财产权利。然而，尽管珠三角地区作为先行发达地区，面对城市化的高速发展仍然存在一些突出的问题，如行政权侵犯财产权，在土地处置上，往往是乡（镇）政府或者村长说了算，而非农民集体说了算，许多征地纠纷都是行政权力过度使用所引发的。例如，农民在集体经济组织中的土地权利空置，权利得不到保护，利益也得不到清算。又如，农民缺乏市场主体地位，缺乏土地市场交换权利，农民集体土地的财产权利不能进入市场得到实现。因此，在权利没有法律保障的情况下，失地的农民在征地补偿过程中，讨价还价和利益博弈的平等权利难以得到保护，处于弱势地位，得到的往往只是微薄的征地补偿费用。

三是"城中村"改造与"村改居"问题。随着珠三角地区农村城市化进程的加快，部分农村被纳入城市规划区范围，其土地、产业和村民的就业结构呈现非农化特征，但在行政、人口、土地、建设管理上，仍然沿袭旧管理体制和运行机制，与城市管理不能接轨，由此形成了城中村。"城中村"问题源于城乡二元体制，特别是二元土地制度。但与此同时，又导致农民对宅基地、村集体经济分红等"福利待遇"的较大期盼，这种心态转化成利益的诱惑直接强化了"城中村"的生存机制。"城中村"建设缺乏规划、环境条件恶劣、人员结构复杂、社会治安混乱、基础设施落后、土地利用率低、生活方式不健康等，给比邻的城市管理带来负面影响。自 20 世纪 90 年代末开始，广州、珠海、深圳等城市陆续开展对"城中村"管理的探索，出台了一系列政策措施，创造了不少成功模式。在实践基础上，珠三角地区提出了更为庞大的"村改居"计划，以图实现由点到面解决城乡二元结构的目的。"村改居"政策的全面铺开，有可能满足了政府的目标，方便了行政管理需要，但它面对更为尖锐的问题如何协调平衡政府、村集体、村民、开发商等多方利益的博弈，面对的矛盾风险会更多、更大。

四是农村集体经济的产权改革问题。改革开放后，珠三角地区的村社充分利用基础设施比较完备、市场经济比较发达、毗邻港澳台等有利条件，将征地补偿收入作为启动资金，通过招商引资、兴建厂房商铺出租、创办乡村集体企业等多种途径，运用股份制、租赁制、承包制等多种经营形式发展经济，使不少农村集体经济实力逐渐雄厚。但随着工业化和城市化进程的深入推进，特别是农村管理体制向城市管理体制的转型，农村集体经济管理体制和产权问题的矛盾更加凸显。首先是"产权模糊"，农村合作经济是理论上的集体所有制经济，但集体并没有人格化，集体资产所有者主体不明晰；其次是"政社不分"，作为村社行政管理主体的村民委员会、村小组、居民委员会等直接经营村集体经济，混淆了基层自治组织的公共管理职能与经济管理职能；最后是管理不善，由于没有实行公司制管理模式，农村集体经济存在收益风险和权力寻租的问题。所有这些问题中，产权不明是核心问题。

3）发达区域内欠发达地区的特殊问题

广东的东西两翼和北部山区是欠发达地区，工业化程度不高，城市化水平低。城乡分割的二元结构体制，严重制约了这些地区的发展，存在的问题暴露出制度安排的缺陷。

一是镇、村两级组织债务沉重源于财政制度的问题。1994 年国家实行分税制后，地方财权不断上收，贫困地区基层县、乡（镇）政府财力空虚，政权运转困难，县乡财政成为"吃饭财政"；镇、村两级沉重的债务，更使基层政权陷入"看守政府"境地。

二是农民隐性负担依然沉重源于基本经济制度的问题。取消农业税后,减轻了农民的负担,但并没有触及根本性的制度,相对于我国农民而言,义务教育、社会保障、医疗卫生、养老保险等比取消农业税更为重要;免征农业税表面上给农民减轻了负担,但没有解决农民的根本问题。从理论上分析,农业税的存在有利于保持农民的国民意识,有利于土地的有效利用,真正要减轻农民负担,核心在教育、医疗、住房和社会保障等基本保障制度的建立。就农业税而言,完全可以征收后重新用于落后区域的农村。在广东的落后地区,农民有病不医或因病返贫的现象屡见不鲜,甚至一个家庭只要有小孩考上大学就会返贫,所以有人把教育、医疗和养老问题,称为压在农民肩上的"新三座大山"。

三是农民自我保障能力弱源于农村社会保障体系建设滞后的问题。长期以来,国家把保障对象集中在城市,对农民则采取自我保障形式,尽管近年来国家加大了这方面的工作,情况有所好转,但欠发达地区的农民仍然存在基本保障水平太低的问题,如果仅有基本养老金,事实上是难以生存的;医疗保障由于补助标准太低,因病致贫返贫现象仍然突出。

四是土地撂荒与农民国家观念淡化源于土地制度设计的问题。随着取消农业税费以及中央对"三农"问题的日益重视,农民的权利在回归,维权意识在增强。与此同时,传统意义上的农民与土地的关系正在弱化,欠发达地区的土地撂荒、农民厌耕问题严重;取消农业税客观上弱化了农民的国民意识,既然没有缴税的义务,加之务农本来收入就低,在有选择的条件下,很多农民就会撂荒土地到城市打工,在贫困地区这种现象更为普遍。同时,土地制度本身就很难界定究竟什么叫"撂荒"?如果农民在权利意识增长的同时,公民义务观念却没有形成,发展下去将是非常危险的。

4)统筹城乡发展的基本做法

从 20 世纪 80 年代开始,广东省开始实施城市优先发展战略,到 21 世纪初,又将推进城镇化作为统筹城乡发展、打破城乡二元结构的重大战略。近年来,又把发展中心镇作为实施"小城镇、大战略"的重要举措,坚持特大城市、大中城市、小城市和中心镇协调发展,基本走出了一条符合广东实际、有特色的城市化道路。其主要做法如下:

一是发挥规划对城乡建设、区域发展的调控作用。广东省人大制定了《广东省城市控制性详细规划管理条例》,省政府编制了《广东省城镇化发展纲要》《广东省城镇体系规划》《珠江三角洲城镇群协调发展规划(2004—2020)》等重大规划,制定了《关于推进城镇化的若干政策意见》《关于加快中心镇发展的意见》等重要文件,确保活动的规范性和协调性。

二是落实相关制度改革,引导要素集聚。例如,户籍制度改革,21 世纪初,颁布了《广东省人民政府关于进一步推进户籍制度改革的实施意见》，要求逐步建立城乡统一的"居民户口"管理制度。近年来，又逐步摸索出以积分制使农业人口进入各级城市的有效办法。在土地制度改革上，落实异地开发、补充耕地制度，推行市域、省域范围内保证耕地总量动态平衡的置换政策，建立和完善土地储备制度、农村集体建设用地使用权流转制度、中心镇的用地政策、中心镇农地转用指标等。在农村管理体制改革上，顺德区率先进行农村股份社的改革、村民委员会职能的转变、农村集体土地制度改革的试点工作。其包括出台引导产业集聚的相关政策，在用地、人口迁移、服务设施等方面采取优惠政策条件，鼓励产业进园；进一步推进集体所有制企业产权制度改革，为分散的企业逐步向园区集中提供保障机制；逐步推行迁村并点，减少城镇建设区向外分散的自然数量，促进城镇工业区、商业区和住宅区的相对集中和连片发展。在落实社会保障制度改革上，一方面扩大城镇职工养老、医疗、工伤、失业保险制度的覆盖面，健全以养老、失业和医疗保险为主体，政府、企业、个人三方共同负担，社会统筹与个人账户相结合的社会保障制度；另一方面，探索适合农村与城镇相衔接的社会保险与养老保险制度。

三是进行区划调整，发挥中心城市的要素整合优势。加大广州、深圳等大城市规划调整力度，充分发挥特大城市的辐射带动作用。

四是加快城镇基础设施和公共服务设施建设步伐。全面推行城镇国有土地公开招标出让制度，增强政府筹集城镇建设资金的能力。广州、深圳、佛山等大中城市放开城市基础设施建设领域，吸引社会资金参与城镇公用事业建设，促使城市公用事业逐步由福利型向经营型转变，部分市政管理已实现市场化、专业化、企业化经营；允许社会资金、外国资本采取独资、合资、合作以及"建设-经营-移交"等多种形式，参与市政公用设施的建设和运营，实现投资主体的多元化。运用"移交-经营-移交"等形式将现有供水、供气、污水处理、垃圾处理等企业的国有存量资产，进行整体或部分转让，提高了存量资产的运行效率。大多数城市由政府将出租经营权、公交线路专营权以及道路、广场、路灯、桥梁、停车场等市政公用设施的冠名权、广告权、收费权等通过公开招标方式出让，所得收入纳入同级财政管理，充分挖掘使用市政公用设施的潜在资源。

5）实施"双转移战略"与城乡统筹发展新思考

近年来，作为率先发展与外向型经济典范的珠三角地区遭遇到土地约束、原材料价格上涨、民工荒、人民币升值、国家出口退税政策调整以及席卷全球的金融海啸等外部压力，广东省政府出台了《关于推进产业转移和劳动力转移的决定》，以应对压力和进一步推动广东城乡统筹发展。"双转移"是指产业转移和劳动力转移，即珠三角地区劳动密集型产业向省内欠发达地区转移，而欠发达地区的劳动力经过技能培训后，一部分向当地二、三产业转移，素质较高的劳动力向发达的珠三角地区转移。通过实施这一战略，在珠三角地区实现了"腾笼换鸟"，突破了土地约束、缓解劳动力成本上升与人口压力，促进了欠发达地区的工业化与城镇化，提升了农村劳动力素质，摸索了一条统筹城乡的新路子。

（1）控制珠三角地区大城市人口，积极推进欠发达地区中小城市的城市化。珠三角地区以劳动密集型为主的制造业发展遭遇土地与劳动力双重难题，广东认识到"招工难"所揭示的劳动力成本上升问题将是长期问题，而控制人口增长则更为迫切，走产业升级道路、提高制造业产品附加价值与单位面积土地的经济开发效益有助于缓解劳动力成本上升压力，而提升劳动力素质则是问题的关键。欠发达地区的产业转移园区，不仅仅是承接来自珠三角地区的产业转移与生产增量部分，也可能通过聚集经济效应吸引更多企业落户并发展成为产业集群，同样也会吸纳更多的就业人口聚集，包括本地农村剩余劳动力的转化以及对外来劳动力的需求上升等。而由此对生活设施与消费需求的增加，也将形成欠发达地区加快城市化进程的市场推力。

（2）以征地农民为突破口，探索构建城乡一体化社会保障体系。在欠发达地区集中连片建设产业转移园区，必然涉及向农民征地问题。在国家现行土地制度下，一次性的征地补偿金额有限，可缓解其暂时的生活压力，但不能提供其终生的生活来源。农民可以进城打工，但农民工的社会保障问题仍未得到解决。建立覆盖全民的社会保障制度需要一个过程，广东首先将失地农民纳入社会保障体系，优先解决失地农民的城镇户籍问题，为他们提供稳定的工作保障，促进农村剩余劳动力向城镇转移成为广东欠发达地区城市化进程的一项制度改革，失地农民取得城镇户籍，从而纳入国家社会保障体系之中，也是探索与完善广东城乡统筹发展与构建一体化的社会保障体系的有益尝试。

（3）农村劳动力技能培训与扶贫开发相结合。广东欠发达地区的农村劳动力转移难的主要原因之一是具有大量低素质劳动力。"双转移战略"为农民提供短期培训，扩大中等职业技术教育的招生规模，并为农村贫困家庭子女就读职业技术学校提供学费与生活费保障，对贫困家庭的社会救助纳入社会保障体系中，成为城乡一体化社会保障体系的重要内容。

（4）逐步扩大公共服务均等化覆盖面。启动"双转移战略"中，各级财政积极配合规划转移支付资金，为欠发达地区承接产业转移与劳动力转移提供启动资金，如为欠发达地区提供基本服务均等化的配套资金用于城市基础设施建设等，同样会达到促进欠发达地区经济发展与增加就业的目的，也是从根本上缩小区域差距的有效方法。解决本地区贫困问题、提供居民基本服务、增加就业均属基本支出范畴，欠发达地区的经济发展和财政能力的增强，最终是通过当地贫困化程度减轻、居民生活水平提高得以体现的。通过省级财政转移支付以及欠发达地区的地方财政都指向公共服务均等化目标，并依据各级财政支付能力而逐步扩大公共服务均等化的覆盖面，最终实现城乡统筹、区域协调的一体化社会保障体系。

6）深化统筹城乡面临的重大问题

城乡二元结构是世界性难题，在我国更具有特殊的历史背景，因此，基于特定背景而长期形成的公共制度性安排，已经形成固有的路径依赖，其可能引发的系统性问题，难以在短期内消除。广东省进一步解决城乡二元结构将继续面临以下困难瓶颈。

一是流动人口、农村劳动力素质与现代化发展的矛盾。改革开放以来广东一直是全国流动人口最多的省，近年虽有所下降，但仍然处于高位阶段。外省流动人口的大部分已经在各个城市长期扎根，为当地的经济社会发展做出了贡献，这些人名义上是流动人口，事实上已经是常住人口。随着经济收入水平的提高，他们的社会诉求将更加强烈，做"城市人"的梦想更为迫切，如果长期大面积得不到解决，始终徘徊在城市边缘，这将对广东的工业化和现代化进程带来诸多负面影响。但城市资源供给与人口吸纳始终是一对矛盾，在经济下行压力加大的情况下尤其如此，而面对巨大的流动人口压力，政府往往会强化管制。从农村富余劳动力及其素质状况来看，目前广东2 000多万富余劳动力滞留在农村，这些劳动力绝大多数年龄偏大，文化水平低，就业技能差，竞争优势弱，难以适应现代农业和城镇现代化发展的要求。

二是失地农民的就业意愿与城市认同的矛盾。工业化和城市化的长期高速发展，使珠三角地区大量农民失去土地，很短时间内就从村民变为"市民"。对于缺乏稳定城市保障的农民来说，土地是就业的"最后依赖"，失去土地就意味着失业，失去保障。因此，如何保证失地农民的再就业和满足他们对城市的认同意识，是推进工业化和城镇化，解决城乡二元结构的重大难题。失地农民及其未就业人群就业意愿并不强，其原因是多方面的，如自身素质的缺陷、企业用工取向的约束、就业服务的滞后等。但深层次的症结在于，部分农民由于知识和文化水平的制约，天然形成一种抵触城市文化的意识，难以很快从生活方式、文化认同、价值观念等方面接受城市文明。与此同时，这种抵触情绪还根源于对农村既有的类似分红、出租物业、政府补助等收入的怀念；认为进厂上班工资低、工作时间长、工作环境差、社会保障缺失，甚至觉得本地人给外地老板打工很没面子，宁做鸡头也不做凤尾，这是本质上的致命劣根性。这些现象的出现直接导致两大结果：一方面，企业可能面临"民工荒"，发达或欠发达地区都有面对的较大概率，农民即便进城进厂，就业观念和就业技能不发生转变，仍然制约着工业化和城市化质量水平的提升。另一方面，失地农民的生活方式、价值观念、就业意识不发生改变，就难以说明他们已经从"农民"转变为"市民"。

三是欠发达地区城市化建设与资金短缺和配套政策的矛盾。中心镇建设成为近年广东进一步推进城镇化工作的重大战略，但中心镇建设初期需要的大量资金上级财力不可能全部安排，这会成为制约欠发达地区中心镇发展的重要因素。以规划为例，中心镇按省政府统一安排，除编制中心镇总体规划外，几乎没有编制控制性详细规划。而依靠本级财政，难以胜任中心镇的日常建设、维护与管理；中心镇战略决策的正确性与资金问题"一刀切"、贫困地区配套资金困难，使正确的战略决策难以落地。

　　四是"村改居"的必要性与各方面利益博弈的矛盾。"城中村"改造和"村改居"是推进城市化、解决城乡二元结构的好路径，但"村改居"是"以小见大"的问题，牵涉面广，情况复杂。从本质上讲，它是一个利益再分配和博弈问题，涉及政府、村民、村集体和开发商等多方利益主体，因此，"村改居"必须以利益协调为主线，把物质改造、制度转型和利益整合有机结合起来。但不少地方有重物质改造和利益分配、轻制度转型和利益协调问题，甚至存在以牺牲原住民利益为代价，换取一时"虚名"的城市化倾向。因此，在经济下行压力较大，财政实力有限的情况下，大面积实现"村改居"不切合实际。广东番禺在实践中总结出"成熟一个推进一个"，稳步推进"村改居"的经验值得肯定和推广。

3. 跨越式发展并形成多种发展模式的长三角地区实践

　　20世纪80年代以来，长三角地区的许多城市已经出现了城乡一体化的趋势，从这些地区的实践看，尽管还没有非常成型的模式，但各地的实践丰富多彩、交叉借鉴、相互补充，从理论角度，不少实践具有模式化特性。

　　1）依托商品城扩展以城带乡的义乌模式

　　以城促乡的城乡一体化模式是最典型的现代城市力量的扩展，表现为通过城市的扩展来提升农村的经济社会发展水平，最终实现统筹城乡发展。这种城乡一体化是整个社会由农村社会结构向城市社会结构转变的开端，经过城市化发展，通过城市生产力作用实现对社会结构的改造。在浙江省，以"中国小商品城"而闻名于世的义乌市就是这种"以城带乡"模式的典型代表。

　　（1）义乌模式的特征。第一，加速度的推进方式。20世纪70年代末以来的半个多世纪，义乌的城乡一体化是以加速度方式推进的，充分体现出城市经济聚集效应的累积膨胀特性。第二，以点线面的布局方式推进。义乌的城市发展首先是城区的城乡一体化，小商品城建设与发展形成了义乌市商业中心，形成城区的产业集聚，在产业集聚、经济发展的带动下，城区对周边乡镇的经济辐射力大为增强。随着基础设施的不断完善和经济的长足发展，市内交通、通信更为便捷，出现城乡经济一体化趋势，城镇化率达到60%左右，基本完成城乡一体化进程。第三，城乡一体化与产业集聚的良性互动。产业集聚是城乡一体的基础，而城乡一体发展又促进了产业进一步集聚，二者紧密性极其明显，相互促进、良性循环。第四，产业集聚的鲜明特点。集聚首先启动于小商品市场，开始主要是商业的集聚，很快商业带动与之相关的交通运输业、电信服务业、旅游餐饮业和房地产业等多种服务业横向迅速发展；而劳动力和商家的集聚产生的城市集聚效应，又以产业链方式带动各种工业的集聚，使产业集聚沿着纵向方向延伸发展，进入21世纪，义乌已经形成了明显的产业集群效应。

（2）义乌模式对中小城市发展的启示。第一，高度重视第三产业的集聚与产业提升。这是个普适性特征，因为第三产业的发展一般是以一、二产业为基础的，义乌所处的地理位置和决策部门的科学意识，使义乌模式得以成功。产业经济学理论并不支撑义乌模式以第三产业对城乡一体化的直接带动，之所以义乌城乡一体化能够迅速推进，主要得益于产业集群，其路径是商业市场的集聚直接促进消费集聚与人口集聚，促进商业中心形成与城区发展，反过来带动一、二产业的发展，此时，第三产业迅速发展带动城乡一体化的快速提升理论就开始起作用。第二，城区布局必须与时俱进及时进行结构调整。城区产业集聚对结构提出新要求，要及时控制与引导制造业外移，以信息资源的集聚与互联网建设水平和市场的开放来引进技术与投资，促进区域产业结构从供给端不断跃升式发展。城区不仅要"退二进三"，第二产业本身也要"腾笼换鸟""辞旧迎新"，空间布局必须按照主体功能区要求划分主体功能，考虑集聚效应最大化。第三，要打破地域限制，提升综合效应。大力发展现代服务业，加速培养通信业、广告、会计、法律、咨询等中介行业与金融保险业，使非具体化服务业向商业中心的集聚形成商务集群经济来抵消因传统服务业与制造业撤离市区可能引发的空心化。第四，改革创新行政管理体制。我国经济与行政管理权限的一致性有利于经济中心作用更好地发挥，所以，有必要参考与计划单列的模式并加以创新，予以少数受体制制约明显的县市以地级单列城市的权限，同时，要推进各县市顺应市场经济发展需要，在经济上打破行政区域限制，加强城市发展规划与周边城乡区域间的协调，促进城乡融合与城市群的发展。第五，提高土地资源的利用效率。坚决制止违背市场经济规律超低价供应土地资源的行为，如果从比较经济学角度看，工业企业不能承受市场地价，只能说明其在某区块内不具有同第三产业竞争的优势，应该向区外寻求其可承受的地价。但问题的本质还在于工业及其制造业向远离城市建成区转移，是由工业的产业特性所决定的，城区要积聚服务业而成为商业中心是城市功能的需要，使稀缺的土地资源为效率更高的行业所用既是经济效益的需要，更是功能特征的需要。第六，重视产业集聚效应。单位面积土地的企业数保持在一定的水平和规模上，才能形成企业集聚进而促进产业集聚。较高的空间密度是工业园区规划应该保持的，要使这种规划理念落地，必须尽可能限制企业封墙圈院、搞封闭性经营。另外，同一园区实现产业链条的衔接是提高单位土地产出要遵循的重要原则，因为只有产业链条的无限延长，才可能最大限度地降低产品的配套、物流等成本。第七，普遍推行土地收益股份化，制度化推进"农转居"。土地利益处理是"农转居"的核心,如果将土地使用权收益折合成股份,为农村居民拥有,农民凭股领取收益,并可带股迁移,这就能实现农民对土地增值收益的动态享有;同时将征用土地收益的一部分强制建立专项保险基金,用于"农改居"居民就业、养老、医保、入学等保障,全面建立居民、村民社会保障体系。

2)以乡镇企业发展带动统筹城乡的龙港模式

乡镇企业作为我国农村的新型经济体,其出现改变了传统农业乡村的发展模式,在浙江,就出现了以乡镇企业发展带动统筹城乡发展的典型,号称"中国第一农民城"的温州市龙港镇创造性地实践了这一模式。龙港为苍南县的经济中心、温州市综合实力强镇、浙南闽东北地区重要的物资集散地、全国小城镇综合改革试点镇、联合国计划开发署"可持续发展的中国小城镇"试点镇。龙港发展乡镇企业是改革的产物,从建镇之初就在全国率先进行土地有偿使用、城镇户籍管理制度和股份合作企业制度的试点,成功地走出了一条不依赖国家投资,主要靠农民自身力量建设现代化城镇的新路子,为中国农村城镇化做出了许多有益的探索。龙港镇的经济发展具有很鲜明的农村城镇化特色,7 000 亩的耕地、5 000 亩的现代农业示范园区、万亩蔬菜瓜果基地以及 5 000 亩的海水、淡水养殖基地,奠定了龙港农业的基础。股份合作企业是龙港工业经济的支柱,个体私营经济是龙港经济重要的组成部分,印刷包装、毛纺毛毯、塑料编织是龙港的三大支柱产业,这些产业在发展中非常注意产业链的延长和产业积聚效应的作用。1992 年被温州市定为城乡一体化发展试验区后,更加注意以乡镇企业发展带动城乡一体化,形成了较为完整的经济发展路径,在诸多方面推动了农村的城镇化演进,2014 年实施了镇改市的重大体制调整。归纳起来,龙港的发展特点主要表现为以下几点:一是通过产业化吸纳了大量农村剩余劳动力,实现了人口向城镇的关键转移。二是推动了农村产业结构的调整,从最早的乡镇企业发展到大工业产业链的形成,再到产业集群,改变了我国农村长期以第一产业为主的产业结构,开辟了农村由单一农业经济向二、三产业综合发展的农村工业化道路。三是工业化提供了小城镇发展的建设资金,使小城镇逐渐向更高级的城市化发展。四是改善农村居民的整体素质,乡镇企业到工业化的发展、农村到城镇化的转型使越来越多的农民从农村走向现代工业文明和城市文明,这种转型的过程更重要的是人们观念的变化和行为方式、生活方式、价值取向以及科技文化素质的变化。过去以种地为生的农民,经过乡镇企业和工业化及市场经济的磨炼,逐渐成长为产业工人。

3)用规划整体推进城乡发展的嘉兴模式

(1)编制总体规划,统筹协调发展。嘉兴从 20 世纪 80 年代开始编制城乡总体规划,统一制定城乡协调发展政策,统一规划城乡人口分布、产业结构、空间布局、基础设施等。一直到 2015 年,对整体规划的修编在构建城乡一体化的融合体系中起到了关键作用，它既展示了现代化的城镇，又留下了记住乡愁的农村，使城镇乡村发展相互依存依赖、均衡协调、相互作用、融合于共同发展的统一体中。这种统一体是社会商品和城乡人口高频率相互作用、城乡相互转化的结果，是区域发展的高级化。嘉兴在实施规划过程中，从实际情况出发，重点提升实现城乡融合的短板。在"三农"问题上下功夫，基于构建城乡一体化区域融合体系的前提是农业现代化、农村文明化、农民小康化，着重在农村工商业的高度发展、农业技术水平提高和农民文化水平的提升上做文章。基于城乡融合是以城乡差别淡化为基础的城乡转化，强调城市与乡村之间的相互流动与相互作用，是在城市大中型企业带动乡镇企业以及农村新型经济联合体的发展上做文章，使大量的剩余农业劳动力有了出路，从而在地区内形成新的经济分布。嘉兴坚持"宜工则工，宜农则农"的原则，对有条件的地方，在原来的农村地区发展适应性工业，促使工农结合形成新的产业链条。在空间结构上下功夫，嘉兴坚持以不同层次、不同规模的多功能城镇为中心，在其周围形成一系列的城乡交错带和亦乡亦镇型的城乡型聚落；城镇之间、城镇与城乡集聚地间均有不同容量的现代化交通设施和便利快捷的现代化通信设施连接在一起，由此构成了典型的城乡融合的空间结构模式。为了保证城乡融合发展的持续性，嘉兴又编制了区域规划，规划中特别注意城镇和各类居民点的布局，保证了足够的绿色空间，规定非开发用地和绿色空间的长久保留区，形成在大中小城市外围广阔绿色空间中有众多的、散状分布的城乡型居民点，其间又以方便、快捷、安全的交通系统联系起来，规划注重建立起区域性的基础设施和服务设施系统，使整个区域协调和谐发展。

（2）嘉兴统筹城乡发展再实践。嘉兴在加快推进城乡一体化的总体思路上坚持以人全面发展为根本，统筹城乡发展为主线，建设网络型城市为核心，立足深化城乡一体化，缩小城乡差别，逐步实现"五位一体"可持续发展，使全市人民共享改革发展新成果。嘉兴重点抓好了"六个一体化"，使统筹城乡走向深入。一是推进城乡空间布局一体化，形成城乡联动发展的生产力布局和层次清晰、结构合理的城市形态和美丽乡村；二是推进城乡基础设施建设一体化，形成完善的交通、物流、公用设施服务网络，使城乡资源配置更加高效化；三是推进城乡产业发展一体化，形成以先进制造业为支撑，都市型农业、先进制造业、现代服务业协调发展的产业新格局；四是推进城乡劳动就业与社会保障一体化，形成城乡人口自由流动，统筹城乡就业，人人享有同等社会保障的新制度体系；五是推进城乡社会发展一体化，使农村居民在教育、卫生、文化、科技、信息等方面与城镇居民逐步达到同等水平；六是推进城乡生态环境建设与保护一体化，基本形成城乡生态环境融合互补，经济社会与生态协调发展的主体功能新格局，使嘉兴在统筹城乡发展上走到全国的前列。

4）长三角地区以开发区带动城乡发展的各类模式

（1）基本模式。长三角地区在改革发展之初，最早建立起开发区主导带动经济发展的模式，在发展中逐渐形成由开发区带动区域统筹城乡，即在区域整体发展中，以若干经济增长极的形式，带动周边区域统筹城乡发展。具体表现为：首先，长三角地区在外资大量投入下所发生的城乡关系，具有紧密依托现有城镇并同时带动乡村的特点，大规模的开发，使长三角地区原本就十分密集的城镇在当地农村人口不断转移的情况下，其密集度大为提高，这批人离土不离乡，客观上推动了农村的发展。其次，由于各开发区的兴建创造了大量就业机会，不但成功实现了当地农村剩余劳动力的转化，同时还吸收了大量外来迁移人口，这部分人改变了职业而且离开了农村，实现了离土又离乡的转变，构成了统筹城乡过程中的重要组成部分。最后，统筹城乡带来了空间结构的变化，一方面是农业用地锐减，同时使城镇建设用地特别是开发区的面积迅速扩大，使大量农村景观逐渐转化为城市景观。

（2）开发区与城镇协调发展模式。长三角地区城市基本特征是集中块状、一城多镇、卫星城镇、双城联动等类型，在统筹城乡过程中，开发区的建设，使所在城市逐渐发生了空间形态的变化，形成了以下几种协调发展模式。

一是以昆山为代表，未改变集中块状结构的城镇发展模式。昆山在以小商品市场开发区为先导高速发展过程中，城市呈现以老城区为核心、向周围地域逐步扩展的态势，但整体格局始终保持了集中块状结构，随着城镇面积扩张，带动了周边乡村的发展。

二是以苏州、无锡为代表，开发区大规模建设促使城市由集中块状向连片放射状转化的模式。苏州、无锡、常州等城市的开发区发展构筑了城市新区，在促成城市结构改善的同时，带动了农村的发展。无锡市的新区建设，使原有城区向东南方向大幅度延伸，形成对周边农村连片放射状带动的新结构。苏州的结构转变因开发区的带动表现得更为明显，中新苏州产业园是我国最早运行的国际间合作典范，园区大规模发展形成了苏州的城市向周边城乡辐射带动格局。

三是以南通、宁波为代表，成为开发区建设对一城多镇城乡结构的影响典型。南通、宁波作为综合性城市，呈现出一城多镇的结构，开发区的建设以依托原有结构的某一发展极为重点，使城市发展呈现多节点快速发展，在整体结构基本保持稳定态势的同时，带动了农村的发展。

四是南京模式，对带有卫星城镇的特大城市来说，开发区建设对城市整体格局的影响并不明显，因为原有城市区域太大，开发区的发展对其影响呈点线特征，大格局不会受到大的影响，南京是江南大城市带大农村的典型。

五是以张家港为代表，形成开发区建设促成双城结构的典型。张家港保税区的设立与发展，使城市向双城结构形态发展，一是以老城区为核心向其周边发展，二是紧密依托保税开发区产业的兴起，逐渐形成新城区，带动统筹城乡发展。

5）长三角地区带动城乡发展的价值

首先，长三角地区创造了以投资导向为特色的开发区快速发展，进而带动区域城乡一体化的整体发展模式，与传统意义上自发式的扩展或沿交通线延伸的模式不同，其特性在理论和实践上都有重要价值，这种模式在区域发展的初级阶段具有意义。其次，这种模式在我国广大中西部地区具有普遍意义，由于西部开发晚，处于欠发达阶段，属于欠发达地区，投资导向具有直接的借鉴作用，但是，在供给侧结构性改革的背景下，需要特别注意的是投资的有效性。最后，这些方式丰富了人们对于当今发展中国家统筹城乡路径的认识，传统理论中城乡发展主要依赖自我封闭式发展的观点已经过时，只有把内外因素结合起来才能有效地推动城乡一体化发展。

6）长三角地区统筹城乡的成熟经验和新经验

（1）持久性实施的上海城乡一体化发展战略。上海是我国较早实施城乡发展一体化战略的地区之一，近年来，上海依托特大城市的综合优势，以率先实现现代化和建设国际大都市为主线，按照城市郊区化和郊区城市化双向推进的基本原则，不断强化城乡统筹规划，逐步形成了一种以大城市为主导、城市与郊区协调发展的城乡一体化格局。

统筹城郊功能定位与空间结构，积极构建城乡发展一体化格局。早在20世纪80年代中期以来，上海就开始以统筹城郊功能定位和空间结构为主要抓手，积极谋划和构建城乡一体化发展格局。针对其城市功能较单一的现状，提出把上海建设成"多功能、现代化"全国经济中心城市的要求，以"城乡通开""城乡一体"为发展理念，确立了"市区要体现繁荣与繁华、郊区要体现实力与水平"的城乡统筹发展思想，中心城区重点发展现代服务业，郊区则发展为拓展城市发展空间的重要支撑点、经济发展的重要增长极与各种要素优化配置的重要集聚地。这一做法从根本上改变了长期以来郊区是大都市的"卫星城"和农副产品生产供应基地的比较狭隘的、处于从属地位的功能定位，为上海城乡发展一体化奠定了坚实基础。为了优化城乡空间结构，上海制定实施了"三个集中"和"四大主体功能区"战略。"三个集中"，即农业向规模经营集中、工业向园区集中、农民居住向城镇集中，使上海郊区逐步步入了工业化、城镇化、农业现代化"三化"协同发展的快车道。"四大主体功能区"，即都市功能优化区、都市发展新区、新型城市化地区、综合生态发展区，大大增强了其城乡发展一体化的区域协调性、联动性与互补性，使全市城乡生产力布局得到了全面优化。

统筹城乡基础设施和公共服务建设，为城乡发展一体化奠定坚实基础。基础设施的均衡发展是城乡发展一体化的重要驱动因素。20世纪80年代中期，上海即开始加大统筹城郊基础设施建设的力度。经过多年建设，其已形成了"城郊规划衔接有序、功能布局逐趋合理"的良性发展局面，为上海城乡发展一体化奠定了坚实基础。交通设施方面，已逐步构建起了城市内外、城乡之间统筹衔接的快速交通网络体系，有力促进了城乡发展一体化。教、体、文、卫设施方面，积极引导中心城区教育、体育、文化、卫生等优质公共服务资源不断向郊区延伸。做到专业规划和公共财政全覆盖，逐步促进全市基本公共服务均等化。

统筹城郊产业协同发展，推动城乡发展一体化逐步走向深入。城乡产业优势互补是实现城乡一体化的关键所在。上海树立"全域空间"发展理念，不断优化城郊产业发展，以郊区非农化、都市多功能农业为重点统筹城郊产业一体化发展。鼓励城市工业扩散到郊区，发展工农联营企业，打破了传统的城乡产业二元分割结构。目前，其郊区已拥有四大国家级经济技术开发区、四大主体功能区、六大市级产业基地、九大市级工业园区以及若干区域性特色产业基地和众多专业市场、经济小区、标准示范区。都市多功能农业方面，一方面不断调整优化农业耕地结构，为都市多功能农业的发展预留了充分空间；另一方面依托郊区特有的江南风光，大力发展休闲观光农业。在加强农业主题公园建设的同时，积极开展集生态、观光、休闲于一体的农业旅游节庆活动，有力地促进和带动了上海区域农业的整体发展。

统筹城郊城镇体系规划，促进城乡发展一体化水平不断提升。良好的城镇体系结构是城乡发展一体化的主要途径与关键目标，直接关系到城乡生产要素的有效聚集和扩散。《上海市城市总体规划（1999年—2020年）》，按照城乡一体、协调发展的方针，提出"多轴、多层、多核"的市域空间布局结构，拓展沿江、沿海发展空间，确立了市域"中心城、新城、中心镇、一般镇"城镇体系及"中心村"五个层次。进入"十三五"时期，上海继续把深化完善城镇体系作为进一步提升其城乡发展一体化的战略支点，提出了以郊区新城建设为重点的发展目标。着力加强功能性开发与提高综合配套水平；促进产业结构调整与布局结构优化相结合。

坚持多措并举，推动农村地区不断加快发展。城乡发展一体化，关键在城镇，基础在农村，难点在农村。上海多年来坚持"多予少取放活"和"以工促农、以城带乡"的指导方针，采取多项举措，不断加快农村地区发展。推进农村综合改革。实施村级集体经济股份制改革和企业股份制改造，建立农工商综合经营企业和多种形式的城乡联营企业，培育城郊各类农产品市场，完善配套农业标准化生产体系与食品安全卫生质量认证体系，加快农业信息化等举措，大力促进农业和农村的市场化发展。同时，不断完善农村集体资产管理、农村财务管理和农村民主管理等制度。

坚持体制机制创新，促进城乡一体化深度融合发展。城乡发展一体化的关键在创新体制机制。行政管理体制一体化改革，先后推行了"大口党委制""市对县（区）扩权""撤县改区""郊区三级政府三级管理""大部门管理体制"等一系列改革,不仅打破了城乡二元分治的局面,而且形成了"政策集成、部门联动、资金聚焦、资源整合"的城乡联动发展机制。

财政体制一体化改革。自实施城乡发展一体化战略以来,上海已逐步理顺财权与事权的关系,现已建立起城乡发展一体化的公共财政体制。其主要做法是建立城乡统一建设用地市场,完善征地补偿机制,设立"以工补农"、农业生态补偿等多种专项资金,实行粮食直补、良种补贴、渔民转产补贴、农业保险补贴、贷款贴息等多种惠农政策,完善农保、镇保、医保、低保相互结合的农村社会保障制度,加快财政支农资金整合等,初步架构起各级财政合理分担、范围覆盖全市所有农村、功能辐射范围广泛的公共财政框架。

就业和社会保障的一体化改革。实施城郊"两个相同"的就业政策,在实行免费培训政策的基础上,不断完善农村劳动力"先培训后就业"的转移就业机制,并在签订劳动合同、参加社会保险、享受工资待遇和创业政策等方面切实保障农民的合法权益。在社会保障方面,上海按照"广覆盖、保基本、多层次、可衔接"的原则,通过实施"三级政府分级托底办法",初步建立起了"城保""镇保""农保""综保"四级联动、有效衔接的社会保障制度。目前,一个包括社会保险、就业保障、政府救助、社会帮困四个体系和涵盖社会绝大多数成员的新型社会保障制度已初步形成。

(2)江苏省推进统筹城乡基本公共文化服务水平的新举措。新型城镇化着眼于农民,涵盖农村,实现城乡基础设施一体化和公共服务均等化,促进经济社会发展,实现共同富裕。以城乡统筹、城乡一体、产城互动、节约集约、生态宜居、和谐发展为基本特征的新型城镇化,其核心是以人为本。以提升人口素质为主要目的的公共文化服务体系建设作为基本公共服务的重要组成部分。

公共文化服务存在区域和城乡差距。2016 年,江苏常住人口达 8 197 万人,地区生产总值 76 086 亿元,位居全国第二,人均地区生产总值 95 256 元,居中国各省首位。但江苏省人均文化事业费却在全国排名 10 位以后。人均文化事业费苏中、苏北低于全国平均水平;除了公共文化服务体系全省资金整体投入不足之外,城乡分割的二元结构,反映在文化资源的投资上也是不同的资源配置形式:城市中的基本公共文化服务设施投入几乎完全由国家财政承担,而农村基本公共文化服务投入则由农村自己承担,导致农村的基本公共文化设施严重缺乏。

问题导向统筹推进城乡公共文化服务体系建设。针对资金问题,采取多元资金引入,促进服务体系完善形成有效覆盖城乡的公共文化网络,把完善公共文化服务体系纳入新农村的建设中,将农村与新城镇的公共文化服务建设作为工作的重点,将公共文化服务均等化程度作为文化工作的评估指标。

针对资源的问题,加快创新步伐。在公益性文化事业中按照"增加投入、转换机制、增强活力、改善服务"的思路,进一步转变机制,增强活力。在对现有的文化资源和市场进行调查，了解不同区域群众的真实需求后，重新组合资源进行创新方案的设计，选区试点，引入市场化运作模式进行运作。

针对城乡差距，采取有差别性的措施。城乡居民对文化的需求不同，把城乡一体的模式与江苏的实际情况结合，对于城市居民从偏重数量规模增加向注重质量内涵方面转变；对于农村居民则把握其关注点，先从数量和规模上予以满足，增加公共服务基础设施的覆盖，从提高设施使用率和使用规模入手，创新公共文化服务的内容和形式，增强公共文化服务的吸引力，让其逐渐习惯并愿意接受文化活动。同时将流动人口的公共文化服务作为重要抓手，以接受服务人群的满意度为评估标准，促进城乡统筹发展。

针对区域差距，努力实现公共文化全覆盖。推进文化信息资源共享工程，对于苏中、苏北等经济相对不发达地区，加快完善公共文化服务体系，努力提高服务质量和水平，以城乡基层文化设施为重点，以公共数字文化建设为补充，不断完善覆盖城乡、结构合理、功能健全、实用高效的多级公共文化服务设施网络体系。江苏省在实践中认识到，城乡基本公共文化服务均等化也并不意味着全体社会成员享受完全一致的服务，其实现需要在政府、社会、公民的共同努力下，分阶段逐步推进，最终实现区域城乡基本公共文化服务均等化。

（3）苏州以城乡一体化推动小康高水平。近年来，苏州以城乡一体化为力量助推高水平的小康社会建设，使农业提档升级，农民持续增收，农村面貌更新。

以创新的理念使农业成为创业的战场。苏州的经济社会发展基础较好，苏州提出了要走在全省"强富美高"的前列，同时，又提出了城乡一体化是苏州建设高水平全面小康的重要发力点。苏州提出，创新不是工业与城市的专利，他们持续引入创新理念做强农业，把人们眼中的土农村变为创新创业的热土。2016年农业科技进步贡献率达到68.5%，互联网+植入农业生产系统。2016年9月，吴江申航生态池塘智能化生态养殖基地的水产养殖物联网系统投运，数百亩水面实行互联网+池塘循环水养殖技术的管养模式，成本下降80%，亩产增长两倍多，创新成为农业现代化的重要推动力量。

以城乡一体摸索农民增收长效机制。要富民，必须要强村，就像城市居民要富裕，必须有强大的产业支撑。苏州近年一直将富民强村作为推进城乡一体化的出发点和落脚点，以农村社区股份合作、土地股份合作、农民专业合作为代表的农村"三大合作"经济组织，不仅成为农民财产投资性收入增加的重要途径，也形成了集体经济发展和农村持续增收的长效机制。现在的苏州，"村村有物业、户户有资本、人人有股份、年年有分红"已经成为常态。

以公共服务均等化提升农村全面小康质量。2009年苏州开展城乡发展一体试点之初，就非常注意加快将公共服务体系向农村延伸，财力、物力向基层倾斜，人才、技术向基层扩散，使基本公共服务均等惠及城乡居民。2012年在全国率先实现了城乡养老保险、医疗保险和低保三大保障全面并轨，其中医疗保险待遇达到国际先进水平。2016年，苏州市医保人数900万，覆盖率达到99%以上。在就业问题上，"全面推进"就业规划城乡同步，就业政策城乡普惠，就业管理城乡平等，就业服务城乡均等的一体化实践。在城乡建设上，抓住农村环境欠账较多精心规划加快补短板，近两年，以建设美丽镇府为抓手，建成首批16个示范镇，累计建成美丽村庄示范点100个，三星级康居乡村690个，3 112个村庄完成生活污水治理，农村环境面貌质量得到很大改善和提升。

4. 国内各地区各具特色的统筹城乡发展路径

1）以解决"三农"推动统筹城乡的新乡之路

（1）强化农业基础地位，推动农业现代化。新乡是传统的农业产区，是国家重要的商品粮基地，在统筹城乡发展中，明确提出走不以牺牲农业和环境为代价的新型工业化、新型城镇化路子，抓紧粮食生产不放松，抓住耕地保护不"越线"。几十年来，耕地面积、粮食播种面积不但没有减少，反而有所增加。各级政府不断加大对农业的投入力度，以建设国家粮食生产核心区为载体，坚持加强农田水利基本建设，提高农业物质技术装备水平，创新农业科技体系，增强农业综合生产能力。粮食产量和商品粮数量持续增长。在长期稳定家庭承包经营的基础上，新乡引导农民联合起来，发展合作经济推进产业化经营，全市农村涌现出不同类型的合作社，这些合作社都以农户作为独立的经营主体，开展产前、产中、产后的系列化服务，社员收入比一般农户至少高25%。

（2）在农业稳增长基础上，着力发展农村工业、商业和服务业。新乡依托中心城市、县城、集镇和其他有工业基础的地方，有计划地建设工业产业集聚区。集聚区建设以经济联系为主，打破城乡和区域界限，区内水、电、路等基础设施和通信、金融等公共服务都按城乡一体化建设，成为优势产业和各种生产要素集聚的平台。每个产业集聚区将周边乡村作为辐射区域，以当地富有市场竞争力的主导产品和骨干企业为龙头，有重点的发展乡村工商业和服务业，实现专业化生产和社会化协作，并有配套的原料基地和销售网络，相应的信息网络、研发机构以其灵敏的市场反应能力和资金、技术等生产要素聚集的强大效应，在市场竞争中发挥着较大的优势，成为统筹城乡发展的新动力。

（3）推进城乡基础设施、公共服务、社会保障事业，努力缩小城乡差距。新乡把构筑统筹城乡的体系为实施城乡一体发展的重要任务，较早地实现了"城乡规划一张图、建设一盘棋、管理一张网"的格局。着力构筑城乡一体的基础设施体系，加强以水、电、路、气为重点的农村基础设施建设，在完善干线公路网的基础上，重点建好农村公路、农网改造和农田水利建设。着力构筑城乡一体的社会事业统筹体系，推进城乡教育均衡发展，全面落实"两免一补"政策，完善农村义务教育财政投入保障机制；健全农村公共卫生服务体系，逐步形成了以市（县）中心医院为龙头、乡镇卫生院为枢纽、中心村卫生室为基础的农村公共卫生服务网络。着力构筑城乡一体的社会保障体系，建立并完善以养老保险、医疗保险、最低生活保障和社会救助为主要内容的农村社会保障制度，并同时考虑与城市社会保障体系逐渐接轨；率先实行养老保险市级统筹，率先建立农村最低生活保障制度，率先建立农村特困户救助制度，率先实现新型农村合作医疗全覆盖。

（4）统筹推进城乡居民住宅和居住环境建设，改善农村居民居住条件。新乡把农民建新房和新农村建设相结合，把农民住宅建设与基础设施、公共服务设施建设相结合；选择二、三产业较发达、交通比较方便、居住人口比较多的行政村，有计划地建设空间布局合理、基础设施和公共服务设施齐全、社区服务和管理体系完善的新型农村社区。在社区内统一规划、统一设计，由农民自建具有较高标准、统一供水、供热、供气的楼房。实践证明，建设新型农村住宅社区，不仅有利于促进新农村建设，推进农村城市化进程，而且有利于节约土地资源，明显地改善了农村居民的居住条件。

2）融合共享推动统筹城乡的莱芜道路

莱芜市是一座以钢铁产业闻名的中等城市，全市土地总面积2 246平方千米，人口130多万人，是山东省钢铁生产和深加工基地、能源基地、国家新材料产业基地、现代农业综合示范基地。自2003年以来，莱芜市积极探索统筹城乡发展改革试点工作，把统筹城乡发展作为转变经济发展方式的重要突破口，初步构建了城乡体制基本接轨、产业相互融合、社会协调发展、差距明显缩小的发展新格局，形成了具有莱芜特点和示范带动效应的共享型融合发展模式。

（1）大力推进"六个一体化"。一是实现规划的一体化，按照经济区域化、产业集群化、资源配置市场化、城乡产业融合化思路，对莱芜全域实行统一规划，并注意规划间的衔接，发挥规划的引领作用。二是实行城乡产业一体化发展，优化产业布局，城乡统一集中建设三大主体产业板块。三是实行城乡基础设施一体化建设，推动城市的现有供水、供电、供气、通信等基础设施向农村延伸，完善农村公用基础设施配套建设，进一步缩小城乡基础设施差距。四是实行城乡公共服务一体化建设，推进城市公共服务资源向农村配置、公共服务向农村覆盖、城市文明向农村传播，解决农村公共服务资源短缺问题，优化城乡公共资源配置。五是实行城乡社会事业一体化，破除城乡壁垒，建立健全城乡一体的养老、医疗、住房、救助等十大民生保障体系，实现社会保障城乡居民全覆盖。六是实行城乡社会管理服务一体化，整合城乡社会管理资源，推动社会管理重心下移，将社会管理延伸到农村社区和重点村，着力打造农村社区化管理服务平台，为农村居民提供全方位社会服务。

（2）积极实施"三个集中"。以推进农业向规模经营集中、工业向园区集中、人口向新城镇新社区集中为抓手推进统筹城乡。一是出台鼓励土地承包经营权流转的政策，建立健全各级各类土地承包经营权流转服务机构，积极探索土地承包经营权流转形式，推动农业向规模化经营转变；出台"双奖"制度，由市财政对组织流转耕地的村集体、受让耕地的大户和企业，分别给予每亩一定额度的货币奖励。按照依法、自愿有偿原则，积极推动"企业、村级组织、农户"的土地租赁合作模式，"企业、合作社、农户"的带地入社模式、企业带动下的"农户与农户"间转包经营等多样化土地流转模式，稳步推进土地承包经营权流转，以促进农业向规模经营集中。二是遵循"项目集中、发展集约、产业集群、污染可控、环境治理"原则，高起点规划建设各类工业园区，出台一系列鼓励工业企业向园区集中的政策；为了有效解决工业布局分散，特别是针对部分地处偏远山区、水源保护区或生态脆弱地区的乡镇不适合发展工业的客观现实，出台一系列项目管理和利益分配政策，引导和鼓励这些乡镇突破行政区域界限，将引资项目异地安置在园区，以促进工业向园区集中。三是取消按城乡分割的户籍登记管理制度，建立统一的居民登记制度，积极探索根据居民有无承包地及其多少动态调整最低生活保障、抚恤优待、退伍军人安置等政策标准，逐步消除附加在户籍制度上的养老、医疗、计划生育等各种城乡差别；积极推进新城镇、新社区建设和"城中村"改造，完善用地和拆迁补偿、就业安置等政策，以促进人口向新城镇新社区集中。

（3）深化"两股两建"改革。"两股两建"改革是指土地承包经营权股权化、农村集体资产股份化和建立新型农村合作经济组织、建立城乡建设用地流转制度的改革。为促进农业规模化生产和加强现代农业建设，在坚持耕地集体所有，家庭承包经营和耕地用途不变的前提下，莱芜市选择农业产业化基础较好、能实行企业化管理或有外来企业投资开发的村，进行土地承包经营权化改革。第一步是对农村土地承包关系确权登记，并发放《中华人民共和国农村土地承包经营权证》；第二步是把农民土地承包经营权量化为股权，通过土地承包经营权股权化改革，不仅实现了土地承包经营权的价值量化，而且为农民以股权形式流转承包土地的经营权，获取承包土地的资本化收益提供了合法、合理标准，推动了土地承包经营权流转，维护了土地承包经营农户利益。对集体资产或经营性资产进行股份制改造，一是将集体资产划分为集体股和个人股，规定集体股不能超过总股份的 30％。集体股收益主要用于养老、托幼、优抚、抚恤等公益事业发展。二是按集体经济组织成员人数、个人"农龄"等因素将个人股分为人口股和"农龄股"，前者体现公平，人人都有，后者按对集体资产贡献大小来分配，体现贡献。然后按各人应得份额将股份分配到人，实行股随人走。股份化后集体股和个人股可以股份形式参股企业，也可以参股农村新型合作经济组织，股权可抵押、继承、出售、转让，但不得退股提现。集体资产股份化后，有利于资产所有者对资产使用进行监督，有利于集体资产保值增值，有利于维护集体资产所有者利益。结合土地承包经营权股权化改革，莱芜市出台各种激励政策，鼓励新型农业经营主体发展，促进农业生产经营方式转变，提高农民组织化程度和农业产业化水平；鼓励集体建设用地流转，建立城乡建设用地统筹安排、农村建设用地指标有偿使用机制，解决城市建设用地不足与农村集体建设用地存在不合理使用的矛盾。同时，积极探索农村土地承包经营权质押贷款、集体土地房屋抵押贷款、集体林权抵押贷款等多项农村产权贷款融资办法。

（4）着力推动"五个融合"。加强和推动多层次的城乡融合，构建新型城乡工农关系是统筹城乡发展的需要，莱芜着力以推动"五个融合"来构建新型城乡关系。一是推进产业融合，重点是产业布局的科学性，打造城乡产业融合聚集区，加大产业组织创新力度，鼓励不同所有制形式企业之间的重组和股份制改造，实现城乡产业深度融合；推动农业规模化、产业化和标准化建设，提高农业生产竞争力，逐步实现农村一、二、三产业的链接。二是加强市场融合，建立城乡统一的劳动力市场，对城乡劳动力就业和技能培训实行统一管理与服务，为城乡劳动力提供统一社会保障；建立城乡统一要素市场，以"两股两建"改革为突破口，推动集体建设用地有序流转，提高集体资产流动性；构建一体化的城乡商品市场体系满足城乡居民不断增长的消费需求。三是实现居民融合，取消按城乡居民身份分类登记和管理制度，实行城乡居民身份一元化登记和管理；通过城镇化推动城乡居民住房保障融合，消除因身份差别产生的各种不平等待遇。四是促进社会融合，积极推动社会保障体系一体化，建立健全农村社会保障体系，不断提高保障水平，推动社会保障标准的城乡接轨，推动城乡社会服务融合，建立一体化服务组织，实现一站式服务。五是实施生态融合，加强生态建设投入，重点推进节能减排建设，鼓励发展循环经济，对城乡污染进行综合治理；加强城乡饮水安全建设，大力推动环境整治，建设美丽乡村。五个融合破除了城乡分割的发展，实现了城乡资源、发展机会、公共服务和发展成果"四大共享"。莱芜模式的本质就是以"五个融合、四大共享"为特点的共享融合发展，城乡融合是共享的基础和前提，从城乡分享走向城乡共享，实际上是城乡、工农利益关系的调整与优化。莱芜的成功之处就是正确处理好了城乡工农关系。

3）特色村级经济发展农业的模式

统筹城乡的难点在农村，而村是农村最基层的单位，把村做壮大，就奠定了统筹城乡的基础。进入21世纪，我国各地尝试探索、大胆创新，创造出了异彩纷呈、各具特色的建村兴村的成功模式。

（1）资源开发型。其特点是依托特有的各类资源发展农村经济，开发与资源相适宜的产业，加强资源开发的基础设施建设，带动自然资源的集约开发，搞好配套服务，壮大集体经济实力，带动群众致富奔小康。山东大庄子村依托黄金资源优势，大力发展黄金产业，壮大集体经济，成为该市致富第一村。我国自古以来就有"靠山吃山，靠水吃水"的说法，如何实现借自然资源从低级的谋生向高级的产业链条跃升是资源开发的重要课题。河南省军寨村地处中原油田工厂腹地，由于油田开发建设，人均耕地不足半亩，群众收入低，经济发展慢。在村民委员会的带领下，村民们逐步形成了"围绕油区搞服务，依地生财搞联营，发展个体搞积累，集体企业上水平"的经济发展思路，创新了创业生涯。联营既推动了油田建设，又富裕了农民，全村从 2002 年就开始大规模投资建房，形成农村新居，随后又投资基础设施建设，先后建了科技知识培训基地、村图书室、文化大院、敬老院、群众健身文化广场等场所。成为远近闻名的美丽、和谐、富裕、文明的社会主义新农村样本。

（2）村企合一型。优先发展乡村工业，促进农村经济，形成工业对农业的拉动力，这种模式一般在经济发达地区出现，表现为城市工业文明辐射下所形成的强大村级工业经济实力，使村落经济社会加快向现代工业社会转型，如江阴华西村、常熟康博村、常州新华村、乐清上园村等，这些村都先后获得了"全国十佳小康村"称号。村部挂着三块牌子，即"两委"和集团公司的牌子。这些集团公司下辖多个分公司，经济实力强大。公司是村级集体经济的支柱，是村民增收的主要来源，也是劳动力就业的主要渠道。村民以个人股分红、享受福利等多种形式与企业结成利益共同体，绝大多数村民都在集团就业，按岗位和职务领取报酬，农村工业化与农村城镇化融为一体。工业化水平的提升势必要求相匹配的基础设施建设和宜人居住环境等载体，工业化是促进农业产业结构调整，加快农业现代化进程的推进器，也是推进农村城镇化的支撑点。别墅群曾是华西村的标志，迄今为止，华西村部分区域已建造了第六代别墅。但是随着土地资源的日益紧张，农民们从 2005 年就开始陆续自觉地停止别墅住宅建设，改建多层公寓住宅和高层塔楼。作者之一的杨庆育 2017 年初到华西村调研，看到近年划入的十几个村已经改变住宅的格局，从有利于土地的节约集约角度自觉放弃了别墅型的建设。

（3）环境整治型。一是结合旧村改造类型。以原有村庄为依托，在规划的引领下，按照新农村建设"分步实施，科学引导，先易后难，逐步提高"二十字方针，最终实现目标。我国幅员辽阔，城乡区域发展不平衡，农村面积大，各具特色，绝大多数农民仍然处于满足温饱的水平；多数乡村集体经济匮乏，部分乡村还背有债务。面对这些情况，一些省市积极探索出了旧村改造模式，比较典型的有江西赣州模式。赣州市把新农村建设的主要内容概括为"五新一好"，即"建设新村镇、发展新产业、培训新农民、组建新组织、塑造新风貌、创建好班子"。本着政府主导和农民主体的原则，不急躁冒进，不强迫命令，先从看得见摸得着的"三清三改"（清垃圾、清污泥、清路障，改水、改厕、改路）入手，成立新农村建设理事会，派出指导组到乡村为村庄和农户搞规划，然后选定示范点以典型引路，使农民由最初的不理解到等待观望再到积极参与。

二是拆旧建新类型。这是避开旧居，新规划、新开发建设集住宅、商业、办公、教育、卫生、休闲于一体的新农村，主要发生在经济实力强、人口较少的工贸型农村。例如，21 世纪初，张家港周巷村结合村民动迁，超前规划了周巷社区，几百户农民住上别墅；小区还同时规划投资建设了高标准的配套设施，整个社区占地面积 10 000 多平方米，集老年活动中心、社区卫生服务区、社区救助中心、党员活动室等于一体；新区鲜花与碧绿的乔木绿地相映成趣，农民别墅掩映其间，构成了一道美丽的风景线。

三是城中村改造类型。城市化进程使城区范围不断扩大，原有城区周边的村庄，在区域位置上逐渐形成城区中的"城市村庄"，这对城市化带来很大的负面影响，脏、乱、差和对土地资源的粗放利用问题十分突出；在对"城中村"改造中，涌现了不少好的典型，如瑞安牛伏岭村是典型的"城中村"，原来布局混乱，道路狭窄，民房破旧低矮，配套设施不齐，为改变这种面貌，瑞安市决定实施统一规划、统一建设的改造。在 21 世纪前 5 年改造完毕，每户村民拥有 3 套住房，改造资金基本上由村民自筹，政府提供优惠政策，减免了土地征用、规划设计等 11 项规费，村里统一按规划建设后，按成本价卖给村民，村民可按市场价出售或出租，经济效益十分可观，不仅改造了"城中村"，还使村民有了积累，走上小康之路。

四是生态庄园类型。生态庄园是发挥特有的生态优势，开发利用生态资源，发展农庄和个体庄园，建设人与自然和谐的新农村。这种类型把发展农村经济与生态环境治理和保护、资源培育和高效利用融为一体，促进了农村经济持续健康发展，提高了农民生活质量。北流罗政村有计划地建设农业生态示范园，组织农民连片种植优质龙眼果林，全村家家户户办果园；村以沼气池建设为纽带，进行了新村建设，重点对住宅、厨房、厕所、猪栏、用水乃至庭院、道路等生活环境进行综合治理改造，从根本上改变了脏、乱、差现象，成片的庭院建在果园中，形成了优美的生态环境，获得了"著名绿色氧吧"的称号，使生态友好、环境优美的生活成为农家人的现实。

五是文化旅游类型。对名胜古迹、传统文化、名人名作、历史故事、奇闻轶事、民俗民情、民间艺术等历史积淀进行挖掘、开发、整合、包装，形成一种独特的具有特殊价值的资源，从而发展旅游业和相关产业来带动经济发展。

六是文明社区类型。我国农村经济的发展，也同时使集体经济实力得到增强，农村居民对居住环境、配套设施、文化娱乐、医疗卫生、管理服务等方面产生了多样化的要求，为了适应这些需求，部分农村实行了村改社区。例如，深圳南岭村位于深圳市中部，面积为 4.12 平方千米，曾经是个十分贫穷的小山村，生产靠贷款，生活靠救济。改革开放以后，该村将土地收归为集体管理，全村人由村民委员会安排工作，年底统一分红。在大力引进外资兴办工业的同时，发展商业和旅游业，逐渐使该村具备了学校、医院、图书馆、影剧院、公园、度假村、博物馆、农贸市场、酒店、超市、银行等一系列生活文化娱乐设施。社区还实行了工资制，年老的居民享受退休金，居民享受公费医疗，学生和儿童公费入学、入园，居民住上别墅式楼房，成为典型的社会主义新型社区。

七是农业产业化类型。农业产业化是我国农民创造的一种新型经营形式，其经营体制采取"公司加基地加农户"的形式，实现了小生产与大市场的有效对接，构建了"风险共担、利益均沾"的共同体。例如，有"中国柳编之乡"称号的河南三河尖乡结合当地农民加工柳编的传统习惯，在沿淮滩涂洼地，大力发展杞柳种植，培育扶持柳制品公司，催生了一批产业集团，集聚了一大批加工公司，同时还带动周边十多个乡镇10万农户种植柳条，形成国内最大的柳制品基地，产品出口到美国、西欧、澳大利亚等近百个国家和地区。农业产业化的特点是立足本地农业，发展具有特色优势的农副业，建立配套的加工销售渠道，使农工商一体化发展，其组织形式多种多样，并不断演进变化更新。龙头企业是产业化的"引擎"，通过消化农产品原料，开拓农产品市场销路，发挥了市场拉动作用；通过深加工，促进农产品加工增值，增加了农民收入；通过兴办各类加工项目，创造了众多的就业机会；靠知名品牌拉动，促进了农产品进入国内外市场。

八是第三产业主导类型。按照"依托城市、服务城市、致富农民"的发展思路，充分利用城郊乡镇的区位优势、资源优势和产业优势，积极围绕休闲、生态、观光和旅游产业，以及名优农产品发展第三产业，增加农民收入。例如，南昌进顺村，地处南昌市中心地带，发展第三产业有着得天独厚的优势，早在20世纪末就组建了全国唯一的旅游企业集团，先后兴建了一系列中高档宾馆，开办了多个购物广场，形成了餐饮、住宿、娱乐、商品超市等多元化经济发展格局。同时还投资兴建了与第三产业紧密相关的工业园。第三产业主导也是城市服务，在较为发达城市经济的带动和辐射下，处在都市化地区周边的村落，利用田园景观、自然生态及环境资源，结合农业生产、经营、农村文化及农家生活，为人们提供旅游观光休闲服务场所，从而构成了都市农业。都市农业的兴起体现了城乡互动、协调发展的统筹理念。

上述八种模式是近年来我国各地新农村建设活动中人民群众创造的先进典型，类似的模式还有很多，如产业支撑型、城乡互动型、民族风情型、灾后重建型、中心村扩张型、仿古重建型、市场带动型、劳务兴村型等。

▶专栏 3-2

市民农庄：城乡一体化改革的新模式

城乡发展一体化是新型城镇化建设的重要内容，是解决"三农"问题的根本途径。遵照党中央、国务院的要求，国家开发银行金融公司根据多年来参与新型城镇化建设的实践体会，提出以市民农庄为抓手的城乡一体化发展新思路值得关注。

1. 市民农庄模式的基本内涵

以市民农庄为抓手的城乡一体化建设模式，具有以下十大特征：

（1）坚持原则。农村集体土地所有权制度不变、农民身份不变、保护基本农田、三权分置、放活土地经营权。

（2）搭建平台。将城市开发中"大公司、大平台"的基本模式和基本原理，复制到乡村建设中。农民、村集体以自身的土地权益出资，与国开金融和社会资本合作，搭建融合农民利益的市场化开发平台，负责村域的统一规划、统一建设和统一运营。农民作为优先股东，获得超过现有平均收入水平的固定分红，不承担村开发的风险责任。

（3）统筹规划。乡村开发平台会同地方政府，根据山川地形和产业定位，对村域土地进行重新科学规划和功能布局。

（4）安置农民。乡村开发平台出资建设集中的农民社区（或集镇），农民免费入住，把农民从分散落后的自然村落中解放出来，享受城镇化的市政基础设施和生活服务功能。

（5）基础配套。乡村开发平台出资建设统一的村基础设施，包括农田整治、乡村道路、水电气讯、环境打造等传统建设内容，也包括绿色乡村、新能源和节能技术运用、废物处理、智慧乡村、海绵乡村等新兴内容，体现绿色发展目标。

（6）建设农庄。乡村开发平台建设各具特色的农庄，通过长期租赁，吸引企业和市民下乡办公、生活和创业。

（7）发展产业。乡村开发平台整合优质资源，统筹谋划实施农村一、二、三产业融合发展，重点是生态农业、乡村旅游、乡村养生等新产业功能。

（8）政府减负。对于市场条件和收益前景比较好的市民农庄项目，完全由乡村开发平台出资建设，纯市场化运作，政府不出资。对于投资成本高、回收有压力的项目。地方政府可以通过分担基础投入，整合涉农资金、优化项目规划条件、新增建设用地指标等方式，给予支持补贴。

（9）文化传承。国开金融将整合国内领先的乡土文化机构，搭建服务于全国市民农庄项目的乡土文化运营平台，对于将进行改造开放的村庄，提前开展文化调查，在乡村重建中保留乡土文化元素，传承弘扬乡土文化。

（10）实现目标。市民农庄模式将带来"三农"的颠覆性变革，实现农民富裕、农业发展、农村面貌整体改善的战略目标。特别是农民的资产被激活，财产性收入成倍增加，农民是最大的受益者：一是改善了居住条件；二是作为股东，拥有乡村开发平台的股权分红；三是作为产业工人，拥有为乡村产业提供服务的工资收入。在乡村统筹开发模式中，市民农庄只是一个有限的组成部分，却成为整个模式的抓手和核心：一是市民农庄可以得到市民的欢迎，使市民上山下乡、融入乡村，以城乡人员一体化流动带动各种要素向乡村汇聚，特别是通过市民大规模的投资消费，有效带动乡村发展；二是市民农庄具有较高的市场价值，通过市场运营能够有效回流资金，支撑乡村高品质开发建设的大额成本，这是整个商业模式得以建立的关键环节。市民农庄模式的本质就是，在坚持农村集体土地所有权制度不动摇和充分保障农民利益的前提下，顺应市民阶层对田园生活的向往，建立以市民农庄为抓手、以"大企业融合村民企业"为平台、以"顶层设计、系统规划、统筹实施"为方法的城乡一体化发展模式，通过鼓励市民下乡、投资消费，为乡村建设的巨额资金投入"买单"，最终形成"上合中央政策、下契民众利益"的可复制推广的商业模式，统筹解决农民富裕、农业发展、农村面貌改善的"三农"问题。

2. 市民农庄模式的长期战略价值

市民农庄模式的成功实施需要依托市民阶层的消费力和带动力，大中城市市民阶层的辐射能力更强，试点成功把握性更大。所以，要实施"先在大中城市的周边农村试点，然后再逐步向偏远的农村复制"的推进策略。市民农庄模式如果谋划实施得当，完全有可能在较短时间内，使我国大城市周边的乡村接近甚至达到发达国家的乡村发展水平，并进一步带动全国乡村面貌的改善提升。初步测算，按照市民普遍能够接受的一小时交通圈计算，理论上每个大中城市周边可实施市民农庄模式的面积约3万平方千米，全国累计将超过100万平方千米。从国开金融谋划中的几个试点项目来看，每平方千米的乡村建设的投资强度不低于1.5亿元，含农民安置、基础设施、市民农庄、相关的旅游休闲等产业投入，理论投资总量将超过150万亿元。这将成为拉动经济增长的持续动力。

3. 市民农庄模式的试点进展

国开金融自2015年下半年酝酿提出市民农庄模式以来，得到国家发改委的大力支持，并纳入《2016年推进新型城镇化重点任务方案》，同意国开金融"推动社会资本率先投向城市郊区建设，结合新型城镇化综合试点，探索城市资本盘活农村闲置资源的方式方法，探索市民农庄等新型模式，充分挖掘城市郊区发展潜力"。在良好政策的支持下，国开金融加快推进市民农庄模式的市场宣传和项目落地，并得到相关地方政府、合作机构的热烈欢迎和积极响应。特别是一大批有乡土情怀和社会责任、代表国内乡村建设最高水平的开发企业，已经汇聚起来，愿意和国开金融合作参与市民农庄模式项目的开发建设。目前储备的项目已经覆盖北京、天津等9个省市，涉及20多个大片区的城乡一体化开发建设，自2016年陆续启动实施。

二、中国统筹城乡综合配套改革的基本情况及评价

（一）统筹城乡综合配套改革的背景

改革开放是改变中国命运的重大战略抉择，是中国特色社会主义制度的崭新探索、自我发展的伟大革命。迈入21世纪，设立国家综合改革试验区，开展改革试点工作，是党中央、国务院面对完善社会主义市场经济体制目标和改革攻坚任务，做出的一项重大战略部署。2005年以来，国务院已经相继批准在上海浦东新区、天津滨海新区、重庆市、成都市、武汉城市圈、长株潭城市群、深圳市、沈阳经济区、山西省、浙江省义乌市和厦门市等地，组织实施开发开放、统筹城乡、"两型"社会建设、新型工业化、资源型经济转型等多种类型的国家级综合配套改革试点，初步形成了多主题试验、东中西部互动、中央和地方共同推进的改革试点工作新局面，有力地促进了国家关于东部开放、西部开发、中部崛起和东北振兴等区域发展战略的实施。四大区域的改革实验均各有重点，其中，西部地区围绕统筹城乡发展推进改革，加快形成城乡经济社会一体化发展新格局，可谓是中国当今难度最大但又必须解决的一个重大问题。

1. 设立重庆综合配套改革试验区

重庆是我国内陆唯一的直辖市，大城市、大农村、大山区、大库区并存，城乡、区域差异极大是最基本的市情。8.24万平方千米的幅员，农村面积占95%，山地面积占75%，现有人口3 370万人，2006年农村户籍人口占73.6%。突出的城乡二元结构，成为制约其经济社会发展的最大瓶颈，犹如中国的缩影。重庆市开展统筹城乡综合配套改革试验，具有全局影响和示范意义。

直辖以来，重庆市委、市政府一直思考、研究如何破解城乡二元结构。2006年下半年，即直辖十周年前夕，市委、市政府敏锐地意识到，重庆正值改革发展的重要关头，必须未雨绸缪谋划新阶段新发展；8月在全市开展"发挥直辖效应、推动科学发展"系列研讨活动，全面总结直辖十年发展历程，重新审视自身发展，探索符合特殊市情的科学发展新路子。各种观点竞相辩论，通过观念碰撞形成思想火花，逐步在思辨中厘清了思路、统一了认识。在贯彻科学发展观、构建和谐社会、建设全面小康社会的过程中，必须把统筹城乡发展作为战略突破口，作为深化改革的主攻方向。同时，作为中西部唯一的直辖市，有必要、有责任、也有条件以统筹城乡为核心，率先进行综合改革试验，将直辖十年统筹城乡的理论研究和实践探索深化提升，着力突破体制机制障碍，为全国探索新路。这次活动看似务虚，实则为新一轮发展大幕的开启提供了必不可少的理论准备。随后，市委、市政府组织机关、高校进行相关研究，同时邀请中央财经领导小组办公室、国务院研究室、国家发改委宏观研究院等参加讨论，汇集各方智慧，形成重庆市开展

统筹城乡改革发展试验的基本思路。以科学发展观为统领，以统筹发展为主线，以解决库区和"三农"问题为重点，以"一小时经济圈"为平台，以体制创新和扩大开放为动力，努力实现新阶段经济社会更好更快发展，同时特别提出，把推进统筹城乡改革发展作为科学发展的首要战略任务，向中央争取，将重庆市设为国家级统筹城乡改革发展试验区，给予必要的政策扶持，围绕突出矛盾和问题，从全局出发抓好统筹城乡发展，开展统筹城乡改革试验，着力构建城乡一体的管理体制和机制。

2. 设立成都综合配套改革试验区

成都是四川省的省会，长期以来都是西南地区最大的政治中心和商贸中心。全市辖区面积 12 390 平方千米，2007 年的常住人口 1 400 多万，户籍人口城镇化率达到 53%，财政一般预算收入近 300 亿元，约占四川省的三分之一，常住人口约占 18%，人均地区生产总值 30 000 元，非农业人口就业比例达到 74%，是当时西南地区经济水平最高、人均经济水平最高及城市化水平最高的城市。相对于重庆而言，成都进行统筹城乡的条件更加优越，财力条件更加充分。从某种意义上讲，成都 2007 年已经具备大城市带农村的好条件，中央在成都进行统筹城乡综合配套改革实验，无疑与重庆有着不同的含义，成都的成功将给条件较好的省会城市带来普适性的经验；而重庆的成功将给中西部广大地区带来可供借鉴的经验。

21 世纪初，成都已经开始进行城乡一体化的改革探索，利用大城市郊区的优势，成功的建设了城市郊区的"五朵金花"，即在锦江区三圣乡五个村的基础上建立的新型农村社区，这五个村距市区仅 7 千米，占地面积 12 平方千米，村民世世代代以种植花木为生。2004 年初，锦江区以文化润色农业，以景观改造农村，以经营保障农民，以市场托举发展，将花乡资源开发与特色文化旅游景区的建设紧密结合起来，把 5 个村分别建设成为各具特质的农业文化旅游观光区，分别命名为"幸福梅林""东篱菊园""荷塘月色""江家菜地""花乡农居"。"五朵金花"在 2006 年被国家旅游局评定为国家 4A 级风景区，为城乡一体化发展创造了良好的经验。但从全国的角度看，成都依然处于欠发达地区，2007 年人均地区生产总值与发达的东部地区仍有较大的差距；农民纯收入尽管已经超过 5 500 元，但城乡居民收入差仍高达 2.6∶1。从统筹城乡看，解决农业现代化、新农村建设、增加农民收入仍然是成都的"短板"。按照国家实验的要求，成都立足于全域一体化的要求，把实验的重点始终定格在"三农"的问题上。

（二）重庆改革的做法及其新动态

正如习近平总书记 2016 年 1 月在视察重庆时指出的："重庆集大城市、大农村、大山区、大库区于一体，协调发展任务繁重。要促进城乡区域协调发展，促进新型工业化、信息化、城镇化、农业现代化同步发展，在加强薄弱领域中增强发展后劲，着力形成平衡发展结构，不断增强发展整体性。"

1. 改革的三条主线设计

1）推进城乡区域协调发展

重庆的大农村、大库区、大山区和少数民族地区，主要集中在渝东北、渝东南，即"两翼"地区，差距主要表现为"一圈"地区（渝西城区）与"两翼"地区的发展严重失衡，因此，城乡区域协调发展的主要任务，就是解决好"一圈"与"两翼"的协调发展问题。"一圈"未来将会承载更多的人口和经济活动，需要进一步创造条件做大经济总量、做强综合实力，增强大城市带动大农村的能力。"两翼"地区是全市发展的薄弱环节，也是统筹城乡发展的重点扶持地区，客观上需要建立倾斜机制，以保证市级公共财政支出更多地投向区县、投向农村。推动统筹城乡改革，促进"一圈两翼"协调发展。

2）推进劳务经济健康发展

人是生产力和生产关系中最为活跃的因素，统筹城乡改革与发展，必须处理好城乡劳务经济关系，以工业化为契机，以就业为指向，引导城乡劳动力合理流动，促进人口城镇化健康推进。

3）推进土地流转和集约利用

按照全国耕地保护政策及亩耕地红线，重庆市实有耕地数与耕地保护任务基本相当，这意味着重庆的工业化、城镇化建设用地，不能再依赖大量占用耕地的方式，而必须从用地结构调整入手，在建设用地存量上下功夫。重庆市在坚守 3 256 万亩耕地、确保 1 100 万吨粮食的前提下，探索土地管理制度改革创新，统筹城乡土地利用，以农村土地流转促进现代农业发展，建立土地节约集约利用、城乡空间合理布局的体制机制。

2. 改革试验摸索的三大体制机制

1）初步构建起区域协调发展的体制机制

（1）探索了内陆开放新模式。重庆市将建设内陆开放高地，作为支撑统筹城乡改革的重要内容，利用经济全球化带来的国际市场融合、生产要素重组和产业布局转移的机遇，努力形成沿海与内地联动开发开放的新格局。创新了加工贸易模式，搭建了内陆开放平台，构建了国际贸易大通道，打造了结算类金融中心。

（2）深化国有企业改革。推进国有投融资体制改革，不断深化国有企业改制改组，大幅提升国有经济在宏观调控、改善投资环境、引导社会资本等方面的影响力和带动力。为多种所有制经济的发展创造良好的外部条件。以"五大注资"构建国有投资集团。通过国债、规费、土地、存量、税收等五种注入方式，组建了市属国有投融资集团。

（3）加快"两翼"地区发展。按照经济学的"木桶"理论，重庆市统筹城乡改革发展从最不发达的短板着力，多措并举促进"两翼"地区发展；加大公共财政投入。坚持全市财政一般预算重点用于区县及农村，重点投入边远山区和贫困地区，压缩市级支出，每年新增财力主要用于农村。优化分税制财政体制，提高困难区县收入分成比例，少数民族区县所有地方收入全部自留。建立"一圈两翼"对口帮扶制度。

（4）实施资源环境体制改革。坚持以创建国家环境保护模范城市为引领，以三峡库区水环境和主城区空气环境保护为重点，着力推进"碧水、蓝天、白云、宁静、田园"行动。建立严格的节能减排制度，健全节能统计、监测和考核三大体系，不断优化能源弹性消费系数，严格执行污染减排政策；探索发展低碳经济，建立碳排放交易市场，开展碳排放交易试点；理顺资源环境价格形成机制，探索水资源保护，推进水库划界确权。

（5）推进行政管理体制改革。打破城乡二元结构，必须通过行政管理体制改革，克服城市与农村两套制度并行的体制弊端，形成适应特殊市情、促进统筹城乡发展的行政管理体制。深化行政职能改革，实行政府机构大部门制改革，规范推进综合行政执法；实行两轮四次扩权强县改革，强化乡镇社会管理和公共服务职能。开展城乡一体的规划管理改革，制定出台城乡规划条例，将规划管理职能和范围扩大到全市行政辖区，推进城乡规划全覆盖。创新干部民意考核选拔机制，完善市级部门、区县、乡镇领导班子工作评价和领导干部考核民意调查测评机制，加大民主考核力度，扩大群众参与面。

2）初步构建起城乡社会管理一体化的体制机制

（1）统筹解决了农民工问题。以"关心关爱、自尊自强、共建小康、共创辉煌"为主题，于 2007 年在全国率先设立农民工日，针对农民工切身利益，推出政策措施，每年为农民工办一批实事，解决存在的具体问题；按照"低水平、广覆盖"原则，制定出台农民工养老保险和大病医疗保险办法，并逐渐将农民工养老保险与城镇职工养老保险并轨，加大了强制工伤保险的推行力度；启动农民工户籍制度改革。

（2）探索城市住房制度改革。探索建立城市住房由政府保障和市场配置的双轨制模式，2011 年初启动了房产税改革试点，形成了"低端有保障、中端有市场、高端有约束"的住房市场调控机制，建立公共租赁住房制度。

（3）推进了公共服务标准化建设。建立城乡教育一体化发展机制，率先实现教育性财政支出占地区生产总值 4%的目标，率先解决"普九"历史欠债、万名农村代课教师等遗留问题，努力促进教育公平。健全基本医疗卫生服务体系，乡镇卫生院、社区卫生服务中心实现全覆盖，标准化率分别达 80%和 90%；不断提高基本公共卫生服务补助标准，增加免费服务项目，城乡居民健康档案建档率达

85%，实现基本药物制度全覆盖。建立健全文化体育服务体系，区县图书馆、文化馆和体育场馆全面提档升级，乡镇综合文化站、村级公共服务中心实现全覆盖。

（4）加强了收入分配调节。推进城乡社会保障全覆盖。按照"一个平台、多个标准、自愿选择"的模式，实现城乡居民养老保险和合作医疗保险并轨，比全国实际进度提前一年实现农村养老保险金全覆盖。促进城乡充分就业，健全面向全体劳动者的职业培训制度，落实好各项就业再就业政策，并将就业服务延伸到进城农民工。提高在岗人员工资性收入，职工工资增长与劳动生产率、企业利润、高管薪酬"三挂钩"。发展微型企业，以创业带动就业，重庆市首开全国微型企业发展先河，量身定制扶持政策体系，出台《关于大力发展民营经济的意见》，拓宽民间投资领域和范围，切实改善对民营企业、小微企业的服务。

3）初步构建起城乡要素合理流动的体制机制

（1）探索建立清晰的农村产权制度。以"归属清晰、权责明确、利益共享、保护严格、流转规范、监管有力"为目标建立农村产权制度，推进农村土地流转和规模化经营，提高农民专业化和组织化程度。推进实施《关于加快农村土地流转促进规模经营发展的意见》，坚持农民自愿、因地制宜、规范办社、农民为主的原则，引导种养大户、龙头企业等多类主体领办创办农民专业合作社，鼓励农民以承包经营权、土地附着物、技术、资金等多种要素，入股发展农村股份合作社，开展农产品加工与流通等多元化经营，增加农民财产性收入。

（2）推进城市资本下乡。打破区域、行业和所有制界限，允许社会资本和城市工商企业到农村承接、承租土地，单独兴办龙头企业或与农民合办合作经济组织，形成多种所有制、多业兼营、产业互补的龙头企业集群。

（3）创新农村金融服务。量化分离农村集体土地所有权和承包经营权，明确农村土地的所有权和使用权同为财产权，增值收益所有权占15%，使用权占85%。这一创新设计，实现了农民的土地和房屋财产权，使其可自主用于银行质押融资、入股合作社、变现等，为转户进城进行原始积累，在全国具有首创意义。规范推进农村"三权"抵押融资，出台加快推进农村金融服务改革的意见，出台农村"三权"抵押融资实施细则、风险补偿办法等，政府出面建立农村"三权"抵押贷款担保机制和担保体系。建立农村金融风险补偿机制，扩大种植业、养殖业、林业保险业务范围，在全市开展了林木、繁殖母猪、奶牛、柑橘等八个险种的农业保险，各级财政提供70%的补贴。

3. 新常态下的新发展

1）结合重庆的新形势新发展，利用我国独创的主体功能区原理，探索实施了主体功能分区发展战略

为深入贯彻习近平总书记系列重要讲话和2016年视察重庆重要讲话精神，按

照"五位一体"总体布局和"四个全面"战略布局，牢固树立和贯彻落实五大发展理念，坚持以人民为中心的发展思想，坚持积极主动融入国家区域发展和对外开新格局，坚持全市一盘棋，坚持统筹城乡区域发展，坚持产业跟着功能走、人口跟着产业走、建设用地跟着产业和人口走，进一步完善区域功能定位，优化空间布局和资源要素配置，促进基础设施互联互通，加快产业转型升级，加强生态建设和环境保护，推动基本公共服务均等化，进一步促进各功能区域特色发展、差异发展、协调发展、联动发展，深入推动全市一体化科学发展。

结合重庆统筹城乡发展的新要求，提出了新的工作目标。空间布局更加优化。坚持突出规划的引领作用，推动国土空间、产业布局、人口规模和环境容量的协调匹配，形成各功能区域融合联动发展的空间格局。资源配置更加高效。坚持发挥市场在资源配置中的决定性作用和更好发挥政府作用，使全市要素流动更加顺畅，资源利用更加集约，统筹利用国际、国内"两个市场""两种资源"的能力显著提升。发展动能更加强劲。坚持改革、开放、创新并举，统筹城乡、区域和"四化"发展，形成加快发展的混合动力。发展特色更加彰显。坚持彰显首要、突出重点，强化各功能区域核心功能，形成符合各功能区域发展定位、各具特色的产业新体系。生态环境更加优美。坚持生态优先、绿色发展，推动形成绿色生产生活方式，实现全市生态文明建设水平与全面建成小康社会目标相适应。制度体系更加完备。坚持各功能区域特色发展、差异发展、协调发展、联动发展，全市一体化科学发展的制度体系日趋完善。

在坚持既有功能导向不变的前提下，围绕重庆新的战略定位，突出区域特点和优势，强化功能分担，使各区域功能定位更加科学。推动都市功能核心区建设高端要素集聚、辐射作用强大的国际化大都市风貌展示区，强化都市功能核心区作为全市政治经济、历史文化、金融创新和现代服务业中心功能，更加凸显国内重要功能性金融中心的核心载体和重庆历史文化名城、美丽山水城市、现代化国际大都市的展示"窗口"等定位。推动都市功能拓展区建设高端产业集聚、创新开放领先的国家中心城市核心载体，强化都市功能拓展区作为全市开放门户、科教中心、综合枢纽、商贸物流集聚区、战略性新兴产业基地等功能，更加突出西部创新中心、内陆开放高地的核心支撑等定位。推动城市发展新区建设全市重要的新增产业和人口集聚区，强化城市发展新区作为全市新型工业化、新型城镇化主战场的功能，更加突出国家重要现代制造业基地重要支撑的定位。推动渝东北生态涵养发展区建设沿江绿色发展示范区，强化渝东北生态涵养发展区的生态涵养和生态屏障功能，更加突出重点板块建设和特色经济发展。推动渝东南生态保护发展区建设武陵山绿色发展示范区，强化渝东南生态保护发展区的生态保护和生态修复功能，更加突出民族地区扶贫开发和特色生态经济发展。

重庆主体功能分区发展战略是在新形势下统筹城乡发展的升级版，已经在统筹城乡的基础上，按照"五大发展"的新理念对重庆的发展进行了全方位的思考和战略布局，是在更大范围更高层次上的统筹发展，充分体现了重庆市委市政府的深化改革开放和与时俱进的思想，其实施的结果不仅推进了统筹城乡工作的深化，也按照党中央的要求，实现了"五位一体"的科学发展。

2）与时俱进，新常态下强力推动改革向深度发展

为进一步深化统筹城乡综合配套改革，全面贯彻党的十八大精神，深入贯彻习近平总书记系列重要讲话和视察重庆重要讲话精神，牢固树立五大发展理念，深化拓展主体功能分区发展战略，着眼于"把好方向、科学推进、集中攻坚、见到实效"的改革要求，以城乡发展一体化为目标，巩固改革试验成果。重庆市在2016年紧紧围绕农村集体资产管理改革、促进城乡要素合理流动、推进一二三产业融合发展、促进人口合理分布、促进城乡基本公共服务均等化、建立城乡区域生态补偿机制等重点领域，出台了《重庆市进一步深化统筹城乡综合配套改革工作方案》，着力在完善体制机制、形成比较完善的统筹城乡制度体系方面下功夫。提出了六个方面的重点任务。主要包括：

一是加快推进农村集体资产管理改革。探索制定农村集体经济组织成员身份界定指导意见，进一步规范集体经济组织管理，依法维护农村集体经济组织及其成员合法权益，合理界定农村集体经济组织成员身份。推进农村集体资产量化确权改革，定期核查农村集体资金、资产、资源，依法合理确认农村资产产权归属。扩大全市农村集体资产量化确权改革试点范围。建立农村集体经济组织股权台账管理制度，稳妥探索股权管理办法，鼓励集体经济组织成员以资本、技术、土地承包经营权等生产要素折价入股。建立健全改制后资产管理、经营和收益分配等制度，探索改制后的新型农村集体经济组织治理机制，以适当方式进行法人登记，明确集体经济组织市场主体地位。

二是促进城乡要素合理流动。开展农村"两权"抵押贷款试点，在3个区县开展农民住房财产权抵押贷款试点，在10个区县开展农村土地承包经营权抵押贷款试点；进一步完善配套服务机制，推进金融服务创新，稳妥有序开展"两权"抵押贷款业务；促进农村土地"三权"分置改革，制定"三权"分置改革实施方案；创新土地流转方式，鼓励承包农户依法采取转包、出租、互换、转让、入股等方式流转承包地；建立健全区县、乡镇街道和村三级管理和服务体系，建立完善土地流转监测、工商资本租赁农地分级备案和土地流转鉴证等制度。开展农村"四权"自愿有偿退出改革试点，按照"依法自愿、等价有偿、整户退出、用途管制、退用结合"的原则，着力提高城乡要素配置效率，有序推进农业转移人口市民化，加快推进新型城镇化与农业现代化协调发展，在资源条件和工作基础较好的区县开展进城落户农民承包经营权、宅基地使用权、集体收益分配权和林权"四权"自愿有偿退出改革试点。深化农村集体经营性建设用地入市改革，推进

农村集体经营性建设用地入市改革，全面试点就地入市、集中区入市、城中村入市三种途径，开展出让、租赁、作价出资（入股）三种方式的探索；完善农村集体经营性建设用地产权制度，赋予其出让、租赁、入股权能，明确入市范围和途径，建立健全市场交易规则和服务监管制度。完善地票制度功能，完善地票使用及交易机制，推行"持票准用"、差异化使用地票等制度，做好地票使用监管。完善复垦管理工作机制，引导和组织建设用地有序复垦。

三是推进一、二、三产业融合发展。加快构建新型农业经营体系，完善财税、信贷保险、用地用电、项目支持等政策，构建培育新型农业经营主体的政策体系；培育壮大新型农业经营主体，巩固家庭经营的基础地位，大力扶持发展专业大户、家庭农场（林场）、农民合作社、龙头企业、农业社会化服务组织；开展农产品目标价格保险试点，健全风险保障体系；发展多类型产业融合方式，大力调整农业结构，推动粮经饲统筹、农林牧渔结合、产加销旅一体发展。支持各类新型经营主体发展特色农产品产地加工，引导农户开展产地初加工服务业，促进农产品初加工、精深加工及综合利用加工协调发展；大力发展农产品冷链物流，加快推进主城冷链集散中心、区县冷链集配节点、产地冷冻库及集配基地、田头市场建设。着力发展第三方物流；推进农业与旅游、教育、文化、健康养老等产业深度融合；鼓励有条件的地方通过盘活农村闲置房屋、集体建设用地、"四荒地"、可用林场和水面等发展休闲农业与乡村旅游；推动信息化与农业深度融合，大力发展农产品电子商务，推广各具特色的电商模式；培育壮大产业融合主体，鼓励工商资本参与农村产业融合发展。

四是促进人口合理分布。创新人口管理制度，实施城乡统一户口登记制度，逐步取消与户口性质挂钩的政策标准设置；推动城镇基本公共服务向常住人口全覆盖，建立完善人口信息管理制度，加快建设自然人信息数据库，分类完善劳动就业、教育、收入、社保、房产、信用、卫生计生、税务、婚姻等信息。促进人口有序转移，推动有能力在城镇稳定就业和生活的农业转移人口及其他常住人口落户城镇；实施差别化落户政策，引导进城农民在不同层级不同功能的城镇有序落户，遵循人口流动规律、尊重转移人口意愿，以市场为导向，以就业为前提，按主体功能分区域实现人口合理分布。

五是促进城乡基本公共服务均等化。构建促进基本公共服务均等化的机制，创新公共服务供给方式，引入市场机制，扩大政府购买服务规模，实现供给主体和方式多元化。推动城乡教育公共服务供给改革，探索城乡一体、区域协调的教育公共服务供给体制机制，推动教育资源向贫困区县、民族地区倾斜，均衡教育资源。完善统筹城乡社保制度体系，推进各类社会保险的全市统筹，扩大参保覆盖面，逐步提高社会保障能力和水平；推进全民参保登记，健全覆盖城乡的就业培训体系。缩小城乡居民就医差异，完善城乡居民医疗保险、大病保险、补充商业保险、医疗救助相衔接的医疗保障制度，推进公立医院和基层医疗卫生机构综合改革，建设好综合性、专科性医院，特别要加强社区卫生站、乡镇卫生院标准化建设，提高城镇医疗保障能力。

六是建立城乡区域生态补偿机制。完善重点生态区域补偿机制，推动重点生态功能区域生态保护补偿资金分配与生态红线保护、生态效益营造相结合；完善转移支付政策，建立以优化结构为导向、以因素分配为依据的分配体系，提高两大生态区一般性转移支付规模和比重，将一般性转移支付占转移支付总量的比例提高到60%以上。健全配套制度体系，构建覆盖环境质量、"三高"企业、风险源等环境监管对象，以及敏感点的全要素生态监控体系，培育价值评估机构；开展生态环境损害补偿制度改革试点，采取资金补助、对口协作、产业转移及运用碳排放权交易、排污权交易、水权交易等补偿方式，探索市场化补偿模式。

4. 推进改革的思考

重庆市按照中央统一部署，结合实际开展了统筹城乡综合配套改革试验，大胆探索、不断创新，努力破解城乡二元结构，不仅有力推动了全市经济社会又好又快发展，而且为我国加快解决"三农"问题进行了有益、有效的探索。

1）遵循市场经济规律，建立城乡要素平等交换关系

我国城乡二元结构难以破解，关键在于城乡要素交换关系不平等，而制度公平、规则统一、主体平等、交易自由则是市场经济的基本要求，因此统筹城乡改革发展，最核心的就是要着力探索建立城乡平等的要素交换关系。重庆所推行的一系列改革，其实质也在于此。从土地要素流动看，重庆的地票交易制度，建立了宅基地为主的农村集体建设用地的市场交易机制，实现了宅基地等农村集体建设用地用益物权的显性化和级差地租的最大化，为统一城乡建设用地市场、增加农民资产性收入、增强农村自我发展能力探索了新路。

2）按照城乡一体化发展要求，建立新的经济社会管理体制

统筹城乡需要得到制度的保障，重庆结合实际情况全面推进多方面的制度创新。实行一体化的城乡基础设施管理制度，彻底打破由来已久的城乡分割基础设施规划及其管理制度，在全市城乡总体规划的指引下，全面建立形成城乡统一的基础设施管理制度；实行一体化的就业管理制度，转户农民工纳入城镇就业服务体系，分类开展就业培训，予以创业扶持；实行一体化的社会保障制度，严格按城镇职工标准，由用工单位依法足额为转户农民工缴纳社会保险费用；实行一体化的住房支持和保障制度，转户居民购买普通商品房同等享受相关税费减免或纳入公租房保障；实行一体化的公共服务管理制度，对农村和边远区县以及落后贫困地区，着力推进基本公共服务体系标准化建设，为实现均等化打下坚实基础。

3）把民生优先、民心导向作为改革发展的出点和落脚点

重庆把中央让全体人民共享改革发展成果的要求，贯彻到各项改革试验中，农民工户籍制度改革的实质，就是让广大农民工与城市居民一样享受均等同质的基本公共服务。地票制度的创设，激活了农村的"沉睡资产"，实质性地增加了农民收入。公租房建设及其制度创新，改善了城市"夹心层"人群的居住条件。扶持微型企业发展，从根本上促进了就业。在推进改革过程中，充分尊重群众意愿，把选择权、决定权交给公民，如户籍转不转，何时转，转户后是否退地，什么时候退等重大问题，都由农民自己决定。正是尊重群众意愿的改革才赢得了群众的拥护和支持，形成了推动改革和加快发展的持久动力。

4）坚定不移地扩大开放，是深化改革永不枯竭的动力

我国内陆地区对外开放水平明显低于沿海地区，国务院3号文件要求重庆"大力提高开放水平，发展内陆开放型经济"。改革试验以来，重庆充分发挥扼守长江"黄金水道"上游和位居中西部核心地带的区位优势，抓住经济全球化和国际金融危机背景下市场融合、要素重组、结构调整、产业升级带来的特殊机遇，成功打造了笔记本电脑产业集群，构建了国际贸易大通道，融入了全球市场，创新了物流通关模式，打造了结算类金融中心，突出了发展服务业特别是高端服务业这一经济结构战略性调整的重点。重庆正在探索一条内陆地区发展开放型经济的新路子，努力实现以开放促改革，促内外部经济协调发展的试验初衷和战略目标。

5）敢破善立、勇为人先、开拓创新是统筹城乡的必然要求

我国的改革开放，就其变革过程和实践规律而言，是党中央集中全党全民智慧，按照社会主义市场经济规律的要求和人民群众的根本利益，提出战略目标和主要任务，通过试验突破、经验积累和积极推广，逐步形成了新的制度安排，在动态中实现改革创新和依法治国。重庆在改革试验中，既强调顶层设计和统筹规划，又注意尊重发挥群众首创精神；既坚持大胆探索、先行先试，又注意争取中央支持；既勇于突破长期困扰经济社会发展的制度难点，又注意把改革举措建立在科学、精准"算账"的基础上。重庆市的改革试验，是在党的领导下，敢破善立、勇为人先、开拓创新实践的具体体现，也正是统筹城乡的必然要求。特别是按照国家主体功能区规划的要求，所确定的主体功能区发展战略，更是体现了重庆人民开拓进取的宝贵精神。

5. 重庆改革适合于中西部推广的典型经验

1）以农民工为主体，推进户籍制度改革

户籍制度改革是破解城乡二元体制、实现统筹城乡发展的突破口和关键。重庆市启动以农民工为重点的户籍制度改革，成为重庆市统筹城乡综合配套改革试

验的一项创新制度。

（1）改革的主要做法和成效。改革以实现城乡户籍制度一体化为目标，以农民自愿和在城市就业为前提，以保障转户居民利益为核心，以政策的配套衔接为支撑，统筹规划、综合配套、稳妥推进。一是确定改革对象，将在主城区工作五年以上、在区县城工作三年以上的农民工作为首批转户改革对象。二是形成改革路径，自2010年8月开始，以工业园区、主城区和区县城为重点承接地实施农民工转户进城改革。三是配套政策，先后出台涉及土地、社保、教育、卫生、住房等方面较为完整的政策体系，成为户籍制度改革最基础的支撑。四是通过"三分"明确改革步骤。分阶段推进，将改革分为两个阶段，第一阶段消化存量，重点解决符合条件的农民工和历史遗留人员，第二阶段以增量为主，形成城乡一体的户籍制度体系和常态工作机制。分群体实施，确定了首批进行转户的两类重点群体，符合条件的农民工及新生代。分区域布局，对主城区、区县城和小城镇分级设立户籍准入条件，实现人口合理分布。五是把握"四不"原则，明确政策边界，转户充分尊重个人意愿，不以退出农村土地为前置条件，不搞以土地换社保、以土地换户口，不搞强迫命令，不搞"一刀切"，鼓励转户农民在自愿前提下依法流转承包地、林地和宅基地处置。六是将转户居民五大保障一步到位，就业方面，纳入城镇就业服务体系，免费进行技能培训，享受城镇创业扶持或公益性岗位安置政策；住房方面，纳入公租房保障，或同等享受购买普通商品房相关税费减免；养老、医疗方面，严格按城镇职工标准，由用工单位依法足额缴纳社会保险费用；教育方面，转户居民子女可就近入学，以同等政策接受各阶段教育；随迁老人方面，由政府出资将其纳入社会保障体系。五大保障前提下，仍然保留转户居民在农村的相关待遇。

重庆的户籍制度改革一直在不停地推动，2015年，市政府围绕推动有能力在城镇稳定就业和生活的农业转移人口及其他常住人口有序落户城镇，不断优化人口分布，又颁布了《进一步推进户籍制度改革的实施意见》。2016年，为与时俱进地深化户籍制度改革，调整规范全市户口迁移政策，颁布了《重庆市户口迁移登记实施办法》。这些政策措施，有力地推进了全市户籍制度改革的健康发展，为新型城镇化和新型农业化创造了很好的基础和条件。

（2）基本经验和重大创新。基本经验体现为"四个坚持"，即坚持结合实际、统筹谋划。户籍制度改革是一项复杂的系统工程，重庆结合实际，慎重决策，统筹谋划，做出了周密部署，把握好改革的进程和节奏，按照先存量后增量、分阶段推进的原则，使户籍制度改革与城镇化发展进程相适应。坚持以人为本、政策配套。始终把转户居民利益作为改革的根本出发点，坚决防止损害农民利益、防止农民流离失所、防止出现城市贫民窟现象。配套设计各方面政策，形成了完善的政策体系；坚持自主选择、自愿有偿。将选择的权利交给农民自己，做到转户自愿、退地自愿、退地有偿。坚持创新机制，务实操作。充分考虑资源环境承载能力，按照主城、区县城、小城镇三个层级科学设定转户门槛，实现人口合理分布，促进劳动力资源优化配置，推动城镇化健康发展。

重大创新体现在以下四点。

创新建立户籍制度改革政策体系。重庆户籍制度改革的最大特色是摆脱了"就户籍改户籍"的传统思路，对与户籍相关的就业、养老等方面的制度和政策进行大胆创新，形成了制度体系和配套政策。创新改革成本支付机制。实现 300 万名农民工转户进城需资金 3 000 多亿元，重庆市创造了由政府、企业与社会三方分担户籍制度改革成本的改革成本支付机制，概括为"三个 1/3"，圆满地平衡了改革成本支付。创新改革动力机制。创造了"住产分置促户改"的做法，把农民的户口与其在农村的资产产权关系分开，使农民在农村的各项权益不因户口转变而改变。

地票交易制度探索土地制度改革。由于本书第一章和第二章对此都有较为详细的论述，此处仅就特点进行归纳。地票交易制度立足于破解城乡二元土地管理制度，优化城乡土地资源配置，其最大的亮点在于：一是利用市场机制的作用打通了城乡之间土地资源优化配置的通道，通过交易，使农村闲置的土地资源得以盘活。二是极大地改善了农村微观经济基础和市场体制环境，"地票"和"实物"的竞价交易，唤醒了农村和农民资产的资本和商品属性，从制度的角度开辟了农民财产性收入的来源。三是通过市场手段开辟了农村建设、农民增收和农民转户进城的资金来源。也由此得到如下启示：坚持农民居住房的商品性特征；利用级差地租原理提高边远山区农民住房的价值；切实保障先复垦后占地。

推进公租房建设，完善住房保障体系。构建有效的住房调控模式和"双轨制"住房供给体系。"低端有保障、中端有市场、高端有约束"是重庆市提出的住房调控模式，"双轨制"是指建立市场配置与政府保障并举的住房供给体系。首先是抓住农民工进城的"低端"下功夫，以建设经济适用房及公租房方式，解决住房短板。其次是逐步完善政策制度体系，及时颁布了有关管理办法。最后是开始进行房产税试点，初步构建起高、中、低端的调控基础和"双轨制"的房屋供给体系。

主要做法。坚持"公建、公管、公益"原则，明确保障对象、合理确定规模、保证质优价廉、搞好筹资渠道、规范分配管理。

主要启示。一是城市住房必须实现由计划分配到市场供给的转变。计划经济时期，实行单位公房和政府公房为主的分配体制，完全排斥市场机制的调节作用，造成住房供应严重短缺；改革开放后，开始实行市场化改革，住房实物分配逐渐被货币化分配所代替，这在总体上是基本方向。二是完全的房地产市场不能解决当前的实际问题。在住房完全市场化的条件下，会导致一批低收入人群住房的困难，特别是在统筹城乡的背景下，虽然政府通过廉租房等形式保障了部分低收入群体的住房，但保障面极低，实践证明单轨的供房体系存在制度缺陷，难以满足大多数居民的住房需求；而采取的"市场加保障"的双轨制城市住房供应模式，建设一定规模的经济适用房，具有重要的民生价值和实践意义。

发展微型企业以创业带动就业。为解决农民工充分就业，重庆市大力发展微型企业，在全国最先定义微型企业的规模及组织形式，首开扶持微型企业发展先河。截至 2015 年，发展微型企业 20 多万户，就业 200 多万人，已初步呈现出以创业带就业的良好局面。

主要做法和成效。明确扶持对象，结合实际，扶持政策覆盖了大中专毕业生、下岗失业人员、返乡农民工等人群。明确解决创业资本，主要采取"1+3"的创业资本模式，即"投资者出一点、财政补一点、税收返一点、金融机构贷一点"，解决微型企业的注册资本金和创业启动资金问题。明确优惠政策，微型企业除享受与中小企业同等的税收优惠政策外，每年对企业上年实际缴纳的税收中地方留存的部分，实行先征后返。明确搭建支持平台，包括培训平台，财政单列专项，定向补助企业职工培训。

营造创业氛围。努力营造全民创业氛围，撰写了微型企业发展政策汇编；开展了微型企业创业进大学、进园区和进社区活动，在互联网上建立了国内首个微型企业发展网站；对财政补助资金的发放和管理，制定了"同步配套、定向支用、全程监管"的原则。

改革成效。一是创造了城乡就业岗位，重庆市每年有大中专毕业生、城镇下岗失业人员、三峡库区移民、返乡农民工等上百万人需要就业，发展微型企业成为解决就业的重要路径，创业者不仅为自己同时也为社会提供了更多的就业岗位。二是增加了市场主体数量和种类，微企个体不大，但数量庞大、种类繁多，对于丰富市场主体、促进地方经济、带动群众创业致富具有重要作用。三是提升了社会管理效能，微企成为政府扶贫救困、"造血"式发展的新模式，发展微型企业不仅带动就业，同时通过发放资本金补助，减少了失业人员救济补助资金，政府不仅节省了支出，还获得了微型企业的税收；扶持微型企业发展政策的实施，促进了农村居民思想观念的转变，微型企业创业人群中外地返乡的农民工逐年上升，农民在家创业就业，既照顾了家人，又能从事生产经营，有效缓解了土地撂荒、留守儿童、空巢老人等经济社会问题，而且形成了以创业致富为荣的民风，减少了社会矛盾。

主要启示。一是针对不同人群设计不同的企业组织方式，我国的农民工诞生于沿海的来料加工贸易模式，固定生产线作业和低知识水平决定了我国农民工的低素质，难以与现代化大工业相匹配，加之重庆位于西部，处于欠发达水平和欠发达阶段，现代化工业总体水平不高，实施统筹城乡改革，必须面对进城农民工的就业问题，而微型企业的特征，与农民工的素质是基本吻合的。二是奠定大众创业、万众创新的基础，微型企业是创业的大平台，尽管企业规模不大，但为创新创业搭建了舞台，面对各种各样的微型企业，人们可以充分发挥自己的聪明才智，为社会创造更多的财富。

2）实现科学的功能区划将统筹城乡推向高级化

党的十八大以后，重庆市委按照中央的统一部署，结合"四个全面"战略布局、"五位一体"总体布局和"五大发展"理念，根据全市各区域的资源禀赋、发展现状及其发展潜力，实现了功能区划，界定了发展与保护的边界，实现了统筹城乡的高级化发展。

（三）成都综合配套改革的做法及其经验

成都是我国西南地区的政治文化中心，其面积为重庆的七分之一左右，人口为重庆的三分之一左右，位于成都平原地带，素有"天府之国"的美誉，是四川省工业化、城镇化水平最高的地区，同时，成都也具有我国各省会城市的共性特征。

1. 改革的基本做法

着眼于解决"三农"问题，坚定不移地推进统筹城乡、"五位一体"科学发展的战略，在重点领域和关键环节推进工业集中、集约、集群发展，在充分尊重群众意愿的基础上，引导农民向城镇转移和集中居住，推进土地适度集中和规模经营，促进关键环节率先突破，全面提升城乡一体化水平。

1）统筹推进"三个集中"

按照实现产业互动，城乡经济相融，新型工业化、城镇化和农业现代化协调发展的要求，推进工业集中、集约、集群发展，在充分尊重群众意愿的基础上，引导农民向城镇转移和集中居住，推进土地适度集中和规模经营。

2）以"全域成都"的理念统筹城乡

在1.24万平方千米的全市范围内，推动经济、政治、文化、社会建设一体发展，整体推进城市和农村的现代化，努力构建现代城市和现代农村和谐相融、历史文化与现代文明交相辉映的新型城乡形态。以县城和区域中心镇为重点，统筹推进城乡基础设施和公共服务设施建设，增强城镇产业集聚功能和辐射带动周边地区农村发展的能力，改善农村发展环境，构建新型城乡形态。

3）推进农村市场化改革

落实农民对土地的使用权和房屋、林木等资产的所有权，促进农村资源向资本转变，实现城乡生产要素自由流动，建立农村多元化投入机制，增强农业和农村发展的内生动力。

4）构建城乡一体的管理体制

深化规范化服务型政府建设和基层民主建设，创新行政管理、公共财政、公共服务、社会保障的体制机制，实施村镇综合改革，全面推进城乡经济社会发展一体化。

2. 改革的主要任务

1）建立三次产业互动的发展机制

统筹推进"三个集中"，促进三次产业协调发展，夯实统筹城乡发展的经济基础。一是推进工业集中、集约、集群发展，保持工业发展与城镇体系建设和吸纳农村劳动力就业相协调，整合工业发展区的产业集聚功能，以 21 个工业发展区为主要载体，按照"一区一主业"的要求，培育企业集团，延长产业链条，促进工业集约、集群发展。二是促进服务业均衡发展，联动推进服务业发展与农民向城镇转移和集中居住，中心城区着力鼓励和引导现代服务业集聚，提升传统服务业档次，大力发展总部经济、创意、文化和体育产业；统筹规划，配套建设，推广和提升"五朵金花"发展模式，发展绿色休闲产业。三是加快现代农业发展，充分尊重农民意愿，协调推进农民向二、三产业转移和土地集中规模经营，积极发展农村新型集体经济和专业合作经济组织，提高农业集约经营和农村组织化程度。

2）构建新型城乡形态

统筹城乡基础设施建设，实现城镇功能向农村的延伸和覆盖，促进城镇化健康发展，构建一体化的新型城乡形态。一是统筹"一区两带六走廊"发展，依托中心城区和近郊区（县）"一区"范围内城市发展的良好基础，快速聚集生产要素，集中打造产业密集区，全面提升综合实力和竞争力，使之成为带动全市经济发展的龙头和建设"全域成都"的战略支撑。二是统筹城乡基础设施和公共服务设施建设。以县城和区域中心镇为重点，建设道路交通、电力、电信、供气、供水、垃圾处理、排水和污水处理、医疗卫生、计划生育、文化、教育、体育等设施，增强承载能力，完善公共服务，聚集人口和二、三产业，培育优势和特色，逐步将县城和中心镇建设成为带动周边农村发展的区域中心。三是构建覆盖城乡的交通物流服务体系。优化铁路、公路、航空等交通方式与城市交通的衔接，加强成都外出铁路、航空、高速公路等交通运输基础设施建设。大力发展现代农业物流，加快农村货物快速配送服务体系建设，培育为"三农"服务的物流配送运输企业，满足农业和农村发展、方便农民生活的物流配送需求。

3）创新统筹城乡的管理体制

一是推进规划管理体制改革，改革城乡规划分离的管理制度，科学编制和完善城乡一体的规划体系，实现市域范围内各类规划全覆盖。二是推进行政管理体制改革，调整市域范围内行政区划，推进撤县（市）设区工作，进一步深化市、县两级政府机构改革，继续完善职能有机统一的大部门体制，将执行、服务、监管等职责的重心下移到县（市、区）。三是建立覆盖城乡的公共财政体系。明确市、县、乡三级事权和财权的责任，健全市、县、乡财力与事权相匹配的体制。四是开展村级综合改革试验，在有条件的地区，分离村级事务管理服务职能与村级集体资产经营管理职能，村民委员会履行基层自治职能，管理基层社会公共事务，集体经济组织经营和管理好集体经济资产。五是推进基层民主建设，探索乡（镇、街道）长（主任）公推直选制度，建立和完善质询、罢免、目标考核等约束和激励制度。积极推行县（市、区）级部门、乡（镇、街道）、村（社区）决策听证制度。

4）探索耕地保护和土地节约集约利用的新机制

一是创新耕地保护机制，严格按规划保护耕地，确保全市耕地总量不减少、质量不下降。按耕地质量和综合生产能力对耕地进行等级划分，实行耕地的分级保护。二是规范土地承包经营权流转，健全市、县、乡三级土地承包经营权流转市场，建立成都土地承包经营权流转信息平台，支持采取转包、出租、互换、转让或者法律允许的其他方式流转土地承包经营权。三是推进集体林权制度改革。在保持集体林地所有权不变的前提下，实行集体林地承包经营制度，确立农民享有集体林地使用权和林木所有权的主体地位，明晰集体林地的使用权和林木的所有权，放活经营权，落实处置权，保障收益权。四是开展征地制度改革试验，界定公益性和经营性建设用地，逐步缩小征地范围，完善征地补偿机制。按照同地同价原则，对被征地的集体经济组织和农民给予及时足额合理补偿。改革征地补偿安置办法，保护农民的财产权益。探索建立多种补偿安置渠道，解决好被征地农民的就业、住房和社会保障问题。五是开展农村集体建设用地使用权流转试验。在符合土地利用总体规划和城乡规划的前提下，允许依法取得的集体经营性建设用地使用权通过出让、转让、出租、作价入股、联营、抵押等形式进行流转。六是稳妥开展城镇建设用地增加与农村建设用地减少"挂钩"试验。七是开展农用地转用、土地征收审批和实施分离试验。

5）探索农民向城镇转移的办法和途径

一是提高农民就业技能。加快各县（市、区）就业技能培训中心建设，以订单培训和定向培训为重点开展就业培训，提高农民就业技能。二是支持农民进城居住，探索将农民工纳入城镇住房保障体系的路径，支持农民工在城镇定居。在工业集中发展区等用人单位集中的区域，建设农民工租赁性集体公寓和公共廉租住房，鼓励农民通过租赁房屋解决进城居住问题。三是着力消除农民向城镇转移的体制机制障碍，完善城乡统一的户籍管理制度和相关配套措施，准许具有合法固定住所的农民工本人及其配偶和未成年子女将常住户口迁入现住地。制定集体经济组织成员身份认定办法，对转移为城镇居民的农民，在享有城镇居民社会保障和公共服务的前提下，探索其享受村集体经济组织利益分配的途径和办法。

6）健全城乡金融服务体系

一是大力发展农村金融服务体系，支持各类金融组织向农村延伸网点和机构，发展村镇银行、贷款公司、农村资金互助社和小额贷款公司等新型农村金融机构；推进农村信用社改革，组建农村商业银行；完善担保体系，鼓励各类担保机构到农村开展担保业务，建立农业发展和农村产权流转担保体系，积极探索扩大农村担保物范围；探索建立农业保险体系和农业灾害风险转移分摊机制，支持农业保险体系的发展。二是积极拓宽直接融资渠道，积极鼓励各类有条件的企业以改制上市、发行债券等方式进行直接融资；通过设立和引进股权投资基金，建立创业投资引导基金，发展商业性创业风险投资。三是加快推进区域金融中心建设，建立西部林地和林木产权、矿权及特许经营权交易市场，建立金融集中集聚区和金融后台服务中心集中发展区。

7）健全城乡一体的就业和社会保障体系

一是完善覆盖城乡的就业促进体系，建立健全城乡就业"实名制"和城乡就业服务"网格化"管理机制，完善市、县两级人力资源中心建设，全面完成乡（镇、街道）劳动保障所、村（社区）劳动保障服务平台标准化建设。建立农民工失业待遇保障机制，健全维护农民工与城镇职工统一的权益保障机制。二是建立和完善新型农民养老保险制度。结合耕地保护制度的建立，全面推行农民养老保险，并对农村独生子女和双女父母予以优先优待，实现全市农村居民养老保险全覆盖，并逐步提高农民养老保险水平。三是完善覆盖城乡居民的基本医疗保障制度，提高新型农村合作医疗的补助标准和水平，逐步缩小与城镇居民基本医疗保险的保障差距。四是推进城乡社会保险制度全面接轨，探索建立农民工综合社会保险、农民养老保险、城镇居民社会保险、城镇职工社会保险的衔接机制。五是完善城乡一体的社会救助体系。完善城乡居民最低生活保障制度，逐步建立城乡一体的社会救助体系。

8）努力实现城乡基本公共服务均等化

一是推进城乡教育协调发展，建立确保城乡教育事业发展的公共财政投入保障机制，努力完成城乡中小学校标准化建设，实现城乡办学条件基本均衡，逐步缩小县（市、区）域内中小学的生均公用经费和教师待遇的差距，努力实现义务教育协调发展。二是加快建立覆盖城乡的公共卫生和基本医疗服务制度，加快公共卫生服务和农村基层计划生育服务体系建设，加强城镇社区卫生服务机构和县级妇幼保健机构建设，全面完成农村乡镇卫生院、村卫生站标准化建设，提高乡村医生公共卫生服务补助标准。三是构建城乡公共文化服务体系，加快农村公共文化设施、广播电视基础设施、文化信息资源共享、文化遗产保护等工程建设，全面完成乡（镇、街道）综合文化站及村（社区）文化室、农家书屋标准化建设，文化共享工程服务实现"村村通"。

9）建立促进城乡生态文明建设的体制机制

一是统筹城乡生态环境保护。发挥市场机制的作用，综合运用价格、财税、金融、产业和贸易等手段，探索科学合理的资源环境补偿、投入、产权和使用权交易、污染治理责任保险等机制；完善城乡一体的环境保护与建设管理体制，形成全覆盖、网络化的环境保护市、县、乡、村四级监管体系。二是统筹城乡生态环境建设，建立生态补偿机制，多层次、多渠道、全方位地筹措生态建设资金，加快以城乡环境综合整治、饮用水源保护、垃圾及污水集中处理、水土流失综合治理、土壤污染防治为重点的城乡生态环境建设，完善城乡水务一体化管理体制。三是统筹城乡资源节约与循环经济发展。建立循环经济发展园区，加强节能减排和节水、节地与资源综合利用；编制循环经济规划，探索建立促进循环经济发展的标准体系，建立健全污染治理机制，完善自然资源有偿使用机制。

3. 统筹城乡发展的新规划

成都一直把深化统筹城乡改革发展作为全面建成小康社会、全面深化改革、加快新型城镇化和新农村建设、促进未来经济社会全面转型的重大要求，也作为成都推进统筹城乡综合配套改革试验区建设、继续争当全国统筹城乡改革发展排头兵和领头雁的责任使命。为破解发展难题、厚植发展优势，2016 年底研究制定了《成都市统筹城乡 2025 规划》，提出到 2025 年，率先将成都建成城乡一体、和谐相融的幸福城市的目标，对成都未来 10 年的统筹城乡改革发展任务进行了全面部署。

近 10 年来，成都以健全城乡发展一体化体制机制为核心，推进城乡制度统筹、建设统筹、产业统筹、公共服务统筹和社会治理统筹，走出了消除城乡二元体制性障碍的综合性、系统性、整体性的改革新路，探索形成了一批在全国具有推广价值、可上升为理论的制度成果。现在，成都已经站在"新常态、万亿级、再出发"的新起点，完全有条件通过深化统筹城乡改革发展，进一步消除城乡隔离阶段累积的制度障碍，实现规划、户籍、市场、产业、服务、管理等的城乡发展一体化，推动经济转型升级、区域协调发展。

《成都市统筹城乡 2025 规划》提出了成都将率先建成城乡一体、和谐相融的幸福城市的新目标（即总体目标是：到 2025 年，率先将成都建成城乡一体、和谐相融的幸福城市）。

《成都市统筹城乡 2025 规划》将总体目标分解成六个支撑目标：城乡形态特色鲜明的协调发展区，将基本形成梯次分明、结构合理、功能互补、联系便捷、城乡交融的城镇体系，新型城镇化与新农村建设双轮驱动、协调发展，县域村庄布局规划全覆盖。生产要素平等交换的集成创新区,将全面建立现代农村产权制度,城乡统一的生产要素市场基本建成。公共资源均衡配置的成果共享区,将实现基本公共服务常住人口全覆盖,城乡居民享受均等的社会保障、教育、医疗、卫生、文化等公共服务,城乡就业和社会保障水平在全国处于领先地位,城乡基础设施建设水平西部领先。社会治理科学有效的善治先进区,将实现城乡社会治理体系和治理能力现代化,城乡政务服务中心行政审批和服务事项当场办结率、村(社区)组织活动场所达标率、网格化服务管理体系覆盖率达100%。都市现代农业发展的综合示范区,将在中西部地区率先实现农业现代化,农业人均劳动生产率超过 4 万元/人,农产品加工率达 60%,农产品众筹和网络销售所占比重达40%,主要农作物耕种收综合机械化率达 85%。人与自然和谐发展的生态宜居区,将实现生态文明建设融入经济社会发展的各方面和全过程,城与乡、人与自然和谐发展、绿色发展的新格局基本形成,生态文明社会风尚基本形成,绿色低碳生活深入人心。

《成都市统筹城乡 2025 规划》提出十项重点任务战略变现实。为推进全国统筹城乡综合配套改革试验区在重点领域和关键环节先行先试,确保《成都市统筹城乡 2025 规划》的总体目标定位和六大具体发展目标顺利实现,成都未来十年的统筹城乡改革发展将重点从农村产权制度、土地制度、金融制度、户籍制度、城乡规划建设、产业发展、基础设施、公共服务、社会治理、生态保护十个方面着力。

《成都市统筹城乡 2025 规划》从改革创新角度提出重点盘活"三个资源"。盘活农村土地资源,创新集体建设用地开发利用机制,建立建设用地指标交易市场,改革和完善宅基地管理制度;盘活农村金融资源,完善农村金融服务体系,深化农村产权抵押担保,创新新型农业经营主体融资方式,健全农村信用体系;盘活农村劳动力资源,深化户籍制度改革,提升人口服务管理水平,推进基本公共服务常住人口全覆盖,促进人力资源更加充分就业。

《成都市统筹城乡 2025 规划》从建设发展角度提出基础设施组织建设全覆盖。坚持"建、改、保"相结合,成片成带推进"小组微生"新农村综合体建设;幸福美丽新村实现全覆盖,打造创新高效、标准品牌、生态安全、开放合作、幸福共享"五大新型现代农业";推进城乡基础设施提档升级,加快农村公共设施标准化建设;建立覆盖城乡的公共财政体系,大力发展城乡社会事业;深入开展城乡环境综合治理。

4. 成都改革适用于我国大城市推广的成熟经验

1)创建新型基层治理机制

(1)基层治理遇到的新问题。随着城乡发展的深入,生产要素快速流动,成都基层治理面临挑战。一是"三个集中"带来巨大利益的再分配需要民主决策和有效监督，大量农村新型居住区的兴建，涉及公共基础设施的建设和资金投入，土地综合整治带来耕地面积扩充、住房位置移动，涉及土地权益的调整，使农民对经济社会事务进行平等协商的诉求日益增长。如果不能积极应对这个挑战，统筹城乡发展的成果就不能惠及农村居民，还可能滋生基层腐败。二是生产要素高度流动，大量农村居民进城务工或迁入新居，原来的地缘、血缘纽带发生了根本性改变，熟人社会下旧乡村治理规则失效；在城乡二元体制下，生产要素的流动受到限制，农民不进城、资本不下乡、土地不流转，农村基本处于自我封闭运行状态，基层管理的难度并不大，一旦生产要素流动加速，基层治理架构必须改变。

（2）成都基层治理改革的主要做法。一是创新和规范村民议事会制度。在村、组两个层面成立村民议事会，作为常设议事决策机构，受村民（代表）会议委托，其主要职责是研究决定村级发展计划、集体资产管理、经济社会发展项目、村级社会管理和公共服务项目、财务收支项目等日常事项，对村民委员会的执行情况进行监督；村民小组议事会成员由村民直接选举产生，村民议事会成员从村民小组议事会成员中选举产生。村民小组议事会一般不少于5人，村民议事会一般不少于21人；每个村民小组有2名以上村民议事会成员。村、组干部不得超过议事会成员的50%，所有议事会成员有大约10户固定联系户，并从村民议事会成员中选举5~7人组成村务监督委员会，主任由党员议事会成员担任。这样的人员规模，既避免了村民大会不易召开的现实困境，又具有足够的代表性和公信力。二是集体经济组织与村民委员会独立，将集体经济组织逐步从村民委员会中剥离出来，成为独立的市场主体；各地因地制宜设立了资产管理委员会、农业经济合作组织或股份合作社、股份有限公司等集体经济组织形式，独立地面对市场，开展经营服务活动，为推进农业适度规模经营、提高农业综合效益创造条件。三是以扩大公共服务推进基层治理改革，以村级社会管理和公共服务为主要内容的公共产品，由原来主要依托村中国共产党员支部委员会和村民自治委员会提供转变为政府主导、多方参与的分类供给，由原来的城乡分离转变为城乡一体；对应由村级自治组织承担的公共服务和社会管理项目，实行财政"定额补贴"；对应由政府提供的，政府依托村级自治组织或其他经济社会组织实行以事定费、以质定酬的核算和考核。四是引导社会组织参与基层治理，在创新基层治理机制中，坚持培育发展和监督管理并重，深化社会组织服务管理体制改革，引导社会组织广泛参与基层治理。一方面，政府出资建立了社会组织发展基金会；另一方面，政府建立购买社会组织服务的制度，向社会组织购买公益服务，推动了公共服务供给主体的多元化。

（3）顶层设计与基层实践密切结合的范例。基层治理改革，在充分自治的基础上，将上层设计和基层创新有机结合起来；农村基层治理的变革，源于 2008 年的农村产权制度改革。改革激起了农村居民自发的利益诉求，加快了权利意识的觉醒，再加上勘界确权的现实需要，鼓励各镇各村自发成立了新村发展议事会，以解决确权颁证面临的种种矛盾和问题，创新做法实现民主决策，生动地体现了主动性和创造性；村民议事会以解决实际问题为诱因，使自治真正发挥了作用；在农村产权制度改革中，由村民推选出来的村民议事会对土地调查结果进行评议，对存在异议纷争的案例进行甄别，对土地权益的调整进行监督；村民议事会的评议结果作为确权的预案公示，与各相关方反复沟通，直到为各方确认接受后，才向负责颁证的县级政府上报，这使农村确权有了可操作的工作程序；由村民自主协商解决历史纠纷，尽可能减少了矛盾和冲突，营造了公平、公正的确权环境；村民议事会虽然发源于改革，但其作用在农村迅速放大，在村级公共服务和社会管理改革、土地综合整治、矛盾纠纷的化解中，发挥了重要作用。

2）改革户籍制度，努力实现基本公共服务均等化

经过多年的探索，成都改革已进入"深水区"，实现基本公共服务均等化成为统筹城乡改革深化的重要课题。我国的户籍制度长期承担着基本公共服务和福利待遇的载体角色，户籍身份差别同时带来的城乡二元分割，被户籍制度长久固化，这不仅阻碍了城乡基本公共服务均等化，同时也最大限度地抑制了农民人力资本的运用。从长期分析来看，如果农民基本公共服务得不到保障，个人也会被相对禁锢在土地上，会对工业化和城镇化的发展形成很大的阻力。成都在改革中抓住户籍制度改革，重点剥离附着在户籍上的公共服务待遇差异，扭转了先实现城乡基本公共服务均等，才能打破城乡二元户籍隔阂的成见，走出了一条新路，这就是先破除城乡二元体制，逐步缩小基本公共服务的差别，最终实现均等化。

（1）基本公共服务均等化的做法及取得的成效。一是打破城乡的身份壁垒，设立耕地保护基金，为农村社会保险提供第一道资金支持。成都在全国率先探索建立耕地保护补偿机制，统筹利用市县两级新增建设用地有偿使用费、一定比例的土地出让收入及财政资金，设立耕地保护基金，并与农民签订耕地保护合同。二是政府财政的支配向村级公共服务倾斜，通过村级公共服务和社会管理改革来解决城乡公共服务区域差异。推进村级公共服务和社会管理专项经费的最低标准纳入财政预算并建立增长机制，全面推行村民民主议决村级公共事务项目和管理使用专项资金，实现村级公共服务"有钱办事"和"民主议事"。三是以户籍制度改革为重点，剥离附着在身份上的基本公共服务差异。早在2003 年就开始推动户籍改革，先后推出四次较大规模的政策调整，采取"条件准入"、"一元登记"、市内农民进城入户"零门槛"等措施，为后续户籍制度改革做了准备。坚持从就业、社保、住房、救助、教育等九个方面入手，在确保

已有惠农政策持续有效的前提下，实现城乡居民享有平等的基本公共服务和社会福利，充分保障农民的各项权益。四是着力构建起城乡一体的基本公共服务体系。允许城乡居民依据经济能力自由选择保险水平，实现不同社保体系的全面衔接。建立城乡一体的基本养老保险制度，统一为城镇职工基本养老保险制度和城乡居民基本养老保险制度。建立城乡一体的基本医疗保险制度，包括城镇职工基本医疗保险制度和城乡居民医疗保险制度。做到筹资标准城乡一致、参保补助城乡统一、待遇水平城乡均等。在城镇建立以廉租房、公租房、经济适用房、限价商品房为主的多层次的住房保障体系。建立城乡一体的积极就业政策体系，城乡劳动者平等享受就业机会，对农村符合条件的劳动者进行失业登记，为其提供免费的公共就业服务。在教育方面，做到户籍人口就近入学，将进城务工人员子女纳入教育资源供给规划。建立以最低生活保障为核心、以帮困助学、帮困助医、帮困建房三大救助为配套，其他专项救助、临时性救助和社会帮扶为补充的综合型社会救助体系，附着在户籍制度上的基本权利差距逐步消除。强化户籍制度的人口登记作用，逐渐弱化其福利载体作用。2016年的户籍制度基本上解除了城乡居民户口登记的差距。

（2）"有档次之差、无身份之别"的经验。以城乡二元身份制度为突破口，建立起城乡统一的、有差异的、有接口的、可流动的社会保障，再分步缩小基本公共服务差距。这种做法来自理念的转变，破除身份，承认差异，给予选择，鼓励奋斗，成都的经验可概括为："有档次之差、无身份之别"，最终目标是实现城乡居民基本公共服务均等化；将附加在户籍上的福利差距逐步缩小，使劳动要素的流动更加市场化，发挥政府在生活保障上的兜底功能；在实现过程上，采取分层次、分步骤、给选择权的渐进式改革；在现有的法律框架下，承认两轨制，一方面在长期内逐渐减少和消除差异，另一方面鼓励有条件的农村居民选择进入城镇居民社会保障体系；城乡二元户籍带来的差异不是依靠突破行政法规就可以解决的，但逐步缩小差异的做法是可行的。

（3）改革的突破性意义。一是在农村确立财政社会保险，增加对农民的保障，利用来自土地的收益设立耕地保护基金，支付农民的养老保险和医疗保险，将农村的社保支出纳入县市两级财政支出；农村社保不再孤立于城市财政体系，尽管提供的农村社保水平不高，但以货币保险替代实物保险是改进农村低效土地社保的重要一步；来自土地收益的资金支持成为城乡联动的重要一环，让农民真正享受到城市发展带来的收益。二是破除城乡身份隔阂，不再让户籍成为社会福利保障的载体，让户籍回归登记和统计作用，建立城乡统一的多层次社保体系，让较低水平的社保覆盖面增大，建立两挡之间的完整接轨，鼓励有支付能力的农民享有更高水平的社保；不管身份之别，不论居住在何地，均在覆盖范围内；消除社保在地域和身份上的歧视，鼓励居民进入更高层级的社会保障；此外，分步缩小城乡公共服务差距，以村级公共服务和社会管理体制改革，强化农村的公共服务建设。三是最根本的意义在于对人的解放，破除身份在公民享有社保基本公共服务方面的差别，废除由制度造成的人力资本差异，最大限度地释放压抑的农村人力资本。

3）农村产权制度改革

成都从 2008 年就开始了农村土地和房屋产权的确权工作，为确立农村现代产权制度、保障农民财产性收益、提高农民民主治理水平、促进土地依法有效流转和增值、消除农村人口和城镇人口的身份差异、缩小城乡居民收入差距及和谐稳步推进城市化进程，打下了必要且扎实的基础。

（1）现实和政策的要求。改革开放以来，城市化进程逐步加速，促进了资源在城乡空间的大规模和高速度流动、重组与集聚，尤其使农村各种资源在不同位置、不同权属、不同用途和不同治理方式之间，产生了越来越大的价格差距，这种差距逐渐成为城乡经济活动的内在驱动力。在此背景下，保障农民权益不受侵害、减少权属纠纷和冲突、鼓励农民对资源的投资和利用、顺应市场对资源的有效配置，尤其是确保农民在资源配置中的利益不受侵犯是非常重要的。从 2008 年初成都市委、市政府出台"一号文件"提出"深化农村土地和房屋产权制度改革，建立健全归属明晰、权责明确、保护严格、流转顺畅的农村产权制度"到开展全域范围内的农村土地和房屋产权制度改革，成都成功地实现了土地、房屋和林地的确权工作，并创造性地建立了耕地保护基金制度，为统筹城乡奠定了良好的基础。

（2）确权过程的挑战和应对。一是依靠村民议事会来清理历史遗留问题。由于农村长期缺乏连续和权威的产权记录，历史遗留问题不仅难以解决，还成为确权的巨大障碍，面对这一困难，成都创造了"议事会"制度。二是从"确空权"过渡到"确实权"。我国农村长期以来以"产量亩"（即"应税亩"）作为衡量土地面积的基准，然而，记录台账里的面积，常常与实际面积产生较大出入，不能准确反映农地资源的实际归属状况，这样的确权与实际相差甚远，等于"确空权"。为此，成都制定了"确实权"的工作目标，即通过深入农户一级，全面实测承包地面积，系统厘清农户之间的人口土地关系，从而以实测面积为基础，做到承包土地的"地块、台账、农地承包经营权证、承包合同与耕保基金发放面积"的"五个一致"，从而为真正建立"归属清晰、权责明确、保护严格、流转顺畅"的现代农地产权制度打下稳固的基础。三是从"生增死减"过渡到"生不增死不减"。农村土地的集体所有制使每个村民都平等地享有一份以"成员权"为特征的土地的使用权和收益权，农民把承包地权看做保障性权利，因此"生增死减"和"生等死"的规则在农村长期有效，农地要周期性地进行调整；而土地确权，不仅要将这种权利与农民身份相联系，且与集体的规模和其他集体成员的增减相关的"成员权"相联系，转变为只与地块相联系、与所有者身份无关的"财产权"；推广"确实权"后，农民开始认同"生不增死不减"的财产权规范，从"保障权"和"成员权"的集体所有制向以"财产权"为标志的现代产权制过渡。四是根据"尊重历史、面对现实"原则对集体建设用地确权。首先对宅基地展开确权，对于宅基地以外的乡村企业、公益事业以及其他集体建设用地，则充分利用第二次全国土地调查的结果，在明确每个村庄集体建设用地的总量后，扣去已确定的农户宅基地面积，再分类确认这些集体建设用地的使用权；本着"尊重历史、面对现实"的态度，提出了针对超标宅基地的确权登记办法，规定凡持有以前颁发的宅基地证件或其他相关证明的，以证件确立的面积为农户的宅基地确权面积；对其他超标情况，则以年度变更的农村居民点台账面积为总控制，把超标的面积，明确为"其他集体建设用地"。

（3）确权实施特点。在确权中依据"五个一致、应确尽确、程序规范、群众满意"四个标准。五个一致，即确权颁证要做到"地块、台账、农地承包经营权证、承包合同与耕保基金发放面积"——对应、账（证）实相符。应确尽确，即农村集体土地及其建筑物，除违法违规占用的土地和建筑物外，都进行确权。程序规范，即严格执行"组织动员、调查测绘、方案议决、结果公示、确权颁证、耕保基金发放"的农村产权制度改革工作程序。群众满意，即通过建立第三方调查评估机制，邀请国家统计局成都调查队等单位对农村产权制度改革进行第三方调查评估，进行满意度测评，并通过建立纠纷调处机制，化解矛盾问题，做到让群众满意。这项工作从2008年开展以来，目前已经全面完成，累计颁发各类产权证和股权证共计900多万本。

（4）农村产权制度改革的意义和示范作用。一是保障农民的长久利益不受侵犯的根本手段。长期以来，农民以成员身份获得使用权和收益权，随着国家工业化和城市化的加速，劳动力和生产要素的流动加剧，农民的成员身份日益成为流动的潜在束缚。如果要打破这种束缚，要保证农民的权益不因其他成员的增减而变化，就必须将集体所有制下的成员权转化为现代产权制度下的财产权，成都确权正是为这种转化打下了稳固的基础，确权为农地产权的流转扫清了潜在的障碍，降低了流转的交易费用。二是创造了土地产权进入流转和转让的前提条件。全面的土地产权，不仅包括土地使用权和经营权，还包括转让给他人使用和经营的权利，在使用权的基础上，转让权赋予产权主体处置土地的更大自由和收益，它不仅含有在自用与他用之间做出权衡和决策的权利，而且含有兑现和获取未来收入流的权利，而这一切，都需要对土地产权按照"五个一致"的标准进行清晰的界定。三是为农民分享土地在城市化的流转过程中产生的收益、公平地分享政府的各种转移支付提供了可靠的依据。有了产权改革作基础，土地流转不但不会损害农民的利益，还保护了耕地，稳定了农业生产，落实农村财产权利后，农民发展的自主权得到最大限度的激发，推进了家庭经营、集体经营、合作经营、企业经营等农业经营方式的创新，解决了"谁来种地"的问题。四是具有普遍的示范意义，劳动力和生产要素的流转，是我国现代化和城市化过程必然经历的阶段，在这个阶段，会不断出现土地相对价值的变化，出现劳动力迁徙前后工资收入的变化，出现保护耕地所要做出的牺牲和出让农地所得到的收益之间的权衡，出现农村土地和城市土地"同地同权"的诉求，出现农民要求取得和市民一样的社会保障的诉求，这些都需要以确权为基础、以流转为出路、以重新分配为保障的解决方案。为此，成都的改革为这一方案提供了从理论到实践、从挑战到对策、从困局到出路的行之有效的真实范例，对各地摆脱集体所有制对农民劳动力和土地要素的束缚，保障农民的权利，增加农民的收入，缩小城乡人口的福利差距，促进农村现代产权制度的建立，发挥了极其宝贵的示范作用。

三、统筹城乡改革三大问题的实践调查

大数据时代引发的思维变革依赖的是数据的整体性，但我国目前的统计系统尚没有对一些新问题获得与其有关的全部数据的渠道。因此，利用问卷与专项调查可以引发现实的思考，具有一定的科学性和实际运用价值。而采用统计科学原理所设计的问卷调查，其样本选择充分考虑了对农民工个体差异的覆盖，明显能够提高适用性价值，其可信度较高。本小节选择近年部分具有典型意义和代表性的调研报告与问卷数据，基本上按照人往哪儿去、地怎么处理以及钱从哪儿来三个大方向展开。其中人的问题以国家统计局《2015年农民工监测调查报告》为数据的宏观支撑，其目的是在把握了综合性问题的基础上，利用其他个体调查和问卷进行重点专项问题分析；地和钱的问题也将利用部分典型报告与专题问卷进行延伸分析。从中引出在新环境下统筹城乡综合配套改革部分重大课题的深度思考，其中所涉及的问题将在第四章进行讨论。

（一）关于农民工的生计及其去向

1. 2015年国家统计局关于农民工调查的基本情况分析与思考

1）关于总量及其结构趋势

（1）总量和增长速度。农民工总量虽然仍呈增长趋势，但增长速度已经开始减缓，5年中下降了3.1个百分点（图3-1）。

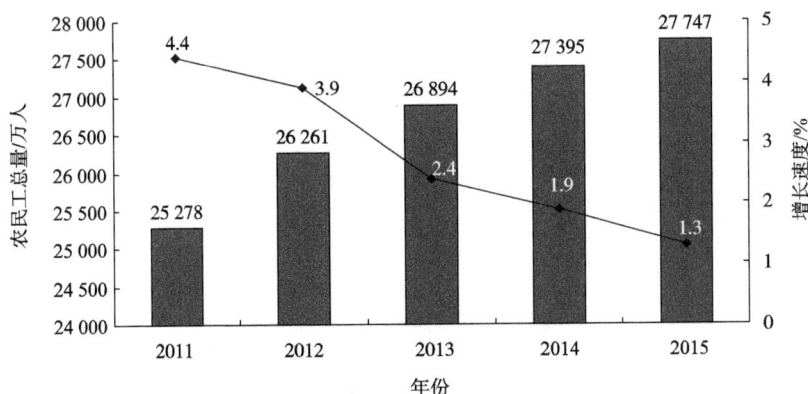

图 3-1　农民工总量及增长速度

（2）农民工流动的地域特征。从构成上看，2015 年本地农民工比上年增长 2.7%，外出农民工增长 0.4%；本地农民工约占总量的 39.2%，比上年提高 0.6 个百分点（表 3-1）。

表 3-1　农民工数量及构成

农民工结构	农民工数量/万人			增长/%
	2015 年	2014 年	增加	
农民工总量	27 747	27 395	352	1.3
其中：外出农民工	16 884	16 821	63	0.4
本地农民工	10 863	10 574	289	2.7

从区域上看，中部地区增长最快。中部地区农民工为 9 609 万人，比上年增长 1.7%；东部地区农民工为 10 760 万人，增长 0.9%；西部地区农民工为 7 378 万人，增长 1.3%。

2）农民工基本特征

（1）女性比例有所提高。全部农民工中，女性占 33.6%，其中外出的占 31.2%；2015 年女性占比较 2014 年提高 0.6 个百分点，主要是本地农民工在农民工总量中占比提高，而本地农民工女性比例较高所致。

（2）青壮年比例下降。农民工仍以青壮年为主，但所占比重呈下降趋势（表 3-2）。

表 3-2　农民工年龄构成（单位：%）

年龄段	2011 年	2012 年	2013 年	2014 年	2015 年
16~20 岁	6.3	4.9	4.7	3.5	3.7
21~30 岁	32.7	31.9	30.8	30.2	29.2
31~40 岁	22.7	22.5	22.9	22.8	22.3

续表

年龄段	2011 年	2012 年	2013 年	2014 年	2015 年
41~50 岁	24.0	25.6	26.4	26.4	26.9
50 岁以上	14.3	15.1	15.2	17.1	17.9

（3）受教育水平不断提高。不论外出或留在本地，农民工受教育水平总体呈上升趋势（表 3-3）。

表 3-3　农民工文化程度构成（单位：%）

受教育水平	农民工合计		外出农民工		本地农民工	
	2014 年	2015 年	2014 年	2015 年	2014 年	2015 年
未上过学	1.1	1.1	0.9	0.8	1.6	1.4
小学	14.8	14.0	11.5	10.9	18.1	17.1
初中	60.3	59.7	61.6	60.4	58.9	58.9
高中	16.5	16.9	16.7	17.2	16.2	16.6
大专及以上	7.3	8.3	9.3	10.7	5.2	6.0

3）农民工流向分布

（1）在中部地区务工的农民工比例提高（表 3-4）。相较于 2014 年，从输入地看，中部地区农民工总量比 2014 年提高 0.4 个百分点，东部地区比 2014 年下降 0.5 个百分点，西部地区比 2014 年提高 0.1 个百分点。跨省流动农民工减少，外出农民工中，跨省流动农民工为 7 745 万人，比 2014 年减少 122 万人，下降 1.5%，约占外出农民工总量的 45.9%，比 2014 年减少 0.9 个百分点。分区域外出总体下降，其中东部地区比 2014 年下降 1 个百分点；中部地区下降 1.7 个百分点；西部地区下降 0.4 个百分点。

表 3-4　2015 年外出农民工地区分布及构成

按输出地分	外出农民工总量/万人			构成/%		
	总数	跨省流动	省内流动	总数	跨省流动	省内流动
合计	16 884	7 745	9 139	100.0	45.9	54.1
东部地区	4 944	858	4 086	100.0	17.3	82.7
中部地区	6 592	4 024	2 568	100.0	61.1	38.9
西部地区	5 348	2 863	2 485	100.0	53.5	46.5

（2）流入地级以上城市的比例上升（表3-5）。

表3-5   2015年外出农民工流向城镇分布及构成

农民工数量结构	合计	直辖市	省会城市	地级市	小城镇	其他
外出农民工总量/万人	16 884	1 460	3 811	5 919	5 621	73
其中：跨省流动/万人	7 744	1 188	1 752	3 258	1 473	73
省内乡外流动/万人	9 139	272	2 059	2 660	4 148	0
外出农民工构成/%	100.0	8.6	22.6	35.1	33.3	0.4
其中：跨省流动/%	100.0	15.3	22.6	42.1	19.1	0.9
省内乡外流动/%	100.0	3.0	22.5	29.1	45.4	0.0

4）关于农民工就业

（1）2015年第三产业就业比例提高（表3-6）。

表3-6   农民工就业行业分布（单位：%）

产业结构	2014年	2015年	增加
第一产业	0.5	0.4	−0.1
第二产业	56.6	55.1	−1.5
其中：制造业	31.3	31.1	−0.2
建筑业	22.3	21.1	−1.2
第三产业	42.9	44.5	1.6
其中：批发和零售业	11.4	11.9	0.5
交通运输、仓储和邮政业	6.5	6.4	−0.1
住宿和餐饮业	6.0	5.8	−0.2
居民服务、修理和其他服务业	10.2	10.6	0.4

（2）2015年中西部地区从事第三产业的农民工比例增速较快（表3-7）。

表3-7   分地区的农民工产业分布（单位：%）

产业	东部地区		中部地区		西部地区	
	2014年	2015年	2014年	2015年	2014年	2015年
第一产业	0.4	0.4	0.4	0.3	0.8	0.7
第二产业	61.2	60.2	52.5	50.7	47.1	44.1
第三产业	38.4	39.4	47.1	49.0	52.1	55.2

（3）2015年本地从事制造业的农民工的比重上升，从事建筑业的农民工的比

重明显下降。

（4）受雇就业农民工的比重上升，自营就业农民工的比重相对下降。

5）关于农民工收入

（1）相较于2014年，2015年的月均收入增速有所放缓（表3-8）。

表3-8　分行业农民工人均月收入及增幅

行业	农民工人均月收入/元		增长率/%
	2014年	2015年	
合计	2 864	3 072	7.26
制造业	2 832	2 970	4.87
建筑业	3 292	3 508	6.56
批发和零售业	2 554	2 716	6.34
交通运输、仓储和邮政业	3 301	3 553	7.63
住宿和餐饮业	2 566	2 723	6.11
居民服务、修理和其他服务业	2 532	2 686	6.08

（2）东部地区收入增长较快。2015年，东部地区农民工月均收入为3 213元，比2014年增长8.3%；中部地区月均收入为2 918元，比2014年增长5.7%；西部地区月均收入为2 964元，比2014年增长6%。

（3）外出务工收入增速高于本地务工收入。2015年外出务工农民工月均收入为3 359元，比2014年增长8.1%；本地务工农民工月均收入为2 781元，比2014年增长6.7%。

6）外出农民工消费和居住

（1）外出生活消费支出增速总体加快。分区域看，在东部地区和西部地区务工的农民工生活消费支出增长快于中部地区，且在东部地区务工的农民工居住支出增长最快（表3-9）。

表3-9　外出农民工在不同地区务工月均生活消费和居住支出

地区	生活消费支出/（元/人）		其中：居住支出/（元/人）		居住支出占比/%	
	2014年	2015年	2014年	2015年	2014年	2015年
合计	944	1 012	445	475	47.1	46.9
东部地区	954	1 028	447	480	46.8	46.7
中部地区	861	911	414	425	48.0	46.7
西部地区	957	1 025	449	469	46.9	45.8

（2）地级以上城市务工的农民工生活消费支出增长较快（表3-10）。

表3-10　外出农民工在不同类型城市务工月均生活消费和居住支出

城镇类别	生活消费支出/（元/人）		其中：居住支出/（元/人）		居住支出占比/%	
	2014年	2015年	2014年	2015年	2014年	2015年
合计	944	1 012	445	475	47.1	46.9
直辖市和省会城市	1 020	1 106	489	528	47.9	47.8
地级市	968	1 043	420	452	43.4	43.4
小城镇	853	892	430	444	50.4	49.8

（3）独立租房购房，早出晚归的比例上升。外出农民工中，在单位宿舍居住的占28.7%，比2014年提高0.4个百分点；在工地工棚居住的占11.1%，下降0.6个百分点；在生产经营场所居住的占4.8%，下降0.7个百分点；与他人合租的占18.1%，下降0.3个百分点；独立租赁居住的占18.9%，提高0.4个百分点；乡外从业回家居住的占14%，提高0.7个百分点；在务工地自购住房的农民工占1.3%，提高0.3个百分点。

（4）雇主或单位提供免费宿舍或住房补贴的减少。外出农民工中，从雇主或单位得到免费住宿的农民工所占比重为46.1%，比2014年下降0.7个百分点；从雇主或单位得到住房补贴的农民工所占比重为7.9%，下降0.7个百分点；不提供住宿也没有住房补贴的比重为46%，提高1.4个百分点。

7）关于农民工权益保障

（1）超时劳动情况有所改善（表3-11）。

表3-11　外出农民工从业时间和强度

从业时间及比重	2014年	2015年
全年外出从业时间/月	10.0	10.1
平均每月工作时间/天	25.3	25.2
平均每天工作时间/小时	8.8	8.7
日工作超过8小时的比重/%	40.8	39.1
周工作超过44小时的比重/%	85.4	85.0

（2）签订劳动合同的比例下降（表3-12）。

表 3-12　农民工签订劳动合同情况（单位：%）

农民工类别	无固定期限劳动合同	一年以下劳动合同	一年及以上劳动合同	没有劳动合同
2014 年农民工合计	13.7	3.1	21.2	62.0
其中：外出农民工	14.6	3.7	23.1	58.6
本地农民工	12.5	2.3	18.5	66.7
2015 年农民工合计	12.9	3.4	19.9	63.8
其中：外出农民工	13.6	4.0	22.1	60.3
本地农民工	12.0	2.6	17.1	68.3

（3）被拖欠工资的比例提高。被拖欠工资的农民工所占比重尽管不高，有三个行业持平，但总体比上年提高。分地区看，东部地区被拖欠工资的比重为 0.8%，提高 0.3 个百分点；中部地区比重为 1.5%，提高 0.3 个百分点；西部地区比重为 1.3%，提高 0.2 个百分点。2015 年建筑业拖欠工资的比重最高，为 2.0%，较上年提高 0.6 个百分点（表 3-13）。

表 3-13　分行业农民工被拖欠工资的比重（单位：%）

行业	2014 年	2015 年	增加
合计	0.8	1.0	0.2
制造业	0.6	0.8	0.2
建筑业	1.4	2.0	0.6
批发和零售业	0.3	0.3	0.0
交通运输、仓储和邮政业	0.5	0.7	0.2
住宿和餐饮业	0.3	0.3	0.0
居民服务、修理和其他服务业	0.3	0.3	0.0

　　注：国家统计局从 2008 年开始建立农民工监测调查制度，在农民工输出地开展监测调查。调查范围是我国 31 个省（自治区、直辖市）的农村地区，在 1 527 个调查县（区）抽选了 8 906 个村和 23.6 万名农村劳动力作为调查样本。采用入户访问调查的形式，按季度进行调查

　　8）主要结论及其评价

　　（1）农民工分布开始出现新现象。我国自 20 世纪 80 年代出现农民工现象以来，离开家乡到城镇工作的人群规模逐年扩大，到 21 世纪前 10 年达到高峰。农民工呈现出总量大，主要集中在东部的基本特点。但随着国家区域政策的调整，特别是西部大开发的持续深入，广大中西部地区的经济得到长足发展，为到东部沿海工作的农民工回乡就业创造了良好的条件，从"十二五"时期开始，农民工总量增速放缓，中西部地区农民工增长速度开始超过东部地区。与此同时，各区

域外出农民工数量整体下降。这表明我国区域发展政策的协调性得到提高，市场在调节农民工的区域分布上起到重要作用；同时反映出我国产业化的梯次结构在劳动力上有所反映，如果我国的农民工技能水平不能得到有效提高，那么，在西部产业结构水平不断提高的条件下，农民工的出路问题将面临新的问题。

（2）农民工技能水平面临新问题。长期以来，以青壮年为农民工主体的基本特征没有改变，但从"十二五"时期开始，其比重开始出现下降的趋势。一方面，反映了我国老年化的国情出现，如何应对老龄社会的问题；另一方面，对"农二代"的发展轨迹也要引起高度重视，如果继续沿袭老一代农民工简单低级的劳动方式，将难以为我国先进制造业和服务业提供有效的劳动力。长期以来我国农民工文化程度处于低端水平，以中小学学历为主成为常态，但随着产业结构的提升和基本公共教育水平的发展，农民工受教育水平逐年提升，尤其是东部的农民工这一特征比较明显。但是，其中大部分新生代农民工在西部地区仍然在传统的生产线上作业。

（3）在城市分布上出现新特征。70%左右的外出农民工都集中在地级城市和小城镇；在行业分布上，第三产业持续上升，第一、第二产业下降；地区行业分布差异也十分明显，东部地区第二产业占60%，第三产业占40%；中部地区第二和第三产业各占一半；西部地区第二产业占45%，第三产业占55%。主体分布不在大城市，与农民工的知识素质有很大关系，而中小城市的第三产业多数属于中低级的手工作业。

（4）生活消费支出上有新特点。总体上，东部、中部和西部地区农民工生活消费基本持平，西部反而有偏高的特征，消费中占比最高的是居住，占全部消费的50%左右。"农二代"普遍有比较强烈的居住意识，所以，与老一代农民工比较，在居住上的开支较大是正常的；西部居住消费支出高，并不意味着居住条件比东部好，而是西部的其他支出相对较低，从而垫高了居住的比重。

（5）农民工的权益保护上出现新问题。从工作的时间强度上看，均有下降的趋势，这表明我国产业结构正在朝中高级和轻型化转变，同时反映出农民工的维权意识有所提高。在用工签订合同上，总体上60%以上都没有签订合同，其中，本地农民工没有签订合同的高出外地约8个百分点；这在总体上反映出农民工的法律意识较为薄弱，而在本地的比重更高，则反映出本土地域意识比较强烈，多数可能是通过朋友熟人介绍工作，认为风险不大。在拖欠农民工工资方面呈轻微上升趋势，其中2014年建筑业拖欠上升1.4%，2015年上升到2%。这种现象主要是房地产业的波动导致的。

2. 关于创业就业问题的调查与思考

2016年初，重庆市综合研究院开展了农民工就业创业情况调查，调查采取填写问卷和随机访谈相结合的方式，共发放问卷 300 份，回收有效问卷 289 份，尽管样本规模不大，但是随机性强，具有一定的代表性。

1）就业创业的现状

2015 年底，重庆籍农民工总量为 810 多万人，其中市内就业占 54%，全市还吸纳来自周边地区的流动农民工约 130 万人。近年来，全市累计农民工返乡创业 48 余万人，创办经济实体约 37 万户，吸纳城乡劳动力 170 余万人，创业领域以特色种养殖业、乡村旅游为主。重庆籍农民工市内、市外流动和就业呈现出以下两个特点。

（1）建筑业及制造业仍是主要就业领域，但服务业比重不断提高（图 3-2）。与 2015 年国家统计局监测西部地区农民工三次产业就业分布为 0.7：44.1：55.2 相比，本次调查的农民工就业分布为 7.5：46.3：46.2，第二产业就业容量大致相当，第一和第三产业有较大差距。

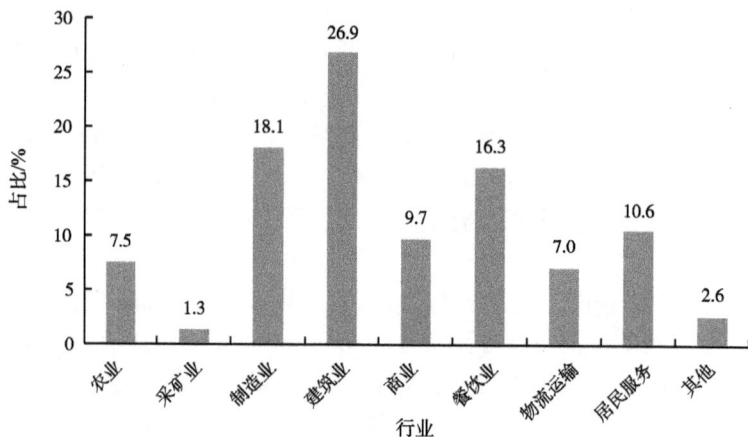

图 3-2　受访农民工就业行业分布

（2）市内就业略多于市外，市外就业西部地区增长较快（图 3-3）。近年来，重庆产业结构不断优化，导致农民工就业的区域流向发生新变化，就地就近就业趋势越来越明显。本次调查中，农民工市内、市外就业占比分别为 51.1% 和 46.7%，其余属流动就业，这与国家统计局《2015 年农民工监测调查报告》中"本地农民工增长较快""跨省流动农民工比上年减少，西部地区外出农民工跨省流动下降"等监测调查结论一致。

2）就业地选择意向

越来越多的农民工倾向于返回市内就业创业，但返乡回流人员仍以高龄农民工为主，年轻、高学历和高含金量职业群体仍倾向于市外就业。

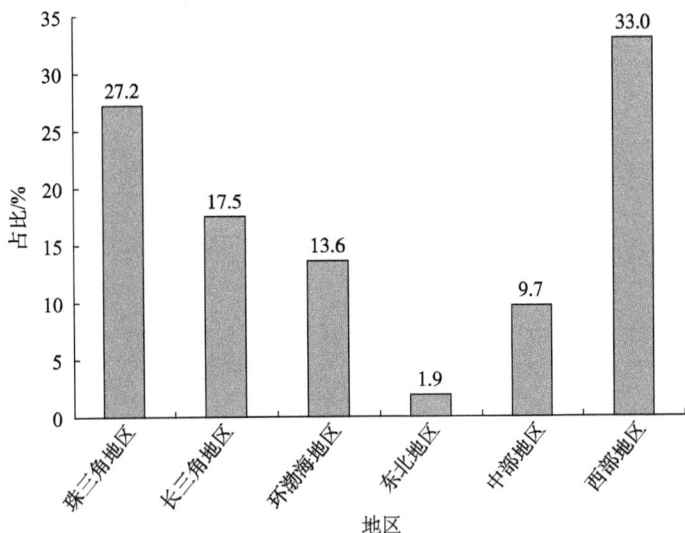

图 3-3 受访农民工市外就业区域分布

（1）新生代农民工仍倾向于市外就业，高龄农民工加快回流（表3-14）。调查发现，农民工年龄越大越倾向于市内就业，年轻人则倾向于市外就业，这反映了农民工在初次务工选择时，工资水平对其选择影响显著，而当年长后再次选择时，其福利和城镇化水平影响更为显著。

表 3-14 受访农民工年龄段与就业创业地选择（单位：%）

年龄	2016 年计划				2015 年	
	在家就业	市内其他城镇就业	市内创业	市外就业	市内就业	市外就业
18~25 岁	0.0	45.5	4.5	50.0	59.1	40.9
26~35 岁	13.2	39.7	5.9	41.2	54.3	45.7
36~45 岁	12.5	47.2	1.4	38.9	48.6	51.4
46~55 岁	17.0	48.9	2.2	31.9	51.1	48.9
55 岁以上	13.3	60.0	0.0	26.7	68.8	31.2

（2）学历越低越倾向于市内就业，创业与否与农民工学历高低关联度不大。学历是就业选择的重要因素，大专以下学历的农民工回流意愿较强，高学历农民工外流倾向强烈（表3-15）。

表 3-15　受访农民工文化程度与就业创业地选择的关系（单位：%）

文化程度	2016 年计划				2015 年	
	在家就业	市内其他城镇就业	市内创业	市外就业	市内就业	市外就业
小学	20.0	52.5	0.0	27.5	64.4	35.6
初中	11.3	42.3	4.1	42.3	45.5	54.5
高中（含高职）	11.3	43.4	5.7	39.6	57.4	42.6
大专及以上	4.6	40.9	0.0	54.5	50.0	50.0
没读书	14.3	85.7	0.0	0.0	71.4	28.6

（3）从事含金量较高职业的农民工市外就业比例高，普通工人回流意愿最强。资本所有者和管理人员更愿意到市外就业，服务人员一般在市内就业，而普通工人回流意愿强（表 3-16）。

表 3-16　受访农民工职业与就业创业地选择的关系（单位：%）

职业	2016 年计划				2015 年	
	在家就业	市内其他城镇就业	市内创业	市外就业	市内就业	市外就业
农民	38.1	23.8	4.8	33.3	57.1	42.9
普通工人	10.0	52.9	2.9	34.2	44.4	55.6
服务人员	12.7	60.0	0.0	27.3	69.1	30.9
技术人员	8.3	52.8	2.8	36.1	59.5	40.5
管理人员	10.3	20.7	6.9	62.1	34.5	65.5
资本所有者	0.0	23.1	7.7	69.2	15.4	84.6

3）创业影响因素

（1）心理资本[①]水平逐渐上升是较为重要的制约因素。尽管传统的资金不足、创业能力和项目等因素是制约农民工创业的主体因素，但其他多项影响因素基本上可以归因于心理层面，统计表明心理资本和社会资本越来越明显地成为抑制农民工创业意愿的主要因素（图 3-4）。

（2）农民工创业需要政府支持的事项。农民工希望政府在贷款协调、优惠政策、技能培训和创业帮扶等方面予以帮助支持（图 3-5）。

---

① 心理资本是指个体在成长和发展过程中表现出来的积极心理状态，是促进个人成长和绩效提升的心理资源。

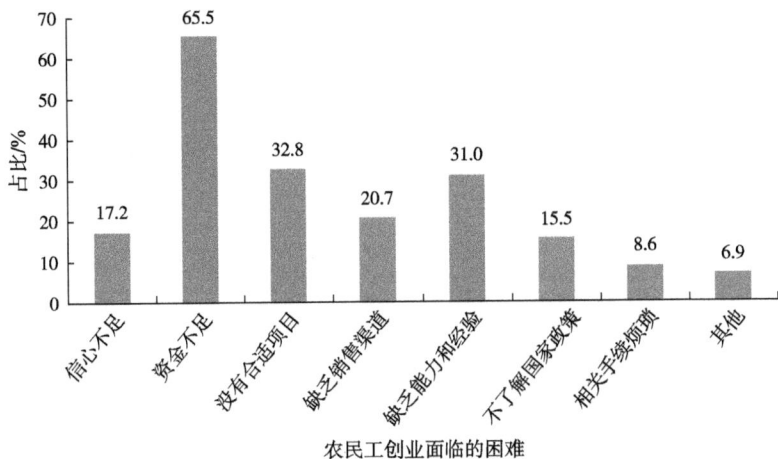

图 3-4　受访农民工创业面临的困难

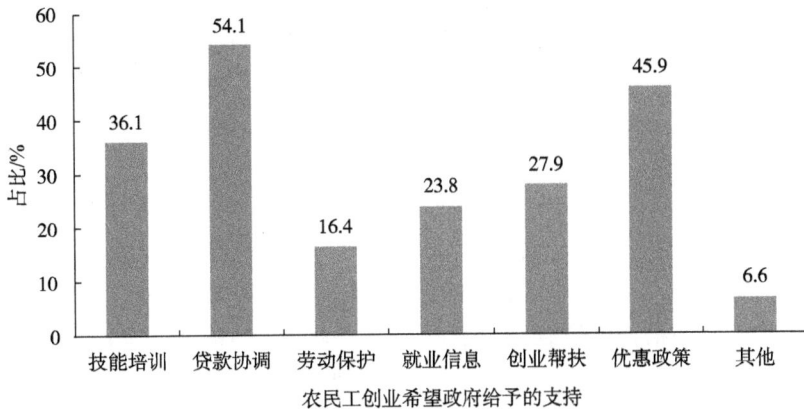

图 3-5　受访农民工创业希望政府给予的支持

4）问卷的启示与思考

（1）如何拓宽就业容量并合理引导人口分布。要创造更多就业岗位，当前供给侧结构性改革是一个很大的机遇，需要我们在推动产业升级时，抓住优化产业结构的同时优化产业布局，引导返乡人口的有序流动与合理分布。按照主体功能区的要求，实现产业跟着功能走，人口、土地跟着产业走，为人口、经济和产业合理分布奠定空间基础。

（2）如何完善就业平台并强化技能培训。供给侧结构性改革本质上就是要优化产业结构，如果这个问题解决了，而产业工人的技能问题没有解决，那么，结构就不可能从根本上得到优化。所以，这是个"双提升"的问题。就业服务平台建设涉及线上线下就业培训、信息平台、培训体系、培训方式、职业资格考核和职业技能鉴定等一系列问题。

（3）如何搭建创业平台并搞好创业帮扶。关于受访农民工普遍反映的创业资金不足问题，可以尝试建立创业贷款风险补偿金、创业担保基金、调整税费和用地等支持的制度，降低农民工创业门槛。搭建创业平台要围绕区域功能定位、主导产业配套进行。

3. 关于回流选择和职业保障的调查与思考

兰州大学万国威教授基于我国农民工流动轨迹的理性抉择与未来偏好的主题，近年来在 7 个城市对 2 361 名农民工进行了实证调查，并取得了一系列基础数据。

1）提出问题

关于农民工等迁移人口的回流效应目前尚未形成一致看法，回流选择与职业损益的关联性也存在广泛争议，这主要是研究指标、地域和人群三大差异造成的。研究发现，1980 年前后的新生代农民工与原生代农民工显著不同，而且在福利待遇、劳动强度、安全环境和自组织程度方面都具有明显的代际差异。基于此，万国威教授希望规避上述研究漏洞，通过更全面的职业保障体系来评估两代农民工回流选择造成的职业损益，并在区分不同区域农民工的基础上探讨回流农民工的现实境况与未来路径。

2）调查状况

2013 年 3 月至 2014 年 2 月调查分别在天津、上海、广州、武汉、成都、兰州和哈尔滨 7 个城市同时开展。研究采取目标抽样和分层抽样相结合的方式，通过被调查者基本特征指标的控制进行抽样设计；通过访问员入户调查方式，采取当场回收来确保调查样本的客观性。本次分析中所选用的有效问卷为 2 361 份，问卷有效率达到 94.176%。

从样本分布状况来看，"80 后""90 后"已经构成农民工的主体，占据总数的73%左右；各调查地点的人数分布基本均衡；男性比例接近 6 成；少数民族约占3.4%，与我国民族结构基本类似；外地农民工约占 67.5%；身体比较健康的农民工约占 75.6%，其余的有部分疾病。

3）职业保障的宏观概况

表 3-17 中显示了各地农民工的职业保障状况。原生代农民工与新生代农民工的外迁比例在不同地域出现了较大程度的区别，其中华北和华南地区的农民工迁移比例普遍较低，华东、西南和中南等地区的农民工外迁比例则明显偏高，华北、华东和华南地区往往成为农民工跨区域流动的主要流入地。

表 3-17　各区域农民工职业保障与外迁状况的概况

户籍	样本比例/%	职业保障/%		原生代农民工		新生代农民工	
		综合水平	代际提升	外迁比例/%	迁移方向（前三名和后三名）	外迁比例/%	迁移方向（前三名和后三名）
华北	8.217	13.924	11.967	20.294	华东、西南、东北，华南、中南、西北	46.508	华东、西南、东北，中南、华南、西北
华东	18.255	14.014	6.807	62.174	华北、华南、中南，西南、西北、东北	51.772	华北、华南、西南，中南、东北、西北
华南	10.080	13.422	13.112	12.632	华东、中南、西南，华北、东北、西北	17.979	华东、中南、西南，华北、东北、西北
中南	25.413	12.169	15.738	77.123	华南、华北、华东，西南、东北、西北	48.767	华东、华南、华北，西南、西北、东北
西南	14.612	13.584	18.900	46.937	华南、华东、华北，中南、西北、东北	39.915	华东、华南、中南，西北、华北、东北
西北	9.784	11.688	15.341	28.750	华北、华南、西南，华东、中南、东北	36.425	西南、华北、华东，中南、东北、华南
东北	13.638	11.764	21.695	23.924	华北、华东、东北，中南、西南、华南	30.988	华北、华东、中南，华南、西南、西北
总体	100.00	13.355	13.676	44.286	华北、华南、华东，西南、西北、中南	40.691	华东、华北、华南，中南、东北、西北

利用地理信息系统（geographic information system，GIS）技术进一步分析我国 30 个省（自治区、直辖市）农民工的职业保障状况。从聚类分析结果来看，东部地区的优势较为明显：北京处于绝对领先地位，得分 17.306，位于第一层级；天津、浙江和广东的得分分别为 16.133、15.903 与 15.801，处于第二层级；上海、江苏和陕西的农民工属于第三层级，分值分别为 14.883、14.792 和 14.579；湖南、四川、河北、山西、河南、山东和安徽的得分为 13.688~13.984，位于第四层级；吉林、重庆、青海、新疆、内蒙古、江西、辽宁、甘肃、湖北、云南、宁夏、贵州和黑龙江 13 个省（自治区、直辖市）位于第五层级；而海南、广西和福建的职业保障状况得分比最高地区低 40%~43%。

4）不同区域外流趋势的损益评估

我国不同区域农民工外流地域与回流损益的关联度数据显示，尽管"孔雀东南飞"式的流动趋势在短期内不可逆转，但是部分中西部地区已经开始显现出优势。东部地区仍然在劳动力外流过程中占据优势地位，中西部地区的农民工在东部地区的就业活动往往容易获取比本地区工作高 9.4% 的职业保障水平；同时，东部地区内部的劳动力转移规律则是"自北向南"逐步增强，华北地区农民工向华东与华南地区的转移往往带有 10% 以上的收益，而华东与华南地区农民工的逆向转移则带有负向效果，因而东部地区内部的"自北向南"转移规律可能会继续与整体性的"自西向东"转移趋势并存。与此相比，中南、西北与东北地区农民工在向东部地区的外流过程中往往伴随职业保障能力的大幅度提升，这种基于职业保障能力提升而形成的理性收益，在未来有可能会继续支撑我国大规模的劳动力区域转移；在这三个欠发达地区的内部转移过程中，中南地区农民工向东北与西北的流动往往带有明确的正向收益，西北与东北地区农民工的劳动力转移则带有职业损伤，这体现出中部地区农民工具有更为迫切的劳动力转移需求和更多的职业保障手段，并在未来容易促使湖南、湖北和河南形成更多元的劳动力外流趋向。西南地区农民工在向东部地区转移时不具有明确的职业保障收益，因而该地区可能会随着产业结构的变化而产生逐渐上升的回流潮。

5）研究结论及其评价

（1）农民工向中西部转移的特点明显。改革开放以来，我国农民工出现了大规模的劳动力转移，并呈现出自西向东、自农村向城镇、自欠发达地区向发达地区转移的特征。近年来，跨区域现象明显弱化，中西部地区就业的农民工人数逐渐增长。不少学者将这种现象视为身份认同、家庭照顾或经济危机等外在因素影响下的被迫回流，而没有考虑农民工在就业过程中基于职业保障状况而进行的理性抉择，这种忽略农民工主动性的研究结论往往与现实的农民工行为趋势具有较大的差异。

（2）转移呈现的基本特点。农民工回流选择与职业损益之间的关系具有三个基本特点。一是从整体分布看，回流选择对职业保障具有显著的损伤，但这种职业损伤与个体资本的弱化不具有必然联系，农民工的回流选择与职业保障呈现出负向的关联性，但回流选择的影响并不依靠个体资本的弱化而形成，而是由就业地点保障制度的完善度决定。二是从区域差异看，不同地域回流选择对其职业损益的影响具有明显的差异，且主要集中在新生代农民工。农民工的区域回流主要呈现出三种向度的影响：华东、西南农民工的回流选择对职业收益具有强烈的促进作用；华北和华南农民工的回流选择与职业保障的关联并不紧密；而中南、西北和东北地区的农民工则在劳动力外流过程中具有更高的收益。三是从未来路径看，"孔雀东南飞"的趋势在广大农民工的选择上仍然是主流，但部分产业发展和结构调整先行的中西部地区已经为农民工提供了就业基础；从目前东部、中部和西部地区的状况分析来看，利益诱导仍然会保持西流向东的基本分布特征，东南沿海地区在产业发展上的优势在短期内仍然明显，但西部部分地区职业保障能力的快速提升能为农民工回流奠定好的基础。

6）问卷的启示与思考

（1）如何持续加强中西部的职业保障能力？经济发展区域均衡有赖于劳动力转移的合理分布，长期以来中西部地区落后的产业使其职业保障能力低下，致使大量劳动力外流，国家产业政策应当关注中西部地区的产业体系培育和安全环境的形成，为农民工就业创业奠定基础。

（2）如何合理引导农民工转移？我国农民工的就业趋势短期内仍然会自西向

东外流，但长期保持这种趋势不利于国家区域平衡，强化中西部劳动者承载能力提升和职业保障改善，促进农民工转移由单维转向多维，从过分集中在东部转向全国流动，国家生产力布局政策应当充分促使这种变化趋势，科学协调农民工外流与回流的关系。

（3）重视新生代农民工的特殊需求。当前作为用工主体的新生代农民工自从业开始就接受城市文化，与产业工人在一起，价值观与老一代农民工有较大差异，他们更加重视各种权利的诉求，更加重视综合权益而非单一的经济收入保障，更加重视平等和公正的待遇，这些变化也是影响农民工流动格局变化的原因；因此强化企业的用工制度，构建更加符合新生代农民工需求的政策环境为新生代农民工的合理流转提供制度上的支撑。

（二）关于土地流转和农业生产组织方式

1. 农村土地承包问卷调查与思考

工业化、城镇化和农业现代化的推进，使中国农村土地领域出现了一些新情况、新问题，改革完善农村土地制度的呼声比较强烈。为了解农民群众对农村土地有关问题的看法和态度，"中国新型城镇化理论与实践"丛书编委会的同志深入河北省鹿泉市、衡水市桃城区，对8个乡镇16个村的219名农民进行了问卷调查，为保证数据的准确性，采用访谈形式进行问卷调查。

1）问卷的基本情况

（1）清晰的土地产权意识严重缺乏。认为承包地归国家、集体所有的农民分别占31%和36.1%，认为归自己所有的农民占26%，还有6.9%的农民不清楚归谁所有。经追问，认为承包地归自己所有的农民中，很多是因为不了解所有权与承包经营权的区别，将两者混同；认为归国家、集体所有的农民则往往补充一句，"地由我承包，我种地"。

（2）对土地承包经营权证作用的认识过高。调查对象中四分之一没有土地承包经营权证，个别村庄的村民几乎都没有，但多达85.4%的农民认为土地承包经营权证有用。当被问到有何作用时，农民往往回答"平时没有什么用，但出现纠纷、征地补偿时可以证明土地是我的"。但农民的这一认识与法律规定有很大差距。按照《农村土地承包法》，承包经营权的凭据是承包合同，经营权证仅起到确认作用，一旦发生冲突，应当以承包合同为准。

（3）第二轮承包以来人口均呈上升态势。调查的村庄少则增加几十人，多则增加几百人，46.6%的农户增加了人口，人口没有变与减少的农户占比分别为34.7%和18.7%。同时，平均每个村庄增长114人以上，远多于减少的29人。这意味着在设计"长久不变"政策措施时，应当重点考虑如何解决人口增加出现的人地矛盾。

（4）多数不支持"增人不增地、减人不减地"的政策。64.8%的农民认为该项政策不好，理由是 30 年时间太长，"死去的人占着地，增加人不增加地，吃不上饭，不公平"，问卷在涉及"你们村要求调地的农民为什么想调地"时，选择"家里人增加了，没地不公平"的占 82.2%。通过座谈了解到，土地承载的社会保障功能以及现实经济利益（如获得种粮补贴、流转可以获得租金、征地可以获得大额补偿等）是要求均分土地的重要动因。但农民对该政策的评判不仅仅基于自身利益，还受到传统公平观的影响：人口减少和没有变的村民按理是"增人不增地、减人不减地"政策的受益者，但仍有 46.3%和 60.5%的农民认为此项政策不好。在群众"按人分地"观念的影响下，走访的有一半的村自二轮承包以来集体对土地进行过调整，除 4 个村是利用机动地或补充耕地为新增人口调地外，有 1 个村进行过时间不固定的小调，还有 3 个村定期调整过土地，分别为"3 年一小调，5 年一大调"、"5 年一小调，10 年一大调"和"5 年一大调"。这表明，尽管中央一直强调稳定土地承包关系，但"土地均分、人人有份"仍然是相当数量农民群众的诉求。

（5）关于第三轮承包应重新分地。在"二轮承包到期后，你认为是否应该打乱重分"一项的问卷中，回答"应该"的占 40.6%，回答"应该但很困难"的占 19.6%，只有 39.3%的回答是"不应该"。同时农民对该不该打乱重分的态度还受征地补偿分配方式的影响。鹿泉市近年来征地较多，补偿款除 20%留给集体外，80%都给了被征地农户，因此 53.2%的农民认为第三轮承包时不应打乱重分，还有 26.1%的农民认为"应该但很困难"，理由是"补偿款他要了，到时候拿我们的地给他可不行"。衡水市桃城区受访村庄由于征地较少，多数征地后"钱平分、地重分"，个别还在"3 年一小调，5 年一大调"，农民认为不应该打乱重分的占 25%，认为"应该但很困难"的占 13%，均低于鹿泉市的一半左右。

（6）多数希望第三轮承包应规定具体期限。认为第三轮承包时应当规定具体期限的占受访农民的 71.2%。其中，选择 10 年的最多，占 41%，理由是"10 年的时间不短也不长，能够保证新增人口有地"；其次为 30 年，占 19.9%；选择 50 年的只占 2.6%。此外，还有选择 20 年、5 年、15 年的，分别占 16.7%、14.1%和 5.7%。仅有 24.2%的受访农民赞成"永远不变"。这与农民对"增人不增地、减人不减地"的态度一致。同样表明农民主要关注土地使用权的公平性，一些学者倡导的"永远不变"乃至"私有化"并不符合群众期待。

（7）支持工商企业租地和承包地、宅基地抵押。68%的受访农民愿意在价格合适的情况下将地租给企业，不愿意租地的主要是担心企业经营风险和毁坏耕地，也有人认为自己种更合算。59.4%的农民愿意拿承包地和宅基地抵押贷款，当被问到"难道不怕还不了贷被收走地"时，多数人认为在贷款时会考虑个人情况、提前估计风险，不会随意抵押；也有少数人表示"共产党不会让我们吃不上饭、住不上房"或者"没想过这个问题"；还有人表示"我要不让收，谁也收不走"。

（8）多数农民反对城镇居民到农村买房。鹿泉市由于紧邻石家庄，受访农民表示有城里人来农村买房的现象。但无论是鹿泉市还是衡水市桃城区，均有超过60%的村民对此持不赞成态度，理由主要是会占用土地资源、会抬高土地价格以及影响村民居住。表示"赞成""不好说"的分别占的20.1%和19.9%，理由是买房是当事人双方的事，没有必要干预。

（9）多数农民愿意宅基地整理后住楼房。对于"如果交出宅基地，可以免费上楼居住，你是否愿意"这一问题，55.2%的农民表示愿意，理由主要是居住舒适、干净卫生；有14.2%的农民表示要看户型、面积决定；表示不愿意的占28.3%，主要是担心农机农具放置、粮食晾晒和上楼不方便的问题；还有2.3%的农户表示"不好说"。值得注意的是，在工业化、城镇化发展较快的鹿泉市，愿意上楼居住的农民占63.1%，而在工业化、城镇化发展相对滞后的衡水市桃城区，只有47.2%的农民愿意上楼居住。

2）问卷的启示与思考

尽管问卷的样本不多，区域范围也比较小，但相对而言，两个地区的基本特征有代表性，其中还考虑到距离大城市的远近；所涉及的具体内容覆盖面也比较广，所以，问卷的现实价值是比较高的。从问卷所涉及的问题来看，尤其是从农民的回答中，我们能得到的启示与思考如下：

（1）如何提高农民的法制意识和水平。农民没有清晰的土地产权意识，普遍对公有的概念虚化，特别是受30年承包政策的影响，把经营权与所有权混为一谈，这不利于保护正当的土地权益，也不利于土地的正常流转。

（2）如何保持土地承包政策既与时俱进又符合农村实际。"长久不变"的政策设计必须改变，这个政策设计是将问题固定在一个特定的时间，随着农村人口结构和数量的变化，固化的政策和新条件下的人口必然发生很大的矛盾，如果不正视这一矛盾，将带来新的不公平并严重影响新农村建设的发展。

（3）如何使宅基地的效用最大化。近年来，部分地区已经开始出现城市居民到农村购房和变相买宅基地的现象，从"小产权"房到买宅基地的过程，实质是农民如何看待自己宅基地价值的问题，以及保证城市房地产健康发展的问题，必须进行相应的政策设计并引导农民如何切实保护好宅基地使用权。

（4）如何引导农民集中居住。我国国土特点的差异性很大，但农民集中居住是一个基本趋势，不同地区有不同的集中居住规模，不能只有一个统一政策和标准；要考虑平原的机械化规模化耕作与中西部山地小块作业的特点，引导农民相对集中居住。

2. 关于农民专业合作社的调查与思考

1）问卷的基本情况

截至2015年底，我国共有农民专业合作社153万多家，比2014年增长了22.6%。

出资总额为 34 万亿元，比 2014 年增长了 25.27%，成员达到 4 159 万人。但合作社高速发展的同时，假、空、小、弱、散的问题突出，民主管理制度不能落实，盈余分配中存在大户和企业侵占普通社员利益的情况。华中师范大学中国农村研究院依托"百村观察"项目平台，就"农民合作社发展问题"对我国 31 个省（自治区、直辖市）、254 个村、3 263 个农户进行了问卷调查和深度访谈，基本结果如下。

（1）合作主体不积极。在 3 152 个有效样本中，表示想加入合作社的农户比例仅为 25.23%；55.49% 的农户不想加入；还有 19.28% 的农户表示"不清楚"，持观望态度；大部分农户加入合作社的意愿较弱。

（2）合作资源不充足。在 236 个有效村庄的样本中，有 79 个村庄发展合作社面临的最大困难是缺少资金，占比约为 33.47%；有 49 个村庄发展合作社的最大困难是"土地流转难"，占比约为 20.76%；此外，有 19.07% 的村庄面临的最大困难是"缺乏带头人"。资金、土地和带头人三大原因所占比例之和超过七成，表明农民合作社发展面临的主要困难还是有关人、地和钱资源短缺的束缚。

（3）合作机制不完善。对合作社存在的最突出问题的调查结果是，表示"合作社组织化程度不高""产业化经营程度低""市场信息不畅通""合作社日常管理不规范"的占比分别为 11.90%、11.90%、11.90% 和 9.52%，四者占比和为 45.22%，可见有近五成的农户认为合作社运行机制方面存在突出问题；课题组在入户访谈时，不少农户反映："村里的合作社就是几个村干部随意管管，规章制度都是摆设。例如，合作社分红时，有的就不按制度办事，合作社成员之间扯皮时常发生。"

（4）合作扶持不到位。64.71% 的合作社农户表示政府部门对他们"基本没有什么帮扶"，35.29% 的农户表示"有一些帮扶"。同时，对不同地区而言，东部、中部、西部地区合作社农户表示"基本没有什么帮扶力度"的占比分别为 50%、60 % 和 68.18%；可见，地方政府对合作社发展的扶持力度不够，尤其是西部地区的扶持更为缺乏。

2）问卷的启示与思考

（1）如何考虑农村合作社的分类政策。农村合作社是一种生产力组织形式，必须与生产力发展水平相适应，我国东部、中部、西部地区的差距很大，特别是农村生产力发展水平的差距就更大，如果用统一的政策进行主导，必然出现问题；一般来说，处于平原的东部和东北地区，可以组织大规模的以农业现代化为特点的生产组织方式，这便于机械化的作业。而对于处于山地的中部和西部，应该考虑以家庭和较小规模为主的组织方式。

（2）如何充分尊重农民的选择。尊重农民在生产组织方式上的选择，不仅仅只是尊重人权的问题，而是由农村生产力发展水平决定的；我国成功实施了两轮承包，其中一个最重要的原则就是尊重了农民的自愿和首创精神，没有自愿就没有创造；到今天，发展力水平仍然如此，我国农业生产力发展水平总体上还不高。

（3）如何引导有条件地区的农民走合作之路。特别是东部和东北地区，已经具备组织较大规模合作社的条件，各级政府应该积极加以引导，加大扶持的力度，稳定扶持政策，积极创造条件让农民想合作、能合作、愿合作。

（4）如何使合作社机制逐渐完善。这个问题比较复杂，涉及内部和外部共同发力。从内部看，有带头人、信息获得和管理水平等一系列的问题要解决；从外部看，有扶持政策、创造条件和着力引导等问题需要解决。

3. 关于家庭农场调查与思考

农业规模化经营是农业现代化发展的必然趋势。继种植大户、农民专业合作社、农业公司之后，在家庭联产承包的基础上，探索新的农业经营方式势在必行。在此背景下，作为粮食主产区的河南省舞钢市从 2011 年开始立足家庭农场的培育；部分专家学者在 2013 年下半年，就家庭农场的培育和发展对该市 18 个登记注册的家庭农场进行了问卷调查与访谈。调查发现，家庭农场在经历了摸索和实践之后已经初见成效，但也面临一系列的困境。

1）家庭农场发展中面临的典型困境

（1）土地流转难。土地是农业生产的基本生产资料，也是发展家庭农场、实现生产规模经营的基础。现实中存在的土地产权不清等问题已成为家庭农场发展的重大阻力。一是土地产权不清。舞钢市家庭农场的土地流转采取"双合同制"，即家庭农场不仅要和流转土地的农户签订合同，还要与村委会签订合同。官方对此的解释如下：现行土地制度的要求，因为农民流转出去的只是土地经营权，而土地的发包权在村集体，现行制度只有村委会可以代表村集体，即村委会应该掌握土地流转的最终决定权。农场主们认为，要流转土地，首先要把村委会打理好，因为土地流转给谁最终还是村委会说了算。为了改变这种现状，有家庭农场主建议土地承包政策期限满后，国家应该把土地收回来，在乡镇成立管理部门，让农场主直接从政府手里租地。有家庭农场主说道：这里原本是山冈荒地，我们流转后，几户因为地界划分不清，争执不休，还打了官司，法院用了全球定位系统（global positioning system，GPS）测量仪，又到公证处公证，花费了好几个月；调研中发现由于农户间土地界限不清晰，增加了土地流转的复杂程度。二是土地连片难。人多地少带来土地碎片化现象，舞钢市人均耕地面积为 1.5 亩，家庭农场流转土地涉及多村多组。调研的 5 个典型家庭农场参与土地流转的农户为 34~230 户，单户流转出的土地面积都不大，一个家庭农场流转土地 226 亩，涉及 29 户，最大的流转面积仅为 7.32 亩，最小的只有 0.49 亩，不足 1 亩的有 9 户，流转在 5 亩以上的仅有两户。由于土地碎片化，农场主不得不进行频繁的交易商谈，增加了流转的工作量和难度。有农场主租 1 000 亩土地，签合同就花费两个月。家庭承包必然使土地分散碎片化，建立农场需要重新整合，但由于经营权交易困难，家庭农场起步维艰。加之流转的农户还有"菜园地""坟头地"等问题，小农意识、乡土观念和"恋地"情结等，都成为制约家庭农场土地流转的因素。三是土地租金高。舞钢市土地租金按照当年粮食保护价折合现金进行结算，每年在秋收前支付第二年地租，三年一调，只涨不降。由于家庭农场经营较好，"荒地返青，荒山生金"。农民又纷纷要求调高地价。一位农场主形象地说，我租的这片地抛荒了十几年，流转过来种植果木效益不错，农民就纷纷要求涨价，调研的家庭农场2010年的地租是300元/（亩·年），2012年就涨到400元/（亩·年），不涨价农民就搞破坏。农场主流转的土地多为山地和荒地，这大大增加了农场主的生产成本，如果随意涨价，家庭农场是难以经营的。

（2）信贷融资难。家庭农场普遍面临资金筹措难的问题。由于本章对此问题进行专门的问卷分析，在此不加以过多阐述。一是银行贷款门槛高，普遍存在农场固定资产及地面作物评估后的价值无法成为抵押资产，除了宅基地，农场很少有其他抵押物，资金困难问题很难解决。二是政府扶持力度小。家庭农场有"投入周期长、见效慢"的特点，国家农业补贴政策只针对有土地承包权的农户，呈现"撒胡椒面"状态，补贴政策不随着土地使用权的流转而转移，真正需要补贴的家庭农场主却得不到补贴。

（3）经营管理难。家庭农场当前的发展还面临劳动力缺乏、劳动者职业素质低等问题。一是种植大户的崛起和家庭农场的出现，逐渐出现了"用工荒、请工难"的现象。例如，舞钢市家庭农场用工就面临"老龄化、妇女化"；调查的8个乡镇家庭农场都常常面临"用工荒"导致"农作物种不上，农产品收不回"的困扰。"用工荒"后面紧跟的就是用工价格连年增长。2011年工人费用每天为35元，2012年涨到50元左右，2015年平均达到100元左右，农场主都面临请不起工人的局面。在深度访谈的5个典型家庭农场中，农忙"双抢"时节，有的家庭农场日用工高达200人，工资不仅要比平常高，有的农民还要求专车接送。二是劳动力职业素质低。由于传统农业的自然经营模式，基本上是靠经验种地，对农业科技了解甚少，对农业机械缺乏使用技术。一方面，留守农村的大多是妇女、儿童和老人，农场缺乏农业技术人员和农机具专职操作员，往往是"半把式"就匆匆上阵，存在安全隐患，操作也不规范。另一方面，家庭农场产品被偷现象较为普遍，挖出的花生没来得及搬运就被人偷走，玉米熟了也常常有人偷，大面积农场也不可能用大量雇工去看护。一位曾经被称为舞钢市"土地流转第一人"的农场主，其农场种植成熟的几百亩辣椒被公开抢光，由于法不责众，也不了了之。三是抗风险能力弱。农场处于起步阶段时，各种配套设施尚不健全，与普通农户相比，家庭农场面临更大的自然风险和市场风险；由于规模较大，没有小农户晾晒、仓储的优势，其抵御风险的能力相对弱。2013年由于河南省普遍面临高温、干旱等自然灾害，粮食大幅减产。舞钢市的家庭农场种粮亩均纯收入比2012年平均少了300元。此外，现代农业与传统农业的最大区别在于生产经营的市场化、产业化、信息化和设施自动化，现代农业和信息社会的应用，可以降低农业生产在市场化中的风险，然而目前的家庭农场发展是规模形成了，但规模效益未必就能得到提升，现代农业和信息化不会自然到来，不能简单地认为面积扩大和单位面积投入减少，就一定会出现规模效益，这还取决于很多因素。目前的舞钢市家庭农场还没有完全建立起风险预测能力和机制，缺乏对区域乃至国内外农业信息的了解，风险抵御配套设施和能力都不健全，农场"靠天吃饭"的成分仍然很大。

（4）基础设施建设难。基础设施是现代农业发展的基石，长期的承包制使我国农业的基础设施多年失修，这会成为家庭农场健康发展的障碍。一是基础设施资金不足。舞钢市家庭农场普遍面临基础设施建设难的问题，基础设施建设不仅需要巨额的资金，还需要专业的规划设计，加之舞钢市的家庭农场一般都建在坡地荒地上，这些地区原有基础设施基本是空白，农场需要投入大量资金建设水、电、路等基础设施，而基础设施的投入占农场总投入的比例较高，并且大大高于平原地区，要实现规模化经营，必须将大量资金投入基础设施，家庭农场连最基本的道路硬化都没有能力完成；舞钢市政府在水、电、路等基础设施上予以建设的协调，但不直接给予资金补贴。二是租期短，投资基础建设风险大。土地产权不清晰、土地经营使用权不明晰、农场主与农户之间的租赁关系不稳定，这些现象的存在使部分有能力投资的农场主难以下决心投入基础设施，有农场主说，目前土地流转合同只签了五年，五年后是什么情况不能确定。这种状况不可能使农场主投资大量的基础设施，所以规模化所必需的一些技术措施都不能到位，自然影响规模效益。农民的法律意识淡薄导致租赁关系不稳定也是其中的原因之一。土地经营权流转普遍存在程序缺乏规范性的问题，大部分农户只采用"口头协议"形式。农场主反映，合同对农民来说根本没用，农民只要看见种地赚钱了，就会强制性要回土地，合同在他们看来只是租地凭证，并无承担法律责任的意识。此外，家庭农场的种植面积较大，产量也较大，缺少专门的粮食烘干设备和仓储设备，柏油马路便成了晒场；由于缺乏基础设施，为了防止粮食发霉，一些农场不得不低价出售粮食，这在很大程度上影响了家庭农场的健康发展。

2）问卷的启示与思考

（1）如何制定适应新型经营组织的土地流转政策。经营组织形式与土地耕作规模紧密相关，要扶持新型经营主体，就需要相应的土地流转政策，尽管我国农村的土地流转是本着农民的志愿，但政府制定相应的政策是非常必要的，通过相关政策可以指导和引导土地的正常流转，有利于新型经营组织的健康成长。

（2）如何对新型农业经营组织进行政策性金融支持。农业是一个特殊的产业，其特殊性表现在"靠天吃饭"，要具备抵御自然灾害的能力，需要投入相当的基础设施，而绝大多数的家庭农场都没有这种投入能力，各级财政也不可能大规模投入，在这样的情况下，国家应该设计农业政策性金融机构来帮助家庭农场进行必要的基础设施建设，给予长期低息甚至无息贷款，否则，新型经营主体将难以获得规模经营效益，也将难以维持可持续发展。

（3）如何努力提高农民的文化知识水平。现代化农业需要现代化的农民，长期小农经营单打独斗，我国广大农村特别是中西部农村的农民已经习惯了经营自己的"一亩三分地"，缺乏整体大局长远的意识，这不利于农业现代化的发展，必须把提高农民的文化知识水平放在极为重要的位置，尤其是对"农二代"需要普及中等专业技术以上的知识，使农民能用科学技术知识进行农业现代化建设。

（4）如何有计划地进行农村基础设施建设。家庭农场没有投入大规模基础设施的资金能力，而要进行规模经营，没有基础设施是不行的，这里要分为两类：一是各级政府应该提供的路、水、电、气和农田水利设施；二是经营者自己出资建设的提灌、农业机械和农田小道等。各地区应该根据本地的实际情况，由各级政府制定农村基础设施规划并付诸实施，为新型农业经营主体提供最基础的农业发展基础设施；而各个经营主体也要从实际出发，投资建设自己经营所必需的设施。

（三）关于统筹城乡资金需求的问题

钱从哪儿来是统筹城乡难以回避且必须面对的一个巨大问题。不论是农村居民进城，还是农业现代化都离不开资金的投入。而我国传统的国家财政资金安排结构中并没有这一笔支出项，从现行体制的角度来看，可以而且应该通过投资结构调整来解决一部分，但我国正处于经济下行压力阶段，且这种压力将成为一种常态，原有的财政支出结构多为刚性较强的科目，尽管从现行财政体制中可以进行必要的调节，但是，从总体上看，统筹城乡必须另辟新的道路，寻求新的渠道，特别是通过改革的途径去解决统筹城乡资金的新来源。如果要从自身考虑，那么，党的十八届三中全会指出的增加农民财产性收入应该是一条重要道路，我国农民的财产，目前主要体现在宅基地使用权、承包地经营权和林权上，如何盘活"三权"可能是解决统筹城乡资金来源的一个重要渠道。2015 年 12 月，西南大学"重庆市农村产权抵押融资问题探究"课题组集中力量，对位于重庆市主城九区和边远的永川区、江津区、武隆区与开州区的调查农户、经营主体及金融机构，分别发放问卷，回收并获取了较大比重的有效问卷。调查样本覆盖区域有较强的多地区的代表性，所以具有较强的可信度。

由杨庆育指导的重庆市生产力中心课题"重庆产权融资分析研究"，对重庆市地区农村产权抵押融资进行了调查分析。在 2016 年上半年组织了调查。调查样本贷款需求方共发放 435 份，其中有效问卷 418 份，有效卷中的农户家庭有 305 份，约占有效样本总数的73%；其余为经营主体，包括种养大户、家庭农场、农业专业合作社、农业产业化企业和农业服务组织等；贷款供给方的金融机构发放36份，获得有效问卷31份。调查结果统计分析如下。

1. 农户信贷需求与信贷行为

1）农户的经济特征

305户农户的经济状况表现出五个特征（表3-18）。

表3-18　样本农户的基本经济特征

项目	选项	户数/户	所占比例/%
农户的具体类型	普通农户	175	57.38
	乡村旅游发展农户	74	24.26
	城镇个体经商户	56	18.36
家庭主要负责人文化水平	小学及以下	101	33.11
	初中	161	52.79
	高中	43	14.10
	大学	0	0.00
家庭固定资产价值	1万元以下	89	29.18
	1万~3万元	118	38.69
	3万~5万元	50	16.39
	5万元以上	48	15.74
从事的农业生产	种植业	146	48.00
	养殖业	14	4.57
	种养业混合	101	33.14
	其他	44	14.29
非农业收入占家庭总收入的比例	10%以下	79	25.90
	10%~30%	94	30.82
	30%~50%	67	21.97
	50%~70%	38	12.46
	70%以上	27	8.85

由表3-18中的数据可以得到以下特征。一是普通农户占主体。普通农户占57.38%，乡村旅游发展农户占24.26%，城镇个体经商户占18.36%。二是家庭主要负责人文化水平整体较低。样本中，初中和小学及以下的占比分别为 52.79%、

33.11%，合计达到 85.90%。三是家庭固定资产的价值整体偏低。样本中家庭固定资产价值在 3 万元以下的占 67.87%，其中，1 万元以下的农户达到 29.18%，表明其抵押能力较低。四是家庭生产活动以种植业为主，种养业混合也占了较大比例。样本中有 48.00% 的农户从事种植业，33.14% 的农户从事种养业混合。可见重庆市普通农户主要从事的仍是传统的种养殖业。五是农业收入依旧是农户最主要的收入来源。在被调查农户中，非农业收入占家庭总收入的比重在 50% 以下的农户达到 78.69%。表明这些农户中有近 4/5 的家庭收入都是从附加值和比较优势比较低的农业中获取的，比较优势较高的非农业收入仅占很小的一部分。这与目前大家比较固有的认为打工收入占家庭收入的比重较高相左。

2）农户信贷需求状况及特征

（1）农户信贷需求现状。家庭经济规模一般比较小，年收入水平较低，加上大都以从事农业生产为主，这使农户家庭收入在很大程度上受到自然条件的制约，收入的稳定性和保障性较差，家庭储蓄普遍较低。一旦农户遇到需要一次性较大开支的事件时，资金短缺就在所难免。因此农户家庭有资金借贷需求的比例自然较高。表 3-19 中的数据显示，在有效样本中，有借贷需求的共 228 户，约占四分之三，农户对信贷具有较高的需求。

表 3-19　农户信贷需求状况

选项	户数/户	所占比例/%
有资金需求	228	74.75
无资金需求	77	25.25

但对不同类型的农户而言，信贷需求数量有典型的异质性特征：一是普通农户信贷有效需求不足。175 户的普通农户中无资金需求的数量偏大，达到 65 户，约占 37%，而且即使有信贷需求其数量也偏小，基本在 10 万元以下。这主要是因为农户承包经营的土地较少，需要的农业生产资料（如种子、农药、化肥等）发生的购买费用基本无须借款，生产资金缺口一般是通过自筹资金、民间借贷来满足。数据表明，70% 以上的农户认为不需要为基本生活和简单农业生产而进行借贷。究其原因，这主要得益于国家对种田的补贴，2015 年样本农户享受的补贴同比增长 10%，加上部分农户有打工等非农收入，不仅可以满足日常生活消费，而且多余资金弥补了小额的农业生产资料支出。此外，消费支出结构也逐渐从生存型消费向更高层次的享受型和发展型消费转变，产生了贷款消费意识。调查数据显示：消费性信贷需求占比为 49%，如子女上学、买大件消费品和婚丧嫁娶；而偿还借款只占 5%；等等（图 3-6）。农村贷款资金向集约、规模经营大户流动的趋势明显。

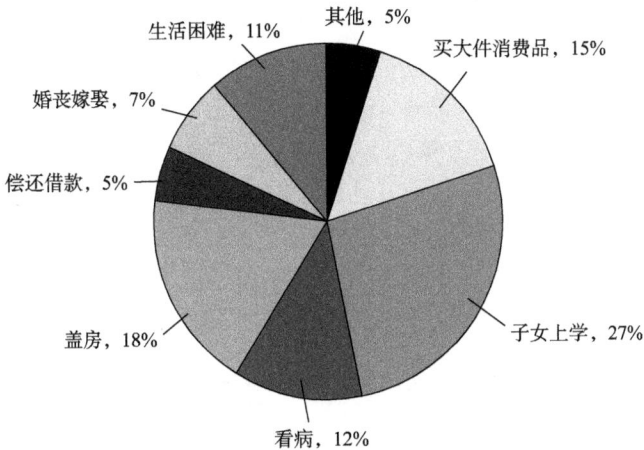

图 3-6　普通农户借贷用途结构

二是从事旅游发展的农户信贷需求较高。74 户乡村旅游农户中，72 户有信贷需求。调研组走访了其中 3 家，这 3 家分别从事农家乐、农业生态观光及体验式农业，年销售收入均达到数十万元，经营状况和销售前景良好，都有进一步扩大规模的意愿，有较强的融资需求。重庆乡村旅游业起步较晚，但这些方式顺应了休闲旅游与生态旅游的发展趋势，普遍受城市居民青睐，使其成为增加农民收入，乃至推进新农村建设的新亮点。但调研中发现一些明显的制约因素限制了金融资本进入乡村旅游业，不利于其健康快速发展。对乡村旅游起关键作用的有两个因素：一是资源；二是资本。资源是禀赋，投资是关键。2012 年初，中国人民银行等部委联合发布了《国家七部委关于金融支持旅游业加快发展的若干意见》，以加强和改进旅游业金融服务，支持和促进旅游业快速发展。该意见指出，各银行业金融机构要加大对小型、微型旅游企业和乡村旅游的信贷支持。这对融资相对困难的乡村旅游业无疑是雪中送炭。旅游农户都希望金融机构积极采取多种有效的信贷模式和服务方式，努力满足乡村旅游业的资金需求。

三是城镇个体工商农户有一定的小额信贷需求。调查数据显示，56 户到城市创业的个体农户中，有信贷需求的达 50 户，但融资困难。该群体的经营规模和资金需求量不足以考虑直接融资；间接融资又存在单笔贷款规模小、担保难、抵押品少、抗风险能力弱，经营计划性差，融资需求频度高、时间短，不愿公开太多的内部信息等问题，这些都造成银行资信调查困难。因此，他们往往是通过民间借贷进行融资，90%以上的样本都有民间借贷的经历；另一条路就是高息从非银行金融机构融资。

（2）农户信贷需求特征（表 3-20）。一是以小额资金需求为主，调查样本中，借贷期望值在 5 000 元以下、5 000~9 999 元、10 000~20 000 元的农户所占比例分别为 18.03%、32.79%、26.23%，10 000 元以下和 20 000 元以下的累积百分比分别为 50.82%、77.05%。这说明样本的生产规模和生活的总体水平不高。二是借贷期限以中短期为主。设计的 5 个选项分别为 6 个月以内、6 个月到 1 年以内、1 年到 3 年以内、3 年到 5 年、5 年以上，比例最大的是 1 年到 3 年以内，为 41.97%，三年以内的合计比重为 74.43%。可见，农户对信贷资金需求以中短期小额需求为主。这仍与农户从事生产生活的资金用途有关，多数借款主要用于教育、住房改造和农业生产等方面，由于生产经营活动规模小，收益率低，所以需要一个适中的借贷偿还期。三是资金需求以生活消费性用途为主。

表 3-20　农户信贷需求特征表

题目	选项	户数/户	所占比例/%
借贷期望值	5 000 元以下	55	18.03
	5 000~9 999 元	100	32.79
	10 000~20 000 元	80	26.23
	大于 20 000 元	70	22.95
借贷的期限要求	6 个月以内	6	1.97
	6 个月到 1 年以内	93	30.49
	1 年到 3 年以内	128	41.97
	3 年到 5 年	39	12.79
	5 年以上	39	12.78

3）农户的借贷行为选择

（1）信贷需求实际满足率较低。信贷需求的满足度主要考虑需求者是否得到了资金以及得到的资金是否与期望值相符。调查结果显示，在 228 户有信贷需求的农户中，实际发生借贷的仅有 128 户，占 56.14%，说明 50%左右的农户面临融资困境（表 3-21）。究其原因，可能主要是因为农户的收入较低且没有金融机构所能接受的抵押物。

表 3-21　农户的借贷行为

选项	户数/户	所占比例/%
有借贷行为	128	56.14
无借贷行为	100	43.86

（2）民间借贷是融资的重要渠道。128 户有借贷行为的农户中，通过民间借贷的为 74 户，占 57.81%。而通过正规金融机构贷款的仅有 54 户，占总调查样本

的 42.19%（表 3-22）。可见，民间借贷已经成为农户的重要选择。农户从正规金融机构获得贷款①的比例较低。一方面是因为民间借贷具有灵活、方便、低成本、不需担保或抵押等优点；另一方面是因为正规融资渠道存在两类严重约束。一是供给型信贷约束。20 世纪 90 年代以来，我国农村金融机构逐渐向商业化经营模式转变，贷款申请人必须达到正规标准才能获得贷款，西部农户的家庭显然在短期难以达到申请贷款的条件。当向有信贷需求但没有向金融机构申请贷款的农户问及原因时，26.56%的农户回答是"没有担保人或抵押品"，25.78%的农户回答是"手续太麻烦"，14.06%的农户回答是"银行内部没有熟人"。这说明农户面临的正规信贷供给型约束严重。二是需求型信贷约束。普通农户由于其投资收益率低、收入没有保障等，难以承受利息成本和还款压力，故一般不轻易向金融机构申请贷款，贷款需求被抑制，或转移到对民间借贷的需求上。在问及 128 户有信贷需求但没有获得正规贷款的农户其原因时，24 户认为"利息太高"，7 户认为"资金需求额度太小"，所占比例分别为 18.75%、5.47%。说明近 1/4 有信贷需求的农户受到了需求型信贷约束。

表 3-22 农户融资渠道及未申请正规贷款的原因

题目	选项	户数/户	所占比例/%
融资渠道	民间或非正规借贷	74	57.81
	向正规金融机构借款	54	42.19
有信贷需求但没有向正规金融机构申请贷款的原因	利息太高	24	18.75
	没有担保人或抵押品	34	26.56
	手续太麻烦	33	25.78
	银行内部没有熟人	18	14.06
	资金需求额度太小	7	5.47
	银行服务太差	8	6.25
	其他	4	3.13

2. 新型农业经营主体信贷需求

1）新型农业经营主体的经济特征

在对 113 户新型农业经营主体样本的统计数据中，分析出经营主体以下经济特征（表 3-23）。

---

① 本书所指的正规贷款既包括政策性扶贫金融机构（如中国农业发展银行）提供的一般性扶贫贷款，也包括农村信用社、乡村银行等商业性小额信贷机构提供的具有扶贫性质的小额贷款。

表 3-23　新型农业经营主体基本经济特征表

项目	选项	个数/家	所占比例/%
新型农业经营组织的具体类型	专业种养大户	17	15.04
	家庭农场	27	23.89
	农业专业合作社	24	21.24
	农业产业化企业	43	38.05
	农业服务组织	2	1.77
农业经营组织的出资形式	家庭出资所有	58	51.33
	亲戚朋友合伙出资所有	23	20.35
	社员入股、股份合作	20	17.70
	股份制公司	12	10.62
主要负责人文化程度	初中及以下	17	15.04
	高中	53	46.90
	专科	30	26.55
	本科	12	10.62
	硕士	1	0.89
经营组织员工的平均文化程度	初中及以下	6	5.31
	高中	45	39.82
	专科	45	39.82
	本科	17	15.05
	硕士	0	0.00
土地规模	100 亩以下	31	27.43
	100~500 亩	43	38.05
	500 亩以上	39	34.52
土地取得形式	土地租赁	60	53.12
	土地入股	11	9.73
	土地转让	15	13.27
	荒地开垦	5	4.42
	自承包地	17	15.04
	土地继承	5	4.42
土地取得地点	有固定土地市场	15	13.27
	与农民自由谈判	98	86.73

项目	选项	个数/家	所占比例/%
主要经营业务	种植业	30	26.47
	养殖业	35	30.97
	农机服务	3	2.65
	植保防疫服务	1	0.88
	农技服务	4	3.54
	农产品加工	28	24.78
	资产承包及租赁	5	4.42
	其他	7	6.19
经营中面临的主要困难	政策支持不足	20	17.70
	自有资本不足，资金缺口大	18	15.93
	金融支持不足	14	12.39
	劳动力短缺、成本高	17	15.04
	土地流转困难	17	15.04
	农业技术缺乏	12	10.61
	管理能力欠缺	5	4.44
	市场波动较大	10	8.85
	其他	0	0.00
经营组织的资产规模范围	100 万元以下	40	35.40
	100 万~500 万元以内	29	25.66
	500 万~2 000 万元	24	21.24
	2 000 万元以上	20	17.70
负债总额	10 万元以下	13	11.50
	10 万~50 万元以内	29	25.68
	50 万~100 万元以内	11	9.73
	100 万~500 万元	35	30.97
	500 万元以上	25	22.12
经营组织的年经营收入范围	100 万元以下	57	50.44
	100 万~300 万元以内	14	12.39
	300 万~500 万元	4	3.54
	500 万元以上	38	33.63

（1）经营组织类型上产业化企业比重大。调查的农业经营组织中，农业产业化企业所占比例最大，为 38.05%，其次是家庭农场，为 23.89%，二者合计约为 62%。

（2）经营主体的出资是家庭及合伙出资比重大。调查主体中，58 家属于家庭出资所有，占比为 51.33%，亲戚朋友合伙出资所有的 23 家占比为 20.35%，二者合计超七成。采取社员入股、股份合作的 20 家占比为 17.70%，仅有 12 家采取股份制公司形式，占比约为一成。一方面说明西部农村生产组织水平较低；另一方面也说明主体内部治理形式与其类型比例基本保持一致，不同类型的主体基本选择了与自身相适宜的出资方式。

（3）主要管理者学历程度整体较低。经营主体主要负责人的学历水平整体比较低，高中及以下的占 61.94%，而专科及以上的不到四成，其中本科以上学历的仅占 11.51%。由于西部农村新型经营主体起步晚，资本有机构成水平不高，前期主要依靠农业传统经验，40、50 的农民能比较好地发挥自己的优势，但这批人普遍没有受到较高的学历教育，以致到一定程度就会影响经营主体的整体管理水平。

（4）员工平均学历水平相对较高。员工的平均文化程度相对于管理者稍高，高中及以下学历占比为 45.13%，而专科及以上学历约占 55%，其中本科达到 15.05%。员工学历约高于管理者的主要原因是，从 21 世纪开始我国高校大规模扩大招生，加之国家对农村贫困家庭考生的资助，使一大批农村青年走进高校，但他们毕业以后还不具备独立创业的能力，一批学生出于多种原因回到家乡成为经营主体，这为农村新型经营主体储备了后备力量，只要这批高学历的青年人注意积极摸索经营主体的运行规律，虚心学习，一定能在不远的将来成为经营主体的骨干力量。

（5）土地经营规模以 100 亩以上为主。土地经营规模集中在 100~500 亩的样本数为 43 家，占比 38.05%；500 亩以上的样本数为 39 家，占比为 34.52%；二者合计超过七成；仅有 31 家的经营规模在 100 亩以下。

（6）主要经营业务为养殖业。经营主体所经营的业务以养殖业为首，其次是种植业和农产品加工业。

（7）资产规模整体较小。113 家有效样本中，资产规模在 500 万元以下的有 69 家，占比为 61.06%，其中资产规模在 100 万元以下的企业占比为 35.40%，资产规模在 500 万~2 000 万元的企业占比为 21.24%。

（8）负债规模半数以上超过 100 万元。在负债规模方面，仅有 13 家的经营主体总负债不足 10 万元；有 29 家的总负债为 10 万~50 万元；有 11 家的负债总额为 50 万~100 万元；而负债总额为 100 万~500 万元的样本数为 35 家，所占比例为 30.97%；负债总额达到 500 万元以上的样本总数为 25 家，占比 22.12%。以 100

万元为界限来看资产与负债的平衡关系，资产拥有为 100 万元以下的有 40 家，而对应资产负债在 100 万元以下的有 53 家。这又反过来说明，对应于 100 万元以上的主体中，负债规模的总体水平是比较低的。

（9）年经营收入普遍在 500 万元以下。113 家经营组织中，年经营收入在 300 万元以下的经营组织累积占比为 62.83%，年经营收入在 500 万元以下的经营组织累积占比为 66.37%；与其资产规模 500 万元以下的 61.06% 基本相当。农业经营组织的经营收入要在扣除成本、费用、计提折旧和盈余公积之后，才能作为农业经营组织的可用流动资金。可见，新型农业经营组织所需的生产资金基本不能靠自我资本积累来满足，在很大程度上需要借助外源资本来满足其资金需求。

2）经营主体的信贷需求特征

（1）资金主观需求反映。新型农业经营主体的资产规模普遍不高，年经营收入在扣除成本、经营费用之后的资金所剩不多，这种现金流量状况往往会作为金融机构授信决策的主要依据。除此之外，相对于非农产业来说，新型农业经营主体的安全边际率普遍较低，同时还受到来自同行业的竞争压力，为了生存和发展，必须扩大生产规模，降低成本。这就会对信贷资金产生需求。113 家样本组织中有 107 家有信贷需求，占比约为 94.69%，可见，新型农业经营主体具有与一般经济主体一样的特征，普遍都有信贷需求。

（2）对信贷需求量的要求。一是借贷期望值较高。107 家样本的借贷期望值在 50 万元以下的占比为 21.50%，50 万~100 万元的为 18.69%，100 万~500 万元的为 33.64%，以上总体达到 73.83%。二是需求期限以中短期为主。选择期限在 1 年以内、1~3 年、3~5 年的分别为 14.95%、46.73% 和 28.04%，以上累积占比 89.72%（表 3-24）。资金需求的中短期性与农业经营组织生产规模小、生产周期短的特征密切相关，同时表明农业经营组织对生产性周转资金的需求较大。

表 3-24 新型农业经营主体信贷需求特征

项目	选项	企业数/家	所占比例/%
农业经营组织的借贷需求期望值	50 万元以下	23	21.50
	50 万~100 万元以内	20	18.69
	100 万~500 万元	36	33.64
	500 万元以上	28	26.17
借贷需求的期限	1 年以内	16	14.95
	1~3 年	50	46.73
	3~5 年	30	28.04
	5 年以上	11	10.28

续表

项目	选项	企业数/家	所占比例/%
生产性用途	购买原材料	24	22.43
	农业设施设备	29	27.10
	新建厂房	29	27.10
	运营费用支出	22	20.56
	其他	3	2.81
非生产性用途	投资股权	7	6.54
	偿还借款	45	42.06
	流动资金	43	40.19
	其他	12	11.21

　　三是借贷分别来自生产性需求和非生产性需求，在计划用于生产性需求中，购买原材料、农业设施设备、新建厂房的占比分别为22.43%、27.10%和27.10%。而非生产性需求中，偿还借款和流动资金是主要选择，投资股权仅占6.54%，说明新型农业经营组织对借贷需求的动机总体是比较健康的。

　　3）经营主体的借贷行为选择

　　（1）借贷实际发生额小，资金需求满足率低。借贷主观需求与实际信贷资金的比例反映了资金需求满足率。有信贷主观需求的107家样本中，有82家实际发生了借贷行为，占比约为76.64%，表明经营主体的融资难度较大。同时，在发生了借贷行为的主体中，其资金满足率也较低。在发生借贷行为的主体中，借贷期望的实现比例在50%以上的仅有10家，比例在20%以下的企业占比高于五成。面临借款难的困境，部分主体转向通过社会关系借贷获得资金，但是这种途径获得的资金较少，不能满足正常经营所需。尚有两成多的经营主体向民间借高利贷（表3-25）。

表3-25　新型农业经营主体的借贷行为选择

项目	选项	企业数/家	所占比例/%
企业借贷期望的实现比例	10%以下	14	22.58
	10%~20%	21	33.87
	20%~50%	17	27.42
	50%以上	10	16.13
融资渠道（多选）	民间或非正规借贷	62	75.60
	向正规金融机构借款	57	69.51

续表

项目	选项	企业数/家	所占比例/%
选择民间借贷的原因	资金满足程度高	10	20.00
	不用担保	27	54.00
	手续简单，时间快	28	58.00
	利息低	7	14.00
	其他	4	8.00
若采用民间借贷，主要采用怎样的借款	向亲戚借贷	19	38.00
	企业集资借款	12	24.00
	向中介公司借贷	10	20.00
	向个人借贷	9	18.00
采用民间借贷的方式	抵押借款	15	31.91
	信用借款	22	46.81
	高利贷借款	10	21.28

（2）借贷需求主要通过民间借贷渠道来满足。实际发生借贷行为的 82 家主体中，有 57 家是向正规金融机构贷款，约占 69.51%。62 家选择了非正规金融机构（有部分做了双向选择），之所以做如此选择，39 家认为自己没有抵押品，26 家觉得银行贷款手续太麻烦，21 家认为没有担保人（图 3-7）。而选择民间借贷的 62 家主体基本上是认为自己是没有能力向银行贷款而迫不得已的行为，其中有 38%选择向亲戚借贷，46.81%选择信用借款，这表明熟人社会文化在满足新型农业经营主体融资方面发挥了重要作用。

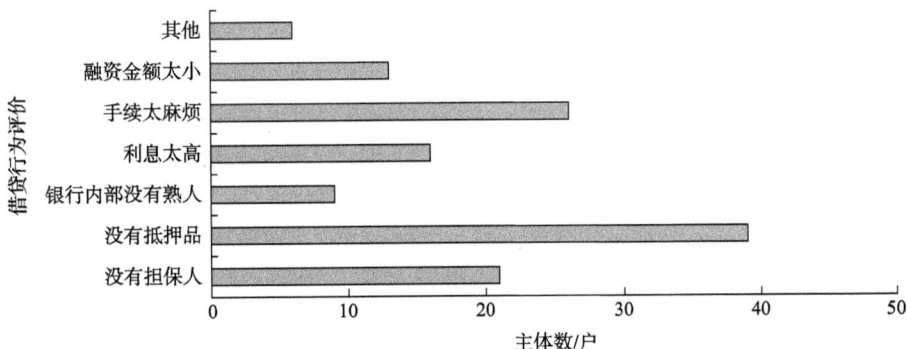

图 3-7 新型农业经营主体正规借贷行为评价

3. 相对于农村产权抵押融资的总体供给

1）农村产权抵押贷款的增长

"十二五"以来，重庆市涉农贷款余额呈逐年递增趋势，由 2010 年的 2 203.1 亿元增长到 2015 年的 4 377.2 亿元，年均增长 15.6%。

（1）农村产权抵押贷款波动明显。2010~2013 年抵押货款呈递增趋势，特别是 2011 年比 2010 年猛增约 3.53 倍。2012 年又增长了 22.18%；2013 年又大幅增长 48.25%。但 2013~2015 年呈逐年递减趋势。2014 年余额为 324.10 亿元，下降 0.76%；2015 年余额再降到 275.20 亿元，下降 15.09%。

（2）农村产权抵押贷款余额比重及其不良率变化。与抵押贷款波动一致，2010 年抵押贷款基数低比重也低，2011~2013 年的比重由 7.46% 上升到 9.65%；从 2014 年又开始下降，2015 年降到 6.28%，为五年内最低。贷款不良率从反映贷款质量进而影响到贷款量的变化，从 2010 年开始其不良率逐年上升，到 2015 年达到最高点（表 3-26）。这在很大程度上反映了产权抵押贷款的风险度是比较高的，发生了风险，其抵押物的变现能力很弱，以承包地经营权为例，即便是金融机构持有几十年的经营权，也很难将其流转或组织经营，这种状况既反映了抵押贷款的确有较大风险，会影响金融机构放贷的积极性，又反映了新型经营主体的现代化经营水平有待进一步提高。

表 3-26　　2010~2015 年重庆农村产权抵押融资总量

年份	涉农贷款		农村产权抵押贷款		农村产权抵押贷款余额占涉农贷款余额的比重/%	农村产权抵押贷款不良率/%
	余额/亿元	增长率/%	余额/亿元	增长率/%		
2010	2 203.1	—	39.79	—	1.81	0.00
2011	2 417.2	9.71	180.30	353.13	7.46	0.00
2012	2 802.8	15.95	220.30	22.18	7.86	0.01
2013	3 383.9	20.73	326.60	48.25	9.65	0.10
2014	3 939.8	16.42	324.10	-0.76	8.22	0.29
2015	4 377.2	11.10	275.20	-15.09	6.28	3.34

资料来源：重庆市金融工作办公室、中国人民银行重庆营业管理部

2）农村产权抵押融资供给结构分析

（1）新增农村"三权"抵押贷款的增速比较。土地承包经营权抵押贷款新增发放从 2010 年的 0.34 亿元增长到 2015 年的 53.1 亿元，年均增长 174.6%；农村房屋抵押贷款新增贷款从 2010 年的 0.19 亿元增长到 2015 年的 34.7 亿元，年均增长 183.34%；而林权抵押贷款新增贷款从 2010 年的 39.26 亿元下降到 2015 年的 16.70 亿元，年均增长 -15.71%（表 3-27）。

表 3-27 2010~2015 年重庆市农村产权抵押融资供给结构

年份	农村产权抵押贷款合计		农村土地承包经营权抵押贷款		农村房屋抵押贷款		林权抵押贷款	
	新增贷款/亿元	增长率/%	新增贷款/亿元	增长率/%	新增贷款/亿元	增长率/%	新增贷款/亿元	增长率/%
2010	39.79	—	0.34	—	0.19	—	39.26	—
2011	74.21	86.50	5.96	1 652.90	24.51	12 800	43.74	11.41
2012	83.10	11.98	20.60	245.60	24.70	0.77	37.80	−13.60
2013	138.50	66.67	48.30	134.46	46.70	89.07	43.50	15.08
2014	134.70	−2.74	38.90	−19.46	36.10	−22.70	59.70	37.24
2015	104.50	−22.42	53.10	36.50	34.70	−3.870	16.70	−72.00
合计	574.80	—	167.20	—	166.90	—	240.70	—

资料来源：重庆市金融工作办公室、中国人民银行重庆营业管理部

表 3-27 显示，如果不考虑 2011 年的极值，首先是农村土地承包经营权抵押贷款增长率波动幅度最大，其次是农村房屋抵押贷款，最后是林权抵押贷款。林权和农村房屋抵押贷款在 2014 年后呈现显著下降趋势，只有承包经营权抵押贷款在 2015 年出现上升势头。

（2）农村"三权"抵押贷款结构特征（表 3-28）。

表 3-28 2010~2015 年重庆市农村产权抵押贷款累计发放结构

年份	农村产权抵押贷款合计		农村土地承包经营权抵押贷款		农村房屋抵押贷款		林权抵押贷款	
	总额/亿元	比重/%	总额/亿元	比重/%	总额/亿元	比重/%	总额/亿元	比重/%
2010	39.79	100	0.34	0.85	0.19	0.48	39.26	98.67
2011	114.00	100	6.30	5.53	24.70	21.67	83.00	72.80
2012	197.10	100	26.90	13.65	49.40	25.06	120.80	61.29
2013	335.60	100	75.20	22.41	96.10	28.64	164.30	48.95
2014	470.30	100	114.10	24.26	132.20	28.11	224.00	47.63
2015	574.80	100	167.20	29.09	166.90	29.03	240.70	41.88

资料来源：重庆市金融工作办公室、中国人民银行重庆营业管理部

在"十二五"期间，重庆三权抵押贷款累计发放总额中，农村土地承包经营权抵押贷款和农村房屋抵押贷款绝对额与占比都在上升，林权抵押贷款也在明显上升，由于基数的影响，其占比虽然在逐年下降，但占比始终是最大的；这表明在农村产权抵押融资实践中，林权抵押贷款是相对成熟的抵押融资模式（图 3-8）。

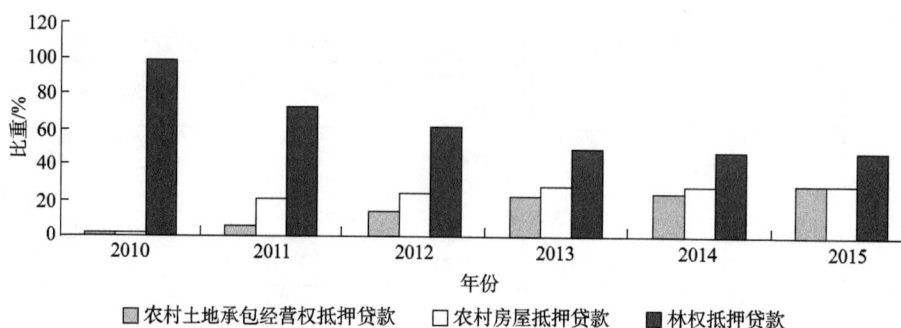

图 3-8　2010~2015 年重庆农村产权抵押贷款结构演化趋势

（3）有担保机制介入的农村产权抵押贷款。由于农村产权抵押贷款存在较大的客观风险，多数金融机构更愿意开展有担保机制介入的产权抵押贷款业务。表 3-29 显示了"十二五"期间重庆市在担保机制介入下产权抵押贷款的基本情况。从 2011 年的 10.3 亿元，猛增长至 2015 年的 357.1 亿元，占比从 9.03%提高到 62.13%，表明金融机构更愿意通过担保机制来抵御产权抵押融资的风险，担保机制的发育成为推进产权抵押融资发展的重要条件。

表 3-29　有担保机制介入的农村产权抵押贷款累计发放情况

项目	2010 年	2011 年	2012 年	2013 年	2014 年	2015 年
农村产权抵押贷款/亿元	39.79	114.0	197.1	335.6	470.3	574.8
有担保机制介入的农村产权抵押贷款/亿元	—	10.3	47.1	148.3	266.4	357.1
农村担保抵押融资占比/%	—	9.03	23.90	44.19	56.64	62.13

资料来源：重庆市金融工作办公室、中国人民银行重庆营业管理部

3）区县金融机构农村产权抵押信贷供给分析

重庆市主办农村产权抵押贷款的银行有 6 家，主办农村产权抵押担保的机构有市级和部分区县组建的担保公司。课题组于 2015 年底选择了上述机构的总部或分支机构共 31 个样本，对开展产权抵押贷款的情况进行了调查（表 3-30）。

表 3-30　重庆市农村金融机构开展农村产权抵押贷款意愿

农村产权抵押贷款品种	开展意愿	金融机构选择的家数/家	占样本总数的比重/%
农村土地承包经营权抵押贷款	非常愿意	1	4.35
	愿意	7	21.74
	一般	12	39.13
	不太愿意	8	26.09
	不愿意	3	8.70

续表

农村产权抵押贷款品种	开展意愿	金融机构选择的家数/家	占样本总数的比重/%
农村住房（含宅基地）抵押贷款	非常愿意	0	0.00
	愿意	8	26.09
	一般	15	47.83
	不太愿意	7	21.74
	不愿意	1	4.35
林权抵押贷款	非常愿意	2	6.45
	愿意	10	34.78
	一般	9	30.43
	不太愿意	7	21.74
	不愿意	3	8.70
农机具抵押贷款	非常愿意	0	0.00
	愿意	3	8.69
	一般	5	17.39
	不太愿意	16	52.17
	不愿意	7	21.74
农村集体资产抵押贷款	非常愿意	2	6.45
	愿意	5	16.13
	一般	8	25.80
	不太愿意	9	29.03
	不愿意	7	22.59
农村生物资产抵押贷款	非常愿意	1	4.35
	愿意	4	13.04
	一般	7	21.74
	不太愿意	12	39.13
	不愿意	7	21.74

（1）开展土地承包经营权抵押贷款的意愿。31 家样本中，对开展农村土地承包经营权抵押贷款，选择非常愿意和愿意的仅 8 家，不太愿意和不愿意的有 11 家，12 家保持中立态度。这说明金融和担保机构总体上对此没有太高的积极性。

（2）开展住房（含宅基地）抵押贷款的意愿。31 家样本中，对开展农村住房

（含宅基地）抵押贷款，选择非常愿意和愿意的仅 8 家，不太愿意和不愿意的共 8 家，15 家保持中立态度。

（3）开展林权抵押贷款的意愿。31 家样本中，对开展林权抵押贷款选择非常愿意和愿意的有 12 家，不太愿意和不愿意的共 10 家，9 家保持中立态度。

（4）开展农机具抵押贷款的意愿。31 家样本中，对开展农机具抵押贷款选择非常愿意和愿意的仅为 3 家，不太愿意和不愿意的有 23 家，5 家保持中立态度。

（5）开展农村集体资产抵押贷款的意愿。31 家样本中，对开展农村集体资产抵押贷款选择非常愿意和愿意的共 7 家，不太愿意和不愿意的有 16 家，8 家保持中立态度。

（6）开展农村生物资产抵押贷款的意愿。31 家样本中，对开展农村生物资产抵押贷款选择非常愿意和愿意的仅有 5 家，不太愿意和不愿意的共 19 家，7 家保持中立态度。

综合上述状况，机构总体对开展产权抵押贷款没有较高的积极性，按其愿意度排序，依次是住房（含宅基地）、林权、土地承包经营权、集体资产、生物资产和农机具；很明显，金融机构是以其变现程度来进行选择的，住房（含宅基地）为第一位是因为重庆有土地产权交易所，能直接将住房（含宅基地）进行上市交易，从林权到农机具，其变现的能力逐渐下降。

4）金融机构农村产权抵押信贷业务开展特征

（1）贷款对象选择。样本金融机构对贷款对象的选择明显倾向于龙头企业和专业大户，均达到 87.50%；其次为家庭农场和农业专业合作社，而对普通农户、集体经济组织和农业社会化服务组织缺乏信心（图 3-9）。

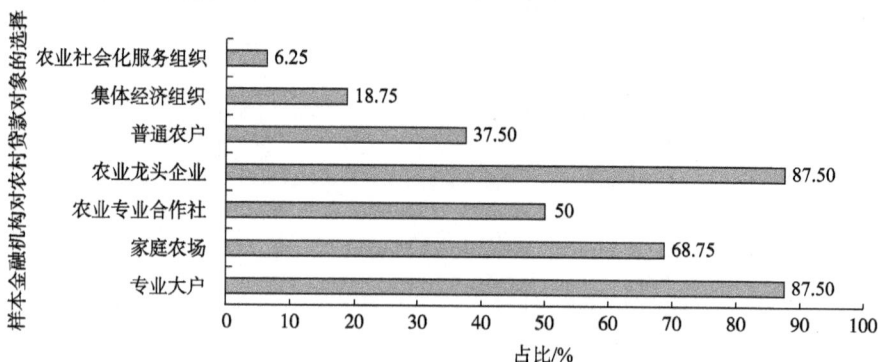

图 3-9　样本金融机构对农村贷款对象的选择

（2）贷款形式选择。样本金融机构在贷款形式选择上，是以风险规避为原则的，比较而言，保证贷款和抵押贷款成为首选，尽管其对抵押贷款的形式有所考虑，但相对而言，尚属于风险较低的选择；文化特征决定了信用与质押贷款在农村具有较大的风险，不可能为金融机构所青睐。

（3）对产权抵押贷款人品质及产权质量的要求。30家金融机构均首先看重申请人的还款能力；其次看重其信用记录和生产经营状况；再次是产权资产变现能力及其处置难易度。作为金融企业，其业务收益水平应该是非常重要的，但是选择贷款项目预期回报率的仅有6家，这说明金融机构在产权抵押贷款上非常看重其安全性，并不指望在贷款中获得收益（表3-31）。

表3-31　样本机构对贷款人品质和产权禀赋要求

项目	选项	家数/家	所占比例/%
对农村贷款申请人主要看重	信用记录	26	18.05
	还款能力	30	20.83
	生产经营状况	26	18.06
	产权资产变现能力	21	14.58
	产权资产价值评估可靠性	9	6.25
	产权资产处置难易度	17	11.81
	有无担保人	9	6.25
	贷款项目预期回报率	6	4.17

5）农村信贷资金供求平衡估算

（1）农业现代化发展对资金的需求。对一个地区融资需求进行分析，需要建立数量模型，但由于抵押贷款是近年才有的新贷款品种，建模所需要的历史数据非常缺乏。通过调查可以得到以下基本定性结论和主要数量指标。一是对普通农户。目前西部农村多数农户仍然固守"一亩三分地"，生产规模极小，抵押融资需求基本没有形成，有需求也主要是小额信贷，其用途兼顾消费和生产两方面。在消费方面，从20世纪90年代以来，农村家庭消费受市场的影响日益增强，自给生产生活的境况基本改变，对工业品需求的消费水平呈上升趋势，且由于大量农民工接受城市文化的熏陶，消费观念不断改变，耐用消费品增长较快；进入21世纪以来，成长型消费和大宗消费品成为部分农户信贷需求的主要指向。在生产方面，西部农村的资源禀赋较差，土地资源质量较差，规模经济水平极低，经营管理能力有限，农户在农业生产资料购买和农业基础设施建设等方面的金融需求非常有限。二是对创业和乡村旅游开发等新型农户。从发展阶段看，西部的新型农户还处于初级阶段，他们开始产生比较强烈的抵押融资需求，其经营规模决定了借贷需求的多层次性，从几万元到数百万元；由于普遍缺乏原始资金积累，生产资金的缺口较大，在房屋建造、营业设备购置及主营业务经营上，都离不开信贷资金支持，但由于处于初始阶段，他们的借贷行为又往往不被金融机构看好。三是对家庭农场、专业合作社等新型农业经营主体。尽管西部农业新型经营主体起步较晚，但各级政府给予了高度的重视和支持，各种优惠政策比较集中，使部分经营主体发展较快，对资金产生了强烈而旺盛的需求。统筹城乡发展、推动新型工业化、新型城镇化建设等，都与农业产业化发展紧密相关，规模化经营逐渐成为农业发展的必然趋势，农村产业、产品结构的调整促进了农林牧副业的企业化、规模化和经营管理的专业化，特别是近年来在"公司+基地+农户""项目+协会+农户"等新型发展模式的带动下，出现了大量养殖、种粮、水果和蔬菜等专业村与家庭农场、种养大户、农业专业合作社及农业企业等新型农业经营主体。目前，重庆市共有家庭农场 12 000 多家、种养大户 12 万户、农民专业合作社 23 000 多个以及农业企业 25 000 多个。这些经营主体在农业设施、小型农田水利与田间道路等基础设施建设、农业生产资料购买和流动资金等方面产生了较大的资金需求，信贷需求量从几十万元到上千万元。

（2）农村抵押融资潜力。从理论上分析，农业现代化发展对资金的需求是信贷供给能力，但实际上，信贷供给取决于有效抵押能力。重庆市农村产权资产实体理论价值总量有 12 500 多亿元，按保守抵押率 40% 计算，抵押融资潜力也高达 5 000 亿元。但截至 2015 年底，重庆的涉农贷款余额也仅为 4 377 亿元，而其中的产权抵押融资贷款余额只有 275.2 亿元，也就是说，农村产权抵押融资的潜力利用率不到 1/20。调查资料显示，"十二五"时期重庆农村信贷资金缺口从 691.11 亿元增长到 903.88 亿元（表 3-32）。如果从重庆市农村产权抵押贷款角度分析，理论上的抵押融资能力与实际贷款存在极大的不平衡，抵押融资理论潜力巨大。

表 3-32　　2010~2015 年重庆市农村信贷资金供需缺口（单位：亿元）

年份	信贷需求总量预测值	涉农贷款新增供给总量	农村产权抵押贷款增量	信贷供给缺口
2010	836.70	—	0.34	—
2011	905.21	214.1	5.96	691.11
2012	917.44	385.6	20.60	531.84
2013	1 083.24	581.1	48.30	502.14
2014	1 140.39	555.9	38.90	584.49
2015	1 341.28	437.4	53.10	903.88

4. 问卷的启示与思考

（1）借方需求量不大但是复杂。由于样本处于相对落后的西部，是我国农业发展最落后的地区，农业生产组织形式的小型化和技术有机构成水平低等特征，总体上决定了其贷款需求的有限性。尤其在规模化农业经济上的需求不是太大，但其他方面的需求比较复杂。在生产领域主要集中在特色产业，如乡村旅游业和个体工商户的小额需求；在生活消费上主要集中于家庭大事，如子女上学、大件消费和偿还借款等方面。这给我们的最大思考是，现代金融所对应的现代农业在西部如何形成？同时生活消费信贷具有超前性特征，在没有足够抵押品的前提下，如何规避金融机构的风险？从新型经营主体看，贷款期望值普遍偏高，且都用于生产性投入，但由于抵押物存在法律层面的障碍，以及贷款程序的复杂性，所以真正实现贷款的比例并不高，解决资金来源更多的是通过民间借贷。这给我们最大的启示是，制度障碍已经成为农村新型经营主体获得国家金融资金的最大阻力，金融机构本身也应该在程序上从农村的实际情况出发；而大量民间利息借贷的进入，毫无疑问会大大挤占本身利润就很薄的农业利润空间，使农村新型经营主体永远不能具备作为经济实体所应该具有的自我发展扩张能力。

（2）与传统借贷理念的冲突和矛盾。尽管理论上重庆农村的抵押贷款能力较强，与实际贷款间存在极大的不平衡，但在针对农村抵押贷款的新政策还没有出现的前提下，这些抵押贷款能力不会全被金融机构所认可，如果从现行的《担保法》出发，这些抵押能力存在明显的较大风险，任何风险一旦出现，其抵押物的变现能力都是极差的，这从"十二五"期间重庆农村产权抵押贷款不良率的上升可以得到佐证。一是农业现代化发展对资金的合理需求，二是金融企业对贷款抵押的合理要求，由此形成极大的悖论，满足需求就意味着增加可能存在的潜在风险，而严格按照现行贷款抵押的要求，就难以满足农业现代化发展的需要。这与传统借贷理念的冲突和矛盾只能靠外力来解决。

（3）以改革的理念审视农村产权抵押。调研的结论毫无悬念地给我们展示了一幅极大的矛盾画卷，很明显，用传统的理念来解决现实的农村产权抵押贷款问题注定无解；答案只有一个，就是以改革的理念来审视农村产权抵押。改革就是要使生产力得到极大的发展，打破一切阻挠生产力发挥的桎梏，农村产权究竟能不能抵押？这已经超出了金融学所研究的范畴，排除与现行担保抵押法律的冲突，它更涉及产权的明晰和量化，涉及对家庭联产承包责任制的维护，涉及对农民基本生存资料的认可等一系列重大的问题。只能以改革的精神对这些重大问题进行重新审视，提出新的理念和政策，才能将农村产权抵押贷款工作推入健康的轨道。

四、统筹城乡三大问题的深入研究

（一）关于人往哪儿去的问题

1. 中国农村人口城镇化的困境与出路

（1）面临的困境。城镇化必然伴随农村人口向城镇转移，本质是实现城乡一体化发展，我国提出的新型城镇化，核心就是以人为本，表现为推动部分农民真正实现市民化。在中央没有提出新型城镇化以前，我国城镇化就已经伴随工业化的进程开始了，但这一自发性的过程存在明显的问题，一个典型的指标说明了这点。20世纪90年代以来，我国各城市建成区面积扩大了76%，而户籍人口城镇化率仅提高了10个百分点左右，极大的反差意味着空间城镇化远远超前了人口城镇化。值得注意的是，支撑这个数据的背景并非完全是市场化的结果，各地政府制定的庞大的城镇化规划，起到了决定性的作用，大批土地被规划为城市建设用地。据有关部门测算，我国各个地区的城镇化规划建设用地，已经能够满足城镇化率70%所需要的空间。但城镇化不是人为的，农民进城的意愿以及工业化的进程是顺利推进城镇化的关键。2015年底，山东省枣庄市就农民和农民工是否愿意进城落户进行了调查，发放了3 000多份问卷，72%的人回答不愿意向城市迁移，65%的农民工不愿意把户口迁入城市。尽管枣庄市各区在2010年就已放开户籍迁入政策，但是农村人口入户城市的数量并不多；在经济发达的山东半岛等地区，甚至有些已经迁入城镇的人口想把户口再迁回农村，出现了"逆城镇化"现象。尽管我国中小城市户口放开较早，但缺乏对农村人口的吸引力：一方面是城市产业支撑能力差，发展水平低，不能提供较多的稳定就业岗位；另一方面是城市户口所包含的公共福利已经十分有限，而这曾经是对农民吸引力最大的原因，如教育资源、医疗保障和养老政策等，但随着统筹城乡力度不断加大，这些福利已经逐渐与农村接近。而目前农村户口上包含的公共福利反而有价值，这主要包括承包地、住房及宅基地、林地权利等，而在一些发达地区，还有集体经济的年终分红收益。很明显，农民进城的意愿是通过利益的比较来权衡的。

　　（2）人户分离将成为农村部分人口的常态。农业比较效益低是我国经济的特征之一，导致农民收入长期低于城市居民收入，改革开放以后，农业劳动生产率大幅度提高以及部分农产品进口，农村户籍人口比例下降是必然趋势，城市经济大发展使大批青壮年农民走出农村，农村空心化越来越严重。大城市就业机会多、工资水平相对高、公共服务设施好，但同时生活成本高、进入要求条件高，绝大多数农民工很难落户；中小城市落户容易，但缺少吸引力，农民工人口与户籍分离的现象从自然形成到必然结果，反映了我国工业化和城镇化过程中人口转移的严峻问题。2015年我国常住人口的城镇化率已超过56%，但城镇户籍人口的比例仅占39%左右，即有两亿多农民工及其子女游离于城市与农村之间，有学者将此现象称为"半城市化"或"伪城市化"。如果从实际情况分析，人户分离有其客观必然性，假设现在把除一线的大城市之外的户籍都放开，也未必能吸引农民工及其子女大量迁入。受多种因素影响，人、户、房三栖分离的现象也开始出现，即人在大城市工作，户籍在农村，买房在中小城镇。如果在推进工业化和城镇化过程中，中小城市不能为农民工提供大量稳定的就业岗位，不能做好包括公共服务、社会保障以及户籍制度改革等工作，人户分离现象将长期存在，而目前我国经济面临相对长期的压力，经济结构调整的外部性和农民工在利益上的比较势必推动农村部分人口人户分离在较长时期成为常态。

（3）城镇化发展要尊重农民。从先行国家城镇化发展规律的阶段性判断，若干指标均表明我国目前仍处于城镇化的较高速度发展阶段，也就是说，农民工进城定居还会持续。尊重农民的自主选择是做好这项工作必须把握的一个重要原则，各级政府不能采用任何行政手段和运动的方式组织农民进城。但也不能设置很高的门槛阻止农民进城，对于一线大城市而言，由于已经存在交通拥堵、空气污染等"城市病"，承载能力已经有限，新增大量人口会加剧压力，所以设置条件是可以的。要把中小城镇作为城镇化的主战场：一是这些城市处于成长期，新型产业发展快，就业创业机会更多；二是生活成本较低，物价也相对便宜；三是具备城市的基本公共服务条件。如果各地重视中小城镇的建设，就会对农村人口产生较大的吸引力。从总体上看，我国工业化处于转型阶段，在规划上突出主要县城和重点镇围绕临近大城市的主导产业进行融合是十分必要的，逐渐形成围绕大城市的若干副中心，吸引产业和人口聚集。在产业相对集中地区建设农村新社区，促进农村人口相对集中居住，改善其生活环境和条件，使农村人口实现就近就地城镇化也是可行之路。对以农业为主的地区，不能强行搞人口集中居住，避免这些地区出现空心化现象。城镇化的过程是自然的历史过程，有自身的规律，过多采用行政化手段对城镇化健康发展是极其有害的。

（4）培育具有职业标准水平的农民队伍。我国的基本国情决定了其城镇化率达到70%左右会保持相对稳定的状态，按"二孩"政策进行动态定量分析，我国人口总量增长极限会接近15亿左右；根据土地耕作情况，要把"饭碗"端在自己手里，大约25%的人口会在相对长的时期留在农村，4亿多农民面临如何与城市现代化水平相对接，同时培养新型职业农民是现代农业发展并实现与城市现代化相对接的重大课题。目前，一些发达地区农村的基层干部和种粮大户反映，"三农"工作对农业、农村的关注高于对农民的关注，对土地、粮食、技能培训及村建设的政策多于对职业农民队伍建设的政策。农民职业化标准不清晰，缺乏明确的职业道德和职业精神构建，使职业农民发展短期化现象比较突出，不利于现代农业发展。重"粮"必须重"人"，只有培育了一代具有职业标准水平的现代农民队伍，才有可能铸就现代化农业的基础，我们的"饭碗"才可能牢牢地攥在自己手中。做好这项工作，需要注意两点。一是育技育人并举，防止生产力要素失衡。在生产力三大要素中，能发挥主观能动性的是劳动者，以往的农村改革更多地关注土地制度、技术推广和农机水平等，"人"的建设相对不足。党的十八大提出了培育新型经营主体，发展多种形式农业规模经营，新型职业农民是实现上述要求的根本。在我国，工人有企业管，有劳动部门管，还有工会组织说话；但农民有问题就找不到这样的组织，多数农会都形同虚设，解决不了具体问题。农民的培训也不少，但主要是针对生产技能，涉及组织管理、市场营销的内容较少，至于职业责任、职业精神几乎不涉及。育技育人要并举，农业生产是一种职业，就应该有职业规范，要使农民生产安全和有质量的农产品，需要科学技术，更需要法规教育与职业道德教育。培养职业农民，既需要生产技能等方面的知识，也需要文化、管理、营销及道德责任等综合素养，这需要各部门的共同努力。同时，精神层面的教育还与"职业化"是否后继有人紧密相关，除了硬件建设要与农业现代化相匹配外，精神文化也必须跟上来，问卷调查显示，超七成的农民不愿意下一代继续从事农业生产，这就表现出对农业现代化认识的问题。二是明确职业标准、责任和精神。随着新型城镇化的加速和农业现代化的建设，支撑农业生产的主力将更多地依靠新型职业农民，即对社会负责的职业主体。要像所有现代化产业那样，建立职业农民的标准体系，构建明确的职业责任和职业精神。对从事农业生产一定年限且达到一定技术标准的从业人员，发放不同等级的职业证书，政策要向职业农民倾斜，通过政策引导，有效扩大新型职业农民来源，鼓励高校毕业生等较高素质群体进入农业生产领域，扩大以农业为职业的高级劳动者，参照城镇自主择业者参保方式，试点将社会保障制度向职业农民群体延伸，解除职业农民发展的后顾之忧。形成培养合力，完善"培训、认定、扶持、服务"链条，整合现有涉农培训资金和项目，形成合力，像培养职业工人那样培养职业农民，像建立职业工人培训体系那样建立职业农民培训体系。

2. 盘活"两地"推进农村人口城镇化

我国农村人口城镇化是在农民相对比较贫困的条件下进行的，如何使进城农民带着财产体面入城既是城镇化健康的要求，更是确保进城农民融入城市的基本前提。随着大批农民进城，各级财政必须进行基础设施和公共服务的配套建设，不可能拿出更多的钱来进行补贴，所以，要在农民现有的资产上下功夫。近年来，各地都摸索了一些较好的经验，其中河北省衡水市通过盘活农民宅基地和承包地，推进农村新型社区、现代农业园区、工业园区"三区同建"的探索有积极的代表意义。2014 年启动以来，衡水市已建和在建农村新型社区 160 多个、现代农业园区 280 个、工业园区 40 个，已有 20 多万名农民"零成本"住上楼房，大量农民在家门口工作，取得了农民权益有保障、现代农业得发展、城镇发展有空间等多赢效果。

1）积极探索建新拆旧的路子

衡水市有 8 800 多平方千米，4 900 多个村庄小而密，"产业空心化"严重与宅基地资源大量闲置浪费并存，为了建设农村新型社区，衡水市通过创新机制，盘活农户宅基地资源，有效破解了资金、土地和生活成本增加三大难题。一是解决建房资金问题，利用城乡建设用地增减挂钩政策，撤迁旧村腾出的建设用地复耕后，政府每亩给予 15 万~20 万元补偿，同时整合各级财政支农资金向社区建设集中投放。二是解决资金到位时间差问题，由于土地置换指标收益在复耕验收后才能实现，政府采取成立投融资平台先贷款，复耕后补偿资金优先偿还银行等办法，确保房屋建设。三是破解用地与拆迁难题，探索出"先拆后建不占耕地"的模式，在原村址先期拆除部分房屋就地建设，新社区建成搬入后再实施整村拆迁。为了使农民满意，普遍成立村民自拆自建委员会，钱怎么花、房怎么建、建什么房都由村民说了算。四是解决农民"上楼"后生活成本问题，旧村撤迁复耕后的土地作为村集体用地统一发包，村里复耕的宅基地建设的农业园区，其承包费基本可以解决社区物业、供暖费用。

2）确保农民在附近有活干

解决了住得好的问题，还需要同步解决就业的问题。衡水市实行统筹规划，农村新型社区与现代农业园区、工业园区实行同步建设，农民不仅改善了居住环境，还实现了就近就业。为促进土地流转、支持园区建设，市、县两级设立扶持基金，把支持重点龙头企业的政策和资金整合打捆、集中投放。到 2015 年底，衡水市土地流转面积占家庭承包总面积的 40%以上。农民收入近一半来自各类产业园区，衡水市转移农村劳动力 60 多万人，占农村劳动力总数的 30%。

3）规划引领保障农民权益

推进"三区同建"既没有要求齐步走，也没有放手无规划建设，而是遵循"政府主导、规划引领、稳步推进，成熟一处启动一处"的原则。市政府统一指导各县区修订镇村规划，通过系统分析，将社区向县城周围、乡镇所在地、产业园区、主干公路等聚集，社区规划与产业、城乡、基础设施等规划实行"多规合一"。"三区同建"是按照因地制宜原则，宜工则工、宜农则农、宜商则商，并非每个区域都要建三个区。确保农民权益不受侵犯是"三区同建"的重要原则，各县将每亩农村建设用地置换指标定价 15 万元，远高于县城工业建设用地价格。为防范农村土地流转非农化、工商资本跑路等风险。一些区县还实施工商企业缴纳土地流转押金、完善商业保险等措施。"三区同建"不仅改善了农民生活条件，而且促进了城乡资本、土地、劳动力的双向流动，有效解决了土地瓶颈问题，推动了统筹城乡发展，2014 年以来共有 130 多家工商企业参与"三区同建"，吸引社会资本投资 50 多亿元。

3. 积极引导农民工返乡创业

在新一轮产业结构升级中，我国广大中西部地区产业转移加快、软硬环境改善，在产业承接过程中，新兴产业和传统产业升级都得到较快发展，在成为我国应对经济下行压力支柱的同时，创造了大量的劳动就业岗位，各地区的返乡农民工创业总量呈上升趋势，给地方发展注入新的活力。面对这一新现象，如何因势利导地引领农民工创业就业，仍需要各地政府进一步深入研究。

1）返乡创业带动大家共同富裕

从 21 世纪初，特别是党的十八大以来，东部沿海地区加快了产业升级步伐，中西部在承接东部产业转移的同时，产生了对劳动力的新需求，为有经验、懂管理的农民工创业创造了条件，并带动了乡村农民的创业，产生了一批先行者。黑龙江省甘南县农民电商协会会长商英杰开了两家淘宝店，带动一批农村青年创业，还成立了专业合作社，流转 4 000 亩耕地建设种植基地，带动 30 余户农民走上致富路。贵州省斯栗村村民胡启波联手 18 位村民，于 2014 年创办了牲畜养殖专业合作社，主要从事生猪养殖，目前合作社建起了占地 6 000 平方米的圈舍，逐渐形成了生猪养殖产业规模，并建立了包括生猪配种、产崽和育肥等功能分区，如今已达到近万头存栏。2015 年以来，合作社每月销售 600 多头生猪，年增加约 200 头；与此同时，合作社还与屠宰场建立了稳定的合作关系，打造出"斯栗猪"生猪品牌，吸引了不少养殖场和屠宰场前来订货，信誉和规模开始做强做大。毕节市兴隆村的产业发展很有特色，该村的 9 个组均有特色产业，包括面条厂、砂石厂和种植养殖等，吸引了不少外出务工的劳动力返乡，在公司的带动下，村内留守儿童数量由 126 人减少到 60 人，空巢老人由 21 人减少到 11 人。2014 年以来，西部各地区每年劳动力回流人数都大于外出人数，农民工返乡创业就业积极性很高，农民工返乡创业就业人数逐年递增。

2）返乡创业使贫困县产业"无中生有"

中西部农村长期都是孤立地以农耕为主，基本没有与第二和第三产业的联系，改革开放以后，在沿海地区的部分农民工积累了一些专业技能和管理知识，在返乡创业的过程中带动了所在地区的产业发展。贵州正安是一个传统的山区农业县，从来没有像样的工业企业落户，但今天的"正安-国际吉他园"已经是一个吉他的世界，各式各样的吉他令人目不暇接，在工厂生产车间，黏合、喷漆、组装和调音各道工序井井有条地进行着。这个交通封闭、单一纯粹的农业贫困县，在短短两三年间就崛起成以吉他为主要产品的产业园区，近 10 家沿海企业纷纷落户。其中规模最大的遵义神曲乐器制造有限公司总经理郑传玖是正安人，19 岁就开始在广州吉他制造企业工作，从普通工人到车间主管，2007 年创建了广州神曲乐器制造有限公司，2013 年回乡创业。从正安当时的情况分析，生产吉他是"两头在外"，没有优势可言，但他们从长远分析，通过比较研究，挖掘出正安在劳动力、土地和生态资源等方面生产吉他的潜在优势，加之对于返乡农民工来说，回乡创业是件非常光荣的事。郑传玖说："家乡是我新的起点，打开了我从没想过的蓝图。"正是他的带头，加上县里给予的大力支持，引来了广州很多吉他企业来园区商谈合作，正安县目前正在规划建设吉他行业尖端企业集聚基地。

3）返乡创业有利于释放西部地区人口红利

改革开放带来了东部沿海地区大进大出的加工贸易发展，也由此吸引了大量中西部农民工，发展凝聚了劳动力的红利。对中西部地区开放开发来说，农民工返乡创业仍然存在劳动力的红利，因为西部产业的劳动力产品价值的比重仍然较高，资本有机水平相对较低，劳动力红利仍然有较大的潜力。20世纪80年代，贵州省正安县大规模地组织年轻农民赴沿海地区务工，劳务经济成为脱贫发展的支柱。但今天，这个曾经对外输出劳务的大县，把农民工返乡创业作为冲刺小康和扶贫的重要抓手。"十二五"以来，返乡趋势逐年增强。利用这种优势比较容易形成聚合效应，正安有了吉他产业园后，又很快引进了包括琴弦、校音器和节拍器等在内的配套产业落户，2016年形成了年产300万把吉他及其配套产品的规模。中西部地区各级政府如果抓住劳动红利的机会，在主动承接东部沿海地区产业转移的同时，视外出务工者所积累的技术为宝贵财富，将人才效应转换为可观的产业集群效应，创造农民工返乡创业的好环境，因人因地制宜地重点培育支柱产业，逐渐形成具有特色和优势的产业集聚。

4）返乡创业需要政策完善和环境打造

中西部农民工返乡创业潮的形成既有我国工业化发展规律的特性，同时反映了我国区域发展的特性，要顺应这种规律，需要高度重视政策环境的配套，做到能返乡也能健康可持续地发展。从总体上分析，西部发展现代工业有以下问题值得关注：一是物流环境的打造。西部大开发使西部交通有较大的改善，尤其是公路、铁路的骨架网络基本形成，但从工业化物流配套要求看仍比较落后，需要进一步加密公路和铁路路网；要着力发展以特大中心城市为中心交通辐射网络体系，形成对周边区域的辐射能力，有条件的可以开设类似中欧班列的跨境专列，但不要形成近距离恶性竞争，尤其在大型枢纽机场和跨境班列上，一定要按照经济半径规律要求，否则不仅不能降低运输成本，反而会增加物流费用。二是切实改善投融资环境。按照政府职能改革的要求，对企业投资除了放宽准入条件外，制定负面清单最大可能扩大投资领域外，要坚决杜绝"门难进、脸难看、事难办"的现象，满腔热忱、全心全意地为企业服务。返乡农民工对家乡的资源、市场和商机比较熟悉，但资金可能成为初期创业的主要制约因素，应该加强农村金融组织建设，鼓励银行业金融机构开发符合农民工返乡创业需求特点的金融产品和金融服务，为返乡农民工提供快捷、灵活的开户、信贷和结算等金融服务；各级政府在条件许可下，在返乡创业初期，尚可建立财政专项基金，以直接投资解决创业资本金不足的问题。三是提高农民职业素质。随着改革开放的深化和产业的升级，伴随沿海加工贸易成长起来的农民工，绝大多数不具备高技术操作能力和相应的科技知识，面对新技术、新产业、新要求，需要全面提高农民工的综合素质，除了一般的基础理论学习培训外，还要从实际出发开展"需求订单式"培训，培育新一代农业产业技术工人；要重视对农民思想转变的教育，变小农经济思想为大工业生产思想，使新一代农民工的思想技术水平与现代产业的发展需求相吻合。四是研究有利于农民工返乡创业的优惠政策。农民工返乡创业起步还是需要得到政府在多方面的支持，在政府基金支持、高技术产业减税、普遍性降费以及有利于特色优势产业发展的普惠性政策上下功夫。

▶专栏 3-3

山西培养农民有"一技之长"

　　近几年山西省将农民培训作为"三农"工作重点，努力补齐农民素质短板。特别是 2014 年获批全国新型职业培育整体推进试点省以来，进一步加大了投入力度，以注重实效为核心，创新培训培育机制，使 20 余万农民实现素质提升，为该省"三农"增添了活力。

　　（1）"农民点餐，政府埋单。"为了让培训切合农民需求，各县推行"菜单式"培训，通过摸底调查了解农民的现实需要，再根据摸底情况分类设置培训课程，让农民自由选择培训班，还探索实行了分段式培训，将原来的一次性集中培训分解为多次应季培训，方便农民的同时还促进了学用结合。农民穷在素质，困在技能。为解决"谁来种地"以及现代农业发展过程中的农民素质短板问题，山西省多年致力于农民培训工作，2014 年成为全国试点省后，省政府将每年 10 万名新型职业农民培训列为五大实事之一，并纳入目标责任制考核范围，力争到 2020 年培训新型职业农民 70 万人。新一轮培训过程中，结合特色农业优势产业，实施精准培训和弹性培训，把培训内容分成 20 多个门类，公开竞标选择了 12 个培训基地，不同的培训基地承担不同的内容并向农民公布，培训什么、什么时间培训、到哪里培训农民说了算。同时更加注重培训实效，各市县普遍实行因需、因时施教，一些市县还将全部承担参训农民的吃、住、行费用，改变了过去只管培训不问结果的局面，农民形象地称为"农民点餐，政府埋单"。

　　（2）从课堂到地头，从大户到农户。为了突出实效，他们将课堂转移到现场，刚性要求实践实训不能少于培训内容的 2/3。众多基层干部和受训农民表示，把课堂搬到田间地头、农业园区、农业企业，不仅使农民掌握技能更便捷、更有效，也看到了各种典型案例，解放了思想，转变了观念。在开展培训的同时，注重让每一个农民都有素质提升的机会。针对家庭经营或小型农场是全省农业经营的主要形式，把更多普通农户也纳入培训范围，力图通过培训，条件较好的农户可以成为新型农业经营主体，发展更多的家庭农牧场。

　　（3）政府增强要素供给，对农民"扶马远送"。重培训更重培育，坚持培训、认定和扶持相结合。对取得认证的职业农民，给予生产经营、技术服务、产业发展、基础设施和金融保险五大类扶持政策。通过增强要素供给，对农民扶上马送一程。为解决项目融资问题，在土地确权试点地区探索农村土地承包经营权抵押贷款试点，2013 年又实施了"小额贷款富民工程"，试点县有三分之一的农户获得了 5 万元以下贷款。对农民的投资，给"三农"调结构转方式创造了很大空间，受益于农民素质的提升，山西省粮食连续 5 年获得丰收，总产年均比"十一五"时期增长 25%，蔬菜、果品、肉、蛋、奶等主要农产品供给保障水平进一步提高；农民收入也连续 5 年超过城镇居民收入增幅，2013 年城乡居民收入差从 2010 年的 3.3 倍降至 2015 年的 2.73 倍。"十二五"期间，山西省 220 万人口脱贫，200 万劳动力实现转移就业。

（二）关于钱从哪儿来的问题

1. 解决农民进城资金问题，核心是改革产权制度

1）深化农村产权制度改革，解决农民钱袋子问题

从 20 世纪 70 年代末开始的农村改革，解决了农民吃饭的问题和工业化劳动力供应的问题，这项改革是我国 30 多年来取得巨大经济成就的重要基础。解决吃饭而没有解决农民钱袋子问题，是不可能使农民致富的，而仅靠集体所有权和农民承包经营权的分离来解决钱袋子问题也是做不到的。因为在现有双层经营体制下，农民缺乏积累财富的机制，农民只有收入的流量，但这个流量无法积累成财富。从收入来看，我国城乡之间的差距似乎是缩小了，但从财富存量来看，差距却更大了，农民进城打工，用挣的钱到农村盖一栋房或在城里买一间房，后者的财富在不断增值，而农村的房子不但不能增值，甚至还会贬值。按现行政策，我们交给农民的是一只不能拎着走的财富桶，财富可以放进桶里，但桶没有底，只能放在原地，拎起桶财富就会漏掉。这是我国城乡之间差距大的根源之一，也是农民出村进城变市民的巨大阻碍。收入分配问题，不仅取决于当前收入流量，还取决于过去积累的财富存量。财富存量可以转化成收入的流量，但农村就没有这个机制。农村有劳动力市场，但没有产权市场，这就导致城乡之间的贫富差距不断扩大。要解决农民的钱袋子问题，必须进行农村产权制度改革。从我国的实际出发，农民应该以两种方式参与经济分配：一是作为劳动力的提供者，取得工资收入；二是作为集体经济组织的成员取得收入。但目前后者身份基本没有带来收入，就要通过改革使后者能带来收入。要实现这个目标，就必须把农民集体所有的财产盘活，给农民带来收益。例如，通过确权构建产权市场，让农民从盘活的资产中获益，这就关系到农村产权制度改革，这个改革能不能成功，关系到农民钱袋子能不能解决，也关系到我国城镇化能不能顺利推进，农民工能不能顺利市民化。要让农民带着收入进城，而且要带着资产收益进城，就要创造条件使农民的实物能变现带到城里，将物权转换成收益权。在市场经济条件下，所谓产权制度，表面看是物的流动，但核心是收益权。产权制度改革关键要抓住收益权，抓

住了这个关键，前述的难题都会迎刃而解。

2）中国产权制度及其抵押

产权制度的改革，我国农村实际只进行了一半，从土地的特性角度看，除了农用地、农村集体用地和非农业用地，以及各类农村企业用地、公益事业用地、宅基地等，理论上都属于集体建设用地。这些土地与农地一样，都是农民的财产，应该如何使用和管理，经历了较大的曲折。改革开放后的前十几年，政策取向总的是鼓励农民利用这些地走向市场，发展非农产业，于是乡镇企业的"异军突起"，乡镇企业的发展，对城市化起了重要的促进作用，不仅催生了大量小城镇，还促进了一些大、中城市的发展。我国《宪法》规定土地所有权不允许买卖，但土地使用权可以依法转让，农村集体土地使用权进入市场，是符合宪法精神的。如果按上述路子走下去，有可能探索出一条符合社会主义市场经济要求的土地使用管理制度的改革道路。但 1998 年修订实施的《土地管理法》规定："任何单位和个人进行建设，需要使用土地的，必须依法申请使用国有土地""农民集体所有的土地的使用权不得出让、转让或者出租用于非农业建设"。这两条规定意味着，农民不能再像过去那样，凭借其土地财产权，自主参与工业化和城市化进程。历史的发展轨迹在这里出现了拐点，就当时的历史条件分析，也是一种理性的选择。从 20 世纪 80 年代后期开始，土地管理部门推行城市土地有偿使用制度改革，进展并不顺利，历经 10 年，也没有全面确立国有土地有偿使用制度。10 年间的不少改革牵连到土地问题。例如，分税制改革后，地方财力支配能力与事权不匹配；城市化发展战略的提出；乡镇企业改制、重组；等等。特别是干部选拔以 GDP 为主要政绩，多种因素叠加，导致 1998 年修改《土地管理法》时的关注点集中在三点：一是加强土地管理的权威性，推动城市土地有偿使用制度的全面确立；二是为地方政府增加资金来源，落实城镇化发展战略；三是改革开放以后，城市发展大量占用耕地，给土地管理造成很大压力。在这样的背景下，放开集体土地入市，耕地保护就会面临更大的困难。修订的《土地管理法》实施以后，全面确立国有土地有偿使用制度的目标很快实现了。地方政府也开始靠征地、卖地获取土地出让收入，形成土地财政；用土地抵押融资，形成土地金融；以土地金融为主体，积累起地方债。同时造就了城市基础设施建设和旧城改造的急风暴雨，我国城市的面貌在这十几年间日新月异。然而，现行土地制度的问题逐渐暴露，其中一个最大的问题就是政府土地管理部门既是管理者，又具有经营国有土地的职能，而《土地管理法》又进一步强化和放大了这种双重职能，结果是政府随意圈占农村土地的现象越来越严重，弊端日益凸显。从 21 世纪初开始，中央文件或国务院文件频频提出改革征地制度，探索集体建设用地使用权流转办法等。一些政府部门和地方政府，也按中央精神开展相关改革试点，有的省还制定了本省集体建设用地进入市场的管理办法。然而决定性的突破取决于国家相关法律、规章的修改，恰恰在这方面没有实质性的进展，《土地管理法》迟迟不能修改，相关的配套制度也不可能出台。国家层面的制度不动，地方试点也很难深入，致使土地制度改革步履艰难。其实土地市场问题是现象而不是本质，本质是政府经营土地的职能定位，形成依靠土地财政和土地金融的利益格局与发展方式。改革征地制度会减少政府的收入；允许经营性项目使用集体土地，政府就会无地可卖。所以不从根本上改变发展方式、转变政府职能，土地市场的改革就不可能推动。这个问题终于在党的十八届三中全会上得到破解，《中共中央关于全面深化改革若干重大问题的决定》专门论述建立城乡统一的建设用地市场问题。文字似乎与党的十七届三中全会决定的有关论述相比并没有太多新意，但在专题"加快生态文明制度建设"中提出，"健全国家自然资源资产管理体制，统一行使全民所有自然资源资产所有者职责。完善自然资源监管体制，统一行使所有国土空间用途管制职责"。习近平总书记专门对此做了说明，概括为"所有者与管理者分开"和"一件事由一个部门来管"。这是国家治理思路极其重大的调整，是转变发展方式的关键性举措。这项改革一旦实施，意味着国有土地的所有权将由专门的机构来行使，政府的行政管理部门不再承担经营土地等自然资源资产的职能。这样征地制度和集体土地进入市场的主要障碍就能得到消除，改革任务也就能够顺利推进。

2014年12月，我国选定33个试点县（市、区）行政区域开展农村土地征收、集体经营性建设用地入市和宅基地制度改革三项试点工作。截至2014年底，我国农村集体土地所有权确权发证率达到97%，基本实现全覆盖。土地承包经营权确权登记颁证正在开展试点。宅基地和集体建设用地的确权工作也在进行中。农村承包土地流转正稳步推进，截至2014年底，我国农村家庭承包耕地流转总面积超过4亿亩，流转面积占比超过30%。我国已有山西省泽州县、甘肃省陇西县等3个县市（我国共有15个集体经营性建设用地入市试点县市）实现首宗集体经营性建设用地入市。

从农村土地产权抵押的实践探索看，国家赋予农民土地资产的抵押权能，为商业银行进行土地产权抵押融资创新提供了政策支撑，部分地区结合自身实际，就此进行了初步探索，取得了一定成效。在集体经营性建设用地抵押融资创新上，广东省自2003年以来就开始探索，贷款人以《集体土地使用证》以及地上建筑物合法产权证书为抵押，经市、县国土资源管理部门登记后，直接向金融机构申请贷款，如果企业不能按期偿还贷款，金融机构可在市、县土地交易中心对集体土地使用权进行处置，或可申请市、县土地储备机构收购。在农村集体资产抵押创新上，针对农村集体资产手续不全、没有权证等不具备抵押条件的情况，北京农村商业银行推出适合农村集体资产需求的系列金融产品和服务，形成覆盖信用、保证以及各类抵押担保方式的完整产品链，支持打造出"温都水城""燕莎奥特莱斯"等全国知名项目，开发出"东升镇集体资产量化融资模式""板栗价值链融资模式""密云生产经营权融资模式"等创新业务。在农村承包土地经营权抵押创新上,2012年,中国农业银行在湖北省襄阳市和钟祥市开展承包经营权抵押贷款试点,明确贷款对象为通过土地流转或以公开协商方式承包大片土地开展规模经营的农户,贷款额度最高一般不超过借款人农业生产经营所需投入资金的50%和经营权评估值的40%。截至2014年4月,累计发放以农村土地承包经营权抵押的农村生产经营贷款350户,共计9 425万元,贷款余额为6 801万元。在农民住房财产权抵押创新上,2010年重庆市推进农村产权抵押融资工作,市、区县两级财政出资7亿元,设立风险补偿专项资金,按融资机构贷款本息损失的35%给予补偿;市高级人民法院出台司法意见,对"三权"抵押设定的有效性予以明确;成立专门兴农融资担保公司,并由其组建农村资产管理公司,专门负责收购处置市农村土地产权抵押融资中产生的不良资产。截至2013年末,重庆市农村产权抵押融资累计发放319亿元。

2008年10月中国人民银行、银监会颁发《关于加快推进农村金融产品和服务方式创新的意见》,陆续开展了农村土地与林权的抵押融资试点,包括涉及林地和家庭承包土地经营权与收益权、集体建设用地使用权、农房使用权、合作社股权等多种权益的抵押融资,并在实践过程中自发探索形成多种农村土地抵押贷款模式。但由于当前存在农村土地产权不稳定、农村土地流转市场发育不完善、农村土地价值不高以及农村土地抵押权的实现困难等问题,在现实操作中农村土地还很难独立作为有效的抵押物,大多是将农村土地抵押与其他担保方式相结合,共同发挥防范信贷风险的作用。当前,我国实践中的农村土地抵押模式大致可分为"信用加抵押"、"保证加抵押"、"反担保加抵押"、"信托加抵押"和"土地证券化加抵押"五种类型。随着农村土地抵押贷款试点的推进,近期的农村土地抵押贷款增长较快。湖南省自开展"两权"抵押贷款试点以来,截至2014年3月末,有13个县开展农村土地承包经营权抵押,贷款余额为9 566万元,同比增长1.2倍;25个县开展农房抵押,贷款余额为84.8亿元。宁波市市区农村信用联社自2009年4月与江北区联合推出"两权一房"贷款业务以来,截至2014年5月末,已有2 964户获得"两权一房"抵(质)押贷款,累计发放贷款3.86亿元。截至2014年底,宁夏回族自治区同心县土地反担保抵押贷款余额为2.2亿元,5个乡镇37个行政村的6 500余户农户获得贷款,农户抵押土地面积5万余亩。

3)农村产权抵押的障碍和思考

(1)关于障碍。农村产权抵押尽管取得了突破,但系统性障碍的存在将形成持续健康推进的巨大阻力。首先,受现行法律制约,土地产权抵押缺乏法律保障,抵押受限。《农村土地承包法》、《担保法》和《物权法》明确规定,除"四荒地"(荒山、荒沟、荒丘、荒滩)的土地使用权和承包经营权外,耕地、宅基地等集体所有的土地使用权原则上不得设定抵押;农村宅基地转让必须在集体经济组织内部进行等法律规定，限制了集体建设用地的流转范围和处置方式，削弱了集体建设用地使用权抵押的有效性。农村土地流转后不得变更土地用途的法律规定限制了农村土地的抵押价值。其次，尚未形成完善的农村土地产权市场，抵押物难以变现处置。农村土地承包经营权、宅基地和集体经营性建设用地使用权等确权工作还在进行中。农村土地产权交易平台建设滞后，我国除重庆、武汉外，均未建立起功能完备的农村土地产权交易平台。缺少专业的农村土地产权资产价值评估机构和评估专业人员，缺乏科学完整的农村土地产权评估规则，难以准确认定农村土地产权的实际价值。再次，风险补偿机制不健全，农村土地产权抵押贷款业务风险较高。目前，我国农业保险保障率不高，农业信贷保险尚未发展，农村社会保障机制尚不健全，农业经营存在自然与市场双重风险，土地投资回收期长，发放农村土地产权抵押贷款，对商业银行来说经营风险较高。最后，农村社会保障体系尚不完善，在一定程度上制约了土地产权改革。土地是农民最重要的社会保障，由于农村养老、医疗和社会救助等社会保障体系不健全，农民的后顾之忧没得到有效解决，农民对土地的依赖程度较高，即使已经脱离农业或长期在外务工经商的农民，参加社会保障的比例仍不高，很大程度上阻碍了农村土地经营权的流转，导致抵押权难以有效落实。

（2）关于思考。对农村集体产权制度改革的思考。改革农村集体产权制度是党的十八届三中全会的明确要求，是全面深化农村改革的重要任务。2014年，中共中央、国务院颁发了《积极发展农民股份合作赋予农民对集体资产股份权能改革试点方案》，这是对推进改革的有力指导。2015年的中央一号文件提出，"出台稳步推进农村集体产权制度改革的意见"。农村集体产权制度改革涉及农民切身利益，情况十分复杂，很多问题需要在理论上探讨，在实践中探索，农村集体产权制度改革内容丰富、涵盖广泛。明确改革主要方向，把握改革基本要求。明确三个构建。必须清醒地知道改革朝哪个方向走，总结各地实践，农村集体产权制度改革要朝"三个构建"方面努力。首先，构建归属清晰、权责明确、保护严格、流转顺畅的农村集体产权制度。归属清晰是明确农村集体资产的产权归谁所有，明确改革的组织层级、集体资产的范围、集体成员身份；权责明确是确定成员的权利和责任，既要明确成员对集体资产股份占有、收益、有偿退出及抵押、担保、继承权等经济权益，又要明确集体成员行使对资产的决策、监督等民主管理权利；保护严格是依法保护农村集体经济组织及其成员的合法产权，使农民的合法权利不受侵害；流转顺畅是促进村集体资产有序进入流转交易市场，实现平等交换和资源优化配置。其次，构建符合市场经济要求，有利于管好用好集体资产，实现集体资产保值增值的农村集体经济运行机制。农村集体产权制度改革要按照市场经济要求：一方面要管好用好集体资产，实现集体资产保值增值；另一方面要充分调动广大农民群众的积极性，加强对集体资产的民主管理和监督，确保集体资产安全完整。同时，新的农村集体运行机制也钳制了内部人控制，从制度构建上杜绝了村官巨贪、小官大贪，改革成效积极明显。最后，构建有效维护农村集体经济组织成员物质利益和民主权利，以及较为完善的农村集体经济治理结构。完善农村社会治理结构的关键是维护农村集体经济组织成员物质利益和民主权利，农村集体产权制度改革就是要在明确产权关系、确定成员身份的基础上，切实发挥集体成员的主体作用，既有利于物质利益的保护，又有利于民主权利的释放。广东作为率先推进农村集体产权制度改革的地区，2013 年 6 月通过了《农村集体经济组织管理修正案》，进一步厘清和明晰了农村各类基层组织的职能与关系，推动了农村行政事务、自治事务和集体经济组织经营事务"三分离"，有力维护了农村集体经济组织成员的各项权利。坚持三个原则，深化农村集体产权制度改革要建章立制，确定基本原则不能越界。一是坚持市场经济改革方向原则。纵观改革历程，我们坚持了改革的市场取向，农业和农村经济发展就从僵化走向灵活，从停滞走向腾飞。农村集体产权制度改革更应遵循市场化改革的方向，释放市场对资产运营维护、集体实力壮大和利益分配共享的配置作用。二是坚持体制机制创新原则。改革既要体现农村集体经济的优越性，也要调动农村集体经济组织成员的积极性；既要保护和赋予农民更多财产权利，明晰产权归属，激活农村各类生产要素潜能，也要探索集体经济发展的有效途径，发展股份合作等多种联合与合作；既要建立符合市场经济要求的农村集体经济运营新机制，也要避免集体资产流失和农民权益受到损失；既要防止集体经济组织内部少数人侵占、支配集体资产，也要防止外部资本侵吞、控制集体资产。三是坚持尊重农民原则。我国农村改革发端于基层，起始于草根，无论是包产到户，还是股份合作制，无一不来自农民的创造和选择。尊重群众、尊重实践、尊重规律；鼓励试、允许看、不争论；及时发现典型、总结上升为政策、再用于指导实践，这既是农村改革进程的客观反映，也是我们党领导农村改革的宝贵经验。同时，我国农村地域辽阔、各地情况千差万别，推进改革也必须根据不同地区实际情况和不同资产类型，确定改革的重点和优先顺序，选择适合的改革路径和方式，因地制宜，循序渐进，着力在关键环节和重点领域取得突破。

4）把握农村集体产权制度改革的内容和范围

我国农村集体资产大致可分为三类：成员集体所有的土地、森林、山岭、草原、荒地和滩涂等资源性资产；用于经营的房屋、建筑物和机械设备等经营性资产；用于教育、文化和卫生等公共事务的非经营性资产。由于不同资产的特点不同，所在地区发展水平高低不一，改革的重点和任务也应该有所区别。在中西部地区，土地资产不仅是农民最重要的生产资料，也是最主要的集体资产，其改革的重点是抓实土地承包经营权，确权登记颁证工作，实现物权化保护；同时，在充分尊重农户意愿的前提下，探索发展土地股份合作等多种形式，引导农户以其土地经营权入股合作社等规模经营主体，按股份比例分红，这既有利于创新农业经营体制机制，推动农业适度规模经营，也有利于建立农户与合作社、企业之间的利益联结，实现农户与规模经营主体的融合，对发展壮大经济、增加农民财产性收入具有重要作用。东部沿海和大城市郊区，因城镇化的快速推进，集体经营性资产逐年递增，是集体成员分配收益的主要来源。其改革重点是将其折股量化到人、落实到户，健全资产运营的管理、监督和收益分配机制，发展农民股份合作。在股份制改造过程中，一是科学合理地设置个人股和集体股。早期改革时为体现集体所有，同时解决公共服务开支需要，多地设置了集体股。但在集体积累逐渐增加以及成员结构日益复杂的情况下，村级运转支出可以通过提取公积金等形式来解决，集体股保留的价值已经不大，以致近期不少地方取消了集体股。是否设置集体股及所占比例的关键，还是要根据实际情况由全体成员民主讨论决定。二是规范高效管理股权。实践中主要有根据人口变动情况所设置的动态和静态两种管理模式，少部分地区实行动态模式，大部分地区实行"生不增、死不减，人不增、出不减"的股权固化管理模式。广东南海在农村集体资产股份制改革中，提出"确权到户、户内共享、社内流转、长久不变"的改革措施，倡导户内股权均等化，明确以户为单位进行股权登记和收益分红，明晰了集体产权归属和股权配置方式。选择股权管理模式要把握的核心问题是在起点公平基础上更多体现效率。对于很多为集体经济组织成员及社区居民提供公益性服务的非经营性资产，目前基本只有投入没有产出，重点是管好用好，可以折股量化，也可以由集体统一管理，关键是要确保其在存续期内用于提供公益性服务。

5）赋予农民更充分的财产权利

深化农村集体产权制度改革的主要目标就是要赋予农民更充分的财产权利。我国土地制度的特性决定了要解决这个问题，必须首先搞清楚农村集体经济组织成员身份。改革开放以来，农村经济、社会结构发生了深刻变化。一方面，工业化和城镇化发展的外力拉动与农村资源进一步优化配置的内力共同推动下，农村逐步走向开放，随着经济社会的发展，开放度也会越来越高；另一方面，城乡社会管理体制不断变革，农村人口流动日益频繁，无论是发达的东部沿海，还是广大的中西部，农村社员结构的动态已经成为普遍常态之势。这样的背景，要保障集体组织成员的财产权利，就必须清晰界定其成员身份。从实践看，身份界定需要把握几个关键点。一是尊重农村集体经济组织发展和集体资产形成的历史过程，特别是改革开放前政治、经济等各种因素；二是兼顾改革开放以来，在社会主义市场经济条件下形成的新农村经济秩序和现实，对这一阶段集体经济组织成员的劳动贡献要承认；三是流程严格，按照公告、登记、审核、公示、档案管理和上报备案等程序开展，做到标准一致、民主公开、合法规范；四是切实履行民主程序，坚持组织群众、发动群众和依靠群众的原则，重大事项必须全体成员充分协商、民主决定，既不能由内部人控制、少数人决定，也要防止多数人侵犯少数人权益。按照党的十八届三中全会《中共中央关于全面深化改革若干重大问题的决定》和《积极发展农民股份合作赋予农民对集体资产股份权能改革试点方案》的要求，重点要保障赋予农民对集体资产股份的占有权、收益权、有偿退出权、抵押权、担保权和继承权。占有权是成员权利的具体体现，收益权则是占有权的延续，两种权利彼此依存，不可分割。目前，《中华人民共和国民法通则》和《物权法》对财产所有权人的占有权、收益权有明文规定，在实践中对这两项权利的探索比较深入，做法比较成熟，深化改革的重点是在将资产折股量化到人、落实到户的基础上，全面赋予农民对集体资产股份的这两项权利，建立健全资产股权证书管理和台账管理，设计好收益分配制度。关于有偿退出权和继承权，现行法律对这两项权利没有明确规定，实践探索也有差异。深化改革的重点是，选择有条件的地方赋予农民这两项权利。有偿退出权重点是探索有偿退出的范围，如果将范围限制在本集体，就可能导致退出价格偏低，侵害农民利益；如果扩大范围，农民可能获得更高的收益，但又可能会形成冲击集体经济的风险，关键是寻找最佳平衡点。继承权是探索具备法定继承人的资格，但不是集体成员的人员继承集体资产股份的规则，不允许这类人员继承，可能会影响农村社会和谐稳定；允许这类人员继承，又可能会对农村集体经济组织的社区性产生影响，解决这个问题必须尊重农民意愿，履行民主程序。关于抵押权和担保权，从法律角度来看，抵押属于担保的一种形式，因此抵押权和担保权本质上属于一类权利；目前，《物权法》和《担保法》对集体资产股份抵押、担保都没有明确规定，可以进行试点探索，探索改革的重点是在抵押担保后出现风险，金融机构处置股份时如何规避对集体经济的产权结构、农村社区的社会结构带来的影响；由于集体资产股份抵押担保的只是收益分配权，并非股份全部权利，对其处置的失控风险程度更高，所以，探索改革要由农业部门会同中国人民银行、银监会批准，在限定范围内封闭运行、风险可控。

　　6）探索发展壮大集体经济路径

　　从 1958 年人民公社化开始，公有制经济在我国农村的实践已有近 60 年的历史。从改革开放的序列看，第一轮实行家庭联产承包责任制，使农业发展形成第一次飞跃，这一轮改革极大地解放了农业生产力，推动了我国农业发展动力的根本变化。第二轮改革就是发展适度规模经营和集体经济，这是在解放了农业生产力的前提下，对农业组织结构的改革。邓小平同志曾经指出，我国农业发展"总的方向是发展集体经济"，要把握好这个总方向，首先应该弄清楚什么是集体经济？集体经济是社区成员利用共有资源和资产，通过合作与联合实现共同发展的组织架构和经济形态。我国农村集体经济具有鲜明的中国特色，是社会主义公有制在农村的具体体现，其本质是农民的合作与联合；改革开放以来，我国农民对集体经济的实现形式进行了积极有益的探索，产生了集体所有、集体经营、承包制以及土地股份合作制等形式。其次探索集体经济的组织架构。农村集体经济组织是集体资产管理的主体，依法代表全体成员行使资产的所有权。目前，农村的集体经济组织、基层党组织、村民自治组织共同构成了农村治理结构体系，分别负责农村经济事务、党的事务和自治事务。但现实中，农村基层党组织和村民自治组织是健全的，而集体经济组织在多数地方却没有单独设置。截至2014年底，我国由村民委员会代行村集体经济组织职能的村占近60%。村级自治组织和经济组织表现为一个班子、一套人马。随着农村经济社会发展，这种"政社合一"的管理模式显然不适应集体经济发展，从实践和理性思考角度有三点要重视：一是职责分工的清晰化，经济、自治和党务职责宜分设，各负其责，各担其责。二是探索集体经济组织的多种存在方式，明确集体经济组织的市场主体地位。三是通过立法解决集体经济组织法人地位问题。市场主体人格化必然要求明确农村集体经济组织的法人地位，这本身也是实现城乡要素平等交换、保障农村集体经济组织及成员经济政治合法权益的法理需要。2016年中央一号文件提出了"抓紧研究起草农村集体经济组织条例"，应该尽早将此纳入国家立法计划。东部部分地区通过对集体经营性资产的股份合作制改革，走出了一条比较成功的路子，还需要继续深入地探索多种实现路径。发展壮大集体经济对我国广大中西部地区同样有重要价值，中西部地区的经营性资产规模相对较小，但可以在更普遍的资源性资产方面有所作为。一是探索土地股份合作。可以通过土地入股、农户入社，组建土地股份合作社，将零碎的土地集中发展适度的规模经营，在提高劳动生产率、土地产出率的同时，也丰富了集体经济的实现形式。二是探索混合所有制经济。例如，集体经济组织的林场、土地、水塘，集体投资兴建购置以及财政补助形成的房屋、设备等资产出资，引导农民个体投入土地经营权，引导外部主体投入资金技术等资源，发展农村混合所有制经济。三是探索财政资金的有效运用。作为国家所有特性的财政资金，如何更好地发挥其作用，基本方向是按照市场经济的原则使其效益得到更好的发挥。贵州六盘水在此方面做了有益探索，将"资金变股金"，将财政补助资金和各级财政投入村集体的建设资金等，作为农民的股金投入合作社、企业或其他经济组织形成股权，村集体和农民按股份比例分享收益。

2. 政府投入与推动农村金融发展

1）农业农村投入的政府保障

我国各级政府从21世纪开始，逐渐加大了对"三农"的投入，而且力度越来越大，政府补贴的品种越来越多，已经成为"三农"发展资金来源中不可或缺的重要部分。"十二五"期间，我国公共财政仅对农林水的支出就达到6.62万亿元，其中中央财政支出为3.18万亿元，体量大、增长快。近年来农村形势持续向好，财政投入大幅增加发挥了关键作用。巩固和延续好形势，必须继续加大投入力度。党中央、国务院领导十分关心对"三农"的投入，习近平总书记指出："财政再困难也要优先保证农业支出，开支再压缩也不能减少'三农'投入。"李克强总理强调，不管财力多紧张都要确保农业投入只增不减。2016 年的中央一号文件要求，"优先保障财政对农业农村的投入""确保力度不减弱、总量有增加"。我国废除农业税以后，对农业、农村及农民的各种补贴层出不穷，笔者曾经在重庆远郊县的一个山村的农户家中，亲眼看到农民拿出十几个领取各种补贴的本子，各地财政安排的资金不断上升。2011 年重庆在市级一般预算支出中，科技环保领域对农林水事务的投入是 199 亿元，基金预算支出是 8 亿元；到 2015 年分别上升到 331 亿元和 104 亿元，增长幅度高达 66% 和 12 倍。各级财政对"三农"的支出，对农业农村的发展和农民生活水平的提高起到了极其巨大的作用。当然，这其中也存在资金安排分散、靶向性不强等问题，这将在后面的有关章节中分析。

2）农村金融业有了较快发展

传统的农村金融主体是农村信用社，改革开放以后，农村金融逐渐得到发展，特别是近几年，随着其他行业投资机会和效益降低，农业、农村的一些领域边际效益逐渐提高，成为前景较好的投资高地，这使长期存在的资金供给短缺现象发生转变。各地积极创新农业农村投入的思路和办法，通过设立基金、贴息和担保等途径，引导和吸引金融资本、工商资本投入农业农村，形成政府投资与社会资金共同投入"三农"的格局。李克强总理要求，创新金融支农服务机制，调动更多信贷保险资源和社会资金进入农业农村，使农民更便捷获取金融服务。从特性来看，农业应该是国家和投资者作为长期投资的重点领域，因为农业的现代化进程决定了其既可以用未来的政府投入为目前的融资创造条件，也可以整合资源为融资提供还款渠道。近年来，我国各地都在信用社转为农村银行的同时，成立了大量专门为"三农"服务的农村金融机构和小额贷款公司。与此同时，国家还开展了改革试验，探索建立农村金融服务体系链条。来自国家农村改革试验区——广西田东的调查报告显示，经近 8 年的探索，全县已经拥有 9 家银行金融机构、18 家非银行金融机构，基本建立起金融服务体系、网点体系、支付体系、信用体系、保险体系和担保体系，并且实现了全覆盖，从机构设计上基本解决了农民贷款难、银行支付结算难等问题。

3）存在的主要问题分析

（1）财政支持存在的问题。尽管我国各级财政在逐年加大对"三农"的支持力度，但多部门都参与资金的分配，且彼此不协调，从而导致"三农"资金的分散安排。例如，农田建设项目资金涉及农业、水利、发展和改革、财政和国土资源一系列部门管理，分散安排形不成合力，又必然产生效益不高的问题。分散还体现在品种上，各部门从不同角度出发，孤立地进行资金安排，产生了种粮直接补贴、良种补贴和农资综合补贴等。多数农民把各种补贴都当做福利，在广泛进行土地流转的情况下，即便将土地流转出去，仍然要领取种粮补贴，使补贴品种名不副实。

（2）农村金融存在的问题。"融资难、融资贵"究竟是什么原因？对一批农业大省的调研发现，即便是经济相对发达的地区，仍然存在不少金融服务的"空白点"。而有金融机构进驻的地方，多数农户也难以及时贷到款，山东、河南是两个农业大省，很多以种植、养殖为主业的大户，种植面积上百亩的家庭农场，除了缺乏抵押难以从金融机构贷款外，农村信用社还普遍存在审批慢、抵押要求高、手续复杂等问题。一些种植数百亩地的小型农场，到粮食播种和收割期需要资金时，只能向亲戚朋友或当地小额贷款公司借钱周转。中国社会科学院农村发展研究所的调查显示，16.8%的农户需要贷款，56.8%的农户表示资金很紧张，69.6%的农户认为贷款不方便。"融资准、融资贵"在农村呈现出复杂的、多层次的问题。从区域上看，发达地区金融业也比较发达，农村金融的覆盖相对高，如浙江近九成的农村地区已被金融机构覆盖并延伸到乡村；除了常规的农村信用社、村镇银行、中国农业银行、中国邮政储蓄银行等金融机构外，还有资金互助会、资金互助社和小额贷款公司等金融机构；而广大中西部地区金融服务则相对落后。从贷款总量和金融覆盖水平上看，截至2014年底,金融机构本外币农村贷款余额为19.4万亿元，占贷款余额的比重不到23%，农村村镇银行县域覆盖率仅为54%。从金融基层服务看，从大城市到中小城镇再到农村，金融机构种类越来越少，网点门面越来越小。即便是有专门的"三农"事业部的大型国有银行，分支网点基本也只到县城、中心镇，部分村落只能偶见当地农村信用社的服务网点。从金融产品上看，缺乏深扎于基层的金融服务能力，以及农村和农业发展所需要的金融品种。为解决农村金融问题，始于2003年的农村信用社改革也不尽如人意，经过十多年的改革，多地省联社逐渐成立，其中部分农村信用社改制为农村股份制商业银行。截至2015年底，我国2 303家农村合作金融机构中，正式获批开业的农村商业银行已达839家，正在筹建的有107家。我国农村合作金融机构总资产达25.81万亿元，尽管资金量庞大，但问题并未得到解决。省联社实行会员制，所有农村信用社均为省联社的会员，先出资注册一个省联社，然后由省联社来进行管理，但从法律上讲，二者没有管理与被管理的关系。农村信用社不论是改制还是做大做强，都是省联社不愿意看见的结果，省联社千方百计地阻碍农村信用社向农村商业银行改制。而银监部门则希望更多的农村信用社改制成股份制商业银行，这样就可以按照金融机构的标准进行监管。因此农村信用社改制就成为金融体系改革的疑难杂症，这是农村信用社服务农村的动力和能力不能得到释放的重要原因。从改制的效果分析，改制前后在金融产品、服务及人员素质上并没有较大提升，为了弥补农村金融服务能力的不足，近年来我国各地形成许多资金互助会和互助社，这些组织由于缺乏相应监管，容易成为农村金融系统的风险点。某沿海地区截至2015年底,各种农村资金互助组织超过13万家,对金融系统稳定形成较大的隐患。

（3）农户农业保险存在的问题。农户对农业保险有较强需求。国家宏观经济研究院课题组2015年对8个省（直辖市）23个县的问卷调查结果显示,在1 512位受访农户中,对保险有需求的占比达93.5%。可以说,虽然一些农户对农业保险的认知与接受程度还不高,但总体上对风险的防范意识在提升,对农业保险的需求也有了明显提升。但实际上农户参保率并不高。2014年《中国农业保险市场需求调查报告》指出,当前农户投保积极性不高,成为阻碍地方农业保险工作开展的最主要原因,1 512位受访者中,只有44.4%的参与投保,远低于新型经营主体约90%的参保率。为什么小规模农户存在较为突出的农业保险排斥问题？其一,现行制度设计有利于处于强势地位的保险公司。由于体量巨大的保险公司与小农户明显不是一个量级,且农业保险收入占比很小,保险公司对硬件投入和市场开发都缺乏积极性。技术资金投入不足又导致难以获得针对农户保险需求的数据,当然也就无法设计出更多符合农村市场的险种。中国人民保险公司近90%的子公司系统分布在东部和中部地区,西部地区许多农村区域存在"保险真空"。由于保险公司面对农户处于强势地位,拥有更多的话语权和决定权,在险种、保费、评估和理赔等制度设计方面更多地考虑自身利益,农户只能被动接受。其二,由于农业保险本身处于高风险层,我国自然灾害多发,农业巨灾风险分散机制和再保险市场发展不完善,客观上会提高农业保险保费。在投保过程中,保险公司更倾向于选择风险灾害较少的地区,对于灾害频繁地区,保险公司设定土地最高投保额度,这就使农户望而却步,缩小了保险覆盖面,也降低了对农业保险的保障作用。其三,财政对农业保费补贴的总水平和品种相对较低,既难以有效调动保险公司的积极性,也难以满足各地区和农户差异化的农业保险需求。其四,入保易、理赔难问题突出。加入保险容易,但理赔却不尽如人意,一般估价过低,农业保险以保障物价成本为主,即便农作物在全损情况下,赔偿也远低于生产成本。保险公司理赔程序复杂,时间跨度长。许多小农户地处偏远,交通不便,按程序需要现场勘查、定损,这些都无疑会延长理赔时间。其五,为减免责任,减少道德风险,保险公司对农户的保险条款、保险标的会附加条件,设立严格的免赔率和免赔条款,而条款的解释权又归保险公司所有,使农户权益难以得到有效保障。其六,农户本身的特点也制约保险的发展。小规模农户的生产资料有限,专业化生产程度较低,风险抵抗力小,文化程度知识水平受限,风险意识相对薄弱,对农业保险也相对缺乏认同。

（三）关于地怎么处理的问题

1. 农民宅基地问题探讨

1）农村宅基地的出路

宅基地是中国农村土地制度安排中最特殊、最值得研究的制度之一，尽管资源极其稀缺，却采取了福利分配的制度，是目前农村改革面临的大难题。由于历史原因的积累和所承载的政治社会功能，宅基地制度已经成为顶层设计、法律修改、政策制定与学术研究中最为敏感的问题。党的十八届三中全会通过的《中共中央关于全面深化改革若干重大问题的决定》中有关土地制度改革总体部署，明确了宅基地制度改革的具体内容，2015 年，全国人大常委会授权国务院在北京大兴等 33 个试点县（市、区）探索农村土地制度改革三项试点，到目前为止，探索实践为制度改革提出了一系列的问题。

宅基地制度运行的问题。在传统大陆法系国家，只有地上权的规定，没有宅基地之说。在中国，民间向来一般以"宅子"指宅基地，它包括地上所盖的房子，也包括房子所占有的地。中华人民共和国成立以来，农村历经土地改革、合作化运动、人民公社、家庭承包制的若干制度变迁，宅基地制度与农地承包经营权制度变化基本类似但又有相异的历程，承包经营权制度的底线是保证农民不失地，宅基地制度的底线是保证农民不失所。因此，宅基地制度的财产性、政治稳定性、资源稀缺性、社会公平性中，政治稳定和社会公平在任何时候都占有很高的权重，甚至不惜牺牲其财产性和效益性也必须确保其政治稳定与社会公平。随着社会主义市场经济和农村改革的深化，这一制度在现实中遇到的困境越来越大，不但政策实施困难，还动摇法律的权威。

一是宅基地大量入市。目前，我国在法律上并没有赋予宅基地出租、转让和交易的权利，但宅基地入市已呈普遍化趋势。在沿海地区，宅基地上盖了多层住宅，用于出租给外地农民工；在城乡结合部地区，农民耕地被征用后，宅基地则被农民用于盖房出租，解决进城流动人口居住问题；在广大农区，一些进城的农户在城镇有了稳定的工作和居所后，将宅基地私下出让或租赁。宅基地以不同的方式直接或间接进入市场，一方面，有利于原住民的财产收入增长，也缓解了进城人口的居住的矛盾；另一方面，这种无序的入市有悖于现行法律。

二是宅基地的无偿获得制度难以持续。其一，由于我国农村长期以来是无偿取得宅基地，在观念上已经被农民认定是政府给予的福利。但是在发达地区和广大城乡结合部，城镇化进程导致土地级差收益的大幅提高，城镇建设用地越来越紧张，无偿分配宅基地与土地资本化背道而驰，宅基地无偿获得制度在 20 世纪 90 年代中期以后已经难以为继。其二，在宅基地财产价值逐渐显化后，无偿划定宅基地使用资格的制度受到挑战，部分拥有者要实现财产价值，产生出租或转让宅基地的欲望，而社会上又的确存在一批需求者到农村去租或变相购买农民宅基地（房）。其三，利益驱使农民充分利用现有宅基地加盖房屋，突破原宅基地面积盖房，在农村已经不是少数；在传统农区，宅基地无偿分配不利于保护耕地，农民外出打工收入提高，回村盖房往往占用承包地，导致耕地在农区，尤其是平原农区逐步被侵蚀。

三是宅基地的实际管理几乎失控。法律对宅基地管理规定非常严格，但事实上难以落地。镇以下土地管理实施机制缺乏，管理成本高昂，乡镇由于土地管理所人员有限，难以对数万农户进行监管，通常是在农民盖好房以后交罚款。在村里，干部扮演两个角色，既是宅基地的拥有者，又是宅基地管理者，对乡亲们的盖房行为，往往睁一只眼闭一只眼。目前，我国国土的用途管制只是控制规模，难以控制农民盖房行为。

四是宅基地的无序扩张严重影响城市健康发展。宅基地使用现状与法律的冲突，使政府对宅基地管理也基本处于缺位状态，规划和用途管制无法实施，农民宅基地的扩张和盖房更是处于无序蔓延状态，造成城中村的规划缺失、私搭乱建、基础设施落后、公共服务不足、治理效果低下、治安问题严重，与城市发展形成"两张皮"，加大了城市可持续发展的管理成本。

2）余江改革试点中显现的深层次问题

2015年江西余江开始进行宅基地制度改革以来，试点工作取得初步成效，也出现了一些深层次的问题。

（1）村集体经济组织弱小使其难以胜任管理主体角色。改革开放以来，内地不少村集体经济组织建设弱化，已无法承担管理主体的工作，从余江的实际看，无论是管理条件与手段设施，还是人员素质，都难以行使农村宅基地管理的职责。对此，余江把村民事务理事会作为改革试点的主导，由中共余江县委组织部牵头对村民理事会进行考核，规定村小组组长必须是理事会成员之一，这种行政配置资源的方式，使理事会已经变成半官方组织。尽管村民事务理事会具有熟悉当地风俗、个人威望较高、协调能力强以及善于运用"乡规民约"等诸多优势，但要在宅基地制度改革中担任主角仍显力不从心，难以形成长效机制：首先，权威性不够，缺乏有效手段。虽然试点方案获得了村民的认同，但在具体实施中缺乏有效的执行力。例如，有偿使用费收取，截至2015年底，余江县宅基地有偿使用费的户数完成率仅为35%，缴费完成率为13.7%，且相当部分勉强缴纳者相信凭借乡（镇）政府开具的缴款发票凭证，在政策变化后，可以凭收据退钱。其次，积极性普遍不高。理事会没有建立责权利对等的工作体系，成员基本无报酬，凭借热情工作积极性难以持续；不少理事会成员反映参与农村宅基地管理非常困难，工作内容繁杂琐碎，一些理事会成员存在不愿做的情绪。

（2）财政压力大致使试点村资金收支难以平衡。余江县提出了"政府暂借、乡镇统筹、封闭运行、成本核算、收支平衡、严格管理"的资金管理要求，但操作中难以实现收支平衡，资金收入主要依赖宅基地的有偿使用费，一方面是费用收不上来，另一方面开支繁多且刚性，如村公益基础设施建设、房屋拆除复垦人员误工补贴、拆迁安置补偿等。同时，在费用设计上也很不合理，如宅基地的使用费与退出费，超标范围在 1~50 平方米的部分按年每平方米 10 元计费，超占面积以 50 平方米为一增幅区间，使用费则以每平方米 5 元递增，但有偿退出的补偿住房按建筑面积每平方米 20~150 元补偿，厨房和厕所等辅助用房按占地面积每平方米 10~30 元补偿。目前试点中的资金来源主要依赖涉农项目资金、增减挂钩收益以及少量外出创业成功者的捐助，收支间存在很大缺口。除了试点村自身的收支平衡外，宅基地测量确权、村庄规划以及村庄环境整治都需要大量资金投入，经济并不发达的江西省县级财政难以承受如此巨大的压力。

（3）规划滞后使宅基地优化布局缺乏支撑。改革方案明确，必须按照城乡一体化发展和"多规合一"要求实现"规划先行"，试点村的建设规划却是各自为政，由于没有县域居民点体系规划的指导，试点村的建设规划各自为政，难以形成农村宅基地的总体优化布局。很明显，过分强调个体村庄的自身建设，必然增加未来中心村建设的成本，提高科学城镇化的过度成本。

（4）抵押权缺乏有效实现途径使宅基地价值难以实现。保障农村宅基地占有和使用权能，一个最大的目标就是通过其使用权的抵押增加农民财产性收入，但银行因宅基地的特性对宅基地抵押产生排斥已经成为常态，导致宅基地抵押权难以实现。例如，鹰潭农村商业银行在国内较早地开展宅基地住房抵押贷款试点，在县城开农资店的金先生用 160 平方米的老宅，被授信贷款额度 10 万元，成为第一笔农村宅基地住房抵押贷款，银行对贷款实行极为严格的管控，监管只用于商品的购进，经核实资金用途后才按购货金额放款，以确保资金的稳定回笼。

（5）后续管理困难使村民改革获得感不大。在规范农户建房后能让村民切实感受到生活环境的改善，应该是体现改革成果的重要内容。然而，受经费、人员多种因素的影响，后续管理难以跟进，村民的改革获得感并不高，这在新农村建设的试点村反映尤为强烈。这些村庄通过厕所改建、庭院美化、道路硬化以及建筑外观改造等新农村建设工程，已拥有了相对稳定和舒适的居住环境，但超占的庭院要拆除、原有道路要改变，现场一片零乱，打乱了村民的生活习惯，反而对宅基地改革有所报怨甚至反感。

3）宅基地制度的出路何在

宅基地的制度特殊性，在一定程度上使其改革抉择的难度非常大，也因此导致改革的缓慢与停滞。近年来，不乏决策者既想在宅基地制度上有所突破，又能推动宅基地管理制度向前发展。但当在涉及具体怎么改、怎么管时却犹豫了。我们归纳出几个重要观点。宅基地福利分配保证了农民居住权，如果把这个改掉，农民就会流离失所；宅基地制度是以成员身份为前提的，突破这一前提改革方向就错了；宅基地用益物权不宜包括抵押权，否则农民一旦发生不理性抵押，就会失去安身之所；宅基地不能对村外人，尤其是资本所有者，这将出现低价买走宅基地等问题。这些问题的根源就出在宅基地制度的特殊性上。宅基地制度的改革就是要在现实困境中，通过创新探索找到破解制度特殊性的突破口。可以考虑的思路是，明确宅基地用益物权的内涵，完善宅基地权利体系；改革宅基地无偿获得和集体成员分配制度，改革村庄规划方式，完善用途管制。

（1）改革完善农村宅基地权利体系。首先，要明确宅基地用益物权内涵，从《物权法》的一般规定看，"用益物权人对他人所有的不动产或者动产，依法享有占有、使用和收益的权利""所有权人不得干涉用益物权人行使权利"。而在对宅基地权利规定上，《物权法》却另有规定："宅基地使用权人依法对集体所有的土地享有占有和使用的权利，有权依法利用该土地建造住宅及其附属设施。""宅基地使用权不得抵押。"按照这样的规定，农户对宅基地的占有权是没问题的，任何他人或组织不能侵占宅基地，但这并非用益物权的全部，宅基地的用益物权只包括占有和使用权，没有收益权，使用者不能以宅基地获取收益，农民对宅基地的用益物权就是居住权，而且是严格按照规定面积的居住权。停留在这种意义上的宅基地制度，既与法律的用益物权冲突，也与现实不符。赋予宅基地财产权，是宅基地制度改革的突破口。不论是农民意识还是现实处置，宅基地都是农村土地中最贴近农民直接利益的，对它的赋权应该更加清晰和直接。其实，无论在任何地区，宅基地已经作为事实上的财产权，现实中通过出租、交易和转让获得收益的现象已经非常普遍，赋予宅基地交易权利，是保护农民的利益，而禁止交易，就是否认农民宅基地使用权的收益权益。有些理论认为，赋予其权利，将处置权交由农民做主存在很大风险。其实，社会主义市场经济已经发展了20多年，没有理由低估新型农民的风险意识，他们仍然会理性评估风险收益，不会随意处置宅基地而流离失所。承包地放开这么长的时间，也鲜见农民随意处置而饿饭的现象。只有赋予宅基地更充分的财产权，才能为宅基地充分发挥其收益权制度打下基础。所以，要保障农民宅基地的用益物权，就必须赋予农民对宅基地更充分的占有、使用、收益、转让及继承权，使其真正成为农民的财产。其次，完善农村宅基地权利体系。处理好宅基地集体所有权、农户使用权与房屋所有权的权利内容及三者之间的关系，在所有权上，在集体所有权确权中，明确边界内宅基地及其他集体建设用地为农民集体共有产权，作为集体共有土地，产生的收益为成员共有。在宅基地集体所有权与农户使用权的关系上待解决的问题是，集体所有者要不要对使用者收取所有权地租。一种认识是，集体内的宅基地如是按成员权平分，集体所有权可以内化为成员权集体所有制，不存在所有权租金问题。另一种认识是，承认现在的宅基地农户差别化占有的现实，认定集体所有宅基地的成员平等共有性，那么，集体所有者就可以向农户收取地租，在成员之间平等共享。在宅基地使用权上，已经分到各户的宅基地使用权权利按上面提到的宅基地用益物权改革方案处理。房屋所有权的赋权已经比较充分，需要解决的是实现宅基地使用权与其建筑物所有权的权利关系的统一。

（2）通过改革实现宅基地的资本化。长期以来我国宅基地制度有两个特殊点，即以成员权获得和无偿取得。正因为如此，宅基地制度改革十分艰难，如果改革从这两个特性出发，认定是以集体成员权为边界，那么集体外的成员就不能进入，因为集体成员是无偿获得的，宅基地就不具有商品的特性，更不能资本化。这种逻辑推理有现实价值，但不能以此作为不改革的理由。只有打破两个特殊性，宅基地制度才可能朝着财产性和资本化方向迈进。改革宅基地制度就是改革成员分配制和无偿取得制。如果按照耕地承包经营权分配制度方式，以时点为界，锁定集体合法成员一次性获取宅基地及其相应的权益，新成员取得宅基地，以有偿方式取得。在此基础上，采取分类方式，对宅基地价值已经显化地区，早已没有实行宅基地福利分配制度，实行宅基地使用与转让的对外开放，集体宅基地的租金收益，在集体组织成员间进行分配。对于需求不强的地区，可以放开村与村之间的宅基地出租与转让，在条件成熟后，可实行对外交易。

（3）改革并完善宅基地管理制度。目前，宅基地管理制度中的审批与指标管理都非常严格，但管理效能很差，与农村改革的系统要求并不适应，需要结合实际，提高管理的有效性。一是严格规划管制。规划要明确政府与村庄的管理责任，在确定宅基地使用规划后，上级政府以规划为依据依法管制，规划范围内的宅基地使用管理全面下放到村。二是严格宅基地存量用地。我国宅基地总量非常大，总体上农村人口在减少，但宅基地却没有下降，这必然导致空心村剧增，原则是未来村庄宅基地不得新增用地，对于村庄使用存量建设用地，国土部门可以不纳入年度用地指标，以规划为依据在存量范围内调剂，无须指标审批，放权村集体自行处置。三是严格用途管制。在规划和存量管理权下放到村以后，政府管理重点放在用途管制上，对于占用耕地的盖房行为，要对村组织和盖房主体从严依法处置。

▶ 专栏3-4

义乌农村宅基地制度的改革

2015年3月，义乌市被列为我国农村土地改革试点县市之一。对此，义乌市高度重视，在深入调研基础上，编制了《农村宅基地制度改革试点实施方案》，主要内容如下。第一，城乡新社区集聚。按照试点方案，结合自身特点，义乌市因地制宜，探索推行了分区域保障农民住房的模式，即在城镇规划红线范围内，推行城乡新社区集聚建设，允许农民以合法宅基地置换国有出让土地的住宅和产业用房，住宅保障"户有所居"，产业用房用以增加财产性收入，推动农村向社区转变、农民向市民转变。同时推进两个创新：一是农民的置换权益的宅基地可上市交易，出台的《城乡新社区集聚建设置换权益交易办法（试行）》规定，农民可以将相关交易信息发布在交易平台上进行交易。二是推行"以人为核心的全面城市化"。出台《城乡新社区集聚建设居民职工基本养老保险若干意见》，规定参加集聚的对象享受城镇职工基本养老保险、基本医疗保险等，解决百姓后顾之忧。另外，开发一定数量的商品房出售，吸引城市居民购买居住，使市民和农民生活交融，加速农民生活的市民化进程。高层住宅项目不仅确保了农民居住需要，改变了居住环境，也节约了用地。第二，设立住房财产权抵押贷款帮助农民创业。2015年12月，全国人大常委会授权义乌市开展农民住房财产权（宅基地使用权）抵押贷款试点。截至2016年上半年，义务市累计办理农民建房和抵押贷款115亿元，贷款余额38亿元。义乌农村商业银行和中国农业银行等金融机构在贷款利率、期限、还款方式等方面执行优惠政策，共安排108个营业网点开展业务办理，农房抵押贷款工作逐步进入常态化。农村宅基地住房抵押贷款政策的出台，对农民创业和中小微企业发展起到很大的推动作用，有力促进了义乌经济社会加快发展。第三，推进宅基地不动产统一登记。义乌市是浙江省不动产统一登记改革试点县市，从2014年6月率先在全省开展登记工作试点，设立不动产登记局和不动产登记中心，将农村宅基地住房纳入统一登记。截至2015年底，义务市登记农村宅基地住房已达700余宗。不动产统一登记在服务当地经济社会发展、帮助小微企业依法融资方面起到很重要的作用。宅基地制度改革确保了老百姓"户有所居"，改善了居住环境，通过住房财产权抵押担保、宅基地流转等方式，极大地提高了农民的财产权权益。

2. 农村集体经营性用地问题探讨

1）中国农村经营性用地的发展状况

党的十八届三中全会以来，国家在土地流转方面强化了政策力度和制度安排。一是着力推进土地承包经营权确权发证，夯实土地流转基础。到目前，我国承包耕地流转面积已达到4.43亿亩，耕地承包经营权确权面积已近4.7亿亩，试点省份已达22个。二是着力培育新型农业经营主体，解决"谁来种地、怎么种地"的问题。推进农业供给侧结构性改革，新型农业经营主体是引领力量，包括家庭经营、合作经营、集体经营和企业经营四大类型的经营主体快速发展。2015年底农业部经济管理司对28.8万个家庭农场的监测显示，从事粮食生产的占36.1%；到2015年底，农民合作社有153万家，从事种植业的占一半；目前我国各类农业产业化经营组织约有35.4万个，龙头企业有12.6万家，对这些经营组织的用地主要是监管，防止在流转土地上搞非农经营，或出现因为经营不善而伤害农民利益的行为。三是将承包经营权分立为承包权和经营权，明确了农地集体所有权、农民的土地承包权和使用者的土地经营权，形成了集体农地的"三权分立"制度。土地承包权就是成员权，土地经营权可以流转出去，这有利于国家把各种支农的财政补贴到真正的土地经营者身上。四是完善土地流转市场，建立农地使用权交易平台。2015 年初发布的《国务院办公厅关于引导农村产权流转交易市场健康发展的意见》，是首部针对农村产权流转交易市场的指导文件，目前各试点地区基本构建了交易平台并运行。

2）大力推进农村经营性土地资本化

20 世纪 80 代的家庭联产承包责任制改革，使亿万农民迸发出极大的积极性，农村社会生产力得到极大解放，乡镇企业大发展推动了工业化和城镇化的进程，农村社会面貌发生了翻天覆地的变化。这个进程充分说明，"三农"问题的核心是处理好农民与土地的关系。改革开放以来中国取得的巨大历史性成就，值得充分肯定的是农村土地制度创新，不仅解决了中国的粮食问题，更为工业化、现代化提供了庞大的劳动力储备。随着土地使用效率和农副产品数量质量的提高，农村劳动力逐渐流向乡镇企业，而随着经济发展，一批较高素质的产业工人队伍也随之产生，为中国城市工业化提供了人力资本的支持。但随着改革的不断深化，制度变迁的边际效益递减。农村土地制度改革也需要不断深化，才能适应中国农村跟进全球化、现代化、工业化之需求，涉农制度当前最重要的是提高土地资本的高效流转，以实现土地资本化的内在需求。土地资本化是农村土地制度改革的指向，任何物品的资本化都以发挥其最大效用为目的，也是实现物品价值最为高效、最为快捷的途径。到 2015 年底，中国超过 40%的土地已经流转，完善耕地产权机制变得日益迫切。将农村土地集中以实现规模化经营，农民可以将土地入股获得分红，作为劳动者还可以领取工资报酬。可以预期土地资本化，特别是股权化将成为农村土地制度深化改革的方向。中国已处于工业化中期向后期转化阶段，经济就业容纳能力已经摆脱落后农业生产对劳动力的束缚，因而股权作为土地的抽象代表者，其流转的便利性、易变现性等将会极大地释放农村生产力，其意义不啻为中国农村的第二次改革开放的革命。中国的现实警示我们，这场土地制度改革决不能背离农村基本经营制度、土地集体所有、家庭经营基础性地位和稳定土地承包关系。当前农村土地制度改革深化最为关键的前提，如习近平总书记所强调的，是要抓紧落实土地承包经营权登记制度，真正让农民吃上"定心丸"。也只有真正实现农地的"确权"，农地的"确股"才有基础，农地资本化才更具操作性。推进土地资本化，既是农业现代化的迫切需要，也是城镇化的重要前提。

3）农村经营性土地的改革探索

2014 年，中央安排农村集体经营性建设用地入市、承包地经营权流转、宅基地开展试点，被称为"三块地"改革，本小节着重研究集体经营性土地改革。

改革要有底线，即有效地保障农民合法财产权利，寻求提高农村土地利用效率的途径。《物权法》规定，农民土地承包经营权、宅基地使用权和集体收益分配权等，是农民的财产权利。必须先对这些权利进行确权、登记、颁证，为获得性提供法律保障基础。在明晰和保障农民财产权的基础上，通过改革探索提高农民运用财产权取得收益的途径。例如，在耕地上，可以通过农户承包土地经营权流转、土地股份合作、代耕代种、土地托管等多种形式，推动适度规模经营的发展。只有财产权利得到可靠的保障，才有积极性去提高土地利用效率。但是，改革不能颠覆集体经济，这是上述一切的前提。《物权法》规定，农村集体经济是一类特殊的经济组织，它不是公有制经济，集体财产的收益可以量化到成员，但集体的财产不能分割到成员。同时，农村集体经济组织具有地域性、唯一性和排他性，这与企业组织不同，如果企业经营不善可以清算破产，但农村集体经济组织不能破产，因为农民"下岗"意味着丧失一切。正因为如此，集体经济组织可以实行股份合作制改革，但量化到成员的股份，只能是获得集体资产收益的依据而不应该是资产本身，成员股份不能像公司股份进行转让或上市流通，其转让只能限制在本集体经济组织内部。如果用企业制度理论指导农村集体经济的改革就会出问题。有理论将农村土地制度改革困难归咎于集体经济制度，我们承认农村土地制度举步维艰与农村集体经济组织制度有关，但在土地私有制国家，对农村土地管理也非常严格。第一，土地的利用必须服从规划和用途管制，不允许随意在土地上搞建设；第二，多数国家特别是亚洲国家的农村，普遍存在村庄组织，其地域性、唯一性、排他性很强。这就决定了即便是土地私有制，对村庄土地的出租、买卖以及改变用地性质，必定受到村庄的约束。以日本为例，每一个市町村都设有以农民为主体的农业委员会，农村土地的买卖、租赁以及农地改变特性等事宜，都要经该委员会审议通过。长期以来法律禁止经营性公司进入农村，近年虽有所放松，但仍然限制企业购买农地，要从事农业只能与农民合作，并附加限制性要求。中国台湾也禁止经营性企业购买农地，2000年开始允许自然人购买农地，但禁止非农民在农地上建房。可以认定，以村庄为基础实行农村社会治理的国家，不论实行什么所有制，在农村土地的买卖、租赁和农地特性改变等方面，都会受到村庄自治的强约束。其目的就是保持农村社会结构的稳定。这是从现行法律制度出发的，农村集体土地改革在这样的背景下存在很多亟待解决的问题。

4）经营性土地产权制度改革中的难题

党的十八大以来，尽管加大了对集体经营性建设用地和集体非经营性资产产权制度改革的力度，但受到现有法律、政策的制度性约束，深化改革面临一些亟待解决的难题。

（1）农村集体产权制度改革目标与集体所有制间存在矛盾。农村集体产权制度改革的目的，是在坚持集体所有制的前提下，建立与市场经济相适应的农村产权制度。但现实和农民的认识是，他们对集体土地和其他资产的权益只是成员权，其获得权利的前提是其为集体经济组织成员，如果不是权利就消失。现有法律体现了这种关系。《物权法》第 5 条规定："农民集体所有的不动产和动产，属于本集体成员集体所有。"如果严格按照规定，企图建立归属清晰、权能完整、流转顺畅、保护严格的农村集体产权制度就不可能。即便对产权制度进行了改革，结果仍然具有不确定性。例如，较早完成了全域土地确权的成都，在确权时明确了六点：一是在承包期限上，明确承包时期为"长久"；二是在土地经营承包权证上，标注了每块土地的详细信息；三是在承包经营权证的基础上制作了村镇的土地鱼鳞图；四是规定发包之后新增人口不再是集体经济组织成员；五是确权之后的征地按照"征谁补谁"的原则进行，不再进行新的土地调整；六是以村民代表会议和村民大会的形式对确权的方案与结果给予确认。但现实中只要涉及征地补偿等利益问题，农民仍然会依据《宪法》、《农村土地承包法》和《中华人民共和国村民委员会组织法》赋予的权利，通过召开村民会议和投票表决的方式，要求征地补偿在集体经济组织内部全体成员中均分，再重新分配剩余土地。这等于否定了前面的确权。

（2）改革成本分摊和相关机制不完善。农村产权制度改革需要较高成本，如果成本分摊政策和相关机制不合理，会直接影响基层改革的积极性和改革质量。在土地确权登记颁证时，国家按 10 元/亩的标准提供工作经费，地方政府给予一定补贴。但我国多数地区土地碎片化严重，确权成本高。浙江温州的山区土地实测的招标价格已经高达 45 元/亩，加之需要对台账进行严格的后期整理等一系列工作，一些乡镇的市场价格达到 100~200 元/亩，有的达到 300 元/亩。粗略估算温州全域土地确权全部到位，地方财政需要过亿元的投入。这对经济发达的温州也难以承受，在中西部就更不可能。在农村集体资产改革中，由于政府财政对农村公共服务和社会保障投入不足，土地和农村其他集体财产成为维持村庄管理、向农民提供公共物品和服务、社区保障的重要物质基础，这就对农村集体资产改革产生了很大影响。出现了拒绝或拖延改革或在改革中保留一定比例的集体股，其收益用来作为村集体的公共开支，这又牵扯出集体股产权管理的问题，现实中集体股往往由少数村干部控制，我国部分地区的村集体经济组织收益可观，监督管理好集体股份的资金，关系到农村集体产权改革的成败，也涉及党风廉政建设。在农村集体经济组织改制上，税费负担已经成为影响改革积极性的重要因素。根据目前的税负规定，农村集体经济组织改制需要承担三类税费。一是分红时的个人所得税；二是集体经济组织改制中更名需要缴纳契税和交易费；三是新成立的农村集体经济组织大多以物业出租为主，需要缴纳企业所得税、土地使用税、教育费附加等7种税费，其综合税率高达36%，这显然难以承受。

（3）顶层设计滞后。有关农村土地改革的法律和政策未能及时跟进已经成为一个重大的问题。以农地确权登记颁证为例，确权能管多久？党的十七届三中全会决定提出：赋予农民更加充分而有保障的土地承包经营权。现有土地承包关系要保持稳定并长久不变，党的十八届三中全会决定延续这一提法，但是"长久不变"的具体政策含义、"长久不变"与农地第二轮承包之间的关系等问题，政策尚未做出具体规定，这种情况使地方在开展确权登记工作中无所适从。有的在承包期限写上了"长久不变"，普遍做法是沿袭第二轮承包，颁证期限到 2027 年或 2028 年。很明显，承包期限不同，农民的关切程度和预期就不同；由于到第一轮承包结束只有 12 年左右，不少地方觉得既然到期后还要再调整，应付性开展工作就大有市场，赶进度、委托包干、确完了事。相关政策设计缺乏合理性也是被广泛指责的第二个问题。目前，各地农村产权制度改革范围一般都局限在集体组织内部，这种限制性明显与归属清晰、权责明确、保护严格、流转顺畅的现代产权制度改革目标存在冲突，如何处理这对矛盾？何时流动和开放？能否解决这些矛盾与问题是试点能否走下去的关键。如何协同推进各项改革试点是必须面对也是基层不能解决的第三个问题。改革走到今天，其关联性就像一筐螃蟹，相互钳制牵连，改一发而动全身，改革能否取得预期效果，很大程度上取决于协同水平的高低。目前，农村各项改革试点实验牵连到多个管理部门。例如，土地制度方面归口于国土资源部，土地确权颁证登记和农村非土地经营性资产股份制改革归口于农业部，新型城镇化试点归口于国家发改委。如果部门之间缺乏高水平的协调机制，改革实验将难以得到实质性的推进。综合性改革试点职能上归口于国家发改委，但实际上尽管国家发改委是一个综合部门，但在权力和利益上是难以横向协调多部门的；如何协调推进不同类型的改革试点实验，是改革实验区面临的重要问题。2016 年 10 月，中共中央办公厅、国务院办公厅印发了《关于完善农村土地所有权承包权经营权分置办法的意见》，提出了"尊重农民意愿、守住政策底线、坚持循序渐进和坚持因地制宜"四大基本原则；逐步形成"三权分置"格局，确保"三权分置"有序实施。形成了科学的顶层设计。2017 年 2 月底农业部发布的《鼓励和支持返乡下乡人员创业创新为农业农村经济发展增添新的动能和活力》，在一定程度上突破了外来人员住宅用地难的问题，除了依法使用农村集体建设用地开展创业创新外，提出允许返乡下乡人员和当地农民合作改建自住房，自住房可以改造成农家乐。这是在农房利用上首次有了新说法、新规定，释放出一个极大的政策信号，国家为返乡下乡人员在农村建房打开了政策的大门。2017 年 2 月底，国家又决定在 100 个县开展农村集体土地改革的试点，随着这一系列新政策、新改革试点的推进，我国农村土地制度将会有一些较大的突破，农村资产被唤醒的时代已经为期不远了。

▶ 专栏 3-5

重庆大足农村集体经营建设用地入市改革

2015 年 2 月，经全国人大常委会授权，大足区被确定为我国 33 个制度改革试点县（市、区）之一。该区把维护农村集体经济组织和农民权益作为出发点，以建立土地增值收益分配机制和农村集体经营性建设用地入市制度为落脚点，稳妥有序推动改革试点工作并取得了阶段性成效。

（1）制订实施方案，明确工作思路。大足区制订了《大足区农村集体经营性建设用地入市改革试点工作实施方案》，提出了试点目标、主要内容、实施步骤和进度安排，明确了"重点实施、全域推进"的试点工作推进思路，选择农村集体经营性建设用地存量大、土地市场需求大、基层组织领导力量强的八个重点镇（街道）先期开展入市改革试点，经中期评估后向其他有条件的街镇全面推开。同时制定了入市改革试点路线图和时间表。

（2）开展动员培训，做好政策宣传。重庆市国土资源和房屋管理局、土地勘察测绘院专家开展讲座，重点讲解集体经营建设用地入市改革的政策背景、集体经营性建设用地如何确定、调查摸底中需要注意的事项等内容。举办建设用地入市改革试点动员培训会，培训重点镇（街道）书记、镇长、分管副镇长、国土房管所长及村镇（街道）建设所长、村书记、主任、文书等 250 余人，改革试点工作人员业务水平得到提高。试点镇（街道）和涉及的村组进一步通过院坝社员会、社员代表大会等形式，加强政策宣传，消除群众疑虑，让改革试点政策家喻户晓，确保改革试点工作得到群众拥护和支持。

（3）抓好基础调查，摸清资源家底。8 个重点镇（街道）开展存量建设用地摸底、村民意愿调查等工作。根据 2014 年土地变更调查结果，对土地利用总体规划和城乡规划中确定为工矿仓储、商服等经营性用途的土地认定为存量集体经营性建设用地，开展确权颁证工作。妥善解决了试点地区存量经营性建设用地数量少、认定难的问题。同时，通过入户入企调查、开展座谈会等方式，进行入市意愿调查，充分了解群众、企业参与入市改革的意愿，并针对产业集中区入市的选址和规模、集体收益的分配原则、增值收益调节金的比例以及土地出让价格等相关问题进行深入讨论，综合平衡各方利益，为改革试点工作推进奠定坚实基础。

（4）整合村庄规划，统筹空间布局。以土地利用总体规划为基础，在村级层面开展了"多规合一"编制工作，将土地利用规划、村庄建设规划、产业发展规划、环境保护规划有机融合，统筹考虑人口、产业、用地、环境发展需求，切实提高规划对用地空间的管控能力。探索村规划由区级人民政府审批后作为规划管理依据，规划许可对象由乡镇企业扩大到取得农村集体经营性建设用地使用权的土地使用者，推动了村级层面规划体制改革创新，有效解决了相关规划自成体系、内容冲突、缺乏衔接等突出问题，探索出了一条符合农村发展、操作性强的规划管理模式。

（5）建立地价体系，平衡收益分配。按照建立城乡统一的建设用地市场，实现集体土地与国有土地同权同价、同等入市的要求，综合考虑人口、产业、社会经济和区位条件等因素，创新性地开展了两个镇的城乡统一土地级别和基准地价编制工作，将基准地价的覆盖范围扩大到农村地区。建立城乡统一基准地价体系，为集体经营性建设用地评估和上市交易提供价格参考，有效保障集体经济组织土地财产权益实现。按照"土地增值收益分配要兼顾国家、集体、个人，合理提高个人收益"的总体要求，出台了《土地收益调节金征收使用管理暂行办法》《集体收益分配指导意见》《入市交易规则》《使用权登记实施意见》《成员资格认定指导意见》《融资抵押工作实施意见》六项制度，切实做好土地增值收益分配。一是政府主要通过征收土地增值收益调节金参与收益分配。把土地位置、用途作为确定土地增值收益调节金标准的重要指标，明确以土地出让价款总额的10%~25%计征调节金，同时为鼓励公开交易，对采取拍挂形式出让的降低5个百分点计征。二是集体通过提留一定比例的增值收益调节金参与收益分配。集体原则上按照不高于20%土地纯收益进行提留，具体由农村集体经济组织按程序集体讨论确定。三是集体提留后的其他土地纯收益，按照《中华人民共和国村民委员会组织法》和《重庆市农村集体资产管理条例》的有关规定，以村社合并前的社为单位，在农村集体经济组织成员之间公平分配。

（6）尊重农民意愿，实施公平入市。坚持把实现好、维护好、发展好农村集体经济组织和农民土地权益作为改革的出发点与落脚点，尊重农村土地权利人意愿，充分考虑农民利益诉求，保证集体经营性建设用地公平、公开、公正入市。2015年11月，经农村集体经济组织申请，大足区两个村两宗集体经营性建设用地在重庆市农村土地交易所、大足区公共资源综合交易网和区国土房管网发布出让公告；同月，又一宗产业集中区110亩集体经营性建设用地以3 856万元起拍，3名竞买人共进行11轮激烈竞拍，重庆大足石刻国际旅游集团有限公司以3 950万元的价格成功竞得40年土地使用权，成为我国产业集中区入市地块第一宗交易。保竹村就地入市2.52亩农村集体经营性建设用地，由私营企业主以55万元取得50年土地使用权，成为我国就地入市的第四宗交易。

第四章　统筹城乡新发展

一、新常态新形势下我国农业发展新战略

（一）农村发展战略的新特点

进入 21 世纪以来，中国理论界对农村发展道路争论激烈，但近年出现了新现象，越来越远离于农民直接利益的关系背景，开出的药方也偏向激进。不论这些理论是否经得起历史的检验，可以肯定的是，中国农村正面临几千年来未曾经历过的工业化、城市化浪潮的冲击，这会带来什么样的路径，现在还不清晰。必须认定，任何无视农村和农业已经发生、正在发生的这场巨大变迁，仍然以既定思维和认知，企图以不变应万变的分析方式，一定会被历史淘汰。目前，对农村问题的认识，往往隐含着两个概念化倾向和既定思维：一是还停留在过去的"乡土中国"，即以土地为生、以村为居的格局，以及人们一直熟悉的社会和礼治秩序；二是在农村政策上尽管做出了很大调整，但还是基于"以农为本"的，即土地是农民的命根子，农业是农民就业和收入的主要来源，国家的粮食供应靠自给和小农提供。当下我们应该清楚地看到，中国农业发展的战略已经出现了新的特征，上述两种思维都是值得反思的。

1. 由"乡土中国"转型为"城乡中国"

城乡中国的出现，是中国 30 多年改革开放的重大成果，2015 年中国常住人口的城镇化率已达到 56.1%，但户籍人口的城镇化率却只有 39.9%。以常住人口计算的中国人口现在已经是"一半在农村，一半在城市"，这种现象是社会进步的体现。但是，这一变化对乡村社会和农业所带来的冲击也令人们始料未及，这体现在以下多种主观倾向上：第一种倾向是，无视这种变迁必然带来的生产关系和生产力不适应的新问题，仍然死死抱住现有制度不放，一提制度改革就会犯颠覆性错误，进而在理论上出现了僵化停滞的状况；在农村发展思路设计上总体采取保守的思路，这种思想必然会贻误发展机遇，从而使城乡结构扭曲的现象继续下去。第二种倾向是，对村庄特性缺乏基本认识，忽略村庄自身存在的发展规律和自组织特

性，一味强调引入村外要素向村庄内渗透，主要表现为少数精英主导的乡村改造。第三种倾向是，十分强调大资本进入村庄和农业，认为只有依靠外来资本才可以拯救农村，但在现实中，城市资本下乡在一些地方取得了一定的经验，但也有不少资本落得亏损结局，多数资本则没有达到预期的目标。

▶ 专栏 4-1

户籍制度深化改革的新特点

我国户籍制度改革取得了很大成效，到 2017 年 2 月，有 25 个省区市发布居住证实施办法，31 个省区市都制定了户籍制度改革实施意见。2016 年全国户籍人口城镇化率达到 41.2%，当年有 143.5 万无户口人员登记上户。当前，我国的户籍改革进入深水区、关键期，改革将朝着深化方向前进，呈现几大特点。

户籍制度改革的政策框架构建完成。我国目前户籍制度的政策框架特点：一是城乡统一的户口登记制度全面建立，取消了农业户口和非农业户口性质划分。二是户口迁移政策进一步完善，普遍降低了农业转移人口在城镇落户的门槛，大城市建立了积分落户制度。三是农业转移人口市民化面临的制度性难题逐步破解，"人地钱"结构机制初步建立，社会保障体系配套改革取得实质性进展，居住证制度加快落地。四是户籍制度改革基础进一步夯实，深入开展户口登记管理清理整顿，扎实推进解决无户口人员登记户口问题。

因地制宜，因城施策，统筹改革措施。中央要求，加快提高户籍人口城镇化率的首要任务就是要在"落户"上下功夫，要因地制宜、因城施策、一城一策，进一步细化改革实施方案，统筹配套更多领域、更大范围的具体改革措施。除极少数超大城市外，要全面放开对高校毕业生、技术工人、职业院校毕业生、留学归国人员的落户限制。要进一步向农村学生升学和参军入城镇的人口、在城镇就业居住 5 年以上和举家迁徙的农业转移人口以及新生代农民工等重点群体倾斜，努力做到能落尽落。要严格按照中央政策建立完善积分落户制度，凡城区常住人口在 300 万以下的城市不得实施积分落户制度，凡政策已经明确可以直接落户的群体不要纳入积分落户政策范围。超特大城市要在严格控制人口总量的同时，根据城市经济社会发展的需要，引导人口有进有出，进一步提高户籍人口比重。

同时，要坚持实事求是原则统计户籍人口城镇化率，认真核实，真实准确，去除"水分"。

2. 由"以农为本"转向"城乡结合"

这是基于我国农业农村农民发生巨大变化之后，中国未来农业发展战略所具有的重大转变。转变包括以下几个要点：一是农业主要任务的转变，由农业主要承担解决温饱的问题，向农产品绿色质量安全转变。二是农民身份的再认识，由基于均制化的"三农"的政策导向，转向异质化的农民身份的再认识，政策的制定应该考虑到农民需求和水平的多样性。三是农业形态和功能发生重大变化，农业已经由传统的以小农为主、种植为主，保证基本食物需求的农业，转向新型农业的多重定位变化，未来农业的形态和功能将是融入社会化大生产，满足人们多重多级需求的现代化产业。四是农村的开放性问题，由目前城乡之间的分离，导致城乡差距越来越大，转向城乡融合与一体化发展，并逐渐消灭城乡差距。五是关于用高补贴来解决农民收入和农业发展问题，我国加入 WTO 使农业首先面对了世界市场，中国农业的竞争力靠什么？高补贴面临能否继续支撑，又面临靠补贴能否形成强大竞争力的挑战。中国这一轮城乡结合实际上是由人口外出带来的，这种外出正是工业化和城市化，促成了正在发生的乡村变化和农业发展方式转变，这是一个千载难逢的机遇，它将使中国摆脱传统的农业孤立发展模式，构筑出崭新的城乡一体化的发展环境。

3. 由"城乡分割"转向"城乡一体"

伴随着经济总量的不断扩大和发展阶段的转变，中国经济近年开始进入以"增速减缓、结构优化、动力多元、质量提升"为基本特征的新常态。城乡一体化是经济社会发展到一定阶段的产物，是解决"三农"问题的根本途径，长期以来，受城乡二元体制和偏重城市政策的影响，中国城乡要素流动是单向的，即农村人口资源向城市集聚，但城市人口被禁止向农村迁移，城市公共资源、人才和资本向农村的流动处于较低水平。近年来，各地在推进城乡一体化实践中，城市资源向农村延伸的步伐明显加快，基本上处在一体化初期阶段。2015 年中国人均 GDP 已经超过 8 000 美元，城镇化率超过 56%，其中，天津、北京、上海人均地区生产总值超 1.5 万美元，城镇化率超过 65%；江苏、浙江、辽宁、福建、广东的人均地区生产总值超过 1 万美元，城镇化率超过 60%。这表明，当前中国尤其是沿海发达地区已经具备推动城乡一体化的条件，城乡要素双向流动成为中国城乡一体化发展的常态。从工业化路径战略看，随着工业化水平的提高，各国政策大都经历了从"农业支持工业、农村服务城市"的城市走向到"工业反哺农业、城市支持农村"的转变。2004 年，中国人均 GDP 接近 1 500 美元，当时中央就提出中国已经进入"以工补农、以城带乡"的发展阶段，并逐年加大了对"三农"的支持力度。自此以后，中央连续发布多个一号文件聚焦"三农"，强调"三农"的重要地位，加大"三农"的支持强度。但是，从机会均等和均衡配置的角度看，目前中国的公共政策仍然是城市偏向政策，农村居民所获得的机会和人均占有的公共资源仍远低于城市居民。这种城市偏向既是一种大城市偏向，也是一种行政中心偏向。其结果是那些远离大城市和高等级行政中心的小城镇和农村地区的发展机会和公共设施投入少，公共服务严重滞后，处于被挤压的状况。以 2014 年为例，人均市政公用设施建设投资以村庄为 1，乡为村庄的 2 倍，建制镇为 3.8 倍，县城为

10.7 倍，城市则为 16.1 倍。正是这种投入差异，导致城乡居民点市政公用设施水平在原本就有较大差距的基础上进一步加大。目前，我国建制镇、乡、村的燃气普及率、污水处理率、生活垃圾处理率都很低，公共设施和公共服务还比较落后，中西部地区尤为严重。在我国实施新型工业化、城镇化和农业现代化的条件下，城乡居民能否享受均等化的基本公共服务和等值化的生活质量，将是"三化"水平和质量提升的关键所在。要实现公共资源逐渐均衡配置，需要政府在投入和政策设计上改变过去长期积习形成的城市偏向做法，并开始实行农村偏向政策，提升农村居民人均占有的公共资源水平，缩小城乡差距。

习近平总书记指出，"要坚持把解决好'三农'问题作为全党工作重中之重""全党必须始终高度重视农业、农村、农民问题""坚持工业反哺农业、城市支持农村和多予少取放活方针"。统筹城乡发展实质就是破除城乡分割的"二元"体制、构建新型城乡关系，把农村与城市、农业与工业、农民与市民作为一个整体，把城市和农村经济社会发展问题综合考虑，统筹解决。这是我国现代化进程中具有根本意义的重大抉择，涉及整个社会管理构架重组、社会利益关系调整，涉及体制机制、思想观念和工作方式方法创新。统筹城乡发展的核心是人的统筹问题。人处于一切事物的中心位置，按照这一理念，统筹城乡发展的终极目标应该包括三个方面：一是使农村居民与城市居民一样，享有平等地参与经济、政治、文化和社会建设的权利，如要平等参与经济发展的权利，就要有平等的就业机会。二是使农村居民与城市居民一样，享有均等化的公共服务，包括公平地享有义务教育、公共卫生、基本医疗、社会保障和公共安全等。三是使农村居民与城市居民一样，享有同质化的生活条件，主要是要使农村也有便捷、方便、价格公平的供水、供电、通信、交通、环保等基础设施。统筹城乡发展要解决五大失衡：解决农村居民在公共物品供应上的失衡，改善农民的生存和发展环境；解决农村居民在社保基本权益上的失衡，构筑农村最低社会保障线；解决农村税费体制上的失衡，逐步走向城乡一体化的税制；解决农村金融供给上的失衡，从制度上消除农民贷款难矛盾；解决进城务工农村居民在城市就业上的失衡，拓展适应农民工就业的岗位。这将是我国城市发展战略中面临的新背景。

4. 农地制度将向"三权分置"转化

中共中央办公厅和国务院办公厅在 2016 年 10 月颁布了《关于完善农村土地所有权承包权经营权分置办法的意见》，进一步实行集体成员承包权与耕作者经营权的分离，这一重大决策，将为农村人地分离格局下农地权利体系的完善提供制度框架，为农民土地权利的保护和农业现代化提供制度基础。《关于完善农村土地所有权承包权经营权分置办法的意见》明确：在坚持农村土地农民集体所有前提下，"严格保护农户承包权，任何组织和个人都不能取代农民家庭的土地承包地位，

都不能非法剥夺和限制农户的土地承包权""放活土地经营权""在依法保护集体所有权和农户承包权的前提下，平等保护经营主体依流转合同取得的土地经营权，保障其有稳定的经营预期"。

承包权与经营权的分离是近年来涉及农村土地问题中争议最大的，在三权分置体系中，是用"承包权"还是沿用"承包经营权"？从实际出发，用承包权的表达更为准确，因为土地承包法中的承包经营权的概念，是依集体成员承包及经营集体所有土地的法律关系而来，农民与土地事实上的权利关系应该重于这一关系，农民作为土地的承包者，拥有所承包土地的使用、收益和流转的权利，是典型的农民的财产权。再看农民获得的承包经营权是基于集体成员身份，如果承包权与经营权不分设，那么如果要进一步调整土地权利，承包权的身份性与经营权的非身份性就会难以处理。坚守承包经营权的身份，土地就不能流转给村外耕作者；如果不要承包经营权的身份，又会打破成员属性。因此，分设既有利于承包权的坚持，也有利于经营权的设权赋权。

毫无疑问，"三权分置"为农村土地改革创造了很好的条件，但我国农村的人地关系极其复杂，牵一发而动全身。多数人认为创新农业经营体系就是促进土地流转，这个思路是对的，但实践中又出现了不少地方片面追求高流转率，强行推动流转的伤农行为发生，各地在改革中试点"三权分置"也出现不少矛盾，如中央对"三农"的大量补贴，由于产生了流转，补贴并没有到真正的种粮者手里，反而让持有土地的人坐收。如何让种地者对土地有获得感，这在政策实施过程中是要不断研究的。还有些地方官员利用权力，与少数利益相关者勾结，侵占各种补贴，甚至圈占农地。在新一轮土地改革中，如何避免农民的承包权以各种冠冕堂皇的名义被占有是值得警惕的。再分析农地集中耕种可能出现的问题，流转成本会成为新土地经营者的麻烦，这已经是不争的事实，农户耕种土地，劳动成本高；但专业大户要耕种流转来的土地，流转成本也会很高，地租与纯收入之间往往难以平衡。这种状况不解决，中国农业发展就会受到影响。对土地进行"掠夺式"经营也是难以避免的大问题，当两权分离后，经营者都有着强烈的逐利性，为了赚取利润，弃种粮食而选择高附加值的经济作物，就会危及国家粮食安全。同样如果经营者加大化肥、农药的用量，造成土壤污染，将长期影响土地质量。所以在土地三权分置的情况下，国家应该出台相关政策，引导种田大户科学合理地利用土地。

5. 部分农村居民向城镇居民的转化

新型城镇化必须坚持以"农业转移人口的市民化"为核心，着力解决推进农业转移人口进城落户，并与城镇居民享有同等权利和义务的问题。到2020年，我国的户籍人口城镇化率要达到45%左右。尽管户籍制度改革与"农业转移人口市民化"有直接关联，但并非能解决全部问题，土地、教育、社保、医疗、财政、政府职能等领域的改革同等重要。必须在三个方面取得实质性突破：一是加快土地制度改革步伐，为农民财产权变现创造条件，以促进进城农民加快融入城市生活，除了思想观念转变、自身素质提升、有稳定的工作岗位外，还要有相对稳定的住所及其子女接受教育的费用，这需要有一定的原始积累，我国农民的现实渠道有在城里打工做生意的收入和把乡下的财产变现。乡下的财产主要是土地、房屋。所以土地流转是否顺畅，决定着农民财产权能否顺利变现。二是优化财政支出结构，向公共服务和弱势群体倾斜。全国农业转移人口"市民化"的人均公共成本要 10 多万元，短期内投入总量将达到数万亿元，政府的投入能力显然不足。如果转城农民难以享受到市民待遇，那么城镇化将难以持续，换句话说，转户不与"增投入"结合，"市民化"的质量很难得到提升。"增投入"通常是以财政实力为基础的。我国的财力已经比较雄厚，但面对经济下行压力，未来若干年经济边际增量不大，因此只能在优化支出结构上下功夫，有保有压、有增有减，这对各级财政是不小的压力。三是转变政府职能，避免缺位越位问题。从改革开放以来城镇化的进程看，政府的主导功不可没。但过度的行政化会带来消极后果，各级政府在主导城镇化的过程中，必须以人民为本，要给农民以充分的话语权，老百姓的事应该让老百姓当家做主，进城农民"市民化"，涉及农民的切身利益，离开他们，再好的政策都难免走样。要加快政府治理体系转型和能力的提升，建立起畅通、有序、务实的进城农民政治参与和自我维权通道，促进新型城镇化各项法规、政策的完善和落实，只有这样，我国的新型城镇化才可能健康有序地发展。

（二）新时期"三农"工作的艰巨性

1. "十二五"农业农村取得重大发展

"十二五"我国农业现代化和新农村建设取得了重要进展，农村民生得到了显著改善，主要体现在三个方面：一是农业生产能力有了较大的提高，基本摆脱了"两年一平一歉"的农业波动周期，五年来粮食产量提高近 1 500 亿斤（1 斤=500克），连续三年稳定在 12 000 亿斤以上，主要农产品市场供应水平提高。在耕地面积减少、用水量下降的情况下，农业综合生产能力实现了高效率的新跨越。以水利为重点的高标准农田比重提高，以种植业为重点的农业科技不断进步，以农业机械化为重点的耕作方式加快变革。2015 年，全国农田有效灌溉面积占比为 52%、农业科技贡献率达到 57%、主要农作物耕、种、收综合机械化水平达到 63%，比2010 年分别提高 2.6 个百分点、5 个百分点和 10 个百分点，为增强农业防灾、抗灾、减灾能力，实现稳产增产打下了坚实的物质技术基础，我国农业现代化水平上了一个新台阶。二是农民收入不断提高，城乡居民收入差距扩大态势得到扭转，

2015年农民人均收入为11 400多元，五年间人均收入年均增加1 000多元，连续六年超过城镇居民收入，是改革开放以来持续时间最长的一次。中西部地区农民收入增长快于东部地区，贫困地区快于全国。农村恩格尔系数从2012年起降至40%以下，农民生活水平整体上走向宽裕。城乡居民收入差距缩小，农民生活持续改善，标志着城乡、区域协调发展的格局正在形成。三是农村社会面貌呈现新气象，坚定不移地推进城乡基本公共服务均等化，从制度上基本实现了公共财政全面覆盖农村的根本性转变；集中力量解决了一些农民群众切身利益的难题，农村教育、文化、卫生等事业加快发展，社会保障水平不断提高，以农村人居环境综合整治为重点的美丽乡村建设全面展开，农村生产生活条件明显改善，发展成果更多更好更公平地惠及农民群众。各地在大力改善民生的同时，积极回应群众关切，努力化解各类社会矛盾，农村群体性事件明显减少。现在农村，党的基层组织更加巩固，干群关系更加和谐，群众心情更加舒畅，社会更加祥和稳定。这些变化说明，广大农民群众对政策是满意的，实现了改革开放成果的共享。

2. "三农"仍然是我国发展的短板

习近平总书记指出，"一定要看到，农业还是'四化同步'的短腿，农村还是全面建成小康社会的短板"。我们认为短板集中体现在"五个加大"上：一是随着农产品生产成本上升和市场价格下行压力加大，提高农业比较效益、调动农民生产积极性的难度加大。二是随着农业资源环境约束增强和人民群众对农产品质量安全要求提高，确保重要农产品高质量有效供给、实现绿色发展和资源永续利用的难度加大。三是随着国内外市场交织影响加深和主要农产品市场价格倒挂加剧，提升我国农业竞争力、赢得国际竞争主动权的难度加大。四是随着农产品市场竞争加剧、农民进城务工岗位减少，促进农民收入增长、加快缩小城乡差距的难度加大。当前我国城乡居民收入差距仍然较大，远高于改革开放初的最低水平，更高于发达国家水平。即使按人均可支配收入计算，2014年，全国城乡居民收入比也达到2.75。五是由于连续丰收、农产品供给充裕，一些地方放松农业、忽视农村的倾向抬头，抓"三农"工作的力度有所减弱，如何持续强化重农氛围，在更长时间内，实现农业稳定发展、农民持续增收，任务的艰巨性加大。

3. 土地产权制度的改革任务艰巨

始于20世纪80年代以家庭联产承包责任制为主要内容的农村土地制度改革，使亿万农民成为改革开放的急先锋，随着农村社会生产力的极大解放，乡镇企业的大发展推动了工业化和城镇化进程的加速，中国农村社会面貌发生了翻天覆地的变化。改革进程说明，"三农"问题的核心是处理好农民与土地的关系，而改革开放以来尤为值得肯定的就是农村土地的制度性创新，不仅解决了十几亿人的吃饭问题，更为国家工业化、现代化提供了庞大的劳动力储备。家庭联产承包责任制的推行，极大地调动了广大农民的积极性，使农村发生了翻天覆地的变化。随着土地使用效率和农副产品数量质量的提高，随着城市经济的快速发展，较高素质的农民工队伍也随之产生，为工业化进程提供了人力资本的支持。但是任何制度改革的边际效益都呈现递减规律，农村土地制度改革只有不断深化，才能逐渐适应"三农"的动态发展，跟进全球化、现代化、工业化的步伐。土地制度改革目的在于提高土地的高效流转，实现土地资本化的内在需求，因为任何物品的资本化是以发挥其最大效用为目标，以实现物品价值最大化。目前全国近 1/2 的土地已经流转，如何完善土地产权机制变得日益迫切。例如，土地实现规模化经营后，农民可以土地入股取得分红，也可作为劳动者领取工资。可以预期，土地资本化特别是股权化将成为农村土地制度进一步改革的重大举措。对于已经处于工业化中期阶段的中国，城市经济对就业的容纳能力显然已经摆脱农业生产力低下对劳动力的束缚，因而股权作为土地的抽象代表，流转的便利性甚至在适当时候的易变现性，将会极大地释放农村生产力。当前农村土地制度改革深化最为关键的前提是，要在抓紧落实土地承包经营权登记制度后，真正让农民吃上"定心丸"，也只有真正实现农地的"确权""确股"，只有让农者有其股，农业发展才有希望。同时，按照中央关于"三权"分置的意见，创新改革积累经验，使这次土地改革能取得突破性的成果。强力推动农业现代化的发展。中央在 2016 年颁发了关于农村土地"三权"分置办法的意见，为农村土地改革指明了新方向，这是积极的正能量；但由前所述，分置以后，仍然会存在着一系列的风险，如何既规避风险又取得改革的突破，是中国农业发展中必须迈越的一个大关。

▶ **专栏 4-2**

日本农村土地"三权分置"的经验与启示

日本在 20 世纪 70 年代已经步入发达国家行列，国民经济高度发达，大量农业人口实现非农化转移，1970 年日本城市化率超过 70%，农业劳动力只占劳动力总量的 14.7%。并同年开始创设农业人养老金制度，为退出农业经营的农民提供养老保障。农民在 1970 年就不再依靠土地获得就业和社会保障，日本具备了推进土地流转的经济政治基础。日本采取土地私有制，土地是农民的私人财产。农民作为独立土地权利主体通过市场化方式流转土地使用权。

农业现代化也是政府的重要任务。为推进现代农业发展，自 20 世纪 60 年代以来日本政府一直将土地流转、扩大土地经营规模作为农地制度改革的目标，1970 年后日本逐渐建立起了以使用权流转为中心的农地制度，并在各个时期的税收、财政补贴、信贷等方面进行了大量投入。具体而言，政府通过制度改革、资金支持、组织建设等多种方式推动土地流转。在制度改革层面，通过土地所有权与使用权的分离扩大土地经营规模。"耕者有其田"自耕农制度逐步瓦解，农地产权制度和农业经营制度的重心转向农地使用权流转。在资金支持层面，2001 年日本对养老金政策进行了根本性修改，为所有的农业经营者提供养老保险。2012 年日本政府出台"地域农业基本计划"，为该计划投入了 12 亿日元。在组织建设层面，政府还通过设定集体使用权和给予一定的资金扶持，利用地方社会和村庄共同体的组织功能调整农地关系。2011 年日本劳动力人口中农业人口比重为 2.5%左右。但总体来看，土地经营规模的扩大以及为这一目的的农地流转却不尽如人意。土地流转比例很低，1975 年为 5%，直到 2000 年左右才达到 16%，而所有人自己耕作的自耕地的比率则很高。日本拥有耕地的非农户从 1990 年的 77.5 万户增加到 2010 年的 137.4 万户，占总农户数的比例从 10%提升到 27%。但非农户数量增加并没有扩大土地经营面积，2013 年日本除北海道外的户均耕地面积仅有 22.8 亩。并且日本增加的主要是畜牧业的土地面积，水稻种植农户的经营规模从 1960 年的 11.55 亩增加到 2005 年的 14.25 亩。

可以说，土地不再承担农民的就业和社会保障功能，日本具备扩大土地经营规模的政治经济条件。并且政府还投入了大量的财政资金和政策资源推动使用权流转。但由于农户拥有小块土地的所有权，使得小规模、分散化的土地难以实现集中连片流转。在农村人口已经充分非农化转移的条件下，原先的农村人口仍然占有小块土地，这成为日本农业现代化的根本性制约。由于日本农民拥有对土地的私人财产权利，即使在农村人口充分非农化转移情况下也无法实现土地集中连片流转、扩大土地规模经营，这可以称为土地流转的"日本陷阱"。实际上采取土地私有制的小农经济国家都走入了这个陷阱。根据日本的经验教训，在土地细碎化且农民具有惜土情结的条件下，不断强化农民的土地权利，可能会适得其反。实践表明，发挥集体的土地资源配置功能，实现土地的集中连片流转，可以更好地实现土地承包者和经营者的权利。"三权分置"改革应警惕走入"日本陷阱"，其改革目标的实现取决于如何真正有效地落实集体所有权及其土地资源配置功能。

二、以创新理念推动"三农"发展上新台阶

（一）收入水平提升使农民消费与生活方式大变化

1. 农民收入结构的变化及其发展趋势

1）农民收入的总体变化特征

中华人民共和国成立 60 多年来，我国农民的人均收入总体增长。按可比价格计算 1949~1978 年农民人均收入仅增长一倍，即改革开放前农民人均收入翻番用了整整 30 年；1978 年以后农民收入增长明显加快，按可比价格计算 1978~2015 年农民收入从 133.6 元增加到 11 422 元，38 年间农民收入增加了 84.5 倍，年均增长速度接近 10%。从阶段性收入分析，经历了六个阶段。第一个阶段是 1978~1985

年，进入快速恢复性增长时期，人均收入按 1978 年价格计算，从期初的 133.6 元增加到期末的 359.25 元，增长了 1.69 倍，年平均增长 15.2%。由于处于恢复阶段，其增长得益于农村体制改革所产生的要素投入增加、生产效率提高、农产品收购价格大幅提升等各种因素的综合作用。第二个阶段是 1986~1991 年，进入波动性缓慢增长阶段，这期间农民人均收入仅仅增长了 18%，年均增长 2.8%，其中 1989 年还出现了唯一的一次下降，农民收入增长缓慢，主要是由于在前一个增长期，已基本耗尽了改革开放前积蓄的发展潜能和 1978 年以后农村生产经营制度改革的直接功效，加之农村市场化改革没有取得大的突破，使农民很难从社会获得收入增长所需的资源和动力。第三个阶段是 1992~1996 年，收入增长 24.4%，年均增长 6.8%，主要原因是国家宏观经济环境的改善、政府加大对农业的投入、农产品市场化改革加速、乡镇企业快速发展、1994 年与 1996 年两次大幅度提高农产品价格等政策和要素的实现。第四个阶段是 1997~2003 年，收入再次陷入缓慢增长，年均增长 3.9%，这一阶段，亚洲金融危机导致国家出台经济紧缩政策和农业发展阶段性因素影响，一方面受宏观经济政策紧缩影响，乡镇企业及其吸收农村剩余劳动力就业放缓；另一方面改革开放 20 多年，农业生产能力得到大量释放，主要农产品供求关系发生转折性变化，由全面短缺变为相对过剩，粮食以及畜产品、糖、棉、油等主要经济作物价格不断走低，使农民增产不增收。第五个阶段是 2004~2009 年，收入又进入较快增长，年平均增长 7.8%，主要得益于国家出台的一系列增加农民收入和减少农民支出的支持保障政策，如通过提供农业直接补贴和保障农民工按时足额领取工资等政策，通过农村税费改革减少农民支出等。第六个阶段是 2010~2015 年，收入得到全面提升，从 4 760 元提高到 11 422 元，年均增长速度达到 10%以上，是我国农民收入增长历史上最快的时期。这一期间国家基本全面实施统筹城乡和城乡一体化改革，工业化和城镇化加速发展，数以亿计的农民转移到城市，农村规模化经营水平大大提高，各级政府对农民的直接补贴大幅提升，几乎所有省区市的农民收入增幅都超过城市居民收入增幅。

2）农民收支结构变化改变了传统的生活方式

农民收入的变化与收入来源结构的变化是并行的，且收入在很大程度上由其来源结构变化推动。我国农民收入来源结构的变化分析，面临数据口径不一致的重大障碍。1982 年前，收入来源分为集体分配收入、家庭副业收入和其他收入（包括转移性收入和财产性收入）。为了便于与 1982 年后的收入来源进行比较，按照国家统计局对历史数据处理所用方法，将集体分配收入视同工资性收入，这从理论上看将农村集体视为雇主，这与农民在法律意义上是农村集体经济主人的属性不符，但与现实中存在的集体与农民的关系是基本符合的。另一个问题是在 1992 年以前农民收入来源中转移性收入和财产性收入没有分开。大致按 1978 年、2008 年和 2015 年三个时间分段进行分析，从有统计数据的 1954~1978 年，1954 年农户家庭经营收入占农民纯收入的 88%，财产性和转移性纯收入占 8.3%，工资性收入仅占 3.7%，家庭经营收入占绝对比重；其后由于农业合作社从初级向高级的快速过渡，农村经济集体化水平迅速提升，从而改变了以农户为基础的农村经济结构和收入结构。1956 年农民从集体分配到的收入，占其收入的 62.4%；以家庭副业等形式存在的家庭经营收入的比重急剧下降到 23.3%；同时财产性收入和转移性收入的比重提高到 14.3%，这主要是农民从集体获得的转移性收入以及政府救灾、救济等方式得到的转移收入增加的结果。1957~1964 年，来自集体分配的收入所占比重又出现较大幅度的降低，其间降低了 8.6 个百分点，而家庭副业收入比重增加了 11.6 个百分点，与集体分配收入下降相适应，来自转移性和财产性收入的比重也降低了 3 个百分点。这些特点的出现，一方面是政策纠正了此前所采取的激进式集体化问题，同时鼓励农民发展家庭副业，家庭经济可以凭借其管理主体单一和直接的特性，较之于低层次的集体经济具有更强的抗风险能力。1965~1976 年，由于国家对农业政策的再调整，集体分配收入比重再度提高，到 1976 年上升到 69.3%，家庭副业收入则下降到 1956 年水平。1976 年以后直到 1982 年，随着农村改革大幕的逐渐拉开，来自集体分配收入比重逐渐下降，1982 年降到 52.9%。农村改革深化和城镇化水平不断提高，农民工现象出现，数亿农民离开农村到东部沿海求职打工，彻底改变了农民收入的结构。到 1993 年，农村居民收入基本上由工资性收入、家庭经营纯收入、财产性收入和转移性收入四大部分构成，当年上述收入分别为 194.5 元、678.5 元、7.0 元和 41.6 元；总收入为 921.6 元；2008 年收入构成分别为 1 853.7、2 435.6、148.1 和 323.2 元，总收入为 4 760.6 元；2015 年为 4 603.06 元、4 500.3 元、251.3 元和 2 067.34 元，总收入为 11 422 元。从长期结构性变化中可以看出，我国农村居民收入在一个相当长的时期将主要由工资性收入和家庭经营纯收入支撑。

收入水平上升为生活水平上升和生活方式改变奠定了基础。农民生活水平及其方式的变化主要从支出结构体现，1980 年、2008 年、2015 年全国农民人均消费支出结构情况如表 4-1 所示。

表 4-1　1980 年、2008 年、2015 年全国农民人均消费部分支出结构情况

项目	1980 年		2008 年		2015 年	
农村居民人均支出	消费额/元	占比/%	消费额/元	占比/%	消费额/元	占比/%
消费支出	162.2	100	3 660.7	100	9 195.7	100
食品烟酒	100	61.7	1 598.7	43.7	3 048	33.1
衣着	20	12.3	211.8	5.8	550.5	6.0
居住	22.5	13.9	678.6	18.5	1 926.2	20.9
生活用品及服务	4.1	2.5	174	4.8	545.6	5.9

续表

项目	1980 年		2008 年		2015 年	
农村居民人均支出	消费额/元	占比/%	消费额/元	占比/%	消费额/元	占比/%
交通通信	0.6	0.4	360.2	9.8	1 163.1	12.6
教育文化娱乐	8.3	5.1	314.5	8.6	969.3	10.5
医疗保健	3.4	2.1	246	6.7	846	9.2
其他用品及服务	3.2	2	76.7	2.1	147	1.6

注：我国从 1980 年开始对农民消费支出结构进行调查

表 4-1 可以支撑以下结论：一是消费支出以较高速度增长，36 年增长了 55.69 倍，其中反映农民生活水平质量的最重要指标，即恩格尔系数几乎下降了一半，同时衣着等基本支出占比迅速下降，表明总体生活水平的提高。二是用于居住的支出比重上升了约 7 个百分点，这除了农民在原住地进行改善性住房投资外，更多的是部分居民在城市购买商品房。三是交通通信支出比重大幅度上升，表明外出及其对获取信息的要求更高，是农业现代化进步的显著标志。四是有两个大幅度上升的指标释放出两大重要信息，教育文化娱乐支出的比重翻番表明农民对发展性支出的关注；而医疗支出上升却表明我国农村基本医疗水平总体上落后。

上述收入总量和结构的变化，促使我国农民的整个生活方式发生了很大的变化，在总体消费质量提升的背景下，消费的现代化水平得到很大进步。交通便利化扩展了农民生活半径，新一代农民的生活内容已经扩张到城市，且逐渐以城市为主；通信现代化促使农民的生活行为方式对信息化的依赖越来越高，网络电脑和智能化手机已经成为他们生活工具的组成部分；工业化、城镇化加速了农民市民化的趋势，更多的农民开始部分和完全融入城市；产业现代化提高了农业现代化水平，农业产业链不断延伸，农业机械化水平持续提高。

物质生活内容质量提升结构进一步改善，在食品消费上，粮食消费经历了从数量增长到质量提高的转变。从 1962 年到 1995 年农民人均粮食消费从 189 千克增加到 262 千克，增加 38.6%，但到了 2008 年粮食消费量又回落到 1963 年的水平，2015 年略有下降，但同时细粮所占比重已经从 1954 年的 42.9%提高到 2015 年的近 90%，即 1995 年以后粮食问题已经从吃饱开始向吃好转变。肉禽和水产消费量自 1954 年以来有了很大的增长，2008 年农民人均猪牛羊肉消费量，比数据可得最低的年份（1962 年）增加了 4.1 倍，2015 年又增加了 35%，从整体上看，农民的生活消费从过去关心吃饱转为考虑营养需要。蔬菜消费从部分或主要作为粮食的补充品（在粮食短缺时期，通常以蔬菜补充热量），逐渐复原其本身功能，1962 年农民人均蔬菜消费量达到近 200 千克，是 2008 年的两倍。随着粮食需求得到满足，蔬菜消费量减少，并逐渐回归到蔬菜的营养作用上。在住房消费上，由于传统的影响，我国农民的住房除了居住的基本功能外，还是财产的积累方式和象征，也有光宗耀祖、显示社会地位的内涵。因此，住房在农民消费支出中长期占有较高比重，住房数量和质量变化也因此能重点反映农民消费能力的变化。1978 年我国农民人均住房面积仅为 8 平方米左右，随后持续增长。2015 年达到 35 平方米，30 多年来住房面积的增加非常显著。面积增大的同时，质量也有很大改善，1980 年砖木结构住房人均占有量只有 2 平方米，2015 年达到近 20 平方米。从 1980 年开始钢筋混凝土结构房屋在农村出现，从 1985 年人均 2 平方米增加到 2015 年的 17 平方米。住房的城乡差距已大幅缩小，不少地区出现了城镇居民到农村购买小产权房的情况。在耐用消费品上变化巨大，自行车作为交通设施在 20 世纪 70 年代末，曾作为耐用消费品之首为城乡居民所看重，1978 年农民每百户只有 30.8 辆，到 1995 年户均拥有量就达到 1.47 辆，1990 年后摩托车进入农民家庭，从 1990 年的每百户拥有量不到 1 辆，增加到 2010 年的每百户 52.5 辆。近年来各种客货运汽车也进入农民家庭。家用电器中具有代表性的电视机，30 多年经历快速变化，黑白电视机 1980 年每百户仅有 0.4 台，1996 年达到每百户 65 台，2008 年减少到 10 台，而彩电从 1990 年每百户有 4.7 台到 2008 年就达到平均每户一台。此间，洗衣机、电冰箱、VCD、液晶电视等也有很大幅度的增长。农民在通信手段方面的变化远超出预料，2000 年农民每百户有 26.4 部电话，到 2008 年平均每户就有了一部手机，2015 年移动电话在农村基本上实现普及，城乡间在交通、通信和家用电器方面的差距大幅缩小。

2. 工业化城镇化加速，农村人口进入城市

21 世纪以来，我国经历着人类历史上最大规模和最为迅速的人口城镇化进程。农村劳动力转移就业，改革开放到现在已 30 多年，但拉动农民工市民化的主要动力是工业化及城镇化，改革开放之初，我国以沿海地区的加工贸易为特征的工业化，成为催生农民工现象的主要因素，而大量农民工的出现，又加快了沿海地区的城市化进程，即农民向农民工转化的阶段，但这一阶段，农民工在城市没有享有城市人口应有的权利，尤其是没有享受到城市人的福利，所以，我们只能将这个阶段当成我国城市化进程的初级阶段。党的十八大提出的有序推进农业转移人口市民化，努力实现城镇基本公共服务常住人口全覆盖，标志着城镇化发展进入由农民工向市民化发展的第二个阶段，这是一个需要较长时期的发展阶段。国家统计局 2016 年统计数据显示，2015 年全国农民工总量为 27 747 万人，比上年增长 1.3%，有关专家提出农民工总量峰值将达到 3 亿左右，并预测在目前两亿多名农民工中，在满足意愿的条件下，近 70% 的倾向于在城镇落户，其中具备落户条件的有 7 000 多万人，到 2020 年将达到 1 亿多人。但随着形势的变化，农民工进城的意愿在发生着较大的变化，在本书使用的有关调研资料中可以很明显地得到这一结论。2016 年的中央经济工作会议上，党中央提出了"三个一亿"的概念，

使农民工的结构在 2020 年左右发生较大的变化。与以前的农民工市民化比较，中央明确提出了进城农民工必须平等享受基本公共服务，必须分享经济社会发展和改革的成果，必须成为一个与城市人没有区别的居民。这就决定了在本阶段农民工市民化的复杂性。这种复杂性除了既有的维护保障农民工的合法权益、保障新居民的物质生活条件外，更重要的是如何解决市民化进程中的社会融合问题，这是农民工市民化能否成功的关键。

　　农民工市民化的社会融合，是有史以来涉及人数最多、范围最广、内容最深刻的社会变革。近年来，农民工出现了一些新现象，如中西部地区农民工回流现象日趋明显。以陕西为例，全省 10 个地市 51 个区县的农民工监测调查显示，2015年农民工总量为 675.6 万人。其中省外从业农民工有 155.8 万人，较上年减少 9.5万人，下降 5.8%；省内从业农民工有 519.8 万人，与上年持平。农村居民比例下降以及农民工返乡复农，农民工总量减少 9.5 万人，为多年来首次下降。但是，农民进城的大趋势并没有改变，我国《国民经济和社会发展第十三个五年规划纲要》预计 2020 年全国城镇化率达到 60%左右，即在"十三五"时期将有近 1 亿个农民进城。从各地为农民进城所做的工作看，物质准备基本到位，但往往忽视进城农民与原住民的融合，这是值得高度关注的重大问题。陕西拟在全国首先开展的农民进城融合评估方案值得研究和借鉴。评估主要分个体与社会的融合水平。进城居民社会融合表面上是由"农村人"变成"城市人"的过程，但本质是从乡村文明承载者转变为城市文明接纳者、创造者的过程。

　　1）深入研究进城农民的社会融合

　　努力提高城镇化和进城农民市民化质量和水平，探索有中国特色的新旧居民融合道路，特别是注重城镇化发展质量的内涵和依法保障进城农民权益的问题。按此思路，需要研究六个方面的融合问题：一是以文化促进新居民的社会融合，促进城乡文化认同，加强文化融合服务，尤其要尊重发扬品格淳朴、发奋图强、诚实劳动、勇于开拓的农民工精神与城市精神的融合。二是以公共服务促进新居民的社会融合，保证新居民在就业、住房、养老、医疗教育等社会保障与原居民同等待遇，逐步健全覆盖城镇常住人口的基本公共服务体系，建立财政转移支付与农村转移人口市民化挂钩机制，要把新居民最关心的子女教育、医疗卫生和住房保障等公共服务放在突出位置。三是以法制促进新居民的社会融合，逐步建立促进新旧居民社会融合的法律法规，普及居民法律知识，提高新居民依法维权的能力；提高城市居民对新居民的包容和理解，依法调整新旧居民的社会关系及内部矛盾。四是以道德促进新居民的社会融合，强调传统文化对农民工的引导作用，以及富有社会责任的企业文化、和谐相处的社区环境、良好的社会风气，坚持正确的舆论导向，促进全体居民形成统一的道德规范和价值体系，形成相互尊重、包容、认同、和谐共赢的社会氛围。五是以评价指标体系促进新居民的社会融合，建立社会融合动态指标体系和数据库，动态关注并适时发现问题解决问题。六是处理好居民社会融合的几大关系。主要包括国家规范与社会行为、接纳与被接纳、社会融合水平与市民化进程、继承优秀乡土文化和发展现代城市文明等关系。

2）新居民社会融合与市民化发展

农民工市民化主要是城市文明与乡土文化的交融，其中城市文明是主导方面。而居民社会融合不仅是身份转换，更需要心理文化观念的深刻转变，新居民需要在职业机会和生活保障等硬件上融入城市，更需要在政治参与、心理意识、思维方式、价值观念、行为习惯、文化活动、社会交往等软件上融入城市。

职业融合是新居民的生活基础。新居民获得稳定的工作岗位是融入城市生活的第一步；通过勤奋劳动获得公平的劳动报酬，以维持和改善日常生活，这是融入的第二步；良好的工作环境、适度的劳动强度和时间，通过劳动技能培训，提升职业层次和工资收入，是融入的第三步。职业稳定是构建新居民融入城市的最基本的物质前提。

政治融合是新居民市民化的制度保障。制度化的政治参与是实现新居民政治融合的主要手段。针对我国农民政治参与热情不高、意识不强、手段简单和理解肤浅的现象，要重点探索新居民政治参与的有效形式和路径。健全政治参与制度，建立公平宽敞的政治参与渠道；提高新居民的整体素质，增强其政治参与能力；改革现行的选举制度，落实新居民的选举权与被选举权；各级工会和维权机构要重视对新居民自身权益的维护。

民生融合是新居民市民化的必要条件。切实维护新居民的社会保障权益，需要从法制建设、体系建设、财政投入、运作机制等方面进行靶向性设计。通过新的社会保障制度，对新居民形成社会保障全覆盖；通过舆论宣传和政策引导，提高新居民参加商业性社会保障的积极性；通过制定高效运作的社会保险转移和接续规定办法，保证新居民的社保连续性；通过建立新的社会救助制度，以保证新居民在日常生活遇到困难时能够得到资助；通过建立保障性住房制度，以保证新居民中还不能买房的拥有自己的住房，同时，还要加快推进社会住房保障制度改革，使新居民和原住民一样在一定时期拥有属于自己产权的住房。

文化融合是新居民市民化的重要支撑。文化素养不仅是指学历知识，还包括心理、观念、思维、道德等内容。进入城市的农民工不但是建设者，也应该是城市文明的创造者和享受者。城市文化建设应将关注新居民文化权益保障纳入议事日程，在培育新居民的城市文明观念、良好生活习惯、规范行为方式、健康心理意识、高尚道德情操等方面下功夫。通过定向培训，提高文化知识水平；通过社会主义核心价值观教育，提升思想道德水平；通过法制和市民规范教育，提升文明守法的理念；通过提供公益性文化设施，改善文化生活质量；通过加强企业文化建设，增强新工人的现代企业意识。

关系融合是新居民市民化进程的社会保证。人是社会人，人需要交往，交往产生人际关系，要推进新老居民的关系融合，以保证社会的和谐稳定。以尊重新居民的人格尊严促进人们平等交往；以打造和睦的邻里关系使新居民安居乐业；以困难互助的精神弘扬中华民族的传统美德；以丰富多彩的文化娱乐活动提升居民的生活品质；以良好风俗习惯的互存共荣缩小居民的社会距离。在关系融合中，新居民要主动提高素质、放平心态、积极交往；本地居民要不断涵化情感，提升包容；政府街道要不断积极出台引导措施。

身份融合是新居民市民化的本质要求和核心内容。长期二元结构是造成农民工社会地位不平等的主要原因，也由此滋生了对农民工的社会歧视现象，要消除这种现象，需要从政治、经济多角度确立公民的身份地位平等，使新居民的政治、文化身份得到本质转变。户籍身份改变是新居民市民化进程中的核心，户籍制度改革应是户口权益逐步均等化、户籍身份逐步平等化、户口迁徙逐步自由化的过程。政府应避免以功利主义思维制定户籍政策，背离城市户口的公共资源性质，损害社会公平与正义，以科学的政策确保新居民"城市身份"落到实处。

3）新生代农民工的社会融入政策支持

进入 21 世纪，新生代农民工已逐步成为城市外来务工人员的主体。群体心理学证明，一个团体无法融入城市社会，就会构建有别于主流文化的亚文化圈子，由此形成新的二元性，这可能是诱发社会不稳定的因素。2014 年，上海市政府以"新生代农民工社会政策及社会融入效果"为主题展开调查，结果显示，新生代农民工的社会融入不仅要实现从农民到市民的身份转变，而且要在社会福利与基本公共服务方面享有与城市居民同等的社会权利，并积极参与城市社会生活，认同城市的价值观念、工作和生活方式。根据这一结果，我们对融入政策进行了概念设计，要点如下。

政策设计要突破福利属地化管理的制度模式。将获取城镇户籍与农民土地权利分离，不以放弃农村土地权利作为获取城市户籍的条件，还原户籍制度的人口登记功能；落实以稳定居住为目的的城市户籍准入制度，因地制宜，制定大中小城市及城镇的落户标准；以常住人口配置和提高公共服务资源，将公共服务项目扩大到城镇新老居民。

政策设计要稳定扩大新生代农民工就业。产业结构布局调整要考虑到新生代农民工的就业需求，不同类型城市分工协作，增强就业岗位对新生代农民工的吸纳能力；增强对新生代农民工的劳动权益保护，设立劳资协调渠道，建立规范有序、公正合理、互利共赢的新型劳资关系，加强对用人单位订立和履行劳动合同的监督，提高劳动争议的处理效率；切实加强对新生代农民工的职业培训，并纳入国民教育体系，形成政府主导、企业和培训机构共同参与的职业培训模式，既要对在岗工进行培训，还要对农村剩余劳动力进行转岗培训，有效提高其职业技能和综合素质。

政策设计要保护新生代农民工的正当权益。在制度上将工伤保险、职业病患者与城镇职工实现同等待遇的同时，政府职能部门要加强执法监督检查，确保制度落到实处；根据职业稳定性建立分类的医疗保障制度，将进城工人分为常年稳定就业、季节性就业和流动性就业三类，引导其分别参加城镇职工基本医疗保险、新型农村合作医疗保险、互助医疗保险制度或商业保险；建立临时性、应急性的社会救济，政府、社会和企业（雇主）为农民工建立社会救济制度，包括紧急救济、贫困救助和法律援助等，保障农民工的正当权益。

政策设计要促进新生代农民工的社区参与。在制度上要保证新生代农民工参与社区事务享受与城市居民同等的权利，以此强化其对社区的归属感和增强自我融入的能力；依托社区社会组织的介入可充分实现更广泛的社区参与；采取积极措施改变新生代农民工传统守土观念，对已组建家庭有了后代或步入而立之年的新生代农民工来说，他们都希望尽量减少流动对其后代可能造成的负面影响，流动只是为自己及其家庭获得更好生活的选择，绝非所追求的生活方式，真正实现通过流动而进入稳定的生活状态，虽然有赖于其自身能力素养的提升，但宏观制度环境的优化同样重要，所以，对于各级政府来说，需要通过切实有效的制度安排来提高他们的就业技能和资本，协助他们实现切合实际的生活理想和人生抱负，并借此促进社会结构的优化，这些都与新生代农民工的社区参与积极性有直接的关系。

3. 脱贫战略助中国农民进入小康社会

摆脱贫困、进入小康，是我国普通老百姓数千年的梦想和追求。据考证，小康一词最早出自《诗经·大雅·民劳》，其中有"民亦劳止，汔可小康"之说，小康在此描述的是一种有劳有逸的境地。儒家将小康比作较之大同社会低一级的社会。在《礼记·礼运》中，小康是与大同相对照的一种社会形式，而大同社会就是"天下为公""故人不独亲其亲，不独子其子。使老有所终，壮有所用，幼有所长，矜寡孤独废疾者皆有所养"的理想社会。而小康社会则是"天下为家，各亲其亲，各予其子，货力为己"，亦即人们能维持中等生活水准的社会。1987 年 10月，党的十三大提出了实现社会主义现代化的"三步走"战略，先解决温饱问题，再实现小康，然后迈向现代化。根据这一战略，有关部门提出了小康的目标体系，2002 年党的十六大提出建立全面小康社会的目标，特别指出，全面小康的难点和重点主要在农村。我国耕地和人口的分布不均衡，加之技术落后等因素的影响，中华人民共和国成立之初，农村普遍处于绝对贫困状态。20 世纪 50 年代初期，农村达不到温饱的人口在 50%~80%，经过 20 多年的发展和基于平均主义原则的收入分配，到 1978 年农村未解决温饱的人口约占 30.7%。改革开放以来，绝对贫困人数从 2.5 亿减少到 2007 年的 1 479 万, 94%的农村人口摆脱了绝对贫困, 贫困发生率从 30.7%降低到 1.6%, 基本解决温饱问题。从 2007 年开始在全国建立了农村最低生活保障制度, 从制度上提高了农村居民的温饱水平。但如果采用国际贫困标准, 当时仍有 1 亿多农村贫困人口。进入 21 世纪,《中国农村扶贫开发纲要（2001—2010 年）》和《中国农村扶贫开发纲要（2011—2020 年）》两份纲领性文件先后发布, 重新确定了贫困标准和重点扶持区域, 安排专项资金, 制定特殊支持政策等。30 多年来, 扶贫开发工作不断推进, 7 亿多贫困人口脱贫。2012 年, 党的十八大再次提出了实现全面建成小康社会的新目标。"全面建成小康社会, 最艰巨最繁重的任务在农村、特别是在贫困地区。没有农村的小康, 特别是没有贫困地区的小康, 就没有全面建成小康社会。"2012 年末, 习近平总书记在十八大之后的考察中, 对扶贫开发的战略地位做出重要论断。把贫困地区脱贫作为全面建成小康社会的短板, 集中全国力量共同攻坚, 脱贫已经不是贫困群众生存发展的个人问题, 而是整个民族的国家行动。"我们要立下愚公移山志, 咬定目标、苦干实干, 坚决打赢脱贫攻坚战, 确保到 2020 年所有贫困地区和贫困人口一道迈入全面小康社会。"总书记的话振奋人心, 也同时开启了一场实现共享发展的创新脱贫创举。

1) 党中央提出实现全面建成小康的新要求

党的十八大以后, 党中央高度重视我国农村脱贫问题, 习近平总书记提出了实现"两个一百年"伟大复兴梦的奋斗目标, 对广大农村实现小康社会提出新标准、新要求和新愿景。"小康不小康, 关键看老乡", 这一语道出了小康的关键和难点。随着经济社会的发展, 人民的生活水平也在日益提高, 小康的标准必须随着提高。由于全国区域差距还比较大, 在全域提出全面小康的统一定量标准, 这显然是有问题的。针对这一实际,《中共中央关于制定国民经济和社会发展第十三个五年规划的建议》指出, "我国现行标准下农村贫困人口实现脱贫、贫困县全部脱帽、解决区域性整体脱贫"。根据笔者对所收集的 25 个省区市 2015~2016 年所制定的贫困标准, 均达到并超过了世界银行所确定的每天 1.9 美元的标准, 这说明我国的贫困标准已经与世界接轨。《中共中央关于制定国民经济和社会发展第十三个五年规划的建议》提出了全面建成小康社会的新目标要求: 今后五年, 要在已经确定的全面建成小康社会目标要求的基础上, 努力实现以下新的目标要求。经济保持中高速增长。在提高发展平衡性、包容性、可持续性的基础上, 到 2020 年GDP 和城乡居民人均收入比 2010 年翻一番。人民生活水平和质量普遍提高。就业比较充分, 就业、教育、文化、社保、医疗、住房等公共服务体系更加健全, 基本公共服务均等化水平稳步提高。国民素质和社会文明程度显著提高。中国梦和社会主义核心价值观更加深入人心, 人民思想道德素质、科学文化素质、健康素质明显提高。生态环境质量总体改善。生产方式和生活方式绿色、低碳水平上升, 资源开发利用效率大幅提高, 主要污染物排放总量大幅减少。各方面制度更加成熟更加定型。国家治理体系和治理能力现代化取得重大进展，各领域基础性制度体系基本形成。五个具体目标构成完整的涉及生产力、生产关系各方面的目标体系，这个目标体系的实现，不仅解决了我国现实的脱贫问题，更重要的是目标指向确保经济可持续发展、社会可持续进步、环境可持续改善、制度可持续健全、人民收入可持续提高的体制机制，是"十三五"乃至更长时期指导改革发展开放的奋斗目标。

脱贫攻坚如何精准发力。2017年2月21日中央政治局第39次集体学习会上，习近平总书记要求，言必信，信必果。农村贫困人口如期脱贫，贫困县全部摘帽、解决区域性整体贫困，是全面建成小康社会的底线任务。会议提出了以下七个方面工作，打赢脱贫攻坚战：一是要坚持精准扶贫，精准脱贫。二是要打牢精准扶贫基础，通过建档立卡，摸清贫困人口底数，做实做细，实现动态调整。三是要提高扶贫的有效性，核心是因地制宜，固人固户固村施策，突出产业扶贫，提高组织化程度，培育带动贫困人口脱贫的经济实体。四是要组织好易地扶贫搬迁，坚持群众自愿原则，合理控制建设规模和成本、发展后续产业，确保搬得出、稳得住、逐步能致富。五是要加大扶贫劳务协作，提高培训针对性和劳务输出组织化程度，促进转移就业，鼓励就近就地就业。六是要落实教育扶贫和健康扶贫政策，突出解决贫困家庭大病、慢性病和学生上学等问题。七是要加大政策落实力度，加大财政，土地等政策支持力度，加强交通扶贫、金融扶贫、教育扶贫，健康扶贫等行动，扶贫小额信贷，扶贫再贷款等政策要突出精准。要建档立卡，摸清贫困人口底数，把贫困识别、建档立卡作为精准扶贫一号工程，建立包括贫困人口、贫困村、贫困县基本数据的全国扶贫开发信息系统，奠定打赢脱贫攻坚战的坚定基础。2016年以来，全国补录贫困人口870万人，剔除识别不准人口929万人，建档立卡工作实现了从"基本精准"到"比较精准"。

2）实现精准脱贫是农村实现全面小康的关键

贫困是我国农村实现全面小康的短板，面对数以千万计的农村贫困人口，党中央关于"十三五"规划的建议指出："农村贫困人口脱贫是全面建成小康社会最艰巨的任务。必须充分发挥政治优势和制度优势，坚决打赢脱贫攻坚战。实施精准扶贫、精准脱贫，因人因地施策，提高扶贫实效。分类扶持贫困家庭，对有劳动能力的支持发展特色产业和转移就业，对'一方水土养不起一方人'的实施扶贫搬迁，对生态特别重要和脆弱的实行生态保护扶贫，对丧失劳动能力的实施兜底性保障政策，对因病致贫的提供医疗救助保障。实行低保政策和扶贫政策衔接，对贫困人口应保尽保。"2015年底，中共中央、国务院颁布了《关于打赢脱贫攻坚战的决定》，全面部署了脱贫攻坚的任务，措施具体、目标明确、靶向精准。"十三五"时期，全面小康是主旋律，脱贫攻坚是关键词。一定要把打赢脱贫攻坚战作为全面建成小康社会的重大任务。全面建成小康社会，脱贫是底线目标和"最后一公里"，是贯彻共享发展理念的切实体现，是"十三五"时期最大的民生工程，事关增进人民福祉，事关巩固党的执政基础，事关国家长治久安。只有打赢这场脱贫攻坚战，全面小康才能让人信服，实现中华民族伟大复兴中国梦的步伐才足够坚实。一定要把"精准"作为脱贫攻坚的基本方略。"天下难事，必作于易；天下大事，必作于细"。甘肃省地处西部，发展条件较差，他们在实践中摸索出对象、目标、内容、方式、考评和保障"六个精准"的好经验，为新时期扶贫工作提供了有力抓手。脱贫攻坚需要以精准思维、精准做法为遵循，如果不看对象大呼隆抓，不着边际眉毛胡子一把抓，那么真正贫困的问题就会被掩盖，扶贫就扶不到点子上，就不可能精准。一定要树立系统思想切实加强统筹协调。脱贫攻坚不仅涉及面广，而且面对的是人民群众，因而是一项庞大的系统工程，必须系统谋划，才可能实现精准扶贫、精准脱贫的工作目标。要注重各项工作、各类要素的系统性、整体性、协同性，统筹推进重点领域和关键环节，实现各项政策举措有机衔接、良性互动。形成强大合力，将事业顺利向前推进。

实施精准扶贫，精准脱贫战略，是党的十八大以后对扶贫开发做出的重大战略调整。精准脱贫战略的关键环节是解决好扶持谁、谁来扶、怎么扶、如何退的问题。最终实现到 2020 年，确保以我国现行标准的农村贫困人口实现脱贫，贫困县全部摘帽，解决区域性整体贫困，确保贫困地区贫困人口在全面建成小康社会进程中不掉队的宏大目标。

3）推广"宁德模式"实现精准脱贫

我国不仅地域广阔，且各地的资源禀赋和发展状况有很大差异，实现精准脱贫必须从本地实际情况出发，探索切实有效的路子。福建宁德是全国 18 个集中连片贫困地区之一，近年来，在扶贫脱贫上逐渐摸索出了一条符合宁德实际的好路子，宁德的扶贫实践在我国具有较大的推广价值。1985 年宁德地区农民人均收入才 330 元，仅为全国平均水平的 83%；全市 9 个县、120 个乡镇中，有 6 个县 52 个乡镇分别是国定或省定贫困县乡。20 世纪 90 年代以来，在"滴水穿石、弱鸟先飞"精神的倡导下，宁德不等不靠，在福建率先开展"造福搬迁"工程，一步步赶上全省平均发展水平，顺利摘掉"连片特困地区"和 6 个"国家贫困县"帽子。从 21 世纪初，宁德坚持"以开放促开发"，以薄弱村为主战场，以贫困和低收入人口为重点，精准思路与目标、精准措施与用力、精准效果和责任，在 21 世纪第一个 10 年就脱贫 25.68 万人，其中占全国总数近六成的 2.5 万多名"连家船民"，全部实现上岸定居。近年来，宁德按照"坚持丰满羽翼，做到与产业发展、县域经济相结合"等"五坚持五结合"，出台了贯彻落实习近平总书记关于科学扶贫精准扶贫重要批示精神的工作意见，推进相关工作，贫困面从原来的 30%下降到 4.26%。2015 年全体居民人均可支配收入为 19 175 元，比上年增长 9.2%，其中，农村居民人均收入为 12 391 元，比上年增长 9.6%。2015 年 1 月 29 日，习近平总书记批示:"30年来,在党的扶贫政策支持下,宁德赤溪畲族村干部群众艰苦奋斗、顽强拼搏、滴水穿石、久久为功,把一个远近闻名的贫困村建成了小康村。全面实现小康,少数民族一个都不能少,一个都不能掉队,要以'时不我待'的担当精神,创新工作思路,加大扶持力度,因地制宜、精准发力,确保如期啃下少数民族脱贫这块硬骨头,确保各族群众如期实现全面小康。"经历三十年扶贫开发历程,赤溪畲族村发生了翻天覆地的变化。据统计,村民人均可支配收入从1984年的不足200元增加到2014年的近12 000元,村财收入从原来的负债10多万元变为2014年收入25万元。变化的不仅仅是赤溪。历经久久为功、滴水穿石,将曾经是全国18个集中连片贫困地区之一的贫困人口减少了60余万,贫困面从30%下降到4.26%,农民人均收入增幅连续5年位居福建全省前列。赤溪之变、宁德之变,是福建乃至全国扶贫开发事业的缩影。在2015年东部地区扶贫工作座谈会上,"宁德模式"被汪洋副总理称赞是精准扶贫、精准脱贫的成功实践,是中国特色扶贫开发道路的典范。

(1)宁德经验:精准扶贫工作机制。宁德市陆地面积1.35万平方千米,90%以上是山地,海拔过千米的山就有696座。山高路远、无地可用、抱海无为、有策难施,闽东之穷,穷在"不通":路不通、货不通、人不通。"摆脱贫困"一直是闽东人民最迫切的愿望。1988~1990年,习近平同志在担任宁德地委书记期间,带领闽东人民艰苦奋斗、顽强拼搏,开了扶贫开发的新事业,提出要"农业、工业两个轮子一起转""靠山吃山唱山歌,靠海吃海念海经""推广一村一品""扶贫要注意增强乡村两级集体经济实力"。强调"扶贫先要扶志""弱鸟可望先飞,至贫可能先富",要求"加强脱贫第一线的核心力量",留下"一支永不走的扶贫工作队"。20多年来,面对繁重的扶贫任务,宁德历届党委、政府大力弘扬习近平总书记当年倡导的"滴水穿石"闽东精神,强化"久久为功、啃硬骨头"的信心和决心,矢志不渝、艰苦奋斗,加快推进扶贫开发进程,闽东贫困人口从20世纪80年代中期的77.5万人下降到现有的低收入人口14.5万人(其中国定贫困线以下11.32万人),探索出了一条富有地方特色的扶贫开发新路子。一是坚持"丰满羽翼",做到扶贫开发与产业发展、县域经济相结合。从20世纪80年代末开始,闽东上下便在农业上大念"山海田经",在工业上大力发展支柱产业。2014年,全市农林牧渔业总产值为417亿元,增长5.7%,规模以上工业总产值为2 736亿元,增长15.5%,增幅分别位居全省第一、第二。二是坚持"久久为功",做到扶贫开发与完善基础、配套设施相结合。习近平总书记当年深入调研后就一针见血地指出,"闽东发展的根本性问题是要把交通解决好"。长期以来,一届又一届的党委、政府团结带领全市人民,在自力更生、艰苦创业的同时,积极争取上级支持,全力打好基础设施建设的翻身仗。如今全面实现县县通高速和通乡通村公路路面硬化目标,全市交通基础设施实现了从严重滞后到基本适应再向适度超前的梯次转变。三是坚持"四下基层"，做到扶贫开发与排忧解难、扶志扶智相结合。长期以来，宁德市始终坚持深入开展"四下基层、四解四促"活动，干部和群众一起走山头、下田头、拿锄头，与群众同吃、同住、同劳动，并给他们送观念、送点子、送资金、送项目。四是坚持"关注难点"，做到扶贫开发与整村搬迁、造福工程相结合。近年来，宁德市进一步开展精准扶贫、推进整村搬迁造福工程，全市累计完成搬迁 33 万人。五是坚持"山海协作"，做到扶贫开发与政策支持、对口扶贫相结合。习近平同志在《正确处理闽东经济发展的六个关系》中指出，"在政策的制定上不能搞一刀切，在措施的推行中，要注重沿海与山区的差异和协作"。宁德市针对各地实际情况，因地制宜地出台了一揽子推进扶贫开发的帮扶措施，提高政策的精准度。市本级加大扶贫资金投入力度，从 2015 年起市里每年安排地方公共财政收入新增部分的 8%，用于重点县扶贫开发。同时，建立起"大手牵小手、一起往前走"的市内山海协作机制，建立了对口帮扶制度，2014~2017 年沿海县（市、区）每年安排地方公共财政收入新增部分的 1%~2%，2018~2020 年每年安排地方公共财政收入新增部分的 2%~3%，支持联系的山区县民生工程、基础设施和生态环境建设。六是坚持"核心力量"，做到扶贫开发与基层组织、队伍建设相结合。宁德市为进一步搞好扶贫开发工作，切实加强基层党组织建设，针对省级扶贫开发重点县无集体经营性收益的贫困村，市财政每年专门拨出上千万元资金扶持，一些基层组织"无人管事、无钱办事、无心干事、无章理事"等问题得到有效破解，凝聚力、战斗力明显提升。经过多年的实践探索，宁德市"四下基层"的工作制度持续深化，全市副厅级以上领导和市直各单位全部下沉扶贫一线挂钩帮扶，持续向贫困村派出驻村、包村和蹲点干部，深入贫困乡村指导精准扶贫，实现全市 4.28 万户贫困户"包户"全覆盖。与此同时，精准扶贫的政策措施体系全面完善。制定扶贫政策，市委、市政府接续出台《深入贯彻中央扶贫开发工作会议精神的若干意见》等一系列扶贫开发政策，不断强化政策措施的推动作用。实施"六个一"包村工程，即帮助制定一项发展规划、筹措一笔发展资金、培育一个主导产业、实施一项民生工程、落实一个村集体经济项目、建设一个"五好"农村基层组织。实施"五个一"包户工程，即帮助制订一项脱贫计划、落实一笔帮扶资金、发展一个脱贫项目、落实一项技能培训、推销一种主要农产品。加大财政投入，从 2015 年开始，宁德市每年统筹亿元以上资金投入精准扶贫，特别是在"十三五"时期，宁德市每年新增财力的 80%用于精准扶贫工作。丰富工作手段，制定切合宁德市实际的到户、到村、到县的帮扶工作措施 70 多条，形成精准扶贫的政策措施体系。2015 年，市委、市政府出台的《关于贯彻落实习近平总书记重要批示精神加快科学扶贫精准扶贫的工作意见》，采取"六到户六到村四到县"推进宁德市科学扶贫精准扶贫工作。2015 年 12 月，全国东部地区扶贫工作座谈会在宁德市召开，汪洋副总理专程到宁德考察，高度肯定了"四下基层"、挂钩帮扶、信贷扶贫等机制措施，称宁德的扶贫开发实践是"习近平总书记扶贫开发战略思想的成功实践"，是"中国特色扶贫开发道路的一个典范"。

（2）宁德做法：抓好"三个五"推进精准扶贫脱贫。经过二十多年的努力，各类精准脱贫典型经验不断涌现。在搬迁扶贫方面，涌现出了溪邳村"连家船民"上岸定居、霞浦县东山村茅草房改造下山发展的典型。在产业扶贫方面，涌现出了福鼎天湖茶叶公司、屏南县岭下乡现代农业示范基地等，以"公司+基地+农户"形式，成为吸纳带动贫困群众就近就业增加收入的典型。在加强村级组织建设方面，涌现出柏洋村、三佛塔村等通过创建"五好"农村基层组织、下派干部驻村扶贫，组织群众大搞扶贫开发的典型。在发展旅游和特色产业扶贫方面，涌现出了吴山底村和溪塔村等通过旅游开发拓宽群众增收渠道等典型。与此同时，宁德市精准扶贫各项重点工程加快推进。展望未来，宁德市将重点抓好"三个五"深化脱贫工作。

一是着力提高"五个精准度"。在扶贫目标上提高精准度，到2020年，分年度、分区域，确保6个省级扶贫重点县全面建成小康社会，14.5万农村低收入人口稳定脱贫，450个贫困建制村整村脱贫，1 160个边远偏僻自然村完成整体搬迁安置。在建档立卡上提高精准度，对扶贫对象进行深入调研，做到逐户"建档"、逐村"监测"、逐县"挂图"，精准帮扶。在载体抓手上提高精准度，县域突出"增内力、强基础、促后劲"，乡村突出"扶产业、惠民生、改面貌"，农户突出"促增收、提能力、强保障"，增强发展内生动力。在措施方法上提高精准度，深入实施扶持生产和就业发展、移民搬迁、保障兜底、医疗救助"四个一批"精准扶贫到户工程，项目资金、基础设施、集体经济、龙头企业"四个带动"精准扶贫到村工程，对口联系、产业联动、教育医疗、交通设施"四个推进"精准扶贫到县工程，"靶向"定位、"滴灌"帮扶。在脱贫验收上提高精准度，把稳定脱贫、持续发展作为脱贫验收、销号"退出"的考核原则，立足县级公共财力、村级集体经济、群众家庭收入等主要指标，突出群众脱贫率、控制返贫率、政策落实率量化指标，进行全面考评验收。

二是着力完善"五项机制"。完善领导责任机制，严格落实党政一把手"第一责任人"的扶贫开发工作责任制，形成"市统筹、县抓总、乡落实、工作到村、帮扶到户"的长效机制。完善财政扶持机制，坚持政府投入的主体和主导作用，加大金融扶贫力度，吸引社会资金参与扶贫开发，走多元化资金统筹路子。完善试点推进机制，着力抓好"整村搬迁、集镇安置"示范点，培育"村企共建""精准扶贫合作社"示范点，开展"分级诊疗、乡村服务"医疗扶贫示范点，以点带面、整体推进。完善社会协同机制，充分发挥群团社团组织作用，努力形成专项扶贫、行业扶贫、社会扶贫等多方力量、多种举措有机结合和互为支撑的"三位一体"大扶贫格局。完善考核激励机制，健全精准扶贫责任目标管理和考核机制，建立工作成效与工作过程并重的考核指标体系，加大精准扶贫精准脱贫考核。

三是着力实现"五个提升"。生产发展有新提升，因地制宜发挥贫困乡村资源优势，力争全市村级集体经济收入达到村均 10 万元以上，形成"一村一特色、一户一增收"的产业发展、增收脱贫格局。生活质量有新提升，加大对"老、少、边、岛、贫"地区倾斜投入，补齐民生短板，兜起社保底线，确保低收入群体收入年增幅不低于所在县（市、区）平均水平。乡风文明有新提升，持续开展农村精神文明创建活动，引导农村群众移风易俗、破除陋习，培育一批富有现代文明气息的脱贫致富新农村。宜居环境有新提升，加快完善贫困乡村交通、水利、通信、垃圾处理、安全用水等基础设施，让更多的贫困村变成生态村、美丽村。基层建设有新提升，持续选派"扶贫工作队"与选任年轻干部、退伍军人、高校毕业生等优秀人才相结合，使基层党组织成为带领群众脱贫致富的坚强战斗堡垒。

（3）宁德启示：精准扶贫提升群众获得感。2013 年 11 月，习近平总书记在湖南湘西考察时首次提出了"精准扶贫"，后来又在多种场合进一步阐述，他指出，"扶贫开发推进到今天这样的程度，贵在精准，重在精准，成败之举在于精准""关键是要找准路子、构建好的体制机制，在精准施策上出实招、在精准推进上下实功、在精准落地上见实效"。我国农村贫困分布很广，到 2014 年，全国还有 14 个集中连片特殊困难地区、592 个国家扶贫开发工作重点县、12.8 万个贫困村、近 3 000 万个贫困户。如何扶贫？如何让脱贫成效显现？这是问题的核心。回顾扶贫工作，国家在确定扶贫对象上经历了多次转变。20 世纪 80 年代中期，扶贫主要针对县级贫困区域。2001 年扶贫重点对象转向 15 万个村级贫困区域，实施整村推进扶贫。2011 年划定了 14 个集中连片特困地区进行重点扶贫。这种以区域为对象推进扶贫工作，实践表明有助于在短期内集中政策和资金资源，有助于改善发展的基础条件，有助于让有能力的贫困人口尽快脱贫。但也出现了一些地方为了争取国家贫困县、贫困村而放"鞭炮"的现象，现实的农村仍然有几千万人处于贫困，可见公共资源配置在扶贫脱贫方面的确存在错位，需要突破。习近平总书记提出精准扶贫思想的最大突破点，体现在将扶贫脱贫对象定位在贫困人口上，这就避免了以区域争贫困的现象，从而大大提高了扶贫的精准性。2015 年 6 月习近平总书记在贵州提出，"扶持对象精准、项目安排精准、资金使用精准、措施到户精准、因村派人精准、脱贫成效精准"。扶贫必须精准识别工作的对象，真正弄清楚扶持谁，让谁脱贫，既要把现有的贫困家庭确定出来，又要把已经脱贫的家庭退出去，把返贫的家庭纳为帮扶对象，这些才是精准扶贫脱贫的基础性工作。只有精准识别了扶贫对象，才可能确保扶贫资金、扶贫资源和扶贫力量精准配置到户到人。

按照现行扶贫标准测算，我国农村贫困人口比例从 1990 年的 73.5%，下降到 2014 年的 7.2%。伴随着改革开放的飞速发展，持续 30 多年的扶贫攻坚工作大格局，已经奠定了由量变到质变的基础。在长期实践中，宁德始终盯住精准脱贫这个目标，努力探索特色扶贫开发新路，在深化精准脱贫、加快脱贫进度、提高脱贫水平、健全脱贫机制等方面走在前面。总结宁德扶贫开发实践经验，扶志和扶智是取得成效的关键环节。宁德道路启示我们，以精准扶贫提升群众获得感，既要走让弱鸟"丰满羽翼"的发展之路，又要靠奋战扶贫一线的"核心力量"。宁德道路启示我们，以精准扶贫提升群众获得感，既要着力于经济的投入，又要彻底摆脱精神的贫瘠，使贫困群众树立起人贫志不贫的精神。宁德道路启示我们，精准扶贫既要立足当前，解决贫困群众的眼前困难，更要立足长远，加强动态管理，强化体制机制，使贫困现象不可持续。

（二）农村面貌发生革命性变化

"三农"中国梦对亿万农民来说，不仅包含着发展梦、小康梦、富裕梦，更包括农民的生态梦、和谐梦、家园梦。必须更加突出美丽乡村建设，必须努力改善农村生态环境，必须夯实党在农村的执政基础，必须坚持不懈地推进基本公共服务均等化，必须持续推进社会保障水平提高，使发展成果更多更好更公平地惠及农民群众。

1. 我国新农村建设发展的沿革

随着社会主义市场经济的发展，与市场经济运行相吻合的新村建设体制，也逐渐初步形成，并在推动农村镇村建设上发挥了日益明显和突出的作用。以市场经济运行为基础的镇村建设体制的形成经历了一个不断发展和完善的过程，大致经历了三个发展阶段。

第一，"离土不离乡"的建设阶段。这实际上是计划经济时期镇村建设被边缘化体制的延续，从全国来看，工业化和城市化建设体制中的重点依然放在了城市，农村的镇村只是由于乡镇企业的大力发展需要有载体，才形成在制度上不同于计划经济时期的建设阶段。农村建设能够纳入整个国家建设体制中并给予一定的重视，体现在当时国务院多个部门关于"离土不离乡、进厂不进城"发展农村非农产业的文件中。例如，1984 年农牧渔业部在《关于开创社队企业新局面的报告》的通知中指出：乡镇企业发展，必将促进集镇的发展，加快农村的经济文化中心的建设，有利于实现农民离土不离乡，避免农民涌进城市。

第二，"离土离乡、进厂进城"阶段。农村非农产业的快速发展，以及大量农业剩余劳动力转向非农产业，客观上推动了农村城市化的步伐，"村村点火，家家冒烟"的工业化和"离土不离乡、进厂不进城"，阻碍了农村工业化和城市化的发展，明显地成为生产力发展的桎梏。"离土离乡、进厂进城"便成为农村建设的一种新选择。在农村生产力发展要求离乡和进城的大背景下，原有镇村建设体制发生了根本性变化。首先，城市（中心）与农村（边缘）的失衡建设体制得到修正。

其次，将农村小城镇和中心村的建设纳入国家建设体制的范畴，与发展和建设大中城市具有同等的重要位置。发展小城镇，可以吸纳众多的农村人口，降低农村人口盲目涌入大中城市的风险和成本，缓解现有大中城市的就业压力，走出一条适合我国国情的大中小城市和小城镇协调发展的城镇化道路。

第三，城乡协调发展和建设新农村的镇村建设阶段。城乡协调发展的重要体现就是农村工业化与城市化的协调发展，其核心内容之一是镇村建设。改革开放以来，农村经济虽然快速发展，但社会事业发展受到投入限制仍然落后于经济发展。即使小城镇有了一定的发展，但与大中城市相比，依然是低水平的发展。城乡社会发展的"二元格局"明显突出，城乡经济社会发展的不平衡，已严重影响到国民经济的全面协调可持续发展。因此，党中央提出了建设社会主义新农村的目标：第一次在国家建设体制上，把农村镇村建设摆在了国民经济发展的重要位置，而且从投入上也给予了巨大的支持。

上述三个阶段到最终形成城乡协调发展、新农村建设的新格局，这顺应了市场经济发展的规律，符合工业化和城市化发展规律的建设体制，是生产力发展的必然要求，是改革的必然结果。

2. 新农村新乡镇发展的前景

进入新时期，特别是党的十八大以来，城镇化的强力推进和全面建成小康社会进入决胜阶段，社会主义新农村建设进入了一个新层面。2015 年 10 月，《中共中央关于制定国民经济和社会发展第十三个五年规划的建议》中指出："推动城乡协调发展。坚持工业反哺农业、城市支持农村，健全城乡发展一体化体制机制，推进城乡要素平等交换、合理配置和基本公共服务均等化。发展特色县域经济，加快培育中小城市和特色小城镇，促进农产品精深加工和农村服务业发展，拓展农民增收渠道，完善农民收入增长支持政策体系，增强农村发展内生动力。""促进城乡公共资源均衡配置，健全农村基础设施投入长效机制，把社会事业发展重点放在农村和接纳农业转移人口较多的城镇，推动城镇公共服务向农村延伸。提高社会主义新农村建设水平，开展农村人居环境整治行动，加大传统村落民居和历史文化名村名镇保护力度，建设美丽宜居乡村。"

根据以上战略安排，新农村建设的发展目标主要体现在以下几个方面：一是为农村工业化发展提供支持平台。我国农村正处在快速工业化发展的阶段。工业化的快速发展，必然在空间上形成一个承载区域，这个区域就是"增长极"，在"增长极"作用不断扩大和发展的推动下，必然会带来城市化发展，使一些具备"增长极"条件的镇村，最终发展成为小城市。成为推动工业化进一步发展的重要载体。二是为农村城市化发展提供支持平台和形成合理的城市结构。我国现有的 50多万个行政村，有将近 3 万多个乡（镇），根据城镇发展规律，行政村和乡镇会不断减少，而小城市和小城镇会不断增加。从我国城市结构的层级看，小城市和小城镇的数量也明显不足，形成大中城市偏多而小城市、小城镇偏少的失调现象。发展农村小城市和小城镇，可以解决目前我国城市体系的失衡，也可以解决城市与乡村的失衡，形成合理的农村镇村体系。三是为农村社区发展提供支持平台。我国新时期社会发展的一个突出特点是社区的出现，农村城市化不仅是工业化和城市化发展的结果，也是农村社会转型与发展的必然现象，是农村社区发展的要求。社区是各种社会群体生产、生活的聚集点，也是各种社会矛盾和冲突集中暴发的地方。社区的发展要求有一个好的经济发展环境，要求有一个好的生活环境，要求有一个能够在关键时刻帮助解决各种社会矛盾和冲突的环境，而能够满足这一发展条件的最小行政单位就是镇村，所以，镇村是社区发展所依赖的载体。四是为合理配置农村地区经济和社会发展资源提供支持平台。资源配置合理与否对新农村建设的影响巨大。经济和社会发展资源的配置，需要有"集聚效应"使经济和社会发展的配置，获得马歇尔所说的"中间投入品的共享，劳动力共享和知识溢出"效果。而能够通过资源配置实现这种效果的空间区域就是农村地区的镇村。所以我国农村镇村发展就是要引导经济和社会资源进行合理配置。五是为实现城乡一体化和城乡基本公共服务均等化提供服务载体。农村基本公共服务资源主要来自上级政府的财政预算，但资源运用、公共服务供给不可能由上级政府承担，由此决定了镇村将是农村基本公共服务的主要提供者，承担公共服务供给载体的功能。以人为本、统筹发展是未来我国新农村建设体制改革的指导思想；循序渐进、节约土地、集约发展、合理布局，是镇村发展的原则；推动镇村建设由粗放型向集约型转变，提高镇村综合承载能力，发挥镇村集聚和扩散效应，优化镇村布局，提高镇村整体实力，是镇村发展的主要目标。

（三）农业产业化产生新活力

1. 改革促进农业产业大融合

坚持和完善农村基本经营制度，严守耕地保护红线，提高农业综合生产能力，确保国家粮食安全。坚持因地制宜，分类指导，探索不同地区、不同产业融合模式。坚持尊重农民意愿，强化利益联结，保障农民获得合理的产业链增值收益。坚持市场导向，充分发挥市场配置资源的决定性作用，更好地发挥政府作用，营造良好市场环境，加快培育市场主体。坚持改革创新，打破要素瓶颈制约和体制机制障碍，激发融合发展活力。坚持农业现代化与新型城镇化相衔接，与新农村建设协调推进，引导农村产业集聚发展。在以上"六坚持"原则下，主动适应经济发展新常态，以改革统揽全局，以市场需求为导向，以完善利益联结机制为核心，以制度、技术和商业模式创新为动力，以新型城镇化为依托，着力构建一、二、三产业融合的现代产业体系，促进农业增效、农民增收和农村繁荣，为全面建成小康社会提供重要支撑。

1）发展多种类型的农业产业融合

加快农业产业结构的调整，以农牧结合、农林结合、循环发展为导向，调整优化农业种植养殖结构，加快发展绿色农业；建设现代饲草料产业体系，推广优质饲草料种植，促进粮食、经济作物、饲草料三元种植结构协调发展；大力发展种养结合循环农业，合理布局规模化养殖场；积极发展林下经济，推进农林复合经营；推广适合精深加工、休闲采摘的作物新品种；加强农业标准体系建设，严格生产全过程管理。

要引导产业集聚发展，加强农村产业融合发展与城乡规划、土地利用总体规划有效衔接，完善县域产业空间布局和功能定位。通过农村闲置基地整理、土地整治等新增的耕地和建设用地，优先用于农村产业融合发展；创建农业产业化示范基地和现代农业示范区；完善配套服务体系，形成农产品集散中心、物流中心和展销中心；扶持发展一乡（县）一业、一村一品，加快培育乡村手工艺品和农村土特产品牌，推进农产品品牌建设；依托国家农业科技园区、农业科研院校和"星创天地"，培育农业科技创新应用企业集群。要延伸农业产业链，发展农业生产性服务业，鼓励开展代耕代种代收、大田托管、统防统治、烘干储藏等市场化和专业化服务；完善农产品产地初加工补助政策，扩大实施区域和品种范围，初加工用电享受农用电政策；加强政策引导，支持农产品深加工发展，促进其向优势产区和关键物流节点集中；支持农村特色加工业发展；加快农产品冷链物流体系建设，支持优势产区批发市场建设，推进市场流通体系与储运加工布局有机衔接；健全农产品产地营销体系，推广农超、农企等形式的产销对接，鼓励在城市社区设立鲜活农产品直销点。

要拓展农业多种功能，加强统筹规划，推进农业与旅游、教育、文化、健康养老等产业深度融合；积极发展多种形式的农家乐，建设一批具有历史、地域、民族特点的特色旅游村镇和乡村旅游示范村，有序发展新型乡村旅游休闲产品；鼓励有条件的地区发展智慧乡村游，提高在线营销能力；加强农村传统文化保护，合理开发农业文化遗产，大力推进农耕文化教育进校园，统筹利用现有资源建设农业教育和社会实践基地，引导公众特别是中小学生参与农业科普和农事体验。

2）推进农村三次产业融合发展

（1）农村产业融合发展的重大意义。实现农村产业融合是农业现代化和新型城镇化战略的重要举措，农村三次产业融合发展是以农业农村经济发展和新型城镇化为基本依托，以第一产业为基础延伸产业链条，拓展到第二、第三产业，发展新兴业态，促进现代农业发展和农民增收的发展思路和方式。从外表形式上看是产业融合，第一产业扩展到第二、第三产业，形成了新兴产业形态，开发了农业多种功能；从内在属性上看是价值提升，能够获得技术进步和产业融合红利，关键是让农业、农民和农村在价值链提升中更多受益。一、二、三产业融合发展着眼于带农惠农、促进农民增收致富，与农业产业化经营一脉相承。农产品加工业、休闲农业、农产品电子商务等农业相关产业，是农村一、二、三产业融合发展的重要形态。

（2）克服产业融合过程中存在的问题。我国目前农业产业融合的主体能力缺乏。传统农户经营规模小，现在经营面积在30亩以下的农户仍占农户总数的96%，大部分传统农户自身缺乏足够的意识和能力发展新兴业态。家庭农场、农民合作社的经济实力还不够强。延伸产业链条的能力有限，面临技术、市场、资金等多方面困难。据对2 689个家庭农场的调查，2015年每个家庭农场平均纯收入仅为20万~69万元。企业在产业融合发展中还不能妥善处理与农民利益的关系，与农民共享增值收益。农民还没有充分受益，产业融合发展对农村繁荣的拉动作用体现不够。

仍然缺乏信贷的专门支持。目前信贷对产业融合发展的支持力度不足，主要表现是信贷供给总量不足，大量的农业经营主体仍然面临信贷资金短缺情况。据调查860家国家重点龙头企业贷款满足度在70%左右，省级龙头企业贷款满足度在50%左右。长期大额贷款占比低，从农业企业获得贷款的期限结构看，短期贷款占全部贷款的80%；贷款的额度也很小，从需求看，大多数家庭农场主希望贷款额度能够到20万元以上。缺乏创新金融产品，传统的农村贷款业务品种单一，贷款条件苛刻，缺乏针对性强的品种，虽然一些金融机构开发了一些新的信贷营销品种，但浅尝辄止，没有持续实行。多元化金融保险服务供给不足，直接融资规模仍然偏小，2015年农业类上市公司不到70家，占A股上市公司总数的4%左右，直接融资占比与农业增加值占GDP的比例很不相称。对农业大省河南30个产业集群的调查中，80%的都面临资金短缺问题，本土企业没有一家上市。期货市场的作用小，风险保障水平较低，大灾风险分散机制不健全。

生产性用地紧张，流转土地费用高，部分从业主体需要流转土地建设种植基地，但在流转过程中普遍面临签订合同时间短、租金高等问题，不利于长期规划和投资；农业设施用地缺乏，发展产业融合需要进行分拣加工、烘干储藏，还需要进行产品的展示展销，离不开一定数量的农业设施用地。尽管国家出台了相关政策，但各地反映难以落实；建设用地获取困难，发展休闲观光，提供餐饮、住宿等服务，是依托第一产业促进产业融合的重要内容，但这类从业主体用地由于亩产税收少、投资强度弱，一般难以拿到用地指标。

对农村产业融合的服务缺乏有效性和针对性，有的地方领导对于促进产业融合的政策不甚了解或者根本不知晓，对于促进产业融合不重视；有的地方把产业融合泛化，认为产业融合是个筐，什么都可以往里装，不理解产业融合的内涵和实质；有的地方把现有工作换个名字就作为产业融合进行推动，没有实质性的内容；有的地方更多注重规划园区、基础建设、招商引资、政策优惠等"硬件"服务，缺乏创建区域品牌、维护市场秩序、提供创新环境等"软件"服务。

（3）采取积极措施推进农业产业融合发展。建立认定扶持联动机制。充分发挥各地农经部门对经营行为方式熟悉的优势，把发展产业融合，把真正让农业增效、农村受益、农民得利的从业主体识别出来，建立名录；实行动态管理，结合企业年度报告公示，发挥社会公众监督的力量，对已认定的产业融合主体进行监测，确保其有效运行、名副其实、让农民持续受益；重点支持经过认定又亟须扶持的主体。把获得专业机构认定作为申请政策支持的前提条件，按照不破坏市场公平竞争原则进行重点支持。

强化并改革财政支持，将中央预算内投资、中小企业发展专项资金、农业综合开发资金等的一定比例整合，专门支持产业融合发展；有条件的地方应设立产业融合发展基金，以财政注资作为先导，并鼓励吸引社会资金和金融资本投入，综合运用股权投资、投贷结合等方式支持产业融合主体。发挥已有的农业产业发展基金、小微企业发展基金作用，列出比例专门用于农业产业化龙头企业、小微企业发展产业融合。

借鉴美国"食品券"、杭州"旅游消费券"的做法，由中央财政出资向城镇低收入群体和农村贫困人口发放可替代现金使用的加工农产品购买券，由有条件的地方政府向城镇居民发放需要搭配一定现金使用的休闲农业消费券，并加强对消费券的监管。

多途径保障发展用地，国家及各省（区、市）年度建设用地指标中单列比例，专门用于产业融合主体发展农产品加工、仓储物流和乡村旅游住宿；加大开发利用农村废弃建设土地力度，通过农村闲置宅基地整理、空心村整治等新增的耕地和建设用地，优先支持农村产业融合发展；对现存老旧工业建筑进行重新整治和改造利用，采取分时、分类、分段、分栋、分层等灵活的用地、厂房出租和转让制度，适时收回低效利用土地，提高产业融合主体土地利用的弹性；适当放宽设施农用地管理限制，对发展经营性粮食存储加工、农机存放维修场所、生活用房，经营以农业为依托的休闲观光度假场所、各类庄园，发展工厂化农产品的生产加工和农产品展销用地，按照农用地进行管理，并适当扩大配套设施用地面积。

完善公共服务体系和服务水平。加强质量安全监管，替消费者把关，监督生产者；加强对各类认证的管理、规范和监管，强化认证机构连带责任；加强区域品牌建设，深化区域农业品牌内涵，有条件的地方可以申报注册农业集体品牌，保护区域农业品牌知识产权；维护市场公平竞争秩序，依法惩处假冒伪劣和虚假标示等扰乱市场秩序的行为，严厉惩处市场垄断和不正当竞争行为。组织引导从业主体建立健全行业组织，强化自主管理和自律规范；提供多类型服务，开展研发设计、检验检测、技术咨询、市场拓展等行业综合服务以及信息、资金、法律、知识产权、财务、咨询、技术转让等专业化服务，发展壮大第三方物流、节能环保、电子商务、服务外包、人力资源服务、售后服务、品牌建设等生产性服务业。

2. "互联网+"加快新型农业产业业态发展

2015 年，国务院颁发了《关于促进农村电子商务加快发展的指导意见》，这标志着我国农业发展在"互联网+"的背景下，已经有计划、有步骤地展开。《全国农业现代化规划（2016—2020 年）》也提出了推进信息化与农业深度融合，加快实施"互联网+"现代农业行动，加强物联网、智能装备的推广应用。推进信息进村入户，提升农民手机应用技能，力争到 2020 年农业物联网等信息技术应用比例达到 17%、农村互联网普及率达到 52%、信息进村入户村级信息服务站覆盖率达到 80%。建设全球农业数据调查分析系统，定期发布重要农产品供需信息，基本建成集数据监测、分析、发布和服务于一体的国家数据云平台。加强农业遥感基础设施建设，建立重要农业资源台账制度，健全农村固定观察点调查体系。这些措施将使我国农业发展进入一个新的水平。

1）推动农村电子商务发展。

以市场为主、政府引导、实事求是、因地制宜，强化统筹、创新发展为原则，为农村电子商务发展营造平等参与、公平竞争的环境，激发各类市场主体的活力；注重发挥基层自主性、积极性和创造性，探索农村电子商务发展模式；推动模式创新、管理创新和体制创新，提升农村商品流通现代化水平。

加快培育壮大农村电子商务市场主体。培育一批农村电子商务平台企业，加强与知名电子商务平台企业的合作，引进国外知名电子商务平台企业，支持有条件的地区开发建设特色农村电子商务平台，发展一批扎根农村的电子商务服务企业，引导电子商务服务企业拓展农村业务；鼓励农民合作社、家庭农场、农村种植养殖大户和农产品批发商等借助电子商务平台开展网上营销。

加快推进农村产品电子商务。充分发挥农村电子商务对农业生产的推动作用，加快农产品标准化建设，支持企业制定农产品分级、产品包装、物流配送等行业标准；提高农村产品商品化率，扩大农村产品生产规模，鼓励农业龙头企业、专业合作社、家庭农场等新型农业经营主体根据网络消费需求开展产品生产、加工、包装和品牌打造；推动"名特优新""一村一品"农产品上网销售；鼓励有条件的农产品批发和零售市场开展网上分销，对标准化程度较高的农产品探索开展网上批发交易；支持新型农业经营主体与城乡邮政网点、快递网点和社区对接，开展生鲜农产品"基地+社区直供"电子商务业务。农村电子商务平台建设起步一定要切实加以引导，本书作者之一的杨庆育曾率领重庆市人大常委会财政经济委员会的工作人员检查落实《中华人民共和国邮政管理条例》的贯彻，亲眼看见在一些网点管理十分混乱，各种邮件杂乱地堆放在门口甚至街边。管理部门的工作人员又十分缺乏，在一个大区域的八个县中仅有八个管理人员，根本无暇对基层的工作进行监管。笔者还听到一个在农村办网点销售自己生产的调料的经营者说，调料不加添加剂就赚不了钱，但增加添加剂的量会把握在吃不死人的界限。如果农村电商大面积地像这样发展，管理又普遍不到位，发展前景是非常令人担忧的。

加快改善农村消费环境。推动农村传统生产、经营主体转型升级，创新商业模式，促进业务流程和组织结构的优化重组，增强产、供、销协同能力，实现线上线下消费融合发展；加强与服务业企业、金融机构的合作；支持电子商务企业渠道下沉，拓展农村市场，鼓励各类企业向基层网点提供 B2B（business to business，即企业到企业的电子商务模式）网上商品批发和配送服务，不断丰富农村电子商务综合服务功能，逐步增加手机充值、票务代购、水电气费缴纳、农村产品网络销售、家电维修、养老、医疗、土地流转等功能；与城市社区电子商务系统有机结合，实现城乡互补和融合发展，缩小城乡居民在商品和服务及消费上的差距，进一步提高农村生产、生活服务水平；积极推进化肥、种子等农业生产资料销售上网，实现放心农资进农家，为农民提供优质实惠和可追溯的农业生产资料。

加快完善农村电子商务公共服务网络。着力推动农村电子商务公共服务中心、乡镇及村电子商务服务站点建设；鼓励支持利用电子商务园区、闲置楼宇、工业厂房等现有资源建设农村电子商务公共服务中心，通过政府购买服务、成立或指定专门工作机构运营等多种形式做好公共服务中心日常运营，打造集运营服务、数据处理、地方特产展示和质量追溯功能为一体的功能化平台；在农村商店、村民活动中心、村委会办公室、邮政快递服务网点等村民日常活动集中区建设农村电子商务服务站点，推动服务站点对各个电子商务平台开放；鼓励农村电子商务中心为区域提供技术支持、培训孵化、产品对接等服务，培育一批乡镇及村农村电子商务服务站点负责人，努力提升农村电子商务公共服务能力。

加快建设农村电子商务物流配送体系。加强交通运输、商贸流通、农业、邮政管理、供销等部门和单位及电子商务、快递企业对农村物流网络和设施的共享衔接，鼓励多站合一、服务同网；鼓励传统农村商贸企业建设多级商贸中心和配送中心，充分发挥邮政普遍服务的优势，探索第三方配送和共同配送，重点支持贫困落后地区物流设施建设，提高配送效率；打造低温产品储藏、加工、运输和配送物流服务体系，发展第三方冷链物流，促进农产品冷链与供应链、物联网、互联网协同发展；鼓励通过社会资本抱团建设、国有资本和社会资本共同筹建或依托国有企业建设等方式，打造快递包裹集散、存储运一体化的区域电子商务物流仓储中心；整合电子商务、供销、商贸、邮政、快递等社会资源，打造新型农村电子商务物流企业，推动农村物流配送的集中分拨和共同配送，提升农村快递物流配送能力，搭建"工业品下乡、农产品进城"双向流通网络。

加快推动农村电子商务创新创业。鼓励农民依托电子商务创业，加大农村电子商务宣传力度，提升涉农企业和农民利用电子商务开展营销的意识；实施农村电子商务英才计划，对农民、合作社和公务人员开展电子商务技能培训，对大学生村官、农村青年、巾帼致富带头人、退伍军人开展农村电商带头人培训；建立农村电子商务创业导师库，开展"一对一"创业辅导，提升创业成功率；鼓励返乡农民工依托特色农村产品，通过电子商务创业就业。

加快强化农村电子商务基础支撑。加大金融支持力度，建立多元化、多渠道的投融资体制，充分发挥产业基金在农村电子商务发展中的引导作用，支持社会资本与政府资金合作，投资农村电子商务；在防范风险的前提下，鼓励农村电商企业通过互联网融资；强化信息基础设施建设，促进宽带网络"提速降费"，大力实施"宽带乡村""行政村4G网络覆盖"系列工程，提升农村地区网络通信发展水平，进一步改善农村公路基础设施条件和服务水平。

2) 以"互联网+"加快转型服务"三农"

汪洋副总理在2015年中央农村工作会议上指出："要注重用新型工业化、信息化、城镇化的成果拉动农业现代化，要用信息化的成果引领农业，大力推进物联网、云计算、互联网在农业中的应用。"我国传统农业发展的手段都比较落后，面对"互联网+"的高技术，如何利用"互联网+"建立新型基层社，构建农村电商服务网络，加快打造为"三农"服务的新平台，是一项非常迫切的战略性任务。

（1）"互联网+"助力农民备春耕。利用互联网的手段，提高便农惠农服务，黑龙江省供销社电子商务公司打造的服务平台惠丰通村网，直接为村民预订化肥，在需用化肥时，商家就能直接送到田间地头。供销社对基层的社长进行专业培训，除了在网上为村民订购农资服务外，还接受村民的咨询。他们抓住种植大户进行带头示范，使村民看到了实实在在的好处，王货屯村民从丰通村网上订购化肥从2016年初的2吨猛增到2017年的60吨。对于村民来说，利用互联网订购化肥省事便捷、质优价廉、质量有保障。目前像王货屯这样的新型基层社，去年以来黑龙江省打造了600多个，从而推动供销社为农服务升级。除此之外，黑龙江省已经建设1000个高标准的"互联网+绿色有机农产品种植基地"。还计划通过点对点营销、订单农业和土地众筹等方式，扩大优质农产品销售量，卖出好价钱，让农民更多分享第二、第三产业的利润。

（2）"互联网+"服务"三农"存在短板。如果以"互联网+供销社"为渠道来推动"互联网+"为"三农"服务，现状是不乐观的。一是"僵尸社"和"半僵尸社"削弱了为农服务能力的提升。基层社是供销社为农服务的前沿，出于历史原因，一些基层供销社资产变卖、历史欠款较多、包袱沉重，早已经成为老大难，不能有效行使为农服务的职能，改造难度较大。二是农村物流的基础条件制约网络农资配送。我国农村物流基础一直很差，以黑龙江省为例，如果农民从网上订购化肥达不到3吨，就不能配送，就是因为农村物流"最后一公里"没有打通，只能取消小订单，这又反过来影响了农民使用互联网的积极性，也钳制了"互联网+"为"三农"服务的发展。三是农村通信基础设施不完善，也是供销社借"互联网+"转型的技术障碍，很多供销连锁超市的网络信号不稳定，网速慢，甚至打不开网页，由于通信信号差，常出现不能上网情况，有的村屯4G网络没有覆盖，成为农村发展"互联网+"的技术障碍。

（3）下大力气补基础设施短板。补农村基础设施短板可从"三个加快"上着力：加快新型基层社建设步伐，借助"互联网+"推动新型基层社的建立，将基层社打造成"自主经营主体、为农服务载体、合作经济组织"一体的新型社。加快推进经营业态创新，构建现代经营服务网络，电子商务、冷链物流、连锁配送等新技术、新业态需要载体才能构建农业社会化服务体系，所以，各级政府相关部门要支持经营业态的创新，支持运用现代流通方式和信息技术，改造和提升传统经营方式，提升农村流通现代化、服务规模化的能力和水平。加快完善农村通信基础设施建设，各级政府要把支持农村通信基础设施建设工作纳入五年规划并在年度计划中逐步推进，为"互联网+"服务"三农"提供必要的硬件设施和技术保障。

3. 新型农业经营主体层出不穷

1）新型经营主体是适度规模经营的需要

适度规模经营是我国农村土地在"三权分置"基础上生产方式的必然转型，是现代农业生产要素集成投入的载体。发展多种形式适度规模经营，是推进农业供给结构性改革的重要力量，规模经营主体能够更加敏感地捕捉市场需求变化，更加快速地接受新技术。党的十八届五中全会强调，发展多种形式适度规模经营，发挥其在现代农业建设中的引领作用，这很有针对性和指导意义。推进农业适度规模经营，要特别重视完善农业社会化服务体系，要提升农业社会化服务支撑能力，扩大政府购买农业公益性服务机制创新试点，加快发展农业生产性服务业。发展多种形式的适度规模经营，关键是要培育新型农业经营主体和服务主体，积极引导和支持种养大户、家庭农场、农民合作社、龙头企业等发展壮大。发展多种形式的适度规模经营，要将农业政策向新型经营主体倾斜，既促进经营主体的发展，又要保障农民公平共享的政策实惠和规模经营的好处。发展多种形式适度规模经营，既要加大政策扶持、鼓励创新农业经营体制机制，又要因地制宜、循序渐进。

2）新型经营主体要把握动力和政策走向

近些年的中央一号文件多次强调发展新型农业经营主体，实践经验也使经营主体的概念日渐明晰，促进了农业生产模式的转型，经营主体在实践中要做到"两个把握"。把握好新型经营主体的动力形成。"新"的根本就是从向产量要效益，变成向质量要效益，新的生产形式、生产技术和生产理念这三个"新引擎"正在形成。生产形式从单一走向多元，与传统农业经营者只种植单一作物不同，而农业经营主体都选择了"多条腿走路"，农场经营也都是多季多品种。技术应用从简单到复杂，施肥软件、农田 GPS 定位、测土配方施肥、样本土壤数据库、精准施肥、北斗定位系统应用等，对传统的种植农业进行了高新技术的革命，新的生产理念逐渐形成。把握好推进新型经营主体的政策走向。为促进新型农业经营主体的蓬勃发展，中央和各地出台了一系列扶持政策，但一些政策与实际情况还不完全契合，也尚未满足经营主体的具体需要，如农业设施用地短缺、政府资金使用效率低等问题普遍存在，这与政策本身有很大的关系，经营主体是规模化生产经营，对政策的依赖和把握要求更高，需要管理者有前瞻性思维，把握政策的趋势。

3）现代农业转型升级态势明显

随着农业现代化进程的不断深入，农业生产、经营、产业三大体系出现了一些可喜变化。从粗放农业向精准农业转变，与传统的小农经济耕作方式相比，现代化大农机械使种地变得越来越精准科学，播种可以保证一次一粒，株距能精确到厘米，垄距、覆土的深度也更精确。物联网技术在农业上的应用直接加速农业现代化进程，在农业物联网终端，可以实时查看农作物生长情况，遇到病虫害，即可邀请专家在电脑前为农作物"诊断"。从小农经营向新型经营主体转变。随着土地流转速度加快和规模扩大，单个农户种植改变为新型主体经营，种地流水线生产，育秧到标准化棚，插秧收割有专业队伍；在经营组织体系上也发生着变化，经营主体出现联合经营，组建现代农业农民专业合作社联社；随着农业社会化服务水平提升，经营主体聘请专家研究种稻，聘请田间职业经理人负责种地。从生产导向向市场导向转变。城市消费水平的提高，导致其消费结构发生变化，消费市场之间农业种植由"一粮独大"迈向多元发展，出现现代农业产业的新布局。针对城里人的消费需求进行业态创新已经成为时尚，如 2016 年 5 月，"我在黑龙江有亩田"众筹活动在京东众筹平台上线，18 个地块所产的 4 000 万斤优质大米和部分杂粮参与众筹，不用到田间除草施肥，只要选中地块下单，就可以坐等秋季收获优质的黑龙江新米。参与众筹的许多水稻地多数建立了品质追溯系统，人们可以了解水稻从育苗、插秧、田间管理到收获、加工的各个环节。

4）现代农业催生新型农业服务平台

现代农业必然产生对服务平台的需求，如何满足农业发展的新需求，是大专院校科研院所政府部门面对的新问题；如何将教研室、实验室、产业办直接"集成"到农业主产区，建设新型农业服务平台，突破农技推广"最后一公里"的难题，使高校科研政府服务与农业无缝对接将是我国现代农业能否加快发展的关键。要促进高校农技推广形成声势，我国现行农业技术推广体系普遍存在功能不全、效率不高、队伍老化、推广与科研教学衔接不紧密等问题。涉农高校一直是农技推广的重要力量，但受农村缺乏科研基地、相关考核要求不高等因素影响，多数高校专家对农村的服务是"一次性"或"游击式"。

4. 努力探索建立农业保险新制度

新型农业经营主体已成为我国农业发展的中坚力量，对农业保险的需求十分迫切，但传统农业保险存在赔付标准过低、保险品种过少、保障范围太窄等短板，已不适应现实需求。《全国农业现代化规划（2016—2020年）》提出加大保险保障力度，逐步提高产粮大县主要粮食作物保险覆盖面，扩大畜牧业保险品种范围和实施区域，探索建立水产养殖保险制度，支持发展特色农产品保险、设施农业保险。研究出台对地方特色优势农产品保险的中央财政以奖代补政策，将主要粮食作物制种保险纳入中央财政保费补贴目录。创新开发新型经营主体"基本险+附加险"的保险产品，探索开展收入保险、农机保险、天气指数保险，加大农业对外合作保险力度。建立农业补贴、涉农信贷、农产品期货和农业保险联动机制，扩大"保险+期货"试点，研究完善农业保险大灾风险分散机制。打造农业保险的"加强版"，使其从"低保障、保成本、广覆盖"变为"高保障、保收益、保价格"，助力新型农业经营主体发展，已经成为当前推进农业现代化的一项非常重要的任务。

1）新型农业经营主体迫切需要保险服务

截至2016年上半年，我国已有经营面积50亩以上的农户340万户、家庭农场87.7万个、农民合作社153万家、农业龙头企业12.6万家。与传统小农户相比，日益规模化、专业化、社会化的新型农业经营主体面临更多风险，且一旦发生灾害，它们遭受的损失更为巨大，因此对农业保险的需求也更为迫切。安徽省在2016年洪水中受灾较严重，大片农田被淹没。枞阳县共赢水稻种植专业合作社2016年1 900亩水稻都买了保险，被洪水淹没后，保险公司按照绝收赔付，再加上补种改种，挽回了一部分损失。在同样受灾严重的湖南省，农业保险也受到新型经营主体的欢迎。安乡县楚源农业公司2016年5 000亩一季稻纳入保险范围，部分受灾后都得到了赔付。有保险托底，农民心里也有底，也敢增加投入了。部分地区试点推出的价格指数保险等农业保险创新产品，更是受到了农业经营主体的热烈欢迎。不同于传统散户，农业经营主体参与市场程度深，要应对生产资料价格变动、农产品价格波动、销售渠道不稳定等市场风险，迫切需要这类险种的支持。黑龙江省嫩江县鸿翔达种植专业合作社2015年种了9 000多亩大豆，其中3 000亩进入当地大豆目标价格保险试点范围。后来大豆价格大跌，扣除保费后，保险净赔付了4万多元。有了保险，基本可以保障收益，经营公司不用再为大豆价格下降提心吊胆。对于保险公司来说，农业经营主体不断壮大，也便于农业保险的推广，保费收取难、参保率低、查勘定损沟通难等老问题得以缓解。长期以来，农户参保积极性低，加上点多面广，保险公司收取保费难度很大，为此付出的成本有时甚至会超过保费。而农业经营主体的参保积极性高，也更好沟通，客观上促进了农业保险的普及发展。

2）农业保险滞后束缚农业经营主体发展

如果说我国新型农业经营主体蓬勃发展，那么农业保险就相对处于低层次、低水平阶段，没有适应新型农业经营主体的发展。在应对自然灾害风险上，相比传统散户，经营主体可以多元化较大规模经营，其风险就相对更大，对农业保险就更加依赖。但目前赔付标准过低，如果遇到较大自然灾害，势必影响灾后再生产，给经营主体带来难以估量的重大损失。如广东省信宜市近两年连续遭受严重的暴雨洪灾。当地一家蔬菜种植专业合作社 2015 年开始购买蔬菜保险，交了 3.7万元保费，5 月初的一场洪水使 60 万斤茄子毁于一旦，按照当时每斤 2.5 元的市场价，价值 150 万元，但保险只赔付 7 万元；而茄子仅一次肥料就要 15 万元。目前也有一些地方探索推行赔付额较高的商业补充保险，但往往仅限于种植业。且大多处于试点阶段，覆盖面窄，加之补充保险的机制尚不完善，难以做到"广覆盖"。以价格指数保险为代表的应对市场风险险种也处于试验阶段，如生猪、蔬菜等产品面临风险较大，市场价格起伏也常常像"坐过山车"，但绝大多数种养户和经营主体长期没有纳入保险范围，最终影响产业的良性发展。

3）基层期盼出台"加强版"农业保险

农业现代化持续推进，农业经营主体迫切需要得到保险的大力支持，从传统散户特点出发设计的农业保险机制必须改革。必须重新定位调整重点。定位可从"低保障、低水平"向"保市场、保价格、保收益"调整；同时，在保持"广覆盖"的前提下，农业经营主体可成为农业保险保障的主体，这既符合现代农业发展的方向，也更有利于农业保险的长远发展。必须针对农业经营体制的变革，提升保险保障水平，优化险种布局。保险产品范围逐步扩大，赔付标准逐步提升，保险机制设计要有利于增强新型农业经营主体防灾减灾能力，促进持续经营。必须针对农业经营主体的个性化需求，设计"定制版"险种。不断创新产品服务形式，开发产量保险、质量保险、价格指数保险、天气指数保险等新型保险产品，并加快试点和推广。必须引入市场力量，逐步实现"政府+市场"运行机制。我国经济处于下行压力阶段，农业保险保障不能依赖无限制的财政投入，农业保险运行机制要从"政府主导"向"市场主导引导"转变，如"政策性农业保险+补充商业保险"，就是较好的"政府+市场"机制的体现。

4）逐步将农业保险推向深入

保险体系是现代农业发展必需的配套体系，要健全完善农业保险服务体系，成立农业保险工作领导机构，建立工作联席会议长效机制，定期会同有关部门研究部署农业保险工作。各保险承办机构要积极配合行政主管部门和基层政府，设立基层服务网点，搭建镇村协保服务体系，明确工作职责，按照相关规定落实乡镇协保业务经费和村协保员补助经费，做好承保、报案受理、查勘理赔等工作，及时解决农民群众提出的诉求，切实保障农民的合法权益，提高农民参保积极性。探索保险与支农政策的有效结合，当前国家进行的粮食直补、良种补贴等实际效果并不好，补贴实际用于农业的支出很少，可以调整补贴方式，将种粮直补用于由个人负担的政策性农业保险保费，这既可体现政策的效果，又可节约行政成本，还可提高政策性农业保险参保率，提升农业抵御风险的能力。

要拓展保险品种扩大保险覆盖面。在现有政策性农业保险险种基础上，根据各地的实际情况，有序拓展主要农作物的保险险种，逐步构建多层次、多渠道、促进农业可持续发展、保持农村长期稳定的农业保险制度体系，采取多元化的投保方案，保费分档缴纳，实现理赔分档，满足种养大户与普通散户的不同需求；开展巨灾保险试点，以应对自然灾害对人民生命财产造成巨大损失和对经济社会产生的严重影响；深化保险政策的研究，政府采购政策性农业保险标准文本，应根据发展的实际情况定期重新审视、制订相应的实施方案和保险条款，提高可操作性。

不断提高专业评估定损服务水平。保险承办机构通过不断优化理赔流程、建立理赔绿色通道等有效途径，提高理赔的时效性和精确度；规范理赔行为，根据保险条款和保险标的的损失程度给予赔偿，不得随意更改理赔标准，牵头部门聘请专业人员组成查勘定损专家组，负责对重特大灾害的查勘定损工作，并在保险承办机构与经营主体和农户就赔偿金额上有分歧时进行专业的、权威的评估和仲裁，让农业保险真正起到农业的"保护伞"作用。

强化宣传引导提供对农业保险的认识。农业保险利国利民，但又是一个新生事物，要让广大农民理解并接受，并成为自觉行为还很难，既要发挥榜样的引领作用，又要加强政府的引导宣传，充分利用各种媒体，宣传典型案例和保险知识，使农民认识到农业保险是花钱少、效果好的科学有效的风险规避方式，增强广大农民群众的保险意识，引导其积极主动参加政策性和商业性农业保险；根据作物时令开展农业保险知识宣讲，讲解农业保险作用，解读农业保险条款，建立农民的保险降低风险意识。

（四）作者调研：江阴市"三农"发展与统筹城乡的调研报告

2017 年 1 月，本书作者之一杨庆育率队到江阴市就"三农"发展走访了江阴市委政策研究室、江阴市委农村工作办公室以及红豆村、华西村等地区的部分干部和居民，对该市近年"三农"状况和统筹城乡工作进行了调研。江阴市 2015 年的户籍人口约 124 万人，常住人口接近 180 万人，地区生产总值 2 880 亿元，人均地区生产总值达到 16 万元，约合 2.35 万美元。居民收入 42 756 元，其中城镇居民收入 50 701 元，农村居民收入 26 012 元，其恩格尔系数分别为 0.29 和 0.30。尽管近年江阴市的发展也受到大环境的影响，农业增长趋缓，工业增长回落，效益也受到影响，但是，江阴市的经济发展水平已经达到一个较高级的阶段，依靠现有基础，仍然保持了较好的状态。在统筹城乡上，以打造城乡一体、形态优美的滨江花园城市为目标推进城市现代化。进入 21 世纪，江阴市委、市政府坚持城市与产业同步转型，围绕规划共编、设施互通、环境共建，不断提升城乡统筹发展水平。在"三农"的发展上，更是走在全国的前列。到 2015 年，全市农业机械化率保持在 90%以上，农村调查失业率仅为 2.83%，高校毕业生返市就业率达到92.8%。农村居民收入增长率连续 16 年位居江苏省第一位。与此同时，坚持改革开放，不断地努力探索，在统筹城乡和推进"三农"发展上取得了新经验、新成绩。

1. 多措并举，着力推进统筹城乡进入新水平

1）以不断优化规划引导确保城乡一体发展

2005 年，江阴市委、市政府委托清华大学、江阴市城乡规划设计院联合编制《江阴市城乡统筹规划》。该规划按照"发展定向、功能定位、布局定点"的要求，根据市域"一城四区"的空间结构形态，注重产业布局与城镇发展的衔接。突出各片区和工业集中区产业发展特色。市委、市政府组织进行第五轮城市规划修编，至 2011 年底，《江阴市城市总体规划（2011—2030）》通过专家论证。新一轮城市总体规划将江阴的城市定性为长江下游滨江新兴中心城市和历史文化名城，并提出了将江阴建成现代化滨江花园城市的总体目标。通过一轮轮城市总体规划、城镇体系规划、镇（乡）总体规划的修编，形成了从城市到农村、从总体到专项、互相衔接、配套完善的城乡规划体系，有力地引导和管控了城乡建设，确实保证了城乡的一体化发展水平。

2）以提高城乡公共服务均等化促进统筹城乡水平

坚持"没有农村的小康，就没有真正的小康；没有农村的现代化，就没有真正的现代化"理念，在加强城乡规划、产业、基础设施一体化的同时，把缩小城乡差距的重点放在城乡均衡基本公共服务上，以城乡功能布局的优化有力助推城乡一体化。在城乡就业保障上，在全省率先建立城市社区就业援助站、村级劳动保障专管员，使就业服务的触角延伸到村基层；全市各镇均建立规范的职业介绍所，形成了市、镇、社区三级就业创业服务网络。在城乡社会保障上，实现"城保"、"农保"和被征地农民保障覆盖率"三个 100%"，全力实现城乡居民充分就业、全面保障。在城乡教育均衡上，推进新一轮城乡中小学布局调整，积极整合城乡教育资源，将两所国家级示范高中从城区搬迁到城郊和临港新城，放大城乡优质教育资源。组建市职业教育集团，启动中等职业教育园规划建设。城区教师下乡文教、千名农村教师到城区学校培训，城乡师资不平衡的现状得到根本改善。在城乡文化发展上，"推进农村小戏进城、城市剧团下乡"，不断满足群众业余文化生活的需要。不断完善文化设施，全市公益性文化设施达标率达到100%，有11个镇被命名为各级各类特色文化之乡（镇）。在城乡医疗卫生上，形成以市级医院为龙头，镇卫生院为纽带，社区卫生服务站为基础的医疗卫生体系和"小病在社区、大病进医院"的就医格局。社区卫生服务覆盖率达100%。连续开展三轮"幸福江阴，免费健康体检"活动，受益农民达65万人，建立覆盖全市的家庭健康档案。在城乡公共交通上，坚持公交优先就是市民优先，不断完善公交路网、延伸公交线路，每年新增100辆公交车，开通镇村公交、增设公交站点、加密公交班次、开辟专用车道、改建人性化站台，为城乡居民提供快捷、方便、便宜的公交服务，在全省率先实现村村通公交和城乡公交一体化。

　　3）以生态建设保护优化城乡人居环境

　　随着经济社会快速发展，江阴市高度重视和大力推进环境保护和生态建设，坚持环保优先的发展理念，提高了经济、社会与资源环境的协调力度。初步探索出一条生态文明建设的特色之路。按照优化人居环境、提高群众生活质量的要求，市委、市政府从水环境、空气质量、噪声、绿化等关键方面入手，实施多轮次的综合整治。从"十五"以来，市委始终坚持重点实施清水、蓝天、家园、绿色和宁静五大工程，普及农村自来水，全面禁止开山采石，新建污水处理厂30多个，实现农村垃圾集中处理和城市垃圾无害化处理率均达到100%，全市绿化覆盖率不断提高，城乡环境不断改善，所有镇均建成省或市级卫生镇，江阴市被评为首批国家生态市。早在"十一五"时期，江阴市就制定出台生态文明建设发展规划，探索建立资源环境科学决策、专家咨询、项目听证等制度，加强生态文化、低碳产业、生态农业、生态文明制度等建设，开展排污权交易和开征主要污染物有偿使用费，实施"清洁家河""控源截污"工程，开展水环境整治专项行动，推行"河长制"落实环保责任。市委提出"民生环保"的发展理念，把为群众营造良好的人居环境作为环保工作的首要任务，大力整治环境，积极修复生态，电力行业脱硝改造、煤改气、热源整合等重点工作扎实推进，一批与群众生产生活息息相关的环保信访积案得到化解，江阴市顺利通过国家环保模范城市复核，生态文明建设展现出稳步提升的良好势头。

2. 多管齐下全面促进"三农"发展

　　1）谋划多业融合，提升农业现代化水平

　　在江阴市，农业现代化已经摆脱了传统农业的痕迹，冲破了传统农业的羁绊，向着三次产业融合的方向发展。一批典型村不断创新发展理念、优化经营方式、提升经济规模，继续引领江阴村级产业经济竞相发展。大力推进传统产业转型升级，形成先进制造业和现代服务业"双轮驱动"、三次产业互动发展的生动局面。华西新村围绕"共创高产出"，大力发展旅游观光、海洋工程、仓储物流等新兴产业，同时，还积极投资于金融业，形成多业并举的良好局面。江阴市提出培育行业冠军和产业单打冠军，长江村连续多年加大投入，用高新技术、先进工艺和装备改造提升传统产业，飞地舟山投资拆船厂，被评为世界最大的绿色环保拆船基地。各村充分挖掘自身特色优势，宜工则工、宜农则农、宜商则商，物业管理、劳务合作、外来人口公寓租赁、市场发包等新型增收载体日渐壮大。山泉村用好村企行业特色，投资经营污水处理厂和电力设施。红豆村盛产优质水蜜桃，村里不局限于单一产品的销售，而是与酒厂合作，开发优质果酒，与生物企业合作，利用桃花为原料，研究开发香精和化妆品等高端产品，将种植业与加工服务业紧密结合起来。在谋划"一村一品"的同时，江阴市非常注意本土大中型企业的发展，形成了一批像贝卡尔特、海澜、阳光等大型企业，还培养了大批优势企业和成长型企业，这些企业近年发展的最大特点就是延长产业链、注重高科技、培育组合集团，形成较强的抗风险能力。例如，创立于1988年的海澜集团以3 600美元起家做服装开始，到2016年营业收入已经超过300亿元，创始人也以300亿元的身价位列江苏首富，2015年海澜集团成为福布斯亚太最佳上市公司之一，已经成长为拥有80多家覆盖服装、电力、纺织、新能源、房地产、商贸物流、进出口、食品、广告、智能科技等领域的特大型企业集团。这些农民企业家的成功，极大地提升了江阴市农业现代化的发展，不少企业家积极支持家乡农业发展，积极帮助家乡发展新兴产业，使江阴市的农业已经跳出了纯种植业的生产领域，逐步走向了一、二、三产业融合的良好发展道路。

多业融合，离不开政府的支持和服务。江阴市在江苏最早建立了产权交易中心，并实现了市镇两级产权交易服务中心全覆盖，市镇村三级交易网络形成，为产业重组和业态调整创造了很好的条件。全市各级领导干部深入开展"三解三促"（领导干部下基层了解民情民意、破解发展难题、化解社会矛盾，促进干群关系融洽、促进基层发展稳定、促进机关作风转变），紧密结合"企业服务月"、驻点蹲村调研和领导干部大接访等一系列活动，继续坚持领导挂钩联系企业制度，积极互动服务企业发展，尽心竭力帮助企业解难题、办实事，通过政策和要素的聚焦寓强于企，为企业发展创造了良好的外部环境。

2）推进多元富民，确保农民动态增收

目前，江阴市农民收入的基本结构大致为工资性收入占75%，补助收入占7%，财产收入占8%，经营收入占10%。围绕农民四大收入来源，江阴市采取多种积极措施，保证农民年年稳定增收。

努力增加工资性收入。其一，扩大就业岗位、开拓就业渠道。在提供工业就业岗位的同时，积极创造物业服务业岗位和公益性岗位。想方设法优先解决被征地农民、"4050"农民、下岗失业人员、零就业家庭及高校毕业生等就业困难群体的就业问题，促进社会就业稳定充分。2016年全市提供就业岗位5.9万个，解决本地劳动力就业3.68万人（其中农村劳动力1.7万人）农村劳动力充分就业率达到97%。其二，优化就业群体结构，建立健全面向城乡全体劳动者的职业技能培训体系。加大再就业培训、农村劳动力转移培训和职工技能提升培训，全面促进劳动者综合素质和就业技能提升，改善人力资本。2016年，全市组织各类职业技能培训1.5万人，其中培训高技能人才3 000人。其三，加强对工资分配的宏观调控，依法保障劳动权益。为了使第二、第三产业从业农民的工资性收入能随着企业的发展和经济效益的提高而相应提高，严格按照国家法律法规，从维护农民各项权益出发，着力建立企业职工工资稳定增长效机制，依法在企业中建立工会组织，积极推行职工工资集体协商制度，促进职工工资逐年正常稳定增长；实施"蓝盾"专项行动，指导企业规范用工行为，加强劳动法规宣传，推进工资按月定额发放，完善升级劳动关系预警监控指挥系统，加强劳资维权联动，规范企业工资支付行为，全市的企业劳动合同签订率、月薪制实施率稳定在90%以上。2016年1月1日起全市月最低工资水平从1 630元提升到了1 770元。

努力增加经营性收入。在经济大环境整体乏力的情况下，江阴市更加注重改善创业环境，引导和鼓励城乡各类劳动者自主创业，通过创业带动广泛的就业。一是加强创业培训。充分调动社会各方面力量，多渠道、多形式开展创业培训，全面启动新一轮全民创业工程，开展"一对一"创业结对帮带活动。2016年全市创业培训2 500人，扶持自主创业2 000人以上。二是强化创业服务。积极实施《个体工商户条例》，全面落实《关于鼓励创业兴办实体的若干意见》，坚持"非禁即准、非限即许"的原则，放宽多个工商审批门槛，优化市场准入软环境；加大财政扶持力度，优化金融服务，助推个体工商户、小微企业发展，全市创业贴息小额担保贷款容量从5 000万元扩大到1亿元，发放总量为6 000万元。三是积极发展农民专业合作。加速农业现代化进程，通过规模建农、龙头带农、合作育农、科技强农等渠道，鼓励农民组建专业合作社，积极参与现代农业建设，扩大产业基地面积，实施产业化经营。2016年全市培育新型职工农民1 560人，培育度为45.7%，累计成立农民专业合作组社713家，入社农户15万户。全市23家无锡市级以上农业龙头企业实现销售145亿元，同比增长11.5%，为农民增加经营性收入发挥了积极作用。

努力增加财产性收入。近年来，江阴市不断加大农村改革创新力度，始终毫不动摇地实施强村富民战略，让改革发展的成果真正惠及农民群众，为农民持续增收提供了重要保障。一是提升合作经济组织富民力度。加快发展农村集体经济股份合作、土地股份合作、农民专业合作、富民合作等各类农村新型合作经济组织，构建农村多元带动的利益共同体，增加农民的经营性收入、财产性收入。截至2016年，全市累计组建各类新型合作经济组织1 038家，其中，村级集体经济股份合作社累计组建176家、土地股份合作社115家、富民合作社34家，农民专业合作社713家，参加各类合作经济组织的农户有22.37万户，占全市农户比例达82%，各类合作社累计分红达14.78亿元，人均累计分红5 182元。二是挖掘土地要素对农民的增收潜力。在稳定和完善现有土地承包经营关系长久不变的前提下，以现代农业园区为抓手，加快农业规模经营，构建集约化、专业化、组织化、社会化相结合的新型农业经营体系。以土地股份合作社为主要形式，建立健全"政府引导、市场调节、农民自愿、依法有偿"的土地流转机制，加快推进土地承包经营权转换为土地股份合作社股权，推动整组、整村土地连片流转，加快农业规模经营和产业化发展步伐，实现农地集中、产业集聚、要素集约、效益集显、农民增收。同时根据农业产出效益和土地供求状况，合理制定土地承包经营权流转指导价（每亩900元）并建立价格增长机制，稳步提升农民土地流转收益。2016年，全市土地承包经营权流转面积达26.51万亩，签订流转合同28万份，涉及农户15.8万户。享有土地流转收益的农民比例达74%，土地流转收益亩均达900元。三是壮大村级经济增加农民福利。"美丽村庄"和薄弱村脱贫转化同时抓，坚持"转型升级、优化发展，做大产业、规模发展，发挥优势、特色发展，整合资源、集约发展"的路径，扎实推进村级经济发展方式和管理方式创新，探索集体经济多种实现形式和多条增收途径，实现了村级经济总量持续放大，集体资产持续增值，村级可用收入持续增加。自2013年起，市财政每年安排预算资金3 000万元，重点扶持经济薄弱村发展。2016年，全市行政村村级收入达31.25亿元，村均收入达1 240万元，50个经济薄弱村村均收入达407万元，村级集体经济实力在江苏省名列前茅；同时，江阴市在村级广泛推行"民主促民生"，进一步加强基层民主建设，让雄厚的村级经济实力进一步惠及普通农民群众，2016年全市村集体发放给村民的福利支出达4.63亿元，人均达610元。

努力增加转移性收入。在转移农民非农就业的过程中，江阴市充分发挥政府主导的作用，集聚社会参与的力量，统筹推进覆盖城乡的社会保障体系建设，建立起全方位的社会帮扶体系。一是建立健全社会养老保险、居民养老保险、新型农村合作医疗保险、被征地农民基本生活保障、最低生活保障五道保障线，将更多的农民纳入社会保障体系。2016年全市完成城保扩面新增参保4.3万人，城乡基本社会保险覆盖率达99%。居民养老保险基础养老金从250元/月提高到280元/月，被征地农民第四年龄段补贴标准提升到670元/月，全市适龄农民养老保险及补贴覆盖率达100%。全市城乡低保标准在2009年全面接轨，并不断完善低保标准增长机制，2016年7月1日起提高到760元/月；新农合参保率保持100%，人均筹资基金2016年提升到800元，其中市、镇两级财政人均补贴分别为315元、305

元，个人出资 180 元，政策范围内住院费用报销比例达到 80%，2016 年全市共有
1 万多人次获得新农合门诊特殊病种救助，总额达 1 723.9 万元。居民基本医疗保
险实现全覆盖，100% 的农村社区卫生服务中心完成规范化建设，"小病进社区，大
病进医院"的格局基本形成，大大减轻了农民看病负担。二是发挥社会的力量，
加大对弱势群体帮扶力度。对全市贫困户建档立卡，推进精准扶贫。对有劳动能
力的农村低收入群体，积极鼓励引导农村龙头企业、乡村集体经济组织吸纳其就
业，或提供公益性岗位进行安置。按照"自觉自愿、量力而行、互惠互利、注重
实效"的原则，开展由企业家与农民结对创业增收的"双百富民工程"，实现企民
发展共谋、幸福共建、成果共享。对无劳动能力的，由村级扶贫关爱基金给予及
时救助，建立完善长效救助机制，提高农民的转移性收入。目前，扶贫关爱基金
基本达到行政村全覆盖，注重加强资金管理和使用制度建设，真正做到用之于民、
取信于民、造福于民。

　　"十三五"期间，江阴市将按照提前实现"至 2020 年农民收入比 2010 年翻
一番"的总体目标，坚持富民优先、勤劳致富、寓强于企、科学帮扶的战略取向，
继续多措并举优化农民收入结构和群体结构，畅通农民增收渠道，力争全市农民
收入水平在无锡市、江苏省继续保持领先地位。努力实现"四大效应"：充分就业，
扩大持续增收的"普适效应"；鼓励创业，放大持续增收的"乘数效应"；提升素
质，增强持续增收的"蝴蝶效应"；完善保障，提升持续增收的"普惠效应"。

3. 多种形式，努力创建地方特色新农村

　　除了早就远近闻名的华西、长江、三房港等村外，调研组所到的行政村和自
然村，基本上都有干净整洁、建设有序、村民富裕的特点。特别是在江阴市委提
出"一村一品"后，各村尤其注意以多种形式，努力建设独具特色的新农村。调
研组在红豆村了解到，该村位于具有传统纺织产业的顾山镇，还有质量优良的水
蜜桃，几十年来，红豆村也逐渐形成了自己的产业体系，拥有纺织、建材、光伏
等厂家，仅工业销售额就达到 12 亿元。但是，该村从自己的特色资源出发，决定
以红豆树的美好传说打造中国最大的以爱情为主题的村落。在漫长的历史进程中
围绕红豆树以相思为主题的各种传说很多，红豆村也因此而远近闻名。现在，有
很多游客和新婚男女专程到树上系红带子，以寄托对爱情的忠贞，红豆树也因此
被人们称为相思树。唐朝诗人王维的"红豆生南国，春来发几枝"，就是诗人见到
此树写成的。如今，红豆村将围绕爱情、乡情、亲情所传递的"相思"这个主题，
打造爱情村落，发展爱情产业。江阴市面积不大，很容易形成发展产业过程中的
恶性竞争，市委提出行业冠军和产品单打冠军，支持并指导每个村做强一个有特
色的主业，并做优在行业有竞争力的产品，积极延伸产业链。对经济相对困难的
薄弱村则通过加快脱贫转化的方法，推进村级经济发展壮大。2016 年，江阴市选

择 50 个年稳定性收入低于 200 万元的行政村进行第九轮重点帮扶，计划用三年时间，到 2018 年实现稳定性收入达 250 万元或村级收入 300 万元以上的目标。还通过农村集体经济改革，理顺村级经济发展体制，建立村级集体财富积累机制。例如，"有限"改制积累资产增量，土地、房屋是最主要的村级集体资产，租金收入是村级收入的重要来源。江阴市始终要求各村在集体企业改制过程中，尽量保留集体土地、房屋等经营性资产，建立租金科学上涨机制，只租不卖，租金收入目前已经成为江阴市各个村级收入的最大来源。到 2016 年底，江阴市村级拥有集体建设用地 3.7 万亩，各类厂房 140 多万平方米，为村级增收打下良好基础，如股份制改革倒逼资产增效，积极组建村级经济股份合作社，通过股份合作社每年向农民分红，倒逼村级组织拓宽增收渠道、发展村级经济。到 2016 年底，江阴市累计组建村级集体经济股份合作社 176 家，净资产从组建初的 62.7 亿元增加到 95.8 亿元，55.8 万股民累计分红达 14.8 亿元。这样，通过各种渠道，形成各具特色品牌优势的、有较强生命力的社会主义新农村。

4. 存在的问题和启示

1）江阴市目前存在的最大问题是土地

调研发现，江阴市面积近 1 000 平方千米，目前的开放强度已经达到 40%，今后的发展主要放在增量上的空间已经很小。同时，现有开发用地大量存在集约化程度低，单位建设面积产出低的问题，通过结构性调整，可以优化土地使用结构，来解决发展所需要的土地。另外，江阴市可以通过上级授权，在全市范围内进行城乡建设用地的置换，调研组看到，目前江阴市的农村用地还存在着较大的空间，但由于受到地域的限制，闲置的土地难以发挥作用，应该在确保耕地不减少、粮食不减产的前提下，赋予江阴市城乡建设用地置换的权利。

2）土地存在摞荒

近年来，尽管江阴市推进农村土地规范有序流转取得了一定成绩，但是部分乡镇、村干部对土地流转的重要性认识不足，重视不够。认为土地流转是农户自己的事，应由农户和业主协商处理，对其采取听之任之的态度，疏于管理。同时，受传统思想观念束缚，一些农民恋土情结较为严重，对土地的依赖程度较高。尤其是各项惠农政策的出台，使土地收益得到提升，即使外出务工经商，也舍不得将土地流转出去，使一些土地处于摞荒状态。

3）江阴市富裕村的发展都有好的带头人

江阴市富裕村的发展的背后，基本上都有一个有思想、有水平、有闯劲、有担当的好带头人，如华西村的吴仁宝等，这些带头人的共同特点就是心系群众、敢于创新、毫不利己、专门利人。吴仁宝在华西村已经有数百亿元销售额的情况下，仍然居住在自己的老房子里，而原华西村的村民们都住进了豪华宽敞的别墅，其老伴也始终保持艰苦朴素的好作风，在身体较好的时期，每天还骑着一辆破旧的三轮车为村民的利益而奔走。这些都充分地说明了培育好本土的致富带头人，是我国农村摆脱贫困的一个重要法宝。

三、以协调理念统筹城乡规划引领

（一）国外相关规划的特点及其启示

1. 部分发达国家的城乡规划特点

我们主要选择了颁布城乡规划较早的英法两个国家。

（1）英国。相比其他发达国家，英国是最早进行规划立法的，历史悠久。英国采取中央集权的立法体制，国家的城乡规划法具有纲领性和原则性的特点，实施细则由规划主管部门制定，而地方议会并无城市规划立法职能。1932 年英国颁布了第一部《城乡规划法》，到 20 世纪末，先后进行了 16 次重新颁布和修正，可谓是发达国家中最关注城乡规划的国家之一。英国的城乡规划编制非常严格，英国非大都会地区的法定规划包括结构规划和地方规划。其中。结构规划由郡政府编制，呈报中央政府的规划主管部门（环境交通部）审批。结构规划提出未来 15年或以上时期的地区发展战略框架，确保地区发展与国家、区域政策相符。将其作为地方规划的依据；地方规划由区政府编制，呈报郡政府审批，但地方规划必须与结构规划的发展政策相符合，并作为开发控制的主要依据之一。地方规划是以未来 10 年的地区发展制定详细政策，包括土地、交通和环境等方面。地方规划包括总体规划、近期发展的行动地区规划和专项规划。同时，为了协调大都会区域的发展，实行一体发展规划，包括结构规划和地方规划两部分内容，由区政府编制，结构规划部分内容呈报中央政府审批。显然，英国城乡规划的地方分权在大都会地区相比其他地区较为明显，而且可行度较高。此外，还有非法定的补充性规划，包括设计导则和开发要点，更为具体地阐述一些特定类型和特定地区的开发政策和建议，也作为开发控制的依据之一。

（2）法国。法国是传统的中央集权制国家，与众不同的行政管理体制造就了其独特的城乡规划体系。法国城乡规划法规体系的发展大致经历了三个阶段：一是以《土地指导法》为代表的城市规划中央集权时期（1919~1967 年）；二是以《地方分权法》为代表的中央和地方发展合作伙伴关系时期（1967~1983 年）；三是以《城市互助更新法》为代表的中央和地方整合时期（1983~2000 年）。现今法国城乡规划法规体系由国家、区域（含大区和跨大区）和地方（含市镇和跨市镇）三个层面所组成。地方政府没有城乡规划立法权，不存在专门的城乡规划地方法规，但是地方编制通过的各种城乡规划文件实际上就具有地方法规的含义。法国的城乡规划管理主要包括城乡规划的编制（含审批）、实施、监督检查三个方面。根据中央、地方双重行政管理体制，法国建立起与之相匹配的规划管理体系。一是中央政府的城乡规划行政主管部门及其在大区的派出机构和各省的派出机构组成了国家城市规划管理体系。中央政府主要负责制定与城乡规划相关的法律法规和方针政策，对地方实施监督检查。并且，通过向地方派驻技术服务机构人员来参与编制和实施城乡规划，对尚未编制"土地利用规划"的市镇发放土地利用许可证等。二是大区和省级政府并不直接参与地方规划事务。大区政府主要负责编制和实施区域性的国土整治规划等；省级地方政府主要负责编制辖区内的农业用地整治规划和向公众开放的自然空间的规划等。三是地方城乡规划管理主体主要是市镇或市镇联合体的规划行政主管部门。市镇政府主要负责直接或间接地组织编制当地的主要城乡规划文件（如国土协调纲要和市镇地图），在审批通过地方城市规划的前提下发放土地利用许可证等。总之，通过城乡规划的地方分权，法国城乡规划管理权限主要集中在中央和市镇两级政府手中，大区和省级政府所掌握的城乡规划管理权限非常有限，主要负责区域层面的规划。而且，市镇政府的规划管理权限主要来自原先由中央政府对大区和省的派出机构的权限下放。相比其他欧洲国家，法国城乡规划权限相对集中，有利于维护国家整体利益。发挥中央政府宏观调控和协调的能力。

2. 国外规划编制的经验及其启示

1）综合多个发达国家城乡规划编制的特点，其主要经验集中体现在三个方面

（1）突出城乡规划的公共政策属性和综合性空间政策平台作用。发达国家城乡规划的公共政策属性主要体现在国家和地方两个层面，即国家层面的城乡规划是引导城市或区域发展的政策法规，如英国的结构规划、美国的州总体规划、法国的国土协调纲要、新加坡的概念规划等；地方层面的城乡规划则是具体控制地方空间开发的政策文件，如美国的区划法规、英国的地方规划、法国的市镇地图、新加坡的开发指导规划、澳大利亚新南威尔士州的开发控制规划等。其中，美国地方有立法权，地方分区规划的法定性较强，英国、法国、澳大利亚等国家虽没有地方规划立法职能，但在上位法（国家、州）中对地方规划有明确规定，从而使之具有法定地位。另外，面对市场经济环境中，空间发展主体的多元化趋势，发达国家普遍以城乡规划作为综合性空间政策平台，与产业、交通、人口、住房、基础设施等相关专项政策进行有效衔接，对空间政策进行优化和整合。例如，法国将城乡规划作为协调各部门政策的综合性公共政策工具，实现城乡规划与其他专业政策的相互融合、相互协作。又如，澳大利亚地方环境规划针对重要建设项目涉及一定的资金支配权限或环境资源管制的权限。

（2）规划行政程序具有较大的开放性，实现了广泛的公众参与。城市规划涉及众多行政主体、开发商、社区居民、非政府组织等多元主体的利益，而且发达

国家多为私有制国家，城市土地实行私有产权制度，对于私人合法权益的保护有着较为完善的制度保障。在此背景下，发达国家普遍建立了法定性较强的开发透明的、公众参与的城市规划运行机制的程序。例如，在英国由区政府组织编制的地方规划，不仅在编制工作开展前要广泛征询公众意见，而且在正式的编制过程中引入了"公众听证"制度。在听证后对规划成果仍不满意者还可申请复议上诉。规划成果完成后，还需要征求公众意见，一些重大政府问题还需付诸地方议会进行表决。尤其是非大都会地区的地方规划在报郡政府审批前，还要先上报中央政府审查，掌管环境事务的大臣可以要求对规划内容进行修改，保证其符合整个国家的空间政策，甚至还可以否决地方规划方案。在美国，民主社会整体特征和公众参与思想由来已久，美国的直接选举制、听证制、询问制等政治体制都保证了规划自下而上的影响力，公众参与成为美国所有规划的法定程序，体现了公民的参与权、申诉权和知情权。以区划为例，各州立法对区划制定、调整、审批、实施等各个环节都明确规定了公众参与的方式和具体要求。所以，美国的城乡规划已经从技术设计转向了政策科学，规划师也从纯粹的"技术专家"转向"合理价值"的评判者和协调者。在社会民主化以及市场化的影响下，城乡规划成为一种政治经济过程，一种多元利益主体协商和博弈的过程。规划行政程序的开放性已经成为适应社会发展需求，协调、落实和保障公共利益，体现规划公共政策属性的前提条件。

（3）具有完善的规划法制保障。发达国家都建立了完善的城乡规划法规体系，主要表现为：一是制定相关的基本法，对城乡规划的基本任务、组织、管理进行界定，作为规划运行必须遵循的规则和依据。二是城乡规划在通过相应的审批程序后即具有了法律效应。这种法律效应不仅体现于民众可以利用规划来适当制约地方政府的行政行为，也可以成为上级政府、中央政府同意或否定地方具体政策的法律依据之一。三是重视对规划过程的程序性立法，包括规划制定、调整、实施等各个环节的具体运行过程。四是对强制性内容进行立法。例如，日本除了有作为母法的城市规划法外，还颁布了相应的政令、细则以及通知，建立起完善的规划法规体系，在保障法律简明扼要和相对稳定的同时，使运用法律的过程更加灵活和更具可操作性。

2）对我国的启示

（1）提高城乡一体的综合规划能力。若各部门的规划不能被综合进地方发展规划中，地方的发展必将是不可协调的。因为农村发展政策是综合的，包括农业结构调整、多样化的产业发展、自然资源管理、土地整理、住宅建设、环境改善、公共设施和基础设施建设、历史文化遗产保护和利用、旅游开发、生活质量等。对于易发生自然灾害的国家，更需要制定城市和农村合一的区域发展规划，把城市和农村的发展统一起来管理。

（2）城乡发展规划总体应该自下而上。规划设计把政策和法规转变为一种空间形体方案。制定的农村规划和建设法规，特别是各类限制性法规，是保证农村健康发展的基础。在有法规的基础上，形成以村规划为基础，城乡总体规划为指导的规划机制。因为基层的规划是执行性规划，越往上面就越体现出宏观的特点。当然，宏观规划对基层规划也会起到指导性的作用，但宏观规划所体现的原则，应该反映基层的需要和特点。所以，从根本上说，城乡规划的方式是自下而上的，但同时要处理好相互的关系。

（3）农村开发必须在规划管理下进行。农村建设必须从上一级政府集中管理开始，达到一定水平后才可转移至基层政府管理。农业用地一经确定，一般情况下，无人可以更改。已有的土地使用规划是地方政府制定经济社会发展规划和政策的基础。农村土地尽管大部分不是国有化的，但土地价值受国家调控，土地所有者只有土地使用权，而无随意开发或改变土地用途的权力。

（4）分区规划内容应包含空间、边界及可转移开放权等。小城镇规划和农村规划不同于城市规划，它们更多地关注生态约束，并反映各个规划要素的尺度、布局和功能，如被保护的自然环境、公共活动中心、人为尺度的交通系统、文化的多样性等。镇域规划中应把镇中心区、村庄、镇域的自然环境视为一个整体来设计，而村庄规划中则把住宅、公共设施、开放空间、中心区作为一个整体来设计。而且，总是先从设计开放空间入手，在确定了开放空间网络之后，才能以创造性的方式开发土地。通过生态设计、生态建筑、绿色生产、可再生能源的使用、公共交通导向、社区建设等把工业化式的城镇化所带来的生态、社会和文化的不利影响降至最低。

（5）充分重视法制的作用。健全的法律法规体系是社会经济正常运转的必要保障。法律制度能够规范约束统筹城乡改革中的政府行为，维护各方主体合法权益。统筹城乡改革法制保障作用，就是以法律制度保障统筹城乡工作的顺利进行，这是一个既包括法律也包括政府规章的系统法律制度。加强相关法律制度建设，以法律形式来规范、引导和保障统筹城乡改革的持续、稳定、协调发展，促进农村社会主义市场经济和农业现代化的建设，破解"三农"问题，努力实现城乡一体化发展。笔者曾经在2015年会同重庆市发展和改革委员会和西南政法大学的同志完成了《统筹城乡改革法制保障研究》（重庆出版集团出版），并系统研究了这个问题。

（二）科学规划是统筹城乡中长期发展的路线图

1. 统筹城乡与主体功能区规划的实施

我国经济社会发展最大的结构问题是城乡"二元"结构。进入新的历史阶段，以习近平同志为核心的党中央站在我国经济社会发展战略全局的高度，深刻总结了处理城乡关系的经验教训,科学把握现代化发展规律,审时度势,做出统筹城乡发展的重大战略决策,对于从根本上解决好"三农"问题,实现城乡协调发展,加快社会主义现代化进程,具有重大而深远的意义。城乡关系问题,在很大程度上是由于人口分布、经济布局、国土利用和城市化格局出现扭曲所带来的,而在统筹城乡中推进主体功能区规划的实施,将有力地克服上述问题,并将致力于形成新的人口、经济、资源、生态环境协调的空间开发格局,破解城乡二元结构,促进统筹城乡发展。

推进形成主体功能区的实施,就是根据不同区域的资源环境承载能力、现有开发强度和发展潜力,统筹谋划人口分布、经济布局、国土利用和城市化格局,确定不同区域的主体功能,并据此明确开发方向,完善开发政策,控制开发强度,规范开发秩序,形成人口、经济、资源环境相协调的国土开发格局,构成高效、协调、可持续发展的美好家园。主体功能区规划的出发点和目标包含三个重要方面:一是各地区人民的生活水平大体相当;二是人口分布与经济布局大体均衡;三是人口和经济的分布与资源环境承载能力相协调。而我国当前存在的一个重大问题就是区域不协调,这个问题又在很大程度上体现为城乡的不协调,没有把人口、经济、资源、环境放到一个空间去统筹考虑。从这样的意义上看,推进形成主体功能区与统筹城乡的要求是一致的。2010 年,国务院关于印发《全国主体功能区规划》的通知指出了我国在国土空间开发上存在的一些主要问题,如耕地减少过多过快,保障粮食安全压力大,生态损害严重,生态系统功能退化,资源开发强度大,环境问题凸显,空间结构不合理,空间利用效率低,尤其是城乡和区域发展不协调,公共服务和生活条件差距大,人口分布与经济布局失衡,劳动人口与赡养人口异地居住,城乡之间和不同区域之间的公共服务及人民生活水平的差距过大。这些都是统筹城乡中要解决的重要问题。

推进主体功能区规划的实施,有利于国家区域发展总体战略的落实,缩小城乡差距。深化细化区域政策,更有力地支持区域协调发展。把东部沿海地区确定为优化开发区域,就是要促进这类人口密集、开发强度高、资源环境负荷过重的区域,率先转变经济发展方式,促进产业转移,从而也可以为中西部地区腾出更多发展空间。把中西部地区一些资源环境承载能力较强、集聚人口和经济条件较好的区域确定为重点开发区域,就是为了引导生产要素向这类区域集中,促进工业化、城镇化,加快经济发展。把西部地区一些不具备大规模高强度工业化、城镇化开发条件的区域,确定为限制开发的重点生态功能区,是为了更好地保护这类区域的生态产品生产力,使国家支持生态环境保护和改善民生的政策能更集中地落实到这类区域,尽快改善当地公共服务和人民生活条件。

推进主体功能区规划的实施,有利于推动农业现代化的加速发展,缩小工农差距。把农产品主产区作为限制进行大规模高强度工业化、城镇化开发的区域,是为了切实保护这类农业发展条件较好区域的耕地，使之能集中各种资源发展现代农业，不断提高农业综合生产能力。同时，也可以使国家强农惠农的政策更集中地落实到这类区域，确保农民收入不断增长，农村面貌不断改善。此外，通过集中布局、点状开发，在县城适度发展非农产业，可以避免过度分散发展工业带来的对耕地过度占用等问题。

推进主体功能区规划的实施，有利于城乡功能划分清晰，促进统筹城乡发展。主体功能不是唯一功能。明确一定区域的主体功能及其开发的主体内容和发展的主要任务，并不排斥该区域发挥其他功能。优化开发区域和重点开发区域作为城市化地区，主体功能是提供工业品和服务产品，集聚人口和经济，但也必须保护好区域内的基本农田等农业空间，保护好森林、草原、水面、湿地等生态空间，也要提供一定数量的农产品和生态产品。限制开发区域作为农产品主产区和重点生态功能区，主体功能是提供农产品和生态产品，保障国家农产品供给安全和生态系统稳定，但也允许适度开发能源和矿产资源，允许发展那些不影响主体功能定位、当地资源环境可承载的产业，允许进行必要的城镇建设。对禁止开发区域，要依法强制性保护。对各类主体功能区都要提供公共服务和加强社会管理。

2. 规划是实现统筹城乡的基本保障

统筹城乡涉及的面广，涉及的利益关系复杂，需要对相关问题做充分研究，而规划正是解决这些问题的重要方式。一是要有先进的规划理念。理念是规划的"魂"，规划理念主要体现在指导思想、发展方针、指导原则和规划思路中，决定着其他的规划内容。例如，把科学发展作为规划的基本理念，提出以实现发展方式转变推动发展、进行供给侧结构性改革推动发展、扩大国内需求推动发展、坚持以"五大发展理念"推动发展等，总之就是立足以人为本推动发展。又如，促进区域协调发展，就要推进形成主体功能区，清晰地界定在什么区域促进发展，什么区域限制增长，什么区域强化生态保护等。二是透彻的环境分析。这是准确提出规划理念、目标、任务、项目等规划内容的基本前提。其包括对规划对象及其所处的发展阶段、体制背景、国内外大势等进行分析判断。例如，在"十三五"规划编制中，综合判断了我国发展仍处于可以大有作为的重要战略机遇期，也面临诸多矛盾叠加、风险隐患增多的严峻挑战。要准确把握战略机遇期内涵的深刻变化，更加有效地应对各种风险和挑战，继续集中力量把自己的事情办好，不断开拓发展新境界。提出坚持全面建成小康社会、全面深化改革、全面依法治国、全面从严治党的战略布局。坚持发展是第一要务，以提高发展质量和效益为中心，加快形成引领经济发展新常态的体制机制和发展方式，保持战略定力，坚持稳中求进，统筹推进经济建设、政治建设、文化建设、社会建设、生态文明建设和党的建设。提出全面建成小康社会新的目标要求。必须牢固树立创新、协调、绿色、开放、共享的发展理念。三是可行的规划目标。这是规划的核心。规划目标的提出，要紧扣主题、切实可行，不仅要有发展的目标，也要有约束性的目标；不仅要有时间性的，也要有空间性的；不仅要有定性的目标，也要有定量的指标。应该正确区分目标与指标：目标的包容性更强、更有原则，既可以是定性的，也可以是定量的；指标则是落实目标的，是指那些可以定量的目标。例如，资源利用效率显著提高是目标，落实这一目标的指标有总量消耗的降低，也有单位 GDP 能源消耗降低、单位工业增加值用水量降低、农业灌溉用水有效利用系数提高、工业固体废物综合利用率提高等；生态环境恶化趋势基本遏制是目标，落实这一目标的指标是二氧化硫和化学需氧量排放总量的减少等。四是明确的建设任务。这是规划的主体，是实现规划目标的基本途径或具体的抓手，也就是干一些事情。任务是有层次的，从战略性、战役性、战术性到战斗性，一级落实一级。例如，促进区域协调发展是方针或目标，任务就是要推进形成主体功能区，下一层级的任务是构建城市化战略格局、生态屏障格局和农业生产战略格局，再往下的任务就是构建生态屏障格局，建设一些重点项目，项目构成了生态屏障战役性的任务，只有通过构建生态屏障格局、城市化战略格局和农业生产战略格局，才能完成推进主体功能区的战略任务。五是清晰的空间布局。这是规划科学合理的要求，这是具体任务的体现，要明确不同空间的不同任务，应该和不应该做什么。例如，目前国家鼓励发展的领域（产业），笼统地讲就是现代农业、战略性新兴产业、先进装备制造业和现代服务业等，但并非所有地区都去发展这些产业。又如，技术含量低的劳动密集型产业在珠三角地区就要限制发展，而在中西部地区就应该有选择性的限制。

3. 规划要补上"三农"发展的短板

统筹城乡发展是全面建成小康社会的必由之路，"五化同步""五位一体"是实现国家现代化的必然要求。在新的历史条件下，加快推进城乡发展一体化，意义更加凸显，要求更加紧迫。要注重以协调均衡理念为引领，补齐农业农村发展短板，缩小工农城乡发展差距。城乡二元结构突出仍是我国最大的结构性问题。促进城乡发展一体化，是结构性改革的重要内容。习近平总书记强调，"提高城乡发展一体化水平，要把解放和发展农村社会生产力、改善和提高广大农民群众生活水平作为根本的政策取向，加快形成以工促农、以城带乡、工农互惠、城乡一体的工农城乡关系"。为此，必须从政府和市场共同发力，一方面，要发挥政府有形之手的作用。促进城乡公共资源均衡配置，健全农村基础设施投入长效机制，推动城镇公共服务向农村延伸；推进农村土地制度改革，提高农民在土地增值收益中的分配比例；推进以人为核心的新型城镇化，促进有能力在城镇稳定就业和生活的农业转移人口举家落户等。另一方面，要发挥市场无形之手的作用，引导城市资金、技术、信息、人才、管理等现代要素向农业农村流动；培育农村产权和要素市场，彰显农村各类资源要素的市场价值。用新型工业化、信息化、城镇化的成果拉动农业现代化是"四化"相辅相成，互为依托和支撑的具体体现，而"四化"中的农业现代化如果跟不上，其他"三化"难以持续健康推进。农业现代化是短板，要加快既需要农业内部变革，也需要外部的推动力量，要用工业化的成果装备农业，为农业提供经济适用的农机具、高效低毒低残留的新型农药和化肥；要用信息化的成果引领农业，大力推进物联网、云计算、互联网在农业中的应用；要用城镇化的成果撬动农业，稳定地吸纳农业转移人口，为留在农村的农民扩大经营规模创造条件。

（三）统筹城乡要尊重城乡发展的规律

1. 坚持农业现代化与新型城镇化相辅相成

《国务院关于印发全国农业现代化规划（2016—2020年）的通知》指出："坚持农业现代化和新型城镇化相辅相成。引导农村剩余劳动力有序向城镇转移，积极发展小城镇，加快农业转移人口市民化进程，为发展多种形式适度规模经营、提高农业质量效益、实现农业现代化创造条件。"

1）促进新型城镇化

新型城镇化是现代化的必由之路，是最大的内需潜力所在，是经济发展的重要动力，也是一项重要的民生工程。1978~2015年，我国城镇化率从17.9%提升到56.1%，成绩巨大。但是，存在农业转移人口市民化进展缓慢、城镇空间分布和规模结构不合理、"土地城镇化"快于人口城镇化、"城市病"日益突出、对扩大内需的主动力作用发挥不够等问题。实施土地供给侧结构性改革，是缓解或克服上述问题的有效办法。加速实现农业转移人口市民化。2015年全国常住人口城镇化率与户籍人口城镇化率相差16.2个百分点，2.23亿常住城镇的农业户籍人口未能在教育、就业、医疗、养老、保障性住房等方面享受城镇居民同等的基本公共服务。安置现有未能真正市民化的农民工常住人口，是中央城镇化工作会议提出的"未来新型城镇化工作的首要任务"。除少数特大城市具有较高的落户门槛外，农民工落户城镇最大的障碍是落户成本和社会保障问题。落户成本中住房是最大的难题。如果通过土地供给侧结构性改革，使农民退出土地可以一次性获得几十年务农或流转土地都难以获得的土地征收补偿和安置补助，既解决了进城成本，也解决了社会保障问题，无疑将大大加速农业转移人口市民化进程。

2）进一步优化城镇布局

我国城镇化进程中，大中小城市、城市群和小城镇发展不协调，在城镇人口有7.71亿人的背景下，城市只有653个；日本只有1.1亿多人口，却有787个城市，美国有10 158个城市，德国有60%的人口、80%的中小企业分布在2万人以下的小城镇中。我国的城镇体系，一方面大城市过度集中，"城市病"日益严重；另一方面，中小城市、城市群和特色镇发展严重不足。造成城镇化布局和规模结构不合理的重要原因是土地供应结构不合理、不科学，不能有效吸引社会资源投入中小城市和小城镇建设，不能解决其产业发展和居住环境问题，从而，人口聚集效应差。通过改革将农业用地和建设用地整体打包出让，可以解决诸多问题，如实现农产品产加销乃至休闲观光体验一体化融合发展。据农业部等八部委联合调查，2014 年，我国农产品加工率只有 55%，低于发达国家的 80%：果品加工率只有 10%，低于世界 30% 的水平；肉类加工率只有 17%，低于发达国家的 60%；我国农产品加工业与农业产值比为 2.1：1，远低于发达国家 3.4：1 和理论值 8：1的水平。每亿元农产品加工产值吸纳 107 人就业，高于制造业的 57 人。但农产品加工用地亩产税收少、投资强度弱，一般难以获得用地指标，造成农用地和工用地两不靠，成为农产品加工业发展的最大难题。即使能落实建设用地，也往往与农业生产基地分离。实施土地供给侧结构性改革，将加工用地、适度的三产用地与农产品生产基地一同布局发展，不仅可以弥补农产品生产加工短板，而且将带动大量农民工就地转移就业落户，进而也带动中小城市和特色镇发展。同时，种养殖销一体化发展，不但可降低原料运费，带动周边农户发展"一村一品"增产增收，而且可使大量废弃物经过就近比较简单的无害化处理后资源循环利用，实现低碳、绿色、循环发展。例如，养老基地与农业基地融合发展，我国 60 岁以上人口已占 16.1%，达到 2.22 亿人。不少城市退休人员，没有工作制约，可能愿意置换出房价偏高的城市居所，重新选择定居在舒适宜居、设施配套、见山见水、瓜果飘香的特色农业镇上；而他们原有配套完善、交通方便、宜业宜学、文商近便的城市住房，也可成为转移进城人员梦寐以求的新的温馨家园，更好地实现物尽其用，各得所需，优化资源配置。

3）实现人口城镇化与"土地城镇化"协调发展

世界上其他国家的发展经验表明，城镇化发展进程，也是城乡建设用地总量减少的过程。因为农村人口的平均建设占地比城市人口多，如目前重庆市农村人均建设占地面积为 250~300 平方米，城市人均建设占地面积（包括道路等公用基础设施）为 100 平方米，农民市民化后，退出农村的建设用地，城乡建设用地的总量会下降，相应可供农业的用地会增加。而我们目前的状况是，农民既保留着农村的建设用地，又同时占用部分城市建设用地，城镇化进程反而使建设用地总量不断增加，导致"土地城镇化"快于人口城镇化。2000~2015 年，全国城镇建成区面积增长近 80%，远高于城镇人口 53% 的增长速度；农村人口减少 1.33 亿人，农村居民点用地反而增加了 3 045 万亩。实施土地供给侧结构性改革，让转移农民离土离乡，可以从根本上解决这个问题。

2. 统筹城乡必须遵循国情民情和发展的规律性

1）重视中国现阶段及发展的国情

从国情出发确定道路、方针和政策，是取得中国革命胜利的法宝，也是改革开放取得社会主义现代化建设辉煌成就的成功经验。中国特色社会主义道路、社会主义市场经济等，都是在遵循规律的基础上，从国情出发总结出的中华民族实现伟大复兴的光明道路。做好中国特色社会主义事业这篇大文章，既要遵循各个领域、各条战线的一般规律，也要充分考虑实行社会主义基本国情以及各个领域、各条战线的特殊国情，这是正确的思想方法，也是我们在长期实践和艰辛曲折的探索中总结的基本经验，有些已经上升为基本道路和基本纲领，我们必须毫不动摇地坚持。在具体的经济工作中，不要把遵循国情泛化，不能把任何行为都说成是从国情出发。国情是指自然、历史、文化、人文特点所决定的国家基本特征，如人口、耕地、水及能源矿产资源、生态环境、经济社会状况等。例如，对"候鸟"式农民工相当长时期存在的现象，有人就认为中国人口多，这种现象是正常的，其实很多后起的工业化国家，一般只用了30年左右就完成了农民转为产业工人及其家人转为城市人的路程，并没有出现类似中国的"农民工"问题，中国是由于实行特殊的户籍制度，切断了劳动力集聚必然伴随人口集聚的规律，才有了这个问题。又如，中国人口多、就业压力大，有人就认为必须大力发展加工贸易，大力吸引外资，把世界工厂搬过来，这种观点在注意到就业压力大的国情时，却忽略了土地和水资源短缺、生态环境脆弱的国情，发展加工贸易有利于扩大就业，但会占用更多土地、消耗更多能源、排放更多污染，长期实施这种战略显然是有问题的。

2）重视具有中国乡村关系演变的特殊民情

中国农村的发展，有一条始终贯穿的红线，那就是具有特色的民俗乡村文化。传统中国乡村，在当代人的眼里，是与贫穷饥饿联系在一起的地方。然而无论是在古代文人的笔下，还是在乡村耆旧的心中，乡村更多的是充满温情诗意的祥和。如果我们从晋南村落幸存的老宅走过，看到残留的"耕读传家""地接芳邻""稼穑为宝""职思其居"之类的门楣题字，从这些古典词语中，我们会感受到了村落中曾经飘荡着的诗雅风韵和深藏着的意蕴。这里没有豪言壮语，充溢的却是内在的道德修束。回头看看今天有些乡村随处可见机制打印的"福星高照""鹏程万里""家兴财旺""家和事兴"的精美匾额，虽有传统的延续，却失去了传统的风雅。如果我们仅仅认为这是读书的问题，那么，当今农村的读书人绝对是以前农村的读书人所不能比的，但典雅为何失去了？为什么传统的道德与精神追求失去了？这可能有很多的原因，其中之一就是传统中国农村的乡绅以及从事农业的人群，他们没有四处行走，而是世世代代守护在土地上，把根深扎在了乡土里，对乡土充满了感情,"叶落归根"成了农业文明滋养人群的信念,修身齐家治国平天下是他们中优秀士子的理想,尽管他们怀着四方之志,在青壮年时离开家乡,为国效力,但晚年归乡相见于父老乡亲,他们的学识为民众所瞻仰,学问知识为学子所钦慕,他们作为成功的榜样,激励着后辈学子奋发向上,也继承着传统的农村乡土文化。然而近百年商业经济和新式教育的发展,打破了这种乡村平衡格局。城市的经济收入、教育资源配置以及高知识含量的工作性质等,使乡村的优秀人才开始流向城市。"叶落归根"的传统观念,在城市优越的生活条件的诱惑下开始动摇,特别是改革开放以后,出现了乡村人口向城市流动的高潮,乡村命运急剧直下。城市化的发展,使部分农民移居城市,乡绅群体出现解体,也同时导致乡绅文化中的优秀因子消失。中国文化是以农业文明为基础的,农业文明的根在乡村,植根于乡土的中国文化之树,叶不归根,根上的水又大量流失,大树面临的就是枯死。乡绅的消失归咎于社会近代化变革中"工业文明"的冲击,但更重要的是这场变革对传统价值观的摧毁。工业文明追求效益与利益的观念,冲刷了传统学者的文化使命与社会担当精神,也同样冲击了几千年来我国农村积淀下来的优秀文化。今天,我们在推进统筹城乡的过程中,难道不应该认认真真地从中国农村传统优秀文化继承的角度,科学地加以反思和弘扬吗?

3）关注统筹城乡发展过程中的城乡关系变化

随着改革开放以来的发展,城乡关系在继承与发扬的胶着过程中又出现了很多新现象、新问题。进入21世纪后,城乡关系的基础条件发生了一系列重要的变化。一是地方发展的动力机制发生了转变。工业化作为地方特别是县域早期发展的一大动力,对地方经济发展的作用是显著而巨大的。伴随工业化推进的是体制开放搞活和市场化推进的过程,城市化成为发展的新动力,工业化进程的加快,要地要人要服务,促使地方加快城市化进程,伴随分税制后乡镇企业热情的减弱,以土地为核心的增长模式,又推动了地方战略从工业化向城市化的转变。但历史经验告诉我们,工业化、市场化和城市化是县域经济增长的直接动力,如东部沿海地区的迅速推进,制造了区域发展的多项奇迹,且由于其"高效益""低成本"而备受赞叹,但是这种低成本正是以农民工的廉价为代价的。为了获得收益最大化,通过压低一切需要压低的价格从市场竞争中获胜,然而它的另一面则是资源流出、产权所有者权利萎缩、社会公共福利和服务事业落后等,今天,我们才明白在这一动力转变过程中,有一个如何让转型成本承担者也共同受益的问题。二是地方政府行为发生了从"经营土地"到"经营城市"的转变。土地财政毕竟是竭泽而渔,中央政府三令五申遏制土地财政之后,从地方政府综合治理的角度而言,在土地财政基础之上转变经营模式,采用城市化模式特别是城乡一体化模式,才是最具合法性的经营之道,不仅更加有利于继续利用土地获取城市化经济效益,如获取全额城镇土地使用税、土地增值税和房产税以及与此相关的土地间接税收等；这还同时表现在地方的政绩上，完成从工业化到城市化转型的各项地方"现代化指标"和"小康社会指标"。经过这样的转换，土地开发的垄断权使政府及其公司最终也成为城市化及其收益的垄断者或者最大受益者。今天，我们明白了在这一经营目标转换过程中，必需要将农村土地与城市扩展加以统筹才能解决的问题。三是剪刀差的重新出现和扩展。进入 20 世纪 90 年代之后，"三农"存在的深层次矛盾和问题并没有得到解决，城乡居民收入差距仍在逐步拉大，还产生了一些新"剪刀差"问题。例如，工农产品价格"剪刀差"仍在继续；土地"剪刀差"出现，城镇化过程中对农村土地的占用，使我国农村每年以 5 万亿元的土地资本金无偿支持城市；工资"剪刀差"，进城亿万个农民工，与城市工人同工不同酬，按 2 亿个农民工计算，一年数万亿元支援了城市；金融存贷"剪刀差"，农民存款一半则流向城市，但占用全国不到 10%的贷款。上述"剪刀差"的扩展，启示我们在统筹城乡过程中必须处理好农业支持保护体系，推动资源要素向农村配置，实现农民收入与城市居民收入同步增长等一系列问题。在这样的背景下，政策设计中出现的"多予、少取、放活"的反哺机制、二次分税制及地方发生的从工业化到城市化动力机制转变，都对这一时期中央与地方、城市与乡村等关系的变化，提供了趋向"统筹"发展以及县域城市化提供了新的机遇。

4）注重遵循规律落实到具体规划工作中

一是把遵循规律放在首位。实事求是，要求我们从实践中探索事物发展的规律，并非简单地尊重事实不说谎话。很多政策设计者都说从国情出发，但忘记了事物本身的规律，丢掉了科学。二是把握国情，服从规律。确立社会主义市场经济后的发展实践证明，我们发展经济要走出一条科学现代化的道路，必须遵循经济自身的规律，这个规律就是市场经济的规律。提出并实行社会主义市场经济，就是典型的把握国情服从并遵循规律的结果。三是"小国情"要服从大国情。有些地方认为本地工业比重和经济规模还很小，不存在转变发展方式的问题，这种认识是把本地特殊的"小国情"放在大国情上，把握省情、区情、市情固然重要，但要建立在尊重规律、尊重科学的基础上，建立在全面把握国家的大国情基础上。

5）处理好规划与发展的关系

处理规划与发展的关系，重点是政府与市场的关系。经济发展是一个动态的结构变迁过程，需要依靠"有效的市场"来形成竞争机制，也需要"有为的政府"来解决结构变动过程中出现的外部性问题，一个国家只有同时用好市场和政府这两只手才能实现快速、包容、可持续地增长。一般而言，对于发展中国家的经济增长来说。基础设施条件是硬约束，但政府的作用必不可少。政府不应是行政指令型政府，而应该是能帮助企业利用比较优势的引导型政府。例如，基础设施建设的问题，政府就可以通过规划吸引投资来解决这个硬约束，政府规划引导投资，就是要发挥资金的最大效用，让资金投入最重要的基础设施中。作为社会的先行资本，基础设施不仅是社会生产部门建立和发展的基本条件，是经济增长的发动机，也是统筹城乡中极为重要的一环，加快基础设施建设对农业生产有巨大的影响，既可以直接促进农业生产，又能改善农民的生活质量，改善农村地区的投资环境，消除过剩生产能力，使农村产业结构得到合理调整，间接促进农业生产，为城乡一体化奠定雄厚的基础。

3. 科学编制和实施统筹城乡发展规划

1）确立科学的规划编制指导思想方法和思路

（1）关于规划的思想方法及其形式。借鉴各地多年来城乡统筹规划实践，针对目前部分城乡规划编制体系存在的问题，需要重构统筹城乡规划编制体系，着力改变规划的城乡二元分割局面，重点以"人、地、钱、设施"四大核心要素重组和关联互动为路径，统筹城乡人口和社会资源、空间布局、经济发展和公共服务，将相关政策要求转化为科学合理、可操作的空间规划方案，引导城乡社会经济协调发展。按此思路，统筹城乡的规划编制体系重构需重点突出"五个转向"的总体思路。

第一，规划对象从城市主导转向城乡并重，实现"全域统筹"。重点是要针对农村的实际需要，将城市规划向农村延伸并有机衔接；健全农村规划编制类型和流程，加强对农村各类规划要素的地域全覆盖，完善规划依据、提高规划质量。

第二，规划目标上从增量主导转向存量与增量并重，实现"集约发展"。以人为本，把农民的需求放在首位，考虑与新型城镇化和农业现代化水平相适应，现代化的要素应充分尊重农民意愿、维护农民利益和保留乡愁特色，在合理调控城乡人口发展规模和流向的基础上，优化调整镇村体系布局，推动城乡生产要素优化组合，建立城乡公平、公正和协调发展的新格局。

第三，规划形式上从侧重法定规划编制转向法定规划与非法定规划并重，实现国家法定规划序列与地方多元化规划探索的相互促进。重点是结合统筹城乡和农村发展的新形势、新需求，探索和创新非法定规划形式，有效补充和支撑法定规划序列，促进规划编制科学有序实施。

第四，规划方法上从空间供给主导转向供给与需求管理并重，变"单向控制"为"双向联动"。重点是结合土地综合整治，通过多规协调，促进产业、居住、生态等各类空间落地，形成城乡差异化发展格局。同时，尊重农民意愿、乡土风情和自然生态，通过城乡建设用地总量控制和指标调剂，盘活农村土地存量，实现城乡共赢。

第五，规划工作上从自上而下指令转向自上而下与自下而上协同并重，实现规划编制与实施管理"一体整合"。重点是与城乡治理结构改革相适应，以治理体系和治理能力现代化为目标，合理界定各级政府、部门、村民自治组织、居民等多元主体的职责，通过多部门合作与多规划融合，构建起统一的城乡规划平台；特别是按照"多予、少取、放活"的要求，充分体现"一级政府、一级事权、一级规划"，重视发挥基层政府在农村规划编制和管理中的主体作用。注意规划中调动各级政府的积极性、整合各个部门的规划要求、协调各类主体的利益诉求。

（2）要深入研究统筹工作的复杂性和系统性。好规划是通过调查研究深入分析形成的，而不好的规划就是研究工作不深不透，对实际情况不了解的结果。规划工作的研究不同于研究机构或大学的学术研究，规划研究是针对性极强的工作，是解决现实发展问题的研究，属于问题导向型、对策建议型、方案比选型的研究工作，研究成果直接体现为国家规划，一些重要成果甚至可以成为国家政策研究的参考。要深入研究，是因为责任重大。统筹城乡规划具有促进国家战略目标的实现，有效配置公共资源，促进全面、协调和可持续发展的功能。编制统筹城乡规划，必须建立在科学的基础上，建立在可能的基础上，建立在尊重各种规律的基础上。这就需要深入研究一些重大问题，如城乡历史长期留下的差距与农民对城乡一体化诉求的关系，农村公共服务水平长期低下与党提出的公共服务均等化实施的关系，新农村建设与保持农村乡愁特色的关系，城市经济处于中长期下行压力下与"以城带乡、以工辅农"实施的关系等。城乡关系本身，在中国就是一个特别庞大的系统，要去认识这个系统就是非常困难的，但统筹城乡规划的编制必须面对这些复杂性和系统性。

（3）要以创新思维研究统筹城乡问题。创新是民族发展进步的灵魂，也是做好规划工作的灵魂。恩格斯指出："马克思的整个世界观不是教义，而是方法。它提供的不是现成的教条，而是进一步研究的出发点和供这种研究使用的方法。"规划既然是对未来的谋划，就不能完全套用前人的思维定式，需要解放思想、创新观念、超前意识，敢于突破现行思维定式，敢于突破现行体制框架和政策的限定，否则，就难以实现规划的前瞻性和战略性。提出创新，是因为我国目前面临特殊的发展难题。经济社会发展本身就是一个不断创新的过程，我国的经济社会发展目前正处于大变革之中。改革开放初期，我们可以更多地学习借鉴国外的经验来推动发展，但现在经济规模已经很大，并在相当程度上融入全球经济后，又面临人多、地少、生态脆弱、资源短缺等特殊国情，在"三农"问题突出、收入差距过大、公共服务不健全、社会问题增多等矛盾突出的情况下，已很难简单套用那些根据国外发展经验总结提炼的经济学定律来解决我国城乡统筹的问题，所以就必须创新。要创新，是因为没有现成的答案，是因为任何照搬现成的经济学说、原理和观点，对解决中国发展和改革难题，都不能完全适合，在借鉴其中合理成分的前提下，必须大胆创新，在实践中总结提炼出具有中国社会主义市场经济特色的运行规律。例如，编制城乡空间规划，进行空间管制，是市场经济国家的普遍做法，但主体功能区则是根据中国国情提出的创新性成果，是中国的独创，具有鲜明的中国特色。发展是硬道理，已经深入人心。在把发展单纯地理解为经济增长的情况下，各个地区、行政区可能会不顾自身条件地追求经济增长。区域发展总体战略也已深入人心，各地区、各级行政区都认为本地区经济要么"开发"，要么"振兴"，要么"崛起"，要么"率先"，这两种认识及其基于这种认识的行为，很容易带来生态地区的生态系统受损，农业地区的耕地被大量侵占，必然带来很多不可持续的问题。因此，在坚持发展是第一要务，坚持区域发展总体战略基础上，必须进一步明确中国约 960 万平方千米的陆地空间，哪些区域要进行经济"开发""振兴""崛起""率先"，哪些区域应该加强生态保护。

2）统筹城乡发展规划的主要内容

统筹城乡规划属于专项规划的范畴，专项规划编制需要把握好规划编制前期工作、突出规划重点内容、能够量化的指标体系、政策措施的可操作性等。下面以重庆和成都的总体规划（方案）为例来分析。

（1）关于规划的前期工作。重庆、成都两市在中央批准改革试验区前已经做了大量的前期工作。重庆在市委和市政府的高度重视下，开展了卓有成效的前期工作，汪洋同志从"打直辖牌"开始，就邀请中央财经领导小组办公室、国家发改委、国务院研究室的领导和专家到重庆调研并参与方案的研究，同时，亲自带队深入农民工集中的企业进行一对一的座谈。市级各部门按职能开展大规模的调查研究，书记、市长设立专门邮箱，向全球征集意见和建议。市委常委会和市政府常务会反复研究讨论，最终形成了《重庆市统筹城乡综合配套改革试验总体方案》。成都早在国家批准前，就开始进行城乡一体化的试验，并且在实践中形成"五朵金花"的城郊型城乡一体化的一批典范，并进行了一系列的理论和实践的探索，积累了不少的经验，在此基础上也很快形成总体方案。

（2）关于规划方案的基本指导思想。基本指导思想是按照事物发展的大方向，按照基本经济规律的要求，结合本地区的实际情况，所确定的大的工作思路。

重庆结合城乡二元结构特征突出，集大城市、大农村、大库区、大山区和民族地区于一体的基本市情，提出了"三个着力"的思想：着力调整国民收入分配格局，构建以工促农、以城带乡、城乡差距不断缩小的长效机制；着力探索富有西部特色的工业化、城镇化和农业现代化模式，推进自主创新，构建大城市带动大农村、促进城乡经济社会逐步一体化的良性机制；着力推进三峡库区移民安稳致富和生态环境保护，构建资源节约、环境友好、发展持续、社会和谐的科学发展新机制。同时，充分认识到统筹城乡综合配套改革试验是长期而艰巨的历史任务，近期重点围绕三条主线推进改革试验，探索建立统筹城乡发展的 12 项新机制。推进城乡经济社会协调发展主线。以主城为核心的经济圈（即"一圈"）和以万州为中心的渝东北地区，以黔江为中心渝东南贫困山区（即"两翼"）是重庆二元结构在区域上的表现形态。要加快把"一圈"建成西部地区重要增长极的核心区域、长江上游经济中心的主要载体、统筹城乡发展直辖市的重要平台，把渝东北地区建成长江上游特色经济走廊和重要生态屏障，把渝东南地区建成扶贫开发示范区，促进"一圈两翼"协调发展，推进城乡经济社会一体化发展。一是建立产业合理布局与有序发展的导向机制，促进人口资源环境协调发展；二是建立政府财力向公共服务特别是农村基本公共服务倾斜的投入机制，构建合理的公共财政体制框架；三是构建区域对口帮扶互动发展机制，建立完善"一圈"帮扶"两翼"的合作方式；四是建立适应社会主义市场经济健康运行要求的政府服务机制，不断深化行政管理体制改革。推进城乡劳务经济健康发展，把解决农民工问题作为统筹城乡发展的突破口：一是建立提升劳动力素质和引导其就业创业的新机制，进一步加强城乡教育事业和劳动力培训；二是建立覆盖城乡、有序转接的社会保障新机制，健全城乡社会保障体系；三是建立引导城乡人口合理分布的新机制，不断完善城乡户籍管理制度；四是建立促进和谐的现代社会管理新机制，保障和维护农民工合法权益。推进土地流转和集约利用：一是探索农村土地流转和征地补偿新机制，促进农村人口有序向城镇转移；二是探索农业现代化的新模式新机制，建立农村土地流转和现代农业服务体系；三是建立基础设施和公共服务网络加快向乡村延伸的新机制，加强农村生态环境建设；四是建立招投标方式配置扶农资源的新机制，落实集约节约用地制度。

成都市从省会城市和面积较小、人口相对集中的大城市实际情况出发，提出的基本思路是，统筹推进"三个集中"。推进工业向园区集中集约集群发展，在充分尊重群众意愿的基础上，引导农民集中居住并向城镇转移，推进土地适度集中和规模经营，促进三次产业互动，城乡经济相融，新型工业化、城镇化和农业现代化协调发展。按照"全域成都"的理念统筹城乡建设。以县城和区域中心镇为重点，统筹推进城乡基础设施和公共服务设施建设，增强城镇产业集聚功能和辐射带动周边地区农村发展的能力，改善农村发展环境，构建新型城乡形态。推进农村市场化改革，落实农民对土地的使用权和房屋、林木等资产的所有权，促进农村资源向资本转变，实现城乡生产要素自由流动；建立农村多元化投入机制，增强农业和农村发展的内生动力。构建城乡一体的管理体制，深化规范化服务型政府建设和基层民主建设，创新行政管理、公共财政、公共服务、社会保障的体制机制，实施村镇综合改革，全面推进城乡经济社会发展一体化。

（3）关于规划（方案）的重点任务。重点任务是根据目标要求所提出的具体改革工作内容，它是指导思想的体现，是改革目标的具体化。

重庆市按照改革总体思路和分阶段目标，提出围绕加快推进社会管理和公共服务向农村延伸、社会事业和社会保障向农村延伸、市场机制和市场要素向农村延伸。着力攻克农村土地制度创新、农民工转移就业和安居扶持机制创新，城乡社会保障制度建设，公共财政制度改革，行政管理体制改革五大方向。主要实施

16 项重点改革任务，包括：加快形成市域主体功能区布局；构建统筹城乡公共财政框架；建立城乡经济互动发展机制；构建统筹城乡行政管理体系；健全城乡就业创业培训机制；建立城乡社会保障体系；均衡城乡基本公共服务；深化户籍制度改革；加强农民工服务与管理；促进农村土地规模化集约化经营；建立新型土地利用和耕地占补平衡制度；统筹城乡生态建设和环境保护；完善农村综合服务体系；推进建立高效的"三农"投入机制；着力改善市场经济环境；探索内陆开放型经济发展模式。成都市在规划（方案）上突出九大方向 36 个重点任务。一是建立三次产业互动的发展机制，包括推进工业集中集约集群发展、促进服务业均衡发展、加快现代农业发展。二是构建新型城乡形态，包括统筹"一区两带六走廊"发展、统筹城乡基础设施和公共服务设施建设、构建覆盖城乡的交通物流服务体系。三是创新统筹城乡的管理体制，包括推进规划管理体制改革、推进行政管理体制改革、建立覆盖城乡的公共财政体系、开展村级综合改革试验、推进基层民主建设。四是探索耕地保护和土地节约集约利用的新机制，包括创新耕地保护机制、规范土地承包经营权流转、推进集体林权制度改革、开展征地制度改革试验、开展农村集体建设用地使用权流转试验、稳妥开展城镇建设用地增加与农村建设用地减少"挂钩"试验、开展农用地转用、土地征收审批和实施分离试验。五是探索农民向城镇转移的办法和途径，包括提高农民就业技能、支持农民进城居住、着力消除农民向城镇转移的体制机制障碍、引导地震受灾农民向城镇转移。六是健全城乡金融服务体系，包括大力发展农村金融服务体系、积极拓宽直接融资渠道、加快推进区域金融中心建设。七是健全城乡一体的就业和社会保障体系，包括完善覆盖城乡的就业促进体系、建立和完善新型农民养老保险制度、完善覆盖城乡居民的基本医疗保障制度、推进城乡社会保险制度全面接轨、完善城乡一体的社会救助体系。八是努力实现城乡基本公共服务均等化，包括推进城乡教育协调发展、加快建立覆盖城乡的公共卫生和基本医疗服务制度、构建城乡公共文化服务体系。九是建立促进城乡生态文明建设的体制机制，包括统筹城乡生态环境保护、统筹城乡生态环境建设、统筹城乡资源节约与循环经济发展。

　　（4）关于规划方案的定量目标改革任务。统筹城乡改革规划目标的任务具有多重性的特征，从定性上看，至少应该包括以下方面：扎实推进农业基础设施建设，这是统筹城乡的基础性工作。粮食综合生产能力明显提升，统筹城乡必须使农业自身得到较快的发展，粮食综合生产能力是一个重要的指标。现代农业发展水平大幅度提高，舒尔茨提出改造传统农业的关键是引进新的现代农业生产要素，这些要素可以使农业成为经济增长的源泉。农产品流通体系初步成型，要使农业融入社会化的大生产体系中去，必须形成一批综合性和专业性农产品流通中心。城乡收入差距有所缩小，如果从城乡差距上分析，那么地区规划带动城乡统筹发展就一定要体现城乡差距在一定时期逐步缩小。最后是资源环境问题日益得到重视，其各项指标逐步优化。从定量上看，要全面反映上述定性要求，就需要从城乡经济发展、城乡居民的生活水平及其差距的缩小、公共服务质量提升、资源节约和生态环境保护等方面制定出一系列指标。重庆市和成都市在制订规划方案的目标中，基本遵循了上述原则。

从表 4-2 和表 4-3 中可以看出，成渝两市的目标体系是有些差异的，这是因为两地具有不同的市情。重庆市是大城市与农村并存，相对更加注意缩小城乡之间的差距，加上地域广阔，就比较强调生态环境保护以及绿色发展，大农村的存在又在目标体系中对农业发展非常关注。成都市是以大城市为主，其指标体系就偏重于城市，反映城市经济发展的指标、反映公共服务水平的指标及节能降耗的指标都占有相当的比重。这正是遵循了从市情出发的基本要求，所形成的差异，我们认为是正常的。两市的共同点就是都注意了反映逐步缩小城乡差距、提升农业现代化水平、提高农村居民收入这些最基本的指标设计。

表 4-2　"重庆试验区"改革目标体系

指标类别	指标名称	单位	2007 年	2012 年	2020 年
城乡经济	1. 城镇化率	%	48.3	55	70
	2. 农业劳动力人均耕地	亩	2.3	3.1	5
	3. 农业耕种收综合机械化率	%	13.2	30	40
	4. 农产品商品率	%	58.6	62	85
	5. 土地规模经营比例[1]	%	15.1	25	50
生活水平	6. 城镇居民与农村居民收入比	以农为 1	3.6	3.15	2.5
	7. 城镇居民与农村居民消费支出比	以农为 1	2.63	2.5	1.8
	8. 城镇居民与农村居民人均生活用电量比	以农为 1	5.2	2.0	1.6
	9. 城镇居民与农村居民恩格尔系数比	以城为 1	1.46	1.3	1.2
	10. 城镇居民与农村居民医疗保健支出比	以农为 1	4.4	3.4	2
公共服务	11. 城镇居民与农村居民人均受教育年限之比	以农为 1	1.82	1.7	1.5
	12. 村公路通畅率	%	27.9	55	75
	13. 农村居民基本养老保险参保率	%	2.2	80	95
	14. 农民生产生活信息化程度	%	42.9	60	100
	15. 农村安全饮水人口占比	%	33	100	100
资源环境	16. 万元 GDP 综合能耗	%	1.31	1.05	0.8
	17. 森林覆盖率	%	32	38	45
	18. 人口自然增长率	‰	3.8	4	4

续表

指标类别	指标名称	单位	2007年	2012年	2020年
资源环境	19. 城镇空气质量达到国家环境空气质量标准二级及以上的天数	天	289[2]	305	310
	20. 三峡库区长江干流及重要支流水质		Ⅲ类	Ⅱ—Ⅲ类	Ⅱ类

1）"土地规模经营比例"是指农村连片经营面积达到5亩及以上规模的耕地占农村承包土地总面积的比重

2）"城镇空气质量达到国家环境空气质量标准二级及以上的天数"2007年数据为主城区数据

表 4-3 "成都试验区"改革目标体系

序号	目标类别	指标名称	2007年	2012年	2020年
1	经济发展水平	人均地区生产总值/元	30 006	51 250	109 860
		工业化率/%	35.3	38	41
		三次产业结构	7.1：45.2：47.7	5：45：50	4：44：52
		财政一般预算收入/亿元	286.38	576	1 762
		城镇化率（按户籍人口计）/%	53.54	60	70
		工业集中度/%	64.9	73	80
		土地规模经营率/%	21.5	60	75
		非农产业从业人员比例/%	73.9	76	80
2	城乡居民生活水平	农村居民人均纯收入/元	5 642	10 000	21 000
		城乡居民收入比	2.63：1	2.4：1	2：1
		城镇登记失业率/%	2.7	每年≤4	每年≤4
3	公共服务水平	将免费教育延伸到12年	基本实现农村义务教育免费	实现义务教育免费，基本实现中职免费	全面实现12年免费教育
		城乡每万人拥有卫生技术人员数比	2.14：1	≤1.8：1	≤1.2：1
		城乡公共文化阵地（图书馆、阅览室、农家书屋、文化活动中心）达标率/%	20	60	100
		城镇新增养老保险参保人数/（万人/年）	37.5	≥10	≥10
		农民养老保险参保率/%	3	90	95
4	资源节约与环境保护	森林覆盖率/%	36.8	38	43
		主要污染物化学需氧量、氨氮和二氧化硫的排放总量/万吨	14.91、1.66、16.52	7、1.1、12	6.3、0.99、10.8
		万元地区生产总值能耗/吨标准煤	0.94	0.91	0.81
		万元地区生产总值耗水量/吨	162.86	每年降低5%	每年降低3%

（四）关于统筹城乡规划的分析研究：基于南京市

1. 统筹城乡规划的进程

南京市是我国的特大城市，早在 2004 年南京市委就提出了"按照统筹城乡发展的要求，坚持郊县工业化、农业产业化、农村城市化和农民市民化联动推进的方针"，并于 2005 年颁发了《关于加快南京市统筹城乡发展的意见》。南京市十几年统筹城乡发展规划的轨迹，大致分为三个阶段。

（1）起步启动阶段（2005~2009 年）。2005 年南京市从统筹城乡发展的战略高度，部署城乡统筹发展目标任务和行动，并要求规划先行，以镇村布局规划和"三城九镇"规划为重点，以各专业规划为支撑，推进城乡规划全覆盖。先后颁布了加快统筹城乡和加快新农村建设的两个相关文件，政策的主要内容有五点：通过统筹城乡规划和生产力布局，落实重点工业功能区用地、集体非农建设用地、村发展留用地、农村建设用地整理与新增建设用地指标挂钩等土地优惠政策；通过增加郊县公共产品供给、实行农业补贴、加大财政支农力度等加大转移支付力度；通过依托整合提升工业功能区、加快发展都市型农业、发展郊县现代服务业等来促进乡产业融合发展；通过构建城乡一体的道路交通网络，强化郊县基础配套设施建设、优化中心村布局、加快集中居住区建设，加强郊县生态环境保护和建设等来加快郊县城镇化进程；通过加大农村劳动力培训力度、强化农村劳动力就业服务、建立农村养老保障体系、推行新型农村合作医疗制度等来完善郊县就业和社会保障体系。

结合五年发展规划、基础设施建设规划、用地规划、社会事业发展规划等，并按照"主城、新市区、新城、重点城镇、一般建制镇、中心村"梯度发展格局，编制完成全市镇村布局规划，完成"三城九镇"总体规划修编和控制性详细规划，实现规划全覆盖。在关于新农村建设的文件中，提出了进一步以"三城九镇"为重点，加快建设层次分明、布局合理、各具特色、功效互补的现代化城镇体系；进一步完善各重点城镇的总体规划和控制性详细规划，加强以城乡规划为主体的空间规划编制工作，近期做到"三城"控制性详规全覆盖，"九镇"控制性详规覆盖近期建设地区，三年内实现镇村布局规划指导下的保留村建设规划全覆盖。

（2）试点探索阶段（2010~2011 年）。2010 年南京市开始确立了"全域统筹、一体发展"的城乡统筹发展总体思路，通过"三重"和"三置换"，实现"三个集中"和"三个转变"，即工业向园区集中、居住向社区集中、农业向规模经营集中，以及农业生产方式、农民生活方式和农民身份的转变，使城乡统筹工作获得较大推进。2010 年，南京市委、市政府颁发了《加快建设全域统筹建设城乡一体化发展的新南京行动纲要》。南京统筹城乡发展的"五个一体化"目标以及"三重""三置换"的实现路径。"五个一体化"即城乡规划一体化、产业发展一体化、基础设施一体化、要素配置一体化和公共服务一体化。"三重"即农地重整、村镇重建、要素重组。所谓"农地重整"是指通过对农田、水面、道路、林地、村庄进行综合整治,增加有效耕地面积,提高耕地质量;"村镇重建"是指通过村庄整理、农村居民点适度撤并,提供城乡均等化的基本公共服务设施,改善农民生活环境和提高农村文明程度;"要素重组"是统筹考虑三次产业发展需求,促进城乡资源和各类要素的相互流动。"三置换"即以土地承包经营权置换城镇社会保障、以分散的农村宅基地和农民住房置换城镇产权住房、以集体资产所有权置换股份合作社股权。近期着力开展六个方面的重点工作,包括:实施新城新市镇新社区建设工程,强化全域规划管理,实施土地综合整治工程,集约利用盘活土地资源;实施重大基础设施通达工程,改善城乡交通水利供水条件;实施产业振兴工程,加快郊县新型工业化进程;实施现代农业发展工程,提高农业综合生产能力;实施富民惠民工程,提高农民财富积累和保障水平。2015 年实现了城乡规划全覆盖,包括县、区城乡总体规划,新城市镇社区为重点的城乡空间体系及相关总规详规,区域交通市政基础设施,国家省级开发区及各类科技先进制造业基地控制性详规和生态保护及农业园区规划的五个全覆盖。2011 年,又出台了统筹城乡发展试点镇街工作实施方案,确定了浦口区星甸镇等 11 个涉农镇街作为统筹城乡发展先导试点镇街,先行编制镇街城乡统筹规划,为全面深化推进全市城乡统筹规划工作探索经验。同年,发出分类考核实施办法,将全市涉农镇街分为现代农业、先进制造业和现代服务业三大主导类型,强化分类评价,差异化考核。

　　(3)深化推进阶段(2012~2016 年)。南京市委、市政府先后颁发的《关于坚持统筹加强现代农业农村建设的意见》《南京市美丽乡村实施纲要》,明确了将南京市农村地区建成"独具魅力的都市美丽乡村、农民幸福家园"的总体发展目标,到 2015 年基本建立城乡经济社会发展一体化体制机制,确立了"率先基本实现农业现代化、农村现代化、城乡一体化"的建设目标,其间重点要建立健全城乡一体化规划体系,着力形成"主城、副城、新城、新市镇、新社区"的新型城乡结构体系,构建"开发区(专业园区)、产业集中区、农业园区、生态保护区"的新型产业布局形态,实现"城乡一套图、全市一盘棋",实现城乡规划全覆盖、镇村布局更科学、规划管理刚性化,初步建成结构完善、布局合理、均衡配置、覆盖城乡的服务设施体系,城乡就业、教育、文化、体育、社会管理和社会救助等基本公共服务实现均等化。全面提升新市镇规划设计水平和农村建设品质,加快建设"都市美丽乡村、农民幸福家园",明确了南京市美丽乡村建设的总体要求是坚持"三个统筹",即统筹城乡、统筹农村农业农民、统筹生态生产生活;突出"三个重点",即以统筹城乡发展试点镇街、美丽乡村示范片区和示范村为建设重点,以点、线、片综合整治作为基本路径,坚持因地制宜、试点先行,分类指导、立体推进，串点成线、连线成片；严格"三个保护"，即保护基本农田、保护生态环境、保护乡土文化和民俗风情；着力"三个改善"，即改善农村面貌、改善农业生产条件、改善农民生活质量。2013年全面启动了江宁谷里等五大示范片区建设，创建30个以上的市级"美丽乡村示范村"，2015年累计创建了200多个，计划2017年累计创建400个以上，郊区农村初步建成南京市美丽乡村、农民幸福家园。

2. 规划体系及其创新

南京现行城乡规划实现了城市规划向城乡规划的实质性转变，这是对地方特色之路所做的尝试和探索，具有创新性。

1）强化了规划的区域观和协调发展观

在城市总体规划中，加强了与各部门专业规划在目标定位、规划内容、发展时序等方面的衔接；在制定区域规划时，建立起长三角地区和南京都市圈等不同区域空间层次的协调协作机制；在城市近期建设规划中，明确了若干区域协调发展的区域协调机制；在新市镇总体规划中，重点增加了镇域规划内容和各项建设统筹部署；在控制性详规和新社区详规等其他层次的空间规划也不只局限于规划范围，而是从更大研究区域范围来确定基地的功能定位以及与周边地区的衔接等内容。这五点突出了区域协调和城乡统筹的理念，通过不同区域空间层次规划的衔接递进，着力强化城乡要素的时空耦合，整合优化城乡空间资源配置，极大地拓展了城乡规划的区域视野，强化了规划的区域观。

2）编制体系逐层实现全地域覆盖

逐层覆盖体现在"四个层面"。通过城市总体规划，把握城乡统筹发展战略与空间格局，突出对跨行政区的重点功能地区和开发区的规划控制和引导，构建合理的区域性空间网络结构；通过次区域规划和专项规划，落实分解总体规划要求，深化落实地区空间布局以及民生类、公益性公共设施和基础设施安排；通过控制性详细规划，衔接规划编制和管理，把城乡统筹要求落实到具体个案和开发项目，并对建设行为进行管理控制，实现城乡联动发展；通过具有特色意图的城市设计，制定城市设计导则指导规划管理，把城乡空间特色从原则落实到规划审批，保证在快速发展的同时保持空间特色和城市品位。

3）编制方法有所创新

在技术方法上，采用了"深化在研究、简化在编制、强化在实施"的技术途径，扩大市域空间管制范围，深化城乡公共资源配置，促进规划编制与管理的衔接，创新开展城乡规划结构单元规划，以规划编制单元作为研究和编制控制性详细规划的基本空间单位，分解城乡规划目标、指标和空间布局结构，保证控制性详细规划全覆盖，并补充完善和充实了规划编制体系；在实现控制性详细规划全覆盖后，开展控制性详细规划"一张图"整合工作，制定内容统一、数据规范的工作成果要求以及报批、调整、动态维护等制度；将强制性内容进行立法，实现城市规划的法制化管理；为保护、延续和创造南京城乡空间特色，特别是加强对生态环境保育、体现空间特色的非建设地区的规划控制，创新开展了特色意图区规划设计等。在工作方法上，顺应社会变化，提出了"开门规划"，既打开了学术大门，引入多学科多专业参与规划，全面开放规划设计市场，同时也打开了社会大门，强调规划师和多种角色的沟通互动，采取规划展览、规划网站、报刊、广播电视等多媒介形式，实现市区人大、政府、政协、相关部门、专家学者和普通市民共同参与规划；创新开展规划年报、用地年报等规划基础性工作，系统追踪和研究城市带规划之间互动影响的过程和机制，形成对规划的积极反馈；围绕公共资源和公共利益的保障，创新制定"公共设施规划配套指引""农村地区基本公共服务设施配套标准规划指引""农村地区规划编制技术规定""中小学幼儿园用地规划和保护规定""控制性详细规划技术规定和工作规定"等一批地方性规划技术标准。

3. 存在的主要问题分析

1）规划编制体系仍不完整

城乡规划编制的重心仍在城市，对农村关注不足，在规划编制项目数量和投入上，城市远远超过农村，农村的规划难以适应面广量大的农村建设；在规划形式和类型的探索上，城市编制了战略规划、专项规划、行动规划、城市设计等多样化的非法定规划，有效地辅助和支撑了非法定规划的实施；而农村仍停留于法定规划的编制，且受工作基础、技术支持、组织保障等因素影响，法定规划深度不够，规划对农业园区、乡村旅游、公共服务、生态保护等现实发展引导明显不足。

2）城市规划手法亟待转型

面对外部环境的快速变化和资源约束，城市的结构性缺陷明显，城市发展面临下行压力，城市空间边际增量资源约束日益严重；经济发展方式的转变，供给侧结构性改革要求结构调整升级，空间结构的同步调整成为必然，但城市规划仍停留在传统增量型规划思维上，存量调整规划方法缺乏，城市规划手法亟待转变。按新制度经济学理论，消费者（企业、居民等）对适合各自利益需求的优势土地区位必然竞相争夺，要充分满足消费者需求，城市规划就必须重视对存量资源的挖潜开发，加快对存量规划方法的创新，为城市健康发展创造优势区位供给充足的空间结构模式。

3）农村规划手段不科学

长期对农村规划的忽视，农村规划手段缺乏，借用城市规划的理念来规划农村成为常态，导致许多负面影响。例如，将城市"均质化"规划方法用于农村，造成刚性控制过多和布局形式单一，使规划缺少弹性和特色；将城市社区的"单纯生活性"方法用于农村，使农村社区规划缺少科学性和操作性；利用城市"服务半径"范围和千人指标来确定农村设施布点和建设规模，不考虑农村居民点分散等特点，使农村设施规划布局不合理，带来实际建设不经济或不便民等。与此同时，现有规划解决问题的出发点仍多为整体的自上而下"分配式"，对现实中各类主体"自下而上"的特色诉求关注不足。虽然进入 21 世纪以来南京组织编制了一大批镇村规划，但存在诸多的问题，使规划实施难以落地。农村规划方法还有待探索和创新，工作组织方式还有待改进。

4）规划运行机制仍较封闭

当前我国面临比较复杂的国际国内背景，经济也处于中长期下行阶段，经济结构处于转型发展时期，稳中有进成为当今中国城乡发展的主基调。在这种复杂的背景下，如果对市场变化和社会发展预期不足，造成规划频繁修改或调整，不仅会损害规划的权威性，还会带来经济社会发展的巨大损失。从现实看，规划运行机制封闭主要表现在，控制性详细规划缺乏动态维护与更新的制度支持，缺乏应对建设项目多样化需求的手段，常就单个项目而调整单个地块，缺乏系统性；同时因为频繁变更带来"多版"规划，同一规划成果之间不有效衔接，多规划整合成效仍不够理想，且缺少实施操作主体和政策配套；部门体制分割导致多部门的专项规划多头编制，又形成部门封闭运行规划。

（五）加快农业供给侧结构性改革促进城乡关系协调

推进农业供给侧结构性改革，是中央做出的重大决策，是适应和引领经济发展新常态的必然要求，也是促进农业持续稳定发展的关键所在。目前农业中存在的诸多矛盾和难题，突出表现在结构方面，主要是在供给侧。着力加强农业供给侧结构性改革，实现农产品由低水平供需平衡向高水平供需平衡的跃升，是今后一个时期农业农村工作的一项重要任务。

1. 农业供给侧结构存在的主要问题

从近期看，我国农业的问题主要表现在两个方面：一是农产品供给不能较好地适应需求的变化，导致供给出现结构性问题。例如，消费者对牛奶质量、信誉保障等提出了较高要求，但供给还不能很好地适应这些要求。又如，大豆缺口很大，但生产供给跟不上，而玉米增产则超过了需求的增长。二是不合理的供给结构，给资源环境带来较大的压力。一些地区为了多种粮食而过度开垦林地、草原、湿地等。农业供给侧的问题，不仅影响当前的生产发展和农民增收，而且直接影响农业长远可持续发展，必须着力推进结构性改革，提高农业供给体系质量和效率。从长远看，供给侧结构还可能出现的问题主要是，我国农业从总体上分析，还是靠天看收成，总量与结构平衡是一个长期都存在着的问题，为了保护农民的基本利益、种粮积极性和粮食安全，国家不得不常年出台最低粮食保护价。可以从顶层角度设计大宗粮食品种保险，由政策性和商业性保险相结合，开始可以成立政策性与商业性相结合的保险公司，并成立再保险公司，逐渐过渡到商业险和政策险共同承包的格局。

2. 农业供给侧结构性改革有利于城乡关系的协调

我国农业产品的商品化率水平已经达到较高水平，农产品供给到城镇或再加工已经有相当比重，目前出口规模还非常小。农业供给侧结构性改革的核心就是顺应处于动态的国内外需求来调整种植养殖结构。改革开放不断深化，人民的生活水平不断提高，消费结构也发生着极大的变化，消费质量不断提升、消费结构不断变化，在安全的前提下，目前对农副产品又有了绿色的要求，这是对农业现代化提出的严峻挑战。近年来在农副产品供给上出现的一系列问题，使城镇居民对注水猪肉、劣质奶粉、部分转基因产品以及蔬菜中含有大量的农药残留物等现象深恶痛绝，对国产部分农产品的正常销售产生了巨大的影响，也同时对城乡居民关系形成负面影响。面对这样的情况，只有下定决心进行农业供给侧结构性改革，在推进农业现代化的进程中，不断优化结构、提高质量，在满足城镇居民消费需求的同时，促进城乡关系协调、城乡居民融合、城乡经济共同发展。

3. 着力推进农业供给侧结构性改革

2017 年 2 月中央下发了指导"三农"工作的第 14 份一号文件《中共中央国务院关于深入推进农业供给侧结构性改革加快培育农业农村发展新动能的若干意见》，提出了增加农民收入，保障有效供给的主要目标，推进农业供给侧结构性改革，要在确保国家粮食安全的基础上，紧紧围绕市场需求变化，以增加农民收入、保障有效供给为主要目标，以提高农业供给质量为主攻方向，以体制改革和机制创新为根本途径，优化农业产业体系、生产体系、经营体系，促进农业农村发展由过度依赖资源消耗、主要满足量的要求向追求绿色生态可持续、更加注重满足质的需求转变。农业供给侧结构要推进"三大调整"：通过调优产品结构突出"优"字。消除无效供给，增加有效供给，减少低端供给，拓展中高端供给，突出"优质专用"大宗农产品和"特色优势"其他农产品的生产供给。统筹调整粮经饲种植结构，发展规模高效养殖业，做大做强优势特色产业，优化农业区域布局，提升农产品质量和食品安全水平。通过调好生产方式突出"绿"字。推行绿色生产方式，修复治理生态环境，既还历史旧账，也为子孙后代留下生存和发展空间。推进农业清洁生产、大规模实施农业节水工程、集中治理农业环境突出问题、加强重大生态工程建设等。通过调顺产业体系突出"新"字。着力发展农村新产业新业态，促进一、二、三产业深度融合，实现农业的全环节升级、全链条升值。

大力发展乡村休闲旅游产业、推进农村电商发展，加快发展现代食品产业、培育宜居宜业特色村镇等。

根据上述要求，推进农业供给侧结构性改革，要以增加农民收入、保障有效供给为主要目标；要以提高农业供给质量为主攻方向；要以体制改革和机制创新为根本途径。要着力抓好以下工作：一是要树立以人为本的理念。围绕人的需求进行生产，使农产品供给数量上更充足、品种和质量上更契合消费者需求，真正形成结构更加合理、保障更加有力的农产品有效供给。要树立大农业、大食物观念，优化产品结构、生产结构、产业结构和生产力布局，推动粮经饲统筹，农林牧渔结合，种养加一体，一、二、三产业融合发展。适应消费升级的需要，做优做精粮食产业，优化品种品质，积极推广农牧结合，大力发展肉蛋奶鱼、果菜菌茶等，为消费者提供品种多样、质量优良的产品供给。要大力推进规模化经营、标准化生产、品牌化营销，调优品质，培育品牌，提高消费者对农产品供给的信任度。要启动实施种植业结构调整规划，重点推进玉米结构调整，调减部分地区玉米种植，开展粮改豆、改饲以及退耕种草试点。启动实施种养结合循环农业示范工程，推进畜牧业渔业转型升级。二是要树立长期重视合理库存、降低成本、补齐短板的理念。合理库存在目前是加快消化农产品库存量，采取措施积极支持粮食加工企业加快玉米库存消化，减少陈化损失；在长远是要保持低库存，根据品种结构，使产品库存保持在一个合理的区间。降低成本是要通过发展适度规模经营、减少化肥农药等的不合理使用、开展社会化服务等，降低农业生产成本，提高农业效益和农产品竞争力。补齐短板是要加强农业基础设施等农业薄弱环节，增加市场紧缺农产品的生产。要认真研究并积极适应消费需求的变化，着力提高农产品供给的质量、效益和安全水平。三是要树立从各地实际出发的理念。农产品的供给要有利于资源优势的发挥，有利于生态环境的保护，真正形成有效率、有效益、可持续的供给；要念好"山海经"、唱好"林草戏"，促进各类农业资源合理开发利用和保护。生态治理区要围绕保护和修复生态来调整农产品生产和供给；丘陵山区要推进陡坡耕地退耕还林还草，加快把不适宜耕种的耕地退下来；地下水漏斗区要推进轮作休耕，以水定种、以水定产，坚决扭转地下水超采透支态势；西北黄土高原区要大力发展旱作节水农业，推广粮草轮作，发展草食畜牧业，实现生态修复与农民增收的统一。四是树立更好发挥政府作用的理念。各级政府要做好政策和市场信息服务、技术培训、试点示范，帮助农民提高调结构的本领；要顺势而为，因势利导，积极支持新型经营主体的发展，充分发挥农业适度规模经营主体在供给侧结构性改革中的引领作用；农业结构调整归根结底是生产经营主体的事，必须让市场导航，让农民把舵，政府主要起护航作用，要营造良好的市场环境，不能搞强迫命令和瞎指挥；进行农业供给侧结构性改革，不可能一蹴而就，过程是艰巨的、痛苦的，要像习近平总书记要求的那样，适当提高容忍度，做好打持久战的准备。

4. 农业供给侧结构性改革要推进产业组织调整

着力构建新型农业产业组织体系是进行农业供给侧结构性改革的重要内容，只有在优良的组织结构条件下，才可能形成良好的规模生产体系、经营体系、科研体系，才能逐渐适应不断变化的消费需求。我国广大农村多数地方都缺人才、资金，可以通过城市资源人才下乡，建立全产业链的，以工农联盟为基础的新型农业综合产业经营体系。本书作者杨庆育曾在 2009 年开始在重庆改革试验中牵头组织了 10 大城市工商企业到乡镇与农业农村结合，推进工商农相结合的新型经营主体，获得了一些经验；在 2015 年中国经济体制改革研讨会上提出，农业产业化公司与城市工商企业共同组建股份公司，形成种植、加工、包装、物流、销售全过程链条的设想（图 4-1）。其基本考虑是：选择本身与农业产品有关联的大城市企业与农业公司联合，整合各级政府的支农资金划入城市企业，因为只有城市公司更能掌握市场信息和组织企业的研发，但其权属仍然属于农民，在资金形态上可以转化为具体的农民个体在公司的股份。城市公司以综合订单方式向前端提供产品需求信息、技术支持、管理支持和资金注入。股份公司根据市场变化组织全产业链条的生产、分类分装、加工、物流及其销售，共同享受全产业链的综合利润。通过这种模式，将农民从种植业上解放出来，将"以工哺农，以城带乡"具体化，带动农民从纯粹单一的种植业向一、二、三全产业链条转移。目前，这种模式正在重庆的部分区县进行摸索性的试验，一旦形成比较成熟的经验后再总结推广。

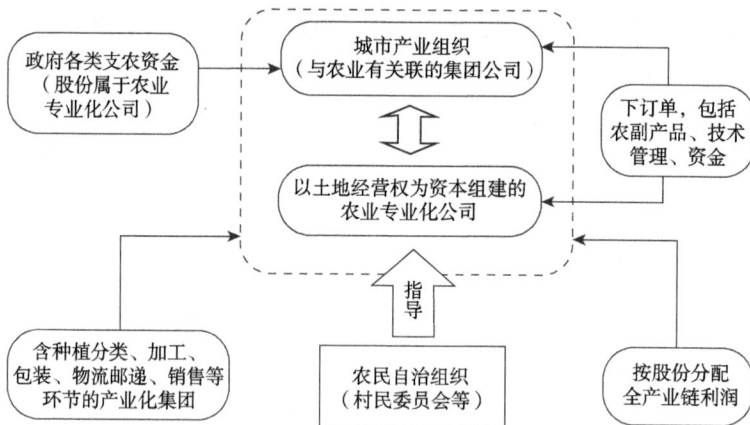

图 4-1　城市资本资源下乡，构建全产业链的农业经营体系图
虚线框表示城乡经济联合体

此外，推进农业产业组织结构调整，还需要采取积极措施鼓励承包经营权在公开市场上规范有序地向专业大户、家庭农场、农民合作社、农业企业流转。分

类制定家庭农场经营标准,加大财政、金融的扶持力度,积极探索利用农业产业企业形成适度规模经营的新机制。创新农民合作社管理服务机制,构建农业社会化服务机制,建立区域性专业化农技推广服务机构,推行农业全程社会化服务试点,探索政府购买农业公共服务。进一步完善农业补贴、保险担保政策都是在企业组织结构调整中必不可少的。

5. 土地供给侧结构性改革的思考

土地是农业供给侧的承载要素,也需要结合进行结构性改革。考虑具备条件的农村土地,以一定时期的使用权,按照一定比例的农业用途和建设用途整体打包公开出让,并实行严格的用途管制,受让业主依法依规用于农业生产和建设开发。土地是农村制度之基,改革牵一发而动全身,有利于激活农村巨大的土地资源,弥补"三农"发展短板;有利于新型城镇化和统筹城乡发展;有利于去产能、去库存、去杠杆、降成本;从长远看还有利于建立具有中国农村特色的土地制度。

(1)基本思路与操作。以问题为导向,以市场为决定因素,以区域性农村土地农业用地加建设用地整体打包出让为手段,实施土地供给制度改革,建立农村土地有偿退出机制,优化土地资源配置,优化农业农村发展与土地开发建设,优化新型城镇化、新农村建设和统筹城乡发展,实现良好的生产、生活、生态空间布局,探索形成具有中国特色的以国有制为主体的土地制度。基本操作办法是:以"一愿一能"为前提,实现"两出一转两用",即以自然村、行政村、乡镇为单位的农民集体自愿,以该单位的土地出让收入至少能补偿安置该单位农民为前提,将区域内的农村土地在一定时期的使用权,按一定比例分为农业用地和建设用地整体打包公开挂牌出让。出让成功,农民退出土地并享受征地补偿和安置补助;该地块随即转化为国有土地;使用权归受让业主,依照用途管制,受让业主依法用于农业生产和建设开发。出让不成功,土地的所有权属保持不变。

(2)区域选择条件。两个基本条件:一是所在区域农户自愿同意;二是土地出让收益应高于农民能够接受的现行的征地补偿安置标准水平。初期可选择特色农业区,具备一、二、三产业融合发展优势的城市郊区以及具有一定开发资源的地区。

(3)关于规模确定。规模可以根据适合家庭农场、合伙企业、有限责任公司、股份有限公司等不同经营主体的投资实力、经营能力、规模效益等确定。

(4)用途比例确定。根据资源禀赋和社会经济条件、各种用地可能的出让价格、产业和人口聚集能力,确定农业用地和建设用地的不同比例;早期阶段,要素聚集能力可能强些,建设用地占比可大些。

(5)使用权出让。通过公开交易平台上,打包出让改革区域土地期限使用权,出让底价以合理的退地补偿和安置补助为底线。成功出让的土地,即由集体所有转化为国家所有，土地使用权归受让业主。卖价原则用于补偿安置。

（6）用途管制。改革区土地利用规划须经审批，农业用地必须用于农牧渔业等农业生产发展，建设用地遵照相关要求建设。

（7）循序渐进改革。授权少数地区封闭实施改革试点，根据试点情况进一步修改完善方案，在条件具备的地方，循序渐进，不急于求成，成熟一地，实施一地。不得将改革区域选在规划的公路、铁路、机场等重大基础设施范围内；不得将城市污染转移到农村，改革区域内的废弃物，尽可能就地无害化处理后实现资源循环利用；不得使农业用地粗放经营，可通过资源税等手段，防止农业用地粗放经营或撂荒。

四、以绿色理念统筹城乡国土空间布局

（一）坚持绿色原则统筹城乡空间布局

1. 空间及绿色空间的内涵借鉴及其意义

"空间"是人类进行社会经济活动的场所，是任何公共生活形式和权利行为的载体。人类的社会经济活动，如开辟耕地、植树造林、基础设施建设等都构成空间结构并影响其变化。空间结构变化也受到多种因素的影响，除运费、地租、集聚等基本因素外，还有资源分布、地形气候、历史特点、社会结构、与周围区域的关系、决策者的决策标准与水平等。工业革命推动了城乡空间结构的巨大变革。在多数国家社会结构体系里，同时并存着比较现代化和相对非现代化的两种社会形态，城市以现代化的大工业生产为主，逐渐成为人类文明先进的象征；而农村以小农经济为主，会越来越陷入落后的困境。城乡分离的社会大分工，使城乡关系笼罩上城市中心的阴影。长期以来，城市聚落和乡村聚落相互分离、独立发展带来一系列的社会问题；我国城乡二元经济特征明显，城乡差距较大，由此引发了一系列社会矛盾。城镇与乡村作为区域经济系统的两大组成部分，两者共同协调发展，才能实现总体经济最优化和社会福利最大化。

从生态系统的角度分析，城乡绿色空间是在城市、镇和村庄的建成区以及因城乡建设和发展需要，须实行规划控制的区域范围内，在分析绿地在空间地域上的形态与要素，结构与功能的基础上，有机地综合城市与乡村各类绿地，构成区域化、网络化的绿色空间。城乡绿色空间是一种强调城乡绿地的有机结合，自然生态过程畅通有序的思想，与我国古代理想景观模式中强调自然山水和自然过程的连续性，以及现代景观生态学中注重景观生态过程和格局的连续性是一致的。与我国现有"城市绿地系统""城市绿色空间""乡村绿地"等概念相比，在空间尺度上，绿色空间不再囿于城市或乡村的范围，将绿地的范围拓展到了城乡一体的区域范围；在组成要素上，包括城市内的各类园林绿地以及乡村的森林、农田

林网和果园等多种要素；在空间结构上，城乡绿色空间强调绿地之间的相互连接，形成网络化的城乡绿地系统结构。在空间尺度扩大、组成要素增多的情况下，需要以更加宏观的尺度来思考和处理问题，全面把握绿地在特定城乡地域环境上的结构与功能、形态与要素。城乡绿色空间的概念，在部分发达国家规划建设中一直有所体现，认真研究和吸纳其中的经验，对城乡绿色空间概念的认识以及进一步研究具有重要的意义。

2. 绿色空间的三大思想

基于城乡区域尺度，国外绿地规划建设中蕴含的城乡绿色空间思想可以概括和归纳为"控制"、"连接"和"融合"三大类，它们所体现的城乡绿地形态与要素、结构与功能各具特色。

（1）"控制"思想。在处理城市和乡村的绿地关系上，绿色控制带的规划建设提出了一种"控制"理念，通过"控制"来保护和联系城市周边的乡村绿地，实现城乡绿地的过渡以及促进其功能的发挥。绿色控制带所表现出来的城乡绿色空间结构是由单一的结构形态向网络化的结构形态发展变化的。然而早期单一形态的绿带与绿核区虽然在一定程度上减缓了城市的扩展速度，改善了城市环境，对城乡绿地也起到了一定的连接作用，但并没有真正阻止住城市的扩展，反而在一定程度上切断了城乡联系。有人认为这种方式忽视了城市与乡村的相互作用与联系，体现的是城乡二元规划思想，它只是规划师头脑中的"理想城市形态"的抽象表达，不能从景观的生态或美学功能上取得直接的依据。随着对绿色控制带所发挥功能要求的不断提高，其结构也在不断完善发展。综合而言，"控制"思想下的城乡绿色空间的联系由最初的控制向连接方向发展，功能由以限制城市发展为主的功能在向多功能方向发展，形态由单一向多种形态结合方向发展，空间结构趋向网络化方向发展。

（2）"连接"思想。城市化的加快带来经济发展的同时也给城市周边的自然景观带来了影响，使自然景观的碎片化不断增加。对此，出现了以"连接"思想来规划建设绿地绿道和生态网络。它们以景观生态模式为基础，在分析水平生态过程与景观格局之间的相互关系基础上，通过连接实现绿地的有机结合，减少景观的破碎。绿道是由线状的土地要素构成的网络体系，是有生态意义的廊道，也是有休闲娱乐作用的绿色道路以及历史和文化价值的走廊，能将零星分散的绿地有机的联系在一起。生态网络是众多绿道相互交织形成的，在防止自然区域破碎和物种灭亡等方面使用得更多，在城乡绿地的规划建设中被广泛应用。在处理城市和乡村绿地关系上，绿道和生态网络的规划建设体现的是一种"连接"式的城乡联系，打破了城乡界线，形成网络体系，提高了城乡绿地生态效益和游憩活动的潜力。"连接"式城乡绿色空间的结构呈网络状，构成要素多样，能有效地将城乡区域内分散的绿地化零为整，根据不同的景观类型和特征，采用不同的连接方式。这种网络状的连接结构使城乡绿地在功能上得到了完善和连续，从而有效地促进城区与乡村绿地间的自然生态过程、有效地保护生物多样性和野生生物的移动，促进城市和乡村的相互渗透。这种"连接"思想真正的意义在于打破了城乡界线，让城市和乡村相互联系，既是自然要素的连接，也是生活方式的融合。

（3）"融合"思想。亚洲大城市在第二次世界大战后迅速发展的同时，也在城市边缘的城乡结合处造成了许多土地利用的混乱，这在西方发达国家是没有的，所以，沿用西方理论在亚洲行不通。亚洲的城市化是以区域为基础的城市化，区别于西方发达国家以城市为基础的城市化，这种以区域为基础的城市化实质体现了城乡统筹协调和一体化。针对亚洲的巨型城市的出现，城乡绿色空间"融合"思想的理论出现了，即控制下的城乡融合景观。回顾亚洲大城市土地利用模式的历史，农田、森林景观在发挥生态效益和文化功能的同时，更是实现城乡连接的一种良好的本土景观模式。因此，在尊重城乡融合的基础上，提出了应该尊重本土农业景观，有序引导城乡融合。控制下的城乡融合景观是针对亚洲巨型城市提出的一种新概念、新思路，所体现的"融合"思想反映的是亚洲城市与乡村间的紧密联系，城市与乡村绿地景观之间的相互渗透，是城乡绿地有机地融合，保证自然生态过程流畅有序。但是，城乡绿色景观的融合，是在层次分明有序的前提下，它并非指那些毫不考虑层次界限、功能不分的混杂现象，前者是融合，而后者是混乱。

综上所述，从发展过程看，"控制"思想由最初控制城市扩展，保护城市和乡村景观格局向连接沟通城乡的网络格局发展。"连接"思想在连接城乡的同时注重保护开发，也在向网络化、系统化方向发展。"融合"思想是在总结经验的基础上，针对亚洲的一种思想，在注重连接的同时，也强调根据亚洲本土的城乡融合模式，有序引导连接融合；从适用性和应用性的角度看，三种思想都与特定的地理空间和社会相联系，它们彼此间不存在优劣之分，只存在适用与不适用之分，"控制"与"连接"的思想具有更普遍的应用性，而"融合"思想的应用则更具针对性；从未来发展的趋势看，随着绿地规划建设的发展，不同的思想之间也将互相交叉、互相兼容、互相补充，共同指导城乡绿色空间的构建。

3. 绿色空间理念指导下的三大空间划分

"绿色发展"是时代的主题，它代表了未来全球发展方向，也成为国际合作与竞争的焦点。所谓"绿色发展"就是在生态环境容量和资源承载能力的制约下，通过保护自然环境实现可持续科学发展的新型发展模式和生态发展理念。人类处在特定的空间，空间的意义源自构成空间的事物，是空间的事物赋予了空间的意义。我们需要从自然空间角度，去理解人与其他动物乃至整个自然界的关系，也需要从社会空间的角度,去把握不同国家(地区)之间在发展利益获得和发展代价与风险分担上的责任和义务问题,而这正是全球"绿色发展"问题的关键要义。如果是绿色的空间,就是正义的空间、科学的空间,即维护空间绿色正义必然要求推进"绿色发展",而推进"绿色发展",也必然会形成空间绿色正义。

有空间就必然形成空间结构,它是指不同类型空间的构成及其在国土空间的分布,是经济社会生态结构的空间载体,空间结构变化决定着经济发展方式及资源配置效率。国土空间分为三类空间:一为城市空间,以提供工业品和服务产品为主要功能,包括城市建设空间和工矿建设空间,前者主要是城市和镇的建成区,后者是独立工矿区;城市空间是当代人类居住和活动的主体,人口多,居住集中,开发强度较高,产业结构以工业和服务业为主,由大中小城市或城市群、城市圈、都市区构成。二为农村空间,以提供农产品为主要功能,包括农业生产空间和农村生活空间,前者为耕地、园地和其他农用地,后者为农村居民点和农村其他建设空间;农业空间人口少,居住分散,产业形态以农业为主,居民居住以分散的村庄和小城镇为主,所以开发强度不大。三为生态空间,以提供生态产品为主要功能,包括绿色生态空间和其他生态空间两类,前者主要是林地、水面、湿地,后者为沙地、裸地、盐碱地等形态的自然生态空间。耕地、园地也兼有生态功能,但其主要功能是提供农产品,所以应该定义为农业空间;林地、草地、水面虽然也兼有农业生产功能,可以提供部分林产品、牧产品和水产品,但主体功能应该是生态,若过于偏重其生产功能,就可能损害其生态功能,因此总体定义为生态空间。

国土空间根据自然属性及其提供产品的不同存在着类别之分,就必然存在结构性问题。从总量上看,目前我国的城市建成区、建制镇建成区、独立工矿区、农村居民点和各类开发区的总面积,已基本能够满足我国工业化、城市化的需要,主要问题是空间结构不合理、空间利用效率不高、国土空间被切割、碎片化现象严重、功能定位不清晰等。概括起来是"三多三少":一是从农业与生态空间关系看,生产空间多、生态空间少。过度开荒和扩大养殖面积等侵占了生态空间,原本应该作为生态空间的国土被用来开发农牧业,出现问题后又开始退耕还林、退牧还草、退田还湖,对功能错位进行纠正。二是就城市空间结构看,工业生产空间多,城市居住空间少。我国独立工矿空间多达近 5 万平方千米,城市建成区中还有 9 000 平方千米的工业生产空间,此外,还有 1 万多平方千米的国家和省级开发区,扣除重复计算部分,全国工矿业生产占用的空间至少有 5 万平方千米。我国城镇的建设空间是 4.5 万平方千米,其中居住空间占 30.9%,据此测算,城镇居住空间仅为 1 万多平方千米。三是从城乡生活空间关系看,农村居住空间偏多,城市居住空间偏少。我国农村居民点空间有 16.5 万平方千米,农村人均居住空间近 300 平方米。按我国城镇居住空间的有关标准测算,城镇人均用于居住的空间仅为 28 平方米。

供给侧结构性改革和经济结构战略性调整，不仅要调整产业结构、需求结构、收入分配结构等，也应该把空间结构纳入调整范围，国土空间开发的着力点应放到调整和优化空间结构、提高空间利用效率上。按照空间绿色正义的要求，从我国的国情出发，必须在控制开发强度的前提下，对三大空间结构进行调整。调整有三大视角：一是基本国情。对全国陆地国土空间的土地资源、水资源、环境容量、生态系统脆弱性、生态系统重要性、自然灾害危险性、人口集聚度以及经济发展水平和交通优势度等因素的综合评价。从工业化、城市化开发的角度分析，尽管我国陆地国土空间辽阔，但适宜开发的面积少，山地多，平地少，约 60%的陆地国土空间为山地和高原。适宜工业化城市化开发的面积有 180 余万平方千米，扣除必须保护的耕地和已有建设用地，今后可用于工业化城市化开发的面积不到 30 万平方千米，约占全国陆地国土总面积的 3%，这就决定了我国必须走空间节约集约的发展道路。所以，必须控制工业建设用地的空间。二是发展趋势。我们既要满足人口增加、人民生活改善、经济增长、工业化城市化发展、基础设施建设对国土空间的巨大需求，又要为保障国家农产品供给安全而保护耕地，还要保障生态安全和人民健康，应对水资源短缺、环境污染、气候变化等，保护并扩大绿色生态空间，在国土空间开发中，面临诸多的两难挑战。实现现代化，需要占用必要的自然空间，但也要给有限的森林、不多的水源、已经少得可怜的野生动植物及保障食物安全的农作物留下必要的空间。所以，必须有节制地控制城乡总量空间。三是人类绿色发展的基本要求。建设空间的扩大，意味着农业空间和生态空间的减少，而这必然影响农产品或生态产品的产量；从理论分析，农产品满足不了需求可调入，而且农产品依靠科技进步可以提高单位面积的产出。但生态产品具有地域性、不可调入性，开发必须有节制，必须控制，尤其是在环境危机的今天，经济效益不应是发展的唯一考量；我们需要更多的绿地和农地，来净化人类活动所产生的各种污染物，让动植物有栖身之地，确保国家有稳定的粮食供给。这些都需要我们在城市化、工业化的开发中有自律精神，保留必要的农业空间和生态空间。所以，必须增加绿色生态环境空间。

（二）在统筹城乡背景下的新型城乡空间结构

1. 如何理解新型城乡空间结构

经济发展推动城乡空间结构的演进与成长。我国仍然处于工业化、城镇化较快发展时期，如何正确审视并指导城乡空间的协调发展，遏制城乡差距不断扩大的局面，是目前乃至今后一段时期城乡经济发展必须面对和解答的问题。改革开放以来，伴随着全球化、工业化、城镇化、信息化和市场化进程，我国城乡空间结构发生了和正在发生着非常重要的变化，这既体现为城乡整体空间结构的转型，也体现为城乡社会空间结构由传统社会向现代社会的转型。新型城乡空间结构是相对于传统城乡空间结构的一个概念，当工业化发展到一定阶段，即到工业化中后期，进行城乡统筹，实行以工补农，以城带乡战略时出现的一种城乡空间结构，表现为城乡趋于一体化。城乡一体化是指在工业化、城市化的条件下，在保持城乡各自特色的基础上，资源、人口、生产要素在城乡间自由流动，双向作用，城乡间经济、社会、文化、生态的协调发展，是一种城乡经济社会融合，城乡居民共享现代文明，实现共同富裕的现代社会结构。这种空间结构的特点主要体现在以下三点：地域方面，新型的城乡空间结构更多地出现在发达地区或是落后地区的相对发达城市，其经济发展已经达到较高水平，有相当的条件基础，这不仅体现在经济上，还同时体现在绿色生态环境保护上。城乡居民差别方面，农民市民化或部分农民转化为现代新型农民已经成为一种常态，城乡居民在经济、政治和社会地位上都趋于平等，城乡生活方式趋同，公共服务水平实现均等化。城乡发展关系方面，打破了传统的城乡二元分割局面，更多的是城乡紧密的联系，交通网络覆盖城乡空间，产业纽带联结城乡经济，城乡从分离走向统筹，彼此发展互为推力，是一种共赢的关系，推进着城乡最终走向一元化。

2. 我国城乡空间结构的现状有悖于新型关系的形成

我国经济在改革开放后持续快速发展，但城乡经济社会发展并不平衡，二元结构特征突出成为影响经济发展和社会和谐稳定的严重障碍；绿色生态环境理念缺乏成为影响经济社会可持续发展的严重隐患。中华人民共和国成立后实施的以重化工业为主导的发展道路，在为工业化做出贡献的同时，却由于"抑农保工"和"重城镇轻农村"两大措施损害了社会公平目标并牺牲了农业效率。农村人口因转移无门而大量滞留在农村，农业规模经济难以实现，农业劳动生产率增长迟缓，城乡收入分配差距逐渐拉大，导致需求特别是广大农村地区有效需求长期不足，已成为经济持续发展的隐患。我国城乡空间在 20 世纪末期布局比较混乱，多数城市空间扩展陷入"摊大饼"的怪圈，处于近域无序蔓延，广域扩展严重不足状态。一是城镇化的快速推进，使大量农村剩余劳动力短期涌入城镇，带来了交通拥挤、住房紧张、环境污染、人口膨胀、就业困难、地价上涨等一系列过度"城镇化"问题；另外，城镇化将城镇技术水平低和污染严重的工业向农村转嫁、扩散，从而也连带地将城镇污染向农村延伸、扩散，形成新的污染区域，导致人与自然的关系失衡。二是多数地区，尤其是西部地区城镇规模存在断层，缺乏大中小城市相对分明的城镇体系，不利于经济要素与产业的快速聚集和扩散，不利于发挥中心城市的带动作用。小城镇缺乏投资，生活服务设施建设标准低，吸引力差，企业不愿在小城镇扎根，使工业布局不合理，疏导大城市人口的阻力很大；尽管大城市已显现出工业和人口过分集中的许多弊病，却仍然呈现继续集中的趋势。三是在产业发展上，城市之间的依存度不高，产业落差和经济落差大，城市功能定位不明确。中心城市与周边城镇的产业发展矛盾难以协调，中小城市的支撑产业普遍不强，第三产业发展不足，高新技术产业、信息产业、现代服务业等新兴产业不同程度地发展滞后。四是在生态绿色环保上，普遍没有建立起主体功能区的概念，缺乏生态红线的底线控制，空间布局没有绿色原则。

3. 处理好农村耕地与城市建设用地矛盾

城乡建设用地间的矛盾，进入 21 世纪以来越来越突出，如何处理好这对矛盾，各省都进行了积极的探索，其中比较突出的是重庆在统筹城乡综合配套改革试验的初期，将土地制度改革的切入点聚焦到盘活农村闲置、废弃、低效利用的建设用地上，提出了设立农村土地交易所、开展地票交易试点，探索用市场化方式提升农村土地价格、建立城市反哺农村新途径的构想。2008 年 12 月，重庆农村土地交易所挂牌成立，并举办了首场地票交易会。2009 年 1 月，国务院发布 3 号文件，明确"设立重庆农村土地交易所，开展土地实物交易和指标交易试验（地票交易）"，这标志着重庆地票试验得到了中央授权，地票改革正式启幕。所谓地票，是指土地权利人自愿将其建设用地按规定复垦为合格的耕地等农用地后，减少建设用地形成的在重庆农村土地交易所交易的建设用地指标。地票运行有三个步骤：一是复垦。在农民自愿、农村集体经济组织同意的前提下，对土地利用总体规划确定的扩展边界以外的农村建设用地实施复垦。复垦后，由专业技术队伍对复垦耕地验收把关确认后，形成地票来源。二是交易。地票由土地交易所组织公开交易，具有独立民事能力的自然人、法人或其他组织均可参与购买，购得者发给地票证书。三是使用。购得地票的主体选取符合城乡总体规划、土地利用总体规划的待开发土地，凭地票申请办理转用手续，国土部门按规定组织供地。地票运行体现出城市支持农村、城乡一体化发展和实现人地协同的过程；地票生产是耕地增加的过程；地票交易是农村土地财产权变现的过程；地票使用是土地发展权（开发权）转移的过程。经过八年的探索，形成了以"自愿复垦、公开交易、收益归农、价款直拨、依规使用"为主要内容的地票制度体系。截至 2016 年底，累计交易地票 19.96 万亩、交易额达 396.18 亿元，累计完成复垦 21.48 万亩。

地票制度在产权理论上有支撑，在法律制度上有依据，改革中恪守集体土地所有制不变、耕地不减少和农民权益不受损"三条底线"。重庆已交易的地票，70%以上的来源于渝东北、渝东南地区，这两个区域在全市发展中承担着生态涵养和生态保护功能。而地票的使用，95%以上落在了承担人口、产业集聚功能的都市功能区及城市发展新区，落地的区域正是重庆规划的城镇化、工业化主战场。在市场引导下形成的这种土地资源配置格局，为我国城乡建设用地存在的矛盾解决提供了一条有价值的探索之路。从城镇角度看，地票落地充分考虑了市场意愿，提高了城镇规划实施效率。同时地票作为有偿使用的指标，以经济手段调节引导城镇用地者更加理性用地、节约用地。从农村角度看，实施农村建设用地复垦，有利于耕地集中连片规划整治及规模化利用经营，对盘活农用地资源、促进农村土地流转和提高农业生产效率大有裨益。我们在重庆农村土地交易所获得的如图4-2所示的趋势图，它表明了"地票"交易前重庆直辖后十几年间，农村居民占总人口的比例不断减少，但农村人均居民点用地不断上升的趋势。

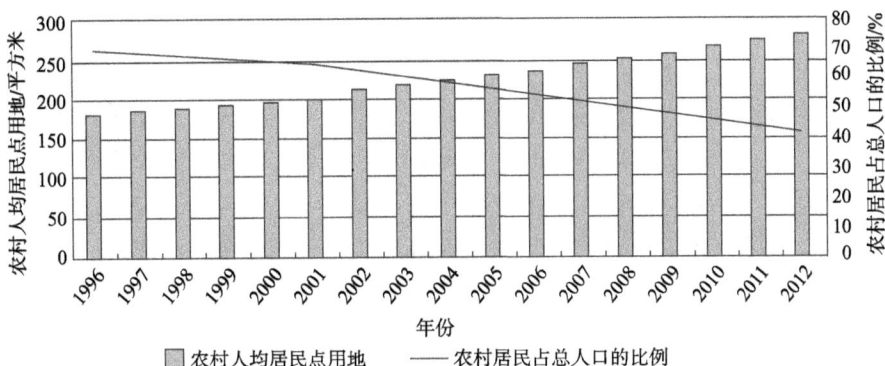

图 4-2　重庆农村人口占比和人均居民点用地变化趋势图

要解决城乡建设用地的矛盾，城乡都存在集约节约的问题，就城市看，重点是工业用地的集约化水平太低，存在较大的潜力。我国工业园区划地动辄就是十几平方千米甚至几十平方千米，不论任何行业的车间基本上都是水平性一层布局，办公楼前有宽阔的广场，有的还有庭院水榭，非生产性占地比重太高，而且单位面积产出水平又很低。在这样的情况下，大多数省市仍然在努力争取新增建设用地，如此循环往复，城乡建设用地的矛盾只能是越来越严重，这种状况不能再继续下去了。在创新驱动的大背景下，必须强制性地督促城市建设用地的集约化，必须用单位面积产出率来约束城市工业园区用地，达不到标准的不仅不能增加用地指标，对定期没有开发或产出水平达不到标准的，还必须收回土地。就农村看，尤其是农村宅基地使用制度必须进行改革，革除现行宅基地使用制度存在的弊端，建立有期有偿使用制度，必须严格限额。适当减少占地限额，人均上限在现行标准基础上可适当减少，且最高不超过40平方米，具体标准农区与牧区、北方与南方、经济发达与贫困地区可有差别；国家制定弹性标准，地方政府制定实施办法；与此同时，适度控制建筑面积，人均住房可控制在60平方米左右。必须设定期限。农村宅基地使用期宜与国有住宅用地出让期限一致，确定为70年，使用期届满按不同情形分别处置。必须有偿使用。综合考虑资源节约与农民负担、集体利益与个人利益以及贫富调节等因素，有偿使用税费可分为土地使用费、村镇基础设施配套费和房地产税。人均占有面积没有超过定额的，免收三项费用。必须完善权能。允许农民将依法取得的宅基地进行抵押、出租和有偿转让，受让对象不限定在本集体经济组织内部，但转让后不得再申请宅基地。

4. 必须树立永久生态保护红线的理念

胡焕庸线给我们的最大启示是我国东南部人口非常密集，而广袤的西北部总体不适宜人类的居住，也由此引发东南部的生态平衡和保护的难题，如果东南部国土开发强度太高，也不利于该区域宜居水平的提高，而广大的西北部区域仍然存在着生态脆弱的问题，划定永久生态保护区，是建设美丽中国的基础性工作。所以，在 2017 年 2 月，中共中央办公厅、国务院办公厅印发了《关于划定并严守生态保护红线的若干意见》，对我国划定生态保护红线提出了总体要求、基本原则和目标，明确了划定范围、管理责任以及组织保障措施，要求 2020 年底前全面完成全国生态保护红线划定。

1）如何理解生态保护红线

生态保护红线是指在生态空间范围内具有特殊重要生态功能、必须强制性严格保护的区域，是保障和维护国家生态安全的底线和生命线，通常包括具有重要水源涵养、生物多样性维护、水土保持、防风固沙、海岸生态稳定等功能的生态功能重要区域，以及水土流失、土壤沙化、石漠化、盐渍化等生态环境敏感脆弱区域。划定并严守生态保护红线，是贯彻落实主体功能区制度、实施生态空间用途管制的重要举措，是提高生态产品供给能力和生态系统服务功能、构建国家生态安全格局的有效手段，是健全生态文明制度体系、推动绿色发展的有力保障。

2）为什么要树立生态保护红线的理念

城镇空间、农业空间与生态空间并列为三大国土空间，我国已有耕地红线、城镇开发边界等，生态保护红线是在生态空间范围内进行红线划定。部分发达国家，主要通过空间规划来实现生态的保护，我国地域广大且差异性太大，划定生态保护红线成为我国的特有概念，它是结合我国多年生态保护实践，根据实际需要提出的新举措。生态保护红线的划定能够使国土空间开发、利用和保护边界更为清晰，明确哪里该保护，哪里能开发，对于落实一系列生态文明制度建设具有重要作用。多年来，我国对各级各类生态保护区域也进行了划定，如自然保护区、森林公园、风景名胜区、地质公园、湿地公园、饮用水源地等保护地数量有 10 000 多处，约占陆地国土面积的 18%。尽管进行了如此大规模的保护，但生态空间仍不断遭受挤占，生态系统退化严重，国家和区域生态安全形势严峻。同时，各种保护地存在空间界线不清、交叉重叠、管理效率低等问题，亟须进一步明确生态保护红线，并以这条红线对所有重要生态空间实施严格监管。红线从功能定位角度，对于维持生态平衡、支撑经济社会可持续发展意义重大；从用地性质角度，是具有重要生态功能的生态用地，必须严格用途管制；从保护要求角度，是保障和维护生态安全的临界值和最基本要求，是保护生物多样性，维持关键物种、生态系统存续的最小面积，必须严格保护，以确保功能不降低、面积不减少、性质不改变。而这一切，只有在树立了严格的生态保护红线意识的前提下才能做到。

3）如何严守生态保护红线

有两项重要的工作，一是有严守生态保护红线基本原则，包括：科学划定，切实落地的原则，统筹考虑自然生态整体性和系统性开展科学评估，将整个国土空间按生态功能重要性、生态环境敏感性与脆弱性来划定生态保护红线，构建国家生态安全格局；坚守底线，严格保护的原则，将生态保护红线作为编制生态空间的基础，形成底线意识，强化管制，严禁任意改变用途，杜绝开发建设对生态保护红线的破坏；部门协调，上下联动的原则，国家做好顶层设计，制定技术规范和政策措施，地方政府落实划定并严守生态保护红线的主体责任，确保划得实、守得住；强化部门间沟通协调机制的建立。

二是要确保红线能划实、能落地、能守住且有权威落实几大措施。包括加快划定和落地的措施，建立技术指南作为红线划定的具体标准，统一评估方法，解决在哪里划、怎么划的问题；要把红线的边界在空间地图上清晰地标示出来，确定定点坐标，落到具体地块，确保边界的清晰；树立统一规范的标志标牌，逐渐影响公众意识，达到既宣传又警示的作用。建设监管平台的措施，建立国家统一的监管大平台，综合运用遥感技术、大数据、云计算等手段，预警生态风险和发现破坏生态保护红线的行为，实现全天候、实时化、常态化的监管。加强执法监督的措施，建立常态化执法机制，及时发现和严肃处理违法行为，制定红线绩效考核和责任追究办法，对造成生态保护红线破坏和导致严重后果的部门、地方、单位及有关责任人依纪依法追究责任。强化组织保障的措施，明确"路线图、时间表"，确定关键时间节点，尽快开展划定工作；推动有关立法，做好生态保护红线与空间规划体系、生态保护补偿等制度的统筹协调；吸收公众意见，推进信息公开，建立跨部门工作协调机制，构建全社会共同保护红线的合力。

生态保护划红线，是国家生态安全的底线和生命线，是管控所有重要生态空间的实线，是必须严防死守的高压线，也是确保统筹城乡发展的保护线。

（三）以绿色发展引领农业农村新方向

1. 建设资源节约型、环境友好型农业

持续加强节能环保和生态建设，这是增进人民福祉的需要，也是经济可持续发展的重要动力。人与自然的关系是人类社会最基本的关系，自然界是人类社会产生、存在和发展的基础和前提，人类可以通过社会实践活动有目的地利用自然、改造自然，但人类归根结底是自然的一部分，在开发自然、利用自然的过程中，人类不能凌驾于自然之上，人类的行为方式必须符合自然规律。人与自然是相互依存、相互联系的整体，对自然界不能只讲索取不讲投入、只讲利用不讲建设。保护自然环境就是保护人类，建设生态文明就是造福人类。让农业农村绿起来，是实现农业农村永续发展的必要条件，是包括农民在内的全体中国人民对美好生活追求的重要体现，也是推进美丽中国建设的重大任务。农村耕地、园地、林地、草地、水域，都是生态产品的提供者，在推进全国绿色发展、改善全国生态环境，建设资源节约型环境友好型农业中，成为重要的组成部分。

农村环境保护就是要推动农业走绿色发展之路。与其他多数国家相比，资源禀赋决定了我国要实现农业农村绿色发展迫切且艰难。农业可持续发展规划确定了农业绿色发展的道路，要调整对资源环境承载力有影响的农业生产能力，推广节水灌溉，防治面源污染，探索实行耕地轮作休耕制度试点，加大退耕还林还草力度；要调整优化农产品和食品结构，提高质量安全水平，增强消费者对国内农产品的信心，大力推进标准化、绿色化、品牌化生产，实行严格的农业生产投入品使用监管制度；稻田是"湿地"，森林是碳汇，草原和农作物是植被，都是生态系统的重要组成部分，要划定农业空间保护红线，加强土地、水、森林等资源的保护和合理利用，把山、水、林、田、湖作为一个生命共同体统筹谋划；深入推进重点生态工程建设，保护天然林，开展植树造林，建立健全严格的林地、湿地保护制度，提高森林覆盖率；加强草原保护和建设，推进退牧还草，恢复草原生态植被；推进重点流域和区域水土流失综合防治，加快荒漠化、石漠化治理，加强自然保护区建设，推进农村人居环境综合整治，建设美丽宜居乡村。

农场资源节约是个广义的概念，保护也是节约，所以，推进资源保护和生态修复是资源节约的重要内容，要通过一系列工程和行动来实现，包括严格保护耕地工程，落实最严格的耕地保护制度，坚守耕地红线，严控新增建设用地占用耕地。开展节约用水行动，推进农业水价综合改革，建立节水奖励和精准补贴机制，增强农民节水意识，推进农业灌溉用水总量控制和定额管理工程。推进修复草原生态工程，加快基本草原划定和草原确权承包工作，全面实施禁牧休牧和草畜平衡制度，继续推进退牧还草、退耕还草、草原防灾减灾和鼠虫草害防治等重大工程。强化渔业资源养护行动，建立一批水生生物自然保护区和水产种植资源保护区，恢复性保护产卵场、索饵场、越冬场和洄游通道等重要渔业水域，建立海洋渔业资源总量管理制度，加强渔业资源调查，健全渔业生态环境监测网络体系。开展化肥农药使用量零增长行动，集成推广水肥一体化、机械深施等施肥模式，集成应用全程农药减量增效技术，发展装备精良、专业高效的病虫害防治专业化服务组织。推动农业废弃物资源化利用、无害化处理，推进畜禽粪污综合利用，推广污水减量、厌氧发酵、粪便堆肥等生态化治理模式，建立第三方治理与综合利用机制。强化环境突出问题治理，推广应用低污染、低消耗的清洁种养技术，加强农业面源污染治理，实施源头控制、过程拦截、末端治理与循环利用相结合的综合防治。

2. 强化农业绿色产品的供给能力

推进农业供给侧结构性改革的核心，是紧紧围绕市场需求变化、优化农业产业体系、生产体系、经营体系，提高土地产出率、资源利用率、劳动生产率，促进农业农村发展由过度依赖资源消耗、主要满足量的需求，向追求绿色生态可持续、更加注重满足质的需求转变。我国总体已经进入中等收入水平，人民对农产品的需求已经从量向质转变，现代农业的最重要的任务就是向人民提供满足质量需求的绿色产品。

1）什么是农业绿色产品

本书作者杨庆育曾在《生态经济与生态产品论》（中国环境出版社 2015 年出版）中探讨了生态产品及其价值，指出："生态产品分为两类：一类是马克思所提及的纯自然要素的空气、水源、森林、气候等；另一类是经过人类加工后所形成的人工自然要素，如通过植树造林增加碳汇，通过水土保持净化水源等；为了保护生态，人类还普遍采用制造氧气、涵养水源、净化水质、调节气候、防尘固沙、清洁空气、减少噪声、吸附粉尘等方式保护和净化生态。这些活动与马克思所指的商品本质，耗费人类劳动是完全吻合的。这些劳动产品与其他物质商品一样，为人们所使用。"作者在此是想让人们认识到生态产品的价值和重要性。同样，对农产品的认识也存在价值性的问题，有人类的劳动就有价值这毋庸置疑，关键是价值转换为使用价值后的有效性。近年来，出于种种原因，产生了一批低效甚至无效有毒的农产品，这更唤起了人们对高效无毒产品的追求。根据现代化理念，从生产管理一直到产品生成各环节分析，人们追求的就是绿色产品。绿色产品是指生产过程及其本身节能、节水、低污染、低毒、可再生、可回收的产品，是绿色科技应用的最终体现。具体到农业产品，是特指遵循可持续发展原则，按照特定生产方式，经专门机构认定，许可使用绿色食品标志，无污染的、优质的、营养的农产品。我国绿色农产品分为初级和高级两个等级，主要是依据使用限时、限量、限品种的化肥和农药来界定。根据这些定义可以断言，要提供丰富的农业绿色产品，是涉及种植结构、规模高效、优势特色、科学种植、质量安全多方面多环节的系统工程。

2）多管齐下，确保更多农业绿色产品的生产

产品是生产出来的，所以必须以绿色生产方式来保证绿色产品生产。推进农业清洁生产，落实化肥农药零增长行动，开展有机肥替代化肥试点，促进农业节本增效；集中治理农业环境突出问题，深入实施土壤污染防治行动计划，继续开展重金属污染耕地修复及种植结构调整试点，扩大农业面源污染综合治理试点范围；加快发展现代食品产业，引导加工企业向主产区、优势产区、产业园区集中，

在优势农产品产地打造食品加工产业集群；大力推广"生产基地+中央厨房+餐饮门店"等产销模式；加强农业科技研发，调整农业科技创新方向和重点，完善国家农业科技创新体系和现代农业产业技术体系，建立一批现代农业产业科技创新中心和农业科技创新联盟，推进资源开发共享与服务平台基地建设；深入推进绿色高产高效创建，重点推广优质专用品种和节约降耗、循环利用技术模式。

3. 建设环境优美，宜居宜业的新农村

1）培育建设宜居宜业的特色村镇

与发达国家乡村相比，我国有条件打造一批有基础、有特色、有潜力的美丽乡村超越它们。2017 年 2 月，国家发改委会同国家开发银行发布的《关于开发性金融支持特色小（城）建设促进脱贫攻坚的意见》提出，将培育 1 000 个左右各具特色、富有活力的休闲旅游、商贸物流、现代制造、美丽宜居等特色小镇。特色小镇的建设，依靠的是地方资源禀赋和产业优势，努力探索符合当地实际的农村产业融合发展道路，要挖掘本地最具有基础、最具有潜力、最具有成长空间的特色产业。目前，各地主要围绕建设农业文化旅游"三位一体"、生产生活生态同步改善、一产二产三产深度融合的特色村镇，这有一定的合理性，但核心是在特色上做文章，在潜力上下功夫。应该有计划地推进特色村镇的产业支撑、基础设施、公共服务和环境风貌建设，努力打造"一村一品"升级版，发展具备各自特色的专业村。支持有条件的乡村建设以农民合作社为主要载体，集循环农业、创意农业、农事体验于一体的综合开发体系。

2）深入开展农村人居环境治理

我国农村居民长期以来形成的一些不良的生活积习，这不利于优势特色小镇和人居环境的治理，必须逐渐彻底地改变这种习惯。以分类分村编制乡村建设规划为引领，合理引导农民的生活习惯，合理引导人口集中居住，加强人居环境的分类整治。针对改善垃圾、污水和饮水问题，逐步改善收集处理和防洪排涝设施条件，加强河道堰塘整治、水土保持设施建设，改善农村生活环境和河流生态，确保饮水安全，开展枯井、河塘、饮用水安全隐患排查治理，实施生活垃圾治理专项行动，开展垃圾乱排乱放集中排查整治，促进垃圾分类和资源再利用，促进农村环境集中连片综合治理。针对农村能源问题，推进实施农村新能源行动，有条件的开展光伏发电，扩大农村电力、燃气和清洁型煤供给。针对建筑混乱的问题，开展建筑设计下乡和田园建筑示范，逐渐规范形成各地区各乡村的特色建筑风格。针对农村文化落后问题，加强农村公共文化服务体系建设，统筹实施重点文化惠民项目，支持重要农业文化遗产保护，使人居环境不断提升文化品位。

3）宜业新农村必须突出地方特色

发展特色经济是城区与农村互动的必然选择，是文化与经济互动的必然选择，是工业与农业互动的必然选择。发展特色经济必须以特色产业发展区块为依托，以特色产业链为纽带，以特色产业文化为支撑，以特色龙头企业为示范，以创新特色产业组织为保障，以特色产品产业品牌为引导，不断优化特色产业的发展环境。建设特色产业区块，区块要强化特色，提升品位，集聚资源，注重物流、销售、信息、中介等特色产业；创新区块管理模式，通过政府、专家、企业的互动合作，实现特色产业区块管理主体的社会化运作，实现产业区块的自我管理、自我发展；加强对特色区块的扶持力度，简化特色产业区块内企业的各类审批、审核，优化发展环境。拉长特色产业链，农村特色产业发展要立足于自身优势，使产业链向价值含量高的两端延伸，特色产业向研发、创意等前端延伸，提升产业的科技文化内涵，增强产业创新能力；特色产业要向品牌经营和综合服务等后端延伸，不断提升和挖掘特色产业的潜力。发掘特色产业文化，特色产业的可持续发展依托于特色产业文化的继承和发展，挖掘整理农村优秀的传统文化、民俗节目、民间工艺等文化的抢救保护，注重当地农民特有技能的保护和传承农民特色技能，不断丰富特色文化的内涵；充分发掘涉及农村的历史事件、人物、文献、作品中的文化，运用现代产业发展理念，使其融入现代生活。培育特色龙头企业。龙头企业是产业集群的"领头羊"，有其溢出效应、示范效应以及追赶效应，支持特色产业龙头企业技术创新，在技改资金的扶持上要优先向产业龙头企业倾斜；鼓励龙头企业采用现代管理技术，优化公司组织形式创新企业管理方式，保持龙头企业的创新活力，形成龙头企业的企业特色、产品特色、文化特色、管理特色；强化龙头企业对特色产业发展的引领作用，鼓励龙头企业参与产业的整体发展，对产业集群中小企业进行"传、帮、带"，实现龙头企业与集群的协同发展。发展特色新型组织。特色新型组织为特色产业发展提供强有力的组织保障，特色组织要融技术研发、信息传递、物资供应、加工销售、资金融通、市场开拓等服务功能于一体，注重调整农村特色产业内部关系，使特色产业内部形成既竞争又合作的良好自组织体系；特色组织要积极发展产品（劳务）和资本"双重合作"的组织，真正成为利益共同体；特色组织要以龙头企业为优势来牵头组建，规范龙头企业与特色组织的关系，形成"龙头企业+专业合作组织+农户"的特色运行机制以及"龙头企业+专业合作组织+小企业"的特色工业运行机制。打造农村特色品牌。品牌经济就是特色经济，特色品牌包括产品品牌、行业品牌、地域品牌。提升品牌文化意识，以特色文化提升产业、提高品牌的文化内涵，并借以提升产业和品牌的附加值；提升品牌保护意识，对拥有较高知名度的地域品牌和行业品牌，纳入社会公共资源进行管理，严格地域品牌、行业品牌的授权使用；提升品牌运作机制，加快形成以特色产业组织为主体，政府主导，社会化运作的品牌建设机制；提升品牌保护意识，加强对龙头企业品牌的保护，强化品牌梯队建设，建设品牌培育预选制度，加强对入选品牌的保护。

▶ 专栏 4-3

绿色联盟综合体的创新模式

内蒙古的 28 家相关企业、科研院所、社会团体组成了战略联盟——草原生态产业联盟。经过多年的发展，联盟从最初主要以草原生态修复产业技术创新向技术和资金资本并重的方向转变。联盟成员发展到 70 多家，涵盖了内蒙古自治区主要农牧业工商企业，并吸纳国家开发银行、中信银行、中国农业银行等金融机构以及南京农业大学、内蒙古农牧业科学院等科研院校和机构的参与，形成了技术、资金、科研为一体的产业联盟。依托产业联盟，围绕土地流转和金融创新，新型业态不断出现。

（1）草原生态产业联盟的立体农业协同创新。产业联盟是产业链的联盟，包括太阳能发电产业、种草养殖产业、牛羊畜牧产业。联盟与政府对接进行土地流转，减少企业与政府沟通的成本；形成产业链后，降低了各企业单独流转土地的成本，规模经济报酬增加；草原生态产业联盟以生态产业基金为纽带建立联系，相互间既可以是股东，又可以是服务商。

（2）监控融资或物流的预付款融资业务模式。在农牧业领域推广为伊利集团开发的"乳业供应链企业无担保融资"的新模式；通过伊利内部的客户关系管理系统，全程监控经销商订货、组织发货、货运过程、货物出入库情况，实时监控经销商运营情况，突破了担保方式单一的局面。

（3）生物性资产抵押。中信银行呼和浩特分行积极响应中信银行总行号召，全面支持内蒙古自治区现代服务业战略，为蒙牛乳业重要的奶源基地——内蒙古犇腾牧业有限公司办理生物性资产抵押贷款。该企业奶牛基本为进口的荷斯坦奶牛，具有可评估的特性，中信银行呼和浩特分行设定了合理的抵押率，并为奶牛办理了保险，创新性地为企业办理了奶牛抵押贷款，为农牧业企业融资开辟了新途径。

（4）农牧区小企业金融服务。在"三农三牧"领域，主推农牧区小企业金融服务，以商业化模式优先支持农业和粮食生产发展，并以其为核心开发"中信旅游通""中信绿色农业""中信农贷通"等特色金融产品，积极促进内蒙古自治区旅游业和绿色农牧业的健康发展，逐步扩大授信额度，以打造良好的示范效应。在中小微企业领域，推出"中信成长贷"系列金融产品，以"标准化产品+个性化定制"的方式，为小微企业提供全方位的金融服务；针对小微企业融资"短、频、急"的需求，推出"小微企业流动资金循环贷款"，在减少企业融资财务成本的同时提高融资效率；坚持大中小授信客户定位，进一步扩大小微企业授信占比。

五、以开放理念促进城乡互动并开放发展

（一）以对外开放拓展农业农村发展空间

改革开放以来，特别是加入 WTO 以来，我国农业已深度融入国际市场，受人多地少等条件影响，我国部分农产品面临巨大的进口压力。工业化城镇化水平的提高，这种压力会继续加大；如何把来自国际市场的压力，变成促进农业发展方式转变的动力，不断提高农业质量效益和竞争力，不断增强统筹利用国际国内两个市场、两种资源的能力已经成为农业对外开放的重大课题。拓展农业农村发展空间还有一个与城乡互动交流的问题，我国城乡之间长期分割，除了工农产品互通外，人流、资金流和信息流的交换很少，这不利于现代农业、现代工业和新型城镇化的融合发展，阻碍了"三化"的发展，必须加强城乡互动交流，推进城乡一体化。

1. 创造良好的农产品国际贸易环境

加强农业供给侧结构性改革，不仅增强了农产品对国内的有效供给能力，也为我国农产品进入国际市场奠定了基础。统筹利用国际市场，优化国内农产品供给结构，健全公平竞争的农产品进口市场环境是我国农产品走向世界的关键举措。针对国际上一些国家对我国农产品采取的歧视性手段，必须在健全农产品贸易反补贴、反倾销和保障措施的法律法规上加强力度，鼓励扩大优势农产品出口；加大海外推介力度，加强农业对外合作，推动农业走出去。同时依法对进口农产品开展贸易救济调查。以"一带一路"沿线及周边国家和地区为重点，支持农业企业开展跨国经营，建立境外生产基地和加工仓储物流设施，培育具有国际竞争力的大企业大集团。利用我国农产品在海外的市场占有和声誉，积极参与国际贸易规则和国际标准的制定修订，推进农产品认证结果互认工作。深入开展农产品反走私综合治理，实施专项打击行动。

2. 积极推进农产品对外贸易的发展

我国农产品的对外贸易，要顺应国家对外开放的基本趋势，在确保粮食等重要农产品供给安全的前提下，努力扩大特色优势农产品出口，适度进口国内紧缺农产品。要密切跟踪国内外农产品供需结构的动态变化，增强预见性和可控性，科学把握大宗农产品国内生产与进口的关系，实现补充国内市场需求、保护国内产业和保障农民收益的有机统一。把握开放发展的新机遇，必须积极实施走出去战略，充分利用我国农业技术、装备、市场的相对优势，参与国际农业市场竞争与合作，加强同"一带一路"沿线国家和地区的农业合作。积极培育中国品牌的国际化大粮商，提高对全球农业资源和农产品贸易渠道的掌控力，提升我国在全球农产品贸易中的话语权和影响力。拓展农业国际合作领域、创新合作方式，通

过加强与发达国家、先进企业的合作，积极引进、消化和吸收国外先进技术，与欠发达国家互动分享我国农业发展经验，打好农业对外援助牌。

（二）以开放理念推动城乡要素资源交流

拓展农业农村发展空间，在国内需要切实加强城乡互动交流，我国城乡之间长期分割，交流交换很少，各自的封闭阻碍了工业化、城镇化和农业现代化的正常发展，要推动工业化、城镇化和农业现代化就必须彻底打破城乡封闭的桎梏，加快城乡要素资源交流，推进城乡一体化发展。

1. 实现城乡市场一体化，创造要素资源交流的体制基础

城乡市场一体化是统筹城乡发展的基础前提，统筹城乡就是要改变现有的城乡体制分立、管理分治、发展分隔的二元经济社会结构，形成以市场机制为基础、城乡资源、要素市场化交流和集约配置的体制和机制，实现城市与农村不同区域各产业之间的良性互动与融合，推动城市和乡村协调共进。因此，统筹城乡发展的关键环节是要按照建立市场经济体制的要求，构建连接工农、沟通城乡的市场体系，实现城乡生产要素的自由合理流动，以市场机制为基础优化配置城乡资源，形成良好的城乡关系，促进城乡共同繁荣正是推进城乡一体化的基本途径。

积极推动农村产权制度改革。市场经济是城市市场与农村市场有机融通的整体，城乡市场分割不符合市场经济的内在要求，也与工业化、城镇化进程的客观要求相违背。农村产权制度改革到位也就打破了城乡的市场分割，加速了城乡市场的融合。农村产权制度改革的核心是"还权赋能"，目标是盘活农村资产，促进农村生产要素的自由流动，这一结果就能在更大范围内合理配置和有效利用农村资源，实现城乡经济社会同发展、共繁荣。

积极稳妥建立城乡就业统筹的新机制。长期以来，城乡二元社会管理体制，阻碍了农村富余劳动力向城镇非农产业的正常转移，对中国经济社会发展的负面影响越来越明显。改革开放之后，大量的农民开始进城务工，但由于城乡就业统筹机制的缺乏，进城务工农民在职业选择、职业培训、劳动保障等方面无法享受与城镇居民相同的社会福利，延缓了城乡一体化劳动力市场的形成。实现城乡统筹就业，就打通了农村劳动力向非农产业和城镇转移的渠道，既是促进农民增收致富的重要环节，也为城乡资源要素交流开辟了通道。

创新农业投入机制打通资金资源要素的通道。改革开放以来，我国长期被压抑的农村生产力得以释放，取得的成就举世瞩目，长期困扰农业发展的总量短缺问题基本得到解决；近年来，农村居民收入增长速度加快，但从国际水平上比较仍处于较低水平，农业内部自身积累不足，农户对于农业的投入增长缺乏来源和动力，加之农村金融体系的不健全，农村金融供给难以满足农户和农村企业的资金需要，农业投入不足已经成为困扰中国农业可持续发展的主要问题。因此，创新农业投入体制，完善农业投入机制，建立完善的农村金融市场，为城市资金资本下乡开辟通道是统筹城乡过程中必须解决的重大问题。

2. 以"五个融合"推进城乡要素资源交流

一是推进城乡产业融合。城乡发展不平衡的一个重要的原因是产业发展不平衡，在计划经济体制下，城市与农村是两个分割的经济区域，国家在城市发展工业和第三产业，在农村发展农业及其种植业。加之区域的分割，造成了城乡产业发展的封闭性和不相关性。我国的城乡区域界限是以行政区划为前提的，而产业发展要考虑资源禀赋和各方面条件，以行政区作为产业布局的划分依据，不仅缺乏科学的依据，也忽略了不同产业在不同区域的比较优势，既不利于产业的发展，也不利于区域的发展。推进城乡一体化，重点要放在打破城乡区域界限，按照资源禀赋和比较优势原则，推动产业在空间布局的融合。可以通过种植业生产与农产品加工业融合来延长农业产业链，增加农民收入和非农就业岗位，密切城镇与农村的关系；可以通过城乡产业的相互分工与联系，实现城乡经济的紧密互动和共同发展，鼓励一、二、三产业的融合，与城市生产紧密配套的加工业和服务业落地农村，与农村产业融合，带动农村发展，同时也实现了社会分工基础上的紧密协作，通过融合解决城乡产业分割，通过融合挖掘比较优势的发挥，通过融合最终促进城乡发展平衡。

二是推进城乡生产要素融合。生产资源要素自由流动是市场经济发展的本质特征，也是城乡、区域协同发展的前提，城乡生产要素能否融合流动，关系到长远的城乡关系，也就是毛泽东同志1956年在《论十大关系》中指出的位居首位的工农关系的协调。城市是资本、人才、技术集中的地方，但土地和资源稀缺；农村土地、劳动力、资源较多，亟待开发，但资本、人才、技术短缺。城市资本、人才、技术与农村土地、劳动力和资源融合流动，可以实现城乡互补，解决城乡、区域发展不平衡的问题；推进生产要素融合就是要鼓励企业，尤其是大型企业参与农村发展，以创建推进城乡生产要素融合流动、互补发展的新模式。

三是努力实现城乡居民融合。我们目前基本上建立了城乡一体的户籍管理制度，但在一些地方这里的一体并不是本质上的一体而仅仅停留在形式上。推进户籍制度改革的根本目的是保障公民迁徙和居住的自由，本质是要剔除附加在户籍上的劳动用工、住房、教育、社保等福利制度，使凡是户籍居民都能平等享受同等的权利和义务，这样才能使新老居民实现真正的融合；建立城乡一体的居住地户籍管理制度，还可以用市场经济的规律从根本上改变城乡人口分布的不合理状态，逐步缩小城乡居民各方面的差距，总体提高全体居民的生活水平。

四是实现城乡社会融合。前文中对此问题有详细的讨论，城乡社会融合在目前阶段，主要着眼于城乡社会保障接轨，推进城乡基本公共服务均等化，同时在文化、心理、思维方式等方面实现进城居民与原住民的融合和认同，实现改革开放成果的共享。

　　五是实现城乡生态关系融合。城乡生态融合的本质是生态功能在城乡的科学布局，具体到规划上，生态功能要融于新城、组团之间，融于道路、河流两侧，融于各城市功能板块中，实现产业发展、人居环境与生态环境的有机结合，形成提升城乡品位的景观环境，建设城与城、城与镇、镇与镇之间的绿色生态景观网络。

（三）以开放推进城乡二元经济结构转型

　　城乡二元结构转型具体到我国现阶段就是转到新型城乡形态，所谓新型城乡形态本质上是城乡关系的外在表现形式，是一定地域范围内城乡融合、一体发展过程的存在形式和状态。一种城乡形态向另一种形态转变就会发生结构的变化，表现为各种社会、经济构成的变化。根据我国工业化、城市化的发展水平，今后一段时期的新型城乡形态具有四个基本特征：一是就业以非农为主，社会分工总体上以非农业为主，尤其是城郊农民很少或者不再从事农业生产经营，传统的农业转向都市农业。二是专业化分工与集聚，按照具有比较优势的资源禀赋特色发展起来的产业，随着市场和生产规模的扩大，专业化分工、产业集聚与合作会越来越强，开放的程度会越来越高。三是物质和生活条件显著改善，城乡的物质文明和精神文明都会得到明显提升，特别是农村的生活水平，尤其是公共服务水平会明显改善。四是农业与非农业的双重角色，新型城乡形态的形成具有自发的城镇化特征，但是制度变革缓慢，也使其具有"农非农、城非城"双重角色，这段时间的长短，既取决于经济的总体发展水平，也取决于国家城乡发展的基本取向。在我国，我们认为可能出现不同区域的不同形式，在东部沿海地区，更多地表现为城乡一体化发展，纯粹的种植业与城市会有着明显的区别；但在广大的中西部地区，城乡融合发展是多种形式的。

1. 城乡二元经济结构的特征

　　城乡二元是我国二元经济的基本特征，二元的差异与我国经济政策有重要的联系。中华人民共和国成立初期，为实现"赶超战略"，工业特别是重工业的发展成为国家发展的战略取向，在经济基础相对薄弱的时期，发展工业意味着更多的资源由农业转移到工业，国家对农产品进行指令性定价和指令性征购，农民以低价出售农产品、高价购买工业品，从而构成农业反哺工业的"工农业产品价格剪刀差"，我国城乡二元结构体制逐渐成为当时中国计划经济的基础。此外，城乡户籍制度的严格管理使劳动力不能从农村向城市自由转移，城乡分割非常明显。尽管农业对工业的强制补贴以及强制阻碍劳动力转移促进了工业的发展，但同时阻碍了城市化的进程，因为城市化与工业化是不能分割的，单纯的工业化在发展初期尤其需要足够的劳动力支撑。所以，我国在工业化初期的城乡分割政策设计，与城市化建设的基本要义和要求是背道而驰的。

2. 城乡二元经济结构的转型

完全由政府指令控制的城乡关系开始转向通过市场调节。但由于城乡二元结构体制根深蒂固，农业支持工业、乡村支持城市的趋势并没有发生改变，支持的形式由工农业产品价格剪刀差转为劳动力方式，农民工的存在使工业、外贸等获得低廉的人工成本，为我国经济建设做出很大的贡献。即便我国工业在利用农村劳动力的基础上实现了低成本扩张，工业的发展仍未能带动农业发展，农民积累的财富以及获得的社会保障远远低于城市居民。这种长期不均衡的发展形成城乡差异大、城乡矛盾尖锐、个别农村群体生活无保障、农村技术与信息化发展严重不足等弊端。随着土地集约化、农业现代化生产趋势的到来，农业潜在的巨大价值将逐渐得到挖掘，土地作为一种稀缺资源将逐渐进入市场交易中，这对于缓解我国二元经济的矛盾将起着重要的推动作用。首先，农民的地位将得到提升，农村与城市人的差距将进一步缩小。过去农民参与市场活动的资源禀赋仅仅是劳动力，而一旦土地的市场价值得到发挥后，农民的市场地位就得到提升，过去背井离乡辛勤劳作却仅获得微薄收入的情况将得到缓解。农民以更多的形式参与农业生产，甚至逐渐向农业企业管理者身份转变，自身素质的提升也将带来社会地位的提高。其次，农业补贴工业的机制将逐渐瓦解，农业将进入新的发展阶段。在工业发展疲软时期，农业生产技术的提高、规模生产的实现将吸引有效资金、技术的渗入，工业的挤出效应将得到缓解，农业将迎来宝贵的发展契机。因此，只有把握契机，提高农民的市场地位，提高农业的发展速度，才能平衡农业与工业的矛盾，缓解农村与城市的二元不平衡现象，在技术进步的基础上实现城乡劳动力和资本的流动，顺利度过二元经济的转型时期。

3. 逐步实现资源配置的城乡均衡

实现城乡公共资源的均衡配置，是推进城乡一体化的核心内容。近年来，随着新农村建设和城乡一体化的快速推进，各级财政加大了农村公用设施和公共服务投入。农村公共投资的增速明显高于城市公共投资。从目前人均占有资源看，由于原有基数较低，目前农村地区人均公共投资仍然低于城市，有的甚至相差很大。在新常态下，公共资源配置需要继续坚持向农村倾斜，依靠增量调整，促进存量相对均衡。这里所讲的城乡公共资源均衡配置只是一种相对均衡而不是绝对均衡。一方面，随着城镇化的快速推进，农村常住人口将逐渐减少，农村基础设施和公共服务建设需要考虑到人口迁移因素、公共服务设施布局要与未来城乡人口分布格局相适应；另一方面，有相当部分农村人口虽然居住在农村，却在城市进行公共服务消费，尤其是教育、文化、医疗、卫生等方面的公共服务，因而农村基础设施和公共服务建设还应考虑到农村居民在城市消费的情况。

2017 年 2 月，国务院办公厅又印发了《关于创新农村基础设施投融资体制机制的指导意见》，提出"主体多元、充满活力的投融资体制基本形成，市场运作、专业高效的建管机制逐步建立，城乡基础设施建设管理一体化水平明显提高，农村基础设施条件明显改善，美丽宜居乡村建设取得明显进展，广大农民共享改革发展成果的获得感进一步增强"的主要目标；指出要"构建多元化投融资新格局，健全投入长效机制"，包括健全分级分类投入体制，创新政府投资支持方式，充分调动农民参与积极性，完善财政投入稳定增长机制，建立政府和社会资本合作机制，加大金融支持力度，强化国有企业社会责任和引导社会各界积极援建。这将有利于城乡基础设施差距的进一步缩小和城乡基础设施的融合。

4. 关于城乡二元体制的并轨

必须认识到城乡一体化的最本质问题并不是消除城乡二元结构，而是将当前的恶性二元结构调整为良性的二元结构。当前的城乡关系，是农村劳动力、资金、土地、管理、技术等各类生产要素，被抽取到城市的二元结构，是恶性的二元结构。努力的方向是推进城乡要素平等交换和公共资源均衡配置，通过健全城乡发展一体化体制机制，形成以工促农、以城带乡、工农互惠、城乡一体的新型工农和城乡关系，所以，中国城乡二元结构不会消失。城乡二元结构是制约城乡一体化的主要障碍。近年来，虽然各级政府在破解城乡二元结构方面做出很大努力，但在户籍制度、土地管理、劳动就业、公共服务、社会保障、社会治理等诸多领域，城乡分割的二元体制依然根深蒂固。在户籍制度方面，一些地方虽然取消了农业与非农业户口的划分，但不同性质户口上原有的权益并未统一，仍须加以标记区分，城乡户籍一元化改革有名无实。在土地管理方面，长期实行的城乡有别建设用地使用制度，受现有法律的限制，农村集体建设用地不能入市流转，与国有建设用地不同权、不同价，二者处于不平等的地位。在社会保障方面，城乡居民社会保障双轨运行、差距较大，城乡接轨和跨区域转移接续任务十分艰巨。例如，在城乡有别的社会救助制度和政策下，农村社会救助标准和水平普遍低于城市，而且缺乏制度化。2015 年，全国城市低保平均标准仍然是农村的 1.68 倍，平均支出水平是农村的 2 倍，这还仅是就全国平均水平而言，各地区之间的极差还大。在新常态下，推进城乡一体化不仅需要实现城乡各项体制的全面并轨，变城乡二元分治为城乡并轨同治；而且要解决区域间社会保障的转移接续问题，加大全国统筹的力度，推进全国基本公共服务均等化和社会保障一体化进程。显然，由于地区间发展差异较大，要实现各项体制的城乡和全国并轨，需要中央加大对农村和落后地区的转移支付力度。然而随着中国经济由高速增长转变为中高速增长，财政收入的增长速度也将逐步放慢，这种情况下中央和落后地区将面临较大的财政压力。

六、以共享理念促进城乡居民公平共同享受改革开放的成果

（一）全面理解共享发展的深刻含义

"治国有常，而利民为本。"共享发展是党中央提出的五大发展理念之一，让人民群众共享改革发展成果，是中国特色社会主义的本质要求，也是社会主义制度优越性的集中体现。唯有深刻理解共享发展理念的内涵，才能更好落实共享发展理念；唯有坚持全民共享、全面共享、共建共享、渐进共享，不断做大"蛋糕"、分好"蛋糕"，才能使发展成果更多更公平惠及全体人民，这四大方面相互贯通，要整体理解和把握。落实共享发展还要做好从顶层设计到"最后一公里"落地的工作，在实践中不断取得新成效。

1. 共享是全体人民的共享

全民共享是讲发展成果要覆盖全民。习近平总书记指出："共享发展是人人享有、各得其所，不是少数人共享、一部分人共享。"改革开放 30 多年来，我国经济社会发展取得了巨大成就，我国经济发展的"蛋糕"不断做大，但分配不公问题比较突出，收入差距、城乡区域公共服务水平差距较大。在共享改革发展成果上，无论是实际情况还是制度设计，都还有不完善的地方。为此，我们必须坚持发展为了人民、发展依靠人民、发展成果由人民共享，做出更有效的制度安排，使全体人民朝着共同富裕方向稳步前进，绝不能出现"富者累巨万，而贫者食糟糠"的现象。实现全民共享，就是要把不断做大的"蛋糕"分好，让社会主义制度的优越性得到更充分体现，让人民群众有更多获得感。努力使全体人民在学有所教、劳有所得、病有所医、老有所养、住有所居上持续取得新进展。我们必须坚持加大对困难群众的帮扶力度，坚决打赢农村贫困人口脱贫攻坚战，按照中央部署，实施精准扶贫、精准脱贫，以更大的决心、更明确的思路、更精准的举措、超常规的力度，众志成城实现脱贫攻坚目标，决不能落下一个贫困地区和群众，使发展成果更多更公平惠及全体人民。

2. 共享是各方面成果的共享

全面共享是讲共享的内容要全面。习近平总书记指出："共享发展就要共享国家经济、政治、文化、社会、生态各方面建设成果，全面保障人民在各方面的合法权益。"我们必须坚持从全面的角度来理解共享，不能仅从经济角度、物质财富分配的角度来理解，政治、文化、社会、生态等各种领域都应包含在内。当今的中国充满活力，人民对生活品质的要求不仅限于物质财富领域，而是对社会生活

的多个领域都有各种各样的诉求。在政治和社会领域的共享就是要进一步维护公平正义,保障人民平等参与、平等发展的权利,让人民有更多的获得感,保障人人共享发展成果,人人都有人生出彩的机会,从政治和社会领域为每一个人设置公平竞争的规则,让每一个人都不会输在起跑线上。在文化领域共享就是要通过文化、教育制度的建设,实现文化、教育服务均衡,提升国民素质,提高社会文明程度,让人民在文化领域实现共享。习近平总书记指出:"满足人民日益增长的精神文化需求,必须抓好文化建设,增加社会的精神文化财富。"从这个角度出发,国家致力于提高教育质量,推动义务教育均衡发展,同时要求教育资源更多地向贫困地区和少数民族地区倾斜。在生态领域共享就是要加快生态文明建设步伐,还人民以青山绿水,要认识到环境就是民生,青山就是美丽,蓝天也是幸福,绿水青山就是金山银山,保护环境,改善环境,让人民共享美好的生活环境。习近平总书记强调:"要树立大局观、长远观、整体观,坚持节约资源和保护环境的基本国策,像保护眼睛一样保护生态环境,像对待生命一样对待生态环境,推动形成绿色发展方式和生活方式,协同推进人民富裕、国家强盛、中国美丽。"

3. 共享是在共建基础上的共享

共建共享是共享实现的途径。习近平总书记指出:"共建才能共享,共建的过程也是共享的过程。要充分发扬民主,广泛汇聚民智,最大激发民力,充分调动人民积极性、主动性、创造性,形成人人参与、人人尽力、人人都有成就感的生动局面。"共建是共享的基础和前提、目的和方向。坚持共享发展,既追求人人享有,也要求人人参与、人人尽力,人人都为国家发展、民族振兴和个人幸福贡献自己的力量。全面小康的美好蓝图,需要共同付出艰苦的努力。要在全社会营造人人参与、人人尽力、人人享有的良好环境,以共享引领共建、以共建推动共享,厚植发展优势,凝聚发展合力,提升发展境界。马克思历史唯物史观告诉我们:人民群众是社会历史的创造者,是社会变革的决定力量。人民群众既是改革发展成果的创造者,也是改革发展成果的享有者。我们要继续解放思想,坚持改革开放,不断解放和发展社会生产力,努力解决群众的生产生活困难,坚定不移地走共同富裕的道路。

4. 共享是逐渐实现的共享

共享发展是发展规律所决定的。习近平总书记指出:"一口吃不成胖子,共享发展必将有一个从低级到高级、从不均衡到均衡的过程,即使达到很高的水平也会有差别。我们要立足国情、立足经济社会发展水平来思考设计共享政策,既不裹足不前、铢施两较、该花的钱也不花,也不好高骛远、寅吃卯粮、口惠而实不至。"必须坚持渐进共享,做到既积极有为量力而行,尽力解决当前必须解决和能够解决的民生问题,又充分考虑各方面的条件和可承受能力。共同富裕是社会主义的本质要求。一方面，要清醒地认识到实现这个目标需要漫长的历史过程；另一方面，也要根据现有条件把能做的事情尽量做起来，不断朝着全体人民共同富裕的目标前进。要从长远角度理性看待今天存在的各种差别问题，立足国情，立足当前经济社会发展水平来思考问题，解决问题。

（二）共享发展必须实现国家富强、民族振兴和人民幸福

我国是社会主义国家，在任何时候都要坚持以人民为中心，坚持人民的利益，坚持全体人民共同富裕，坚持让全体人民共同享受改革开放的成果。按照人人参与、人人尽力、人人享有的要求，坚守底线、突出重点、完善制度、引导预期，注重机会公平，保障基本民生，实现全体人民共同迈入全面小康社会。

1. 努力实现国家富强，为共享发展奠定坚实的基础

中华民族从来就是以国为家，家是最小国，国是千万家，国泰则民安，民富则国强。习近平总书记从中华民族的最广大利益出发，提出了实现中华民族伟大复兴的中国梦，其中最大的特点，就是把国家、民族和个人作为一个命运共同体，把国家利益、民族利益和每个人的具体利益紧紧联系在一起，体现了中华民族固有的"家国天下"的情怀。中国有着 5 000 多年的文明史，曾经是世界上最强大的国家之一，但是在近代，我们饱受列强的侵略，中国人民长期过着贫困的生活。为了民族的地位和人民的富强，中国人民经历了数百年的艰苦卓绝的曲折探索，最终在中国共产党的领导下，建立了中华人民共和国，实现了人民当家做主的伟大目标。中华人民共和国成立后，我们为国家富强和人民的幸福生活而努力奋斗，到今天，中国已经屹立在世界的东方，成为世界第二大经济体，但从人均水平看，我们仍然处于比较落后的位置。实现国家富强，大大提升我国的经济实力和综合国力、国际地位和国际影响力，使中华民族以更加昂扬向上、文明开放的姿态屹立于世界民族之林，是中国共产党带领人民在新时期更为重要和艰巨的任务，而这一任务的完成，正意味着中国人民过上更加幸福安康的生活，这正为人民共享改革开放的成果奠定了最坚实的基础。

2. 努力实现民族振兴，为共享发展创造群体的情怀

人民，只有人民，才是创造世界历史的动力。人民是国家的主体，人民是物质和精神财富的创造者，民族振兴必须靠人民来实现，国家也必须为人民造福。我们的人民是伟大的人民，中国人民素来有着深沉厚重的精神追求，即使近代以来饱尝屈辱和磨难，也没有自弃沉沦，而是始终追求和向往光明的未来。实现民族的伟大复兴，不是哪一个人、哪一部分人的责任，而是全体中国人民共同的追求；民族振兴不是成就哪一个人、哪一部分人，而将造福全体人民。因此，民族振兴的深厚力量来自人民，民族振兴的根本归宿也在于人民。也只有实现了民族

的振兴，才会有国家富强的大众情怀，才有全国各族人民共享改革发展成果的坚实基础。

3. 努力实现人民幸福，是共享发展的最根本目的

"得其大者可以兼其小"，国家和民族的利益也是每一个中国人的利益。历史告诉我们，每个人的前途命运都与国家和民族的前途命运紧密相连。国家富强了，民族振兴了，全国人民才会好。当今时代每个中国人都有自己的美好追求和向往，大者报效国家，小者从上学就业到住房就医，尊严的保证、事业的成功、价值的实现等，13 亿人民所追求的幸福百川归海汇成国家的富强和民族的振兴。中国的广阔舞台，为个人的理想提供了蓬勃的最广阔空间；而每个人的不断努力和奋斗，又都是实现国家富强民族振兴的重要力量。只有每个人都把人生理想融入国家和民族的利益之中，才会凝聚成实现国强民富的强大力量。

（三）坚持共享发展理念就是要增进城乡全体居民的福祉

我国 30 多年的高速发展，其中有一个重要的问题就是没有实现经济增长与人民群众收入增长的基本同步。与此同时，城乡居民收入差距日益加大，已经成为影响和谐发展的隐患。坚持共享首先是增进全体人民的福祉，同时还要缩小城乡居民收入差距，把增进福祉的重点放在农民身上，实现走共同富裕的道路。

1. 共享发展要实现全体人民的收入增长

经济发展的目的是提高人民的生活水平，如果偏离了这个方向，经济发展就没有实质性的意义。一段时期以来，部分地方领导把经济增长本身作为目的，将以经济建设为中心等同于以经济增长为中心，将经济增长理解为 GDP 增长，于是就拼命去想办法取得一个高的 GDP 增长率，而完全忘记了经济发展的根本目的。结果使人民收入水平增长长期大大低于 GDP 的增长，农村居民收入又长期低于城市居民收入。近年来这种趋势有所调整，但并没有从根本上改变这一格局。邓小平同志提出的我们发展经济的最终目的是要实现全体人民的共同富裕，但从国情出发，还需要使一部分人先富起来，然后带动另一部分人实现共同富裕。在计划经济时代，国家掌握着较大的资源配置权，可以利用资源分配使一部分地区和一部分人先富起来；到了今天，在社会主义市场经济的条件下，政府掌握资源较少，要完全依靠政府实现共同富裕是不行的，要依靠"两只手"的力量来达到这个目的。所以今天突出共享发展，就必须坚定不移地朝着实现全体人民收入增长的目标奔去，朝着共同富裕的目标奔去。要从根本上改变发展与人民群众的实惠"两张皮"现象，这不仅仅只是一个指标增长的问题，而是涉及社会主义经济发展的目的性的大问题。诚如《中共中央关于制定国民经济和社会发展第十三个五年规划的建议》中指出："坚持居民收入增长和经济增长同步、劳动报酬提高和劳动生

产率提高同步，持续增加城乡居民收入。调整国民收入分配格局，规范初次分配，加大再分配调节力度。"

2. 缩小城乡居民收入差距，将增加收入的重点放在农村居民上

共享是中国特色社会主义的本质要求，是全面建成小康社会的根本体现，也是动员农民积极投身现代化建设的强大动力。改革开放以来，农业农村发展取得了历史性成就，农民得到了实惠，成为改革坚定的支持者。但要看到，在分享改革发展成果方面还存在一些明显的问题，农村居民收入增长水平长期低于城市居民，收入结构很不合理，财产性收入极低，在城里的务工收入和转移性收入占比较高，而主营的收入反而较低，这种结构的可持续性很差；特别是到 2015 年底农村还有 6 000 万左右的贫困人口，这与全面建成小康社会的目标要求相比，还有很大差距，必须做出合理的制度安排，形成有效共享机制，让农民尤其是贫困农民有更多的获得感。要通过改革努力提高农民的财产性收入，必须下大力气盘活农民的财产，这个问题已经提了多年，也出了不少文件，但为什么成效并不显著呢？说到底，还是改革不到位，改革的配套性差，如关于"三权"抵押的问题，就始终是犹抱琵琶半遮面，下不了决心，各类金融机构没有积极性，使这个问题久拖而不能得到彻底解决。要加快完善农村基础设施和公共服务，这是加快让农民分享改革发展成果的重要抓手，基础设施能盘活农村的资源要素，而公共服务能解决农民的基本服务需求；要加大脱贫攻坚力度，真正做到精准帮扶，真正做到精准脱贫。在缩小城乡居民收入差距的问题上，还必须做出制度性的设计，不能仅靠转移支付和补贴去解决，城市居民的收入提高受居民物价指数和城市经济发展以及资本有机构成提高等因素影响，具有一定的刚性，也就是说，本身带有制度性特征。但农村居民就没有这样的机制，其增长因素是不稳定的。对此，必须做出顶层设计，实现农村居民收入增长的制度刚性保障。

3. 实现中华民族全体人民的共同富裕

习近平总书记指出："我们的人民热爱生活，期盼有更好的教育、更稳定的工作、更满意的收入、更可靠的社会保障、更高水平的医疗卫生服务、更舒适的居住条件、更优美的环境，期盼着孩子们能成长得更好、工作得更好、生活得更好。人民对美好生活的向往，就是我们的奋斗目标。"中国共产党人浴血奋斗就是为了让全体人民过上幸福美满的生活，而不是让一小部分人发财，也不是让广大人民苦乐不均，我们的目的就是使全体人民走共同富裕的道路，这是中国共产党人的坚定信念。

"民惟邦本，本固邦宁。"民生是人民幸福之基、社会和谐之本。民生连着民心、民心凝聚民力，做好保障和改善民生工作，事关群众福祉和社会和谐稳定。增进民生福祉是坚持立党为公、执政为民的本质要求。我们党来自人民、植根人

民、服务人民，是全心全意为人民服务的政党，干革命、搞建设、抓改革，都是为了让人民过上幸福生活。习近平总书记指出："让老百姓过上好日子是我们一切工作的出发点和落脚点。"检验我们一切工作的成效，最终都要看人民是否真正得到了实惠，人民生活是否真正得到了改善。不断改善民生是推动发展的根本目的。我们的发展是以人为本的发展，要全面建成小康社会，进行改革开放和社会主义现代化建设，就是要通过发展社会生产力，满足人民日益增长的物质文化需要，促进人的全面发展。如果我们的发展不能回应人民的期待，不能让群众得到看得见、摸得着的实惠，不能实现好、维护好、发展好最广大人民的根本利益，这样的发展就失去意义，也不可能持续。

4. 坚持共享发展的四个具体内容

我国城乡发展的差距还较大，坚持共享发展还是要从实际出发，从可承受、可持续出发，抓住重点实现共享，当前主要还是增进农民福祉。

一是发展成果共享。科学发展强调以实现人的全面发展为目标，切实保障人民的经济、政治和文化权益，让发展的成果惠及全体居民；统筹城乡发展应坚持以人为本，关注民生、重视民生、保障民生、改善民生，促进社会公平正义，让全体居民分享城市改革发展的成果，促进社会公平正义，让全体居民分享改革发展的成果。就农村而言，就是要形成比较完善的中国特色社会主义经济体系，建设适度规模经营引领的现代农业产业、生产经营体系，打造支持农业创新、协调、绿色、开放、共享发展的政策体系。

二是资源共享。相当长一个时期，中国的经济增长是通过运用各种行政手段，从社会各方面尤其是农村中集中有限资源，为工业的发展和城市扩容提供了原始的资金积累，资本、技术、人才和信息等生产要素相对集中在城市，促进了城市的发展、抑制了农村的发展。统筹城乡发展就是要打破这种不合理的资源配置格局，促进城市优势资源向农村地区延伸，实现城乡资源共享。就农村而言，要按照全覆盖的要求，加快农村公路、水利、电力、通信等基础设施建设。

三是机会共享。经过近30多年的改革与发展，经济快速增长，社会迅速进步，城乡二元结构已经发生了较大的变化，但城乡之间的二元体制没有从根本上发生改变，仍然严重制约着农村的经济社会发展，挫伤了农民的生产积极性，也进一步加大了中国经济、社会发展的不平衡，阻碍了全面建成小康社会、最终实现共同富裕的进程。统筹城乡发展就是要在城镇化和工业化快速推进的同时，为农村、农业和农民提供平等的发展机会，实现城乡的共同繁荣。就农村而言，就是要加大脱贫攻坚力度，抓住精准扶贫的精髓，进一步把贫困人口底数和建档立卡工作搞扎实，真正做到精准识别；进一步把致贫原因和扶持措施搞清楚、真正做到精准施策；进一步把帮扶责任落实到人、真正做到精准帮扶；进一步把脱贫时间表落实到户、真正做到精准脱贫。

四是公共服务共享。长期以来，国家财政投入明显偏向城市的政策使城乡基本公共服务存在巨大的差距，城乡公共品供给失衡，农村基础设施建设严重不足，城乡居民的生存和发展环境差距越来越大，统筹城乡发展就是要在加快经济发展的同时，注重城乡基本公共服务均等化，统筹推进城乡基础设施建设和社会事业发展，加快构建促进基本公共服务均等化的长效机制，使全体社会成员都能均等享受基本公共服务。就农村而言，就是要推动义务教育、就业服务、社会保障、基本医疗和公共卫生、公共文化、环境保护等基本公共服务向农村延伸，逐步实现城乡制度上并轨、标准上统一；要坚持把社会事业发展的重点放在农村和接纳农业转移人口较多的城镇，完善转移支付制度，为提高农村公共服务质量和水平提供财力保障。

5. 服务项目入清单，使其有标准可循

国务院 2017 年 3 月 1 日印发的《"十三五"推进基本公共服务均等化规划》，提出从解决人民群众最关心、最直接、最现实的利益问题入手，以普惠性、保基本、均等化、可持续为方向，按照"兜住底线、引导预期、统筹资源、促进均等、政府主责、共享发展、完善制度、改革创新"的基本要求，稳步提高均等化水平，全面建立标准体系，巩固健全保障机制，衔接完善制度规范，力争到 2020 年，基本公共服务体系更加完善，体制机制更加健全，在学有所教、劳有所得、病有所医、老有所养、住有所居等方面持续取得新进展，基本公共服务均等化总体实现。

《"十三五"推进基本公共服务均等化规划》提出了系列政策措施。一是明确国家基本公共服务制度框架。以基本公共服务清单为核心，以促进城乡、区域、人群基本公共服务均等化为主线，以各领域重点任务、保障措施为依托，以统筹协调、财力保障、人才建设、多元供给、监督评估五大实施机制为支撑，是政府保障全民基本生存发展需求的制度性安排。二是建立基本公共服务清单制。确定八大领域 81 个服务项目进入清单，如学有所教的重点是加大对中西部和民族边远贫困地区的倾斜力度，劳有所得要保证有就业能力的家庭至少一人就业，老有所养要实施全民参保计划，病有所医要推进健康中国建设；要兜底困难群体，进一步扩大公租房保障范围，要实现基本公共文化服务设施"提档升级"，要加快建立残疾人基本福利制度。对这些项目的具体服务对象、服务指导标准、支出责任、牵头负责单位等，要求在规划期内落实到位，结合经济社会发展情况，按程序进行公开调整。三是提出四大方面保障措施：在促进均等共享方面，要求开展贫困地区脱贫攻坚、重点帮扶特殊困难人群、促进城镇常住人口全覆盖、缩小城乡服务差距、提高区域服务均等化水平、夯实基层服务基础等。在创新服务供给方面，要求加快事业单位分类改革、积极引导社会力量参与、鼓励发展志愿和慈善服务，

发展"互联网+"益民服务等。在强化资源保障方面，要求提升财政保障能力、加强人才队伍建设、加强规划布局利用地保障、建立健全服务标准体系、强化社会信用体系支撑等。在推进规划实施和监督评估方面，明确了国务院各有关部门和省级以下各级人民政府的职责，要求加强绩效评价和监督问责。

（四）区域基本协调发展是实现共享发展的基本前提

我国幅员辽阔，但地区间的环境条件和资源禀赋差异很大，根据主体功能区原理，如果不通过制度设计使人口、经济和资源环境承载能力保持基本平衡，那就势必造成区域发展的差距，各区域的人民也不可能公平享受改革开放的成果。所以，要实现共享发展，必须促进区域基本协调发展。主要包括以下三个内容。

1. 人口与经济的关系

区域协调发展，不是经济总量在全国各地区的均衡分布，而是经济在很小一部分区域集聚，但集聚经济的区域，也要同时集聚相应规模的人口，既要集聚就业的劳动人口，也要集聚需要就业人口负担赡养的人口。经济总量少的区域，人口也稀少。我国区域不协调的问题是，经济分布与人口分布在空间上严重失衡。东部地区集中了全国60%以上的经济，人口则占40%；中西部地区的经济规模占比不到40%，但人口则占了60%。环渤海地区、长三角地区、珠三角地区三大经济圈，集中了全国40%的经济总量，但人口仅占全国的18%。21世纪初，美国的波士顿-华盛顿、芝加哥-匹兹堡、圣迭戈-旧金山三大城市带生产总值占美国GDP的48%，人口也占美国人口总量的45%。日本的东京圈、名古屋圈、关西圈三大都市圈的生产总值占日本GDP的51%，人口占日本人口总量的49%，所以美国、日本地区间人均生产总值的差距很小。经济向发展条件好的区域集聚是客观规律，而经济的集聚必然伴随劳动人口的集聚，只要我们在制度上不限制其他人口的流动，按人均生产总值衡量的地区差距就会逐渐缩小。集聚经济的地区，并未集聚相应规模的人口，在一定程度上扩大了不同区域间人均生产总值的差距。人均生产总值排在全国前列的省市，往往也是农民工净流入最多的地区。因此，在经济继续向少数区域集中的趋势下，如果我们继续把人口固化在原来的行政区，就会进一步加大地区之间人均生产总值的差距，形成不必要的政治压力和社会压力。

2. 人口和经济的分布与资源环境承载能力的关系

区域协调发展，不仅要实现经济分布与人口分布的大体均衡。而且集聚经济和人口的区域还要与当地资源环境承载能力相协调，换句话说，就是集聚的人口规模和经济规模及其产业结构不能超出当地资源环境的承载能力。区域协调发展不仅要以当代人为本，还要考虑后代，不能为了当代人的生活美好，就不惜损害子孙的生存条件。我国区域不协调的问题是，没有把人口、经济、资源、环境落到一个空间去统筹考虑，没有从其关系中去考虑如何统筹发展才是可持续的。我国的人口分布与水资源分布是失衡的。淮河以北，水资源占比不到全国的 20%，但人口却占 46%，经济占 45%，耕地占 65%。以此为界，经济与人口是相对均衡的，但水资源与人口、经济、耕地都是失衡的。从而，才有了南水北调。人口分布、经济布局与资源分布的不均衡，是形成南水北调、北煤南运、西煤东运、西电东送、西气东输的主要原因。水可以调，但过度调水会带来其他区域生态损失，水资源调动的成本既包括投资、人力等方面的财务成本，也包括资源调出地生态环境损害的成本。一些地区尽管严重缺水、缺电、缺环境容量，却仍在进行一些高耗水、高耗电、高排放的项目。形成的社会负面效果，目前的企业不负担，本届地方政府也不负担，这种社会成本是由以后的政府、今后的人民承担的。

3. 各地区人民的生活水平大体相当

区域协调发展，不是各地区的生产总值均等化、经济发展水平的均衡化，而是实现不同地区之间公共服务的均等化、生活条件的均等化和人民生活水平的均等化。《中共中央关于制定国民经济和社会发展的第十三个五年规划的建议》指出，"塑造要素有序自由流动、主体功能约束有效、基本公共服务均等、资源环境可承载的区域协调发展新格局""增强发展协调性，必须坚持区域协同、城乡一体、物质文明精神文明并重、经济建设国防建设融合，在协调发展中拓宽发展空间，在加强薄弱领域中增强发展后劲"。这是对区域协调发展的新注释。我国区域不协调的问题是，财政支出规模高度依赖于财政收入规模，财政收入规模又高度依赖于经济规模的不合理财税体制，以及劳动人口与赡养人口在空间上的分离，造成地区间公共服务水平的差距过大。虽然不再限制劳动人口的转移，但由于户籍制度及其背后的公共服务供给体制的制约，非劳动人口还无法自由迁徙。有劳动能力的人在发达地区和城市就业，但他们的家属，即需要养育的孩子、需要孝敬的父母还在原籍，而老人和孩子是不创造 GDP 和税收的。对于那些不具备实现均衡的经济实力和经济发展水平的生态脆弱地区，以及不应该主要依靠大规模、高强度工业化、城市化推进经济增长的农产品主产区来讲，要使本地区的人民获得就业机会，获得大体相当的收入，拥有均等化的公共服务和生活条件，应该"三管齐下"：一是促进人口转移到就业机会多、收入较高的城市化地区；二是发展农产品、生态产品以及其他本地资源环境可承载的少部分工业品，当然，享用生态产品的地区要给予必要的补偿，对农产品要给予适当补贴；三是切断财政收入与财政支出高度相关的机制，建立财政支出与人口高度关联的财政体制，加大中央和省级财政对农产品主产区、重点生态功能区以及其他特殊困难地区的均衡性转移支付规模，既包括用于公共服务的财政支出，也包括直接用于提高当地居民收入水平的转移性补助。

参 考 文 献

奥尔森 M. 1995. 集体行动的逻辑. 陈郁, 郭宇峰, 李崇新译. 上海: 上海三联书店, 上海人民出版社.

巴曙松. 2013-11-19. 城乡二元分割是中国现行土地制度的核心症结. 新华财经.

白永秀. 2014. 西部地区城乡经济社会一体化战略研究. 北京: 人民出版社.

北京大学国家发展研究院. 2011. 成都市统筹城乡综合配套改革试验区单项经验评估报告.

博特赖特 J R. 2002. 金融伦理学. 静也译. 北京: 北京大学出版社.

曹亚. 2016. 劳动供求匹配、就业适度增长与城乡经济均衡发展研究. 北京: 中国经济出版社.

曾宪明. 2016. 城市化进程中的农地制度变迁: 国际比较研究. 武汉: 武汉大学出版社.

陈锡文. 2012a. 推动城乡发展一体化. 求是, (23): 28-31.

陈锡文. 2012b. 我国城镇化进程中的"三农"问题. 国家行政学院学报, (6): 4-11.

陈锡文. 2013. 当前我国农村改革发展面临的几个重大问题. 农业经济问题, (1): 4-6.

杜海涛. 2016-11-06. 打造合作社"升级版". 人民日报.

樊继达. 2008. 统筹城乡发展中的基本公共服务均等化. 北京: 中国财经出版社.

费孝通. 1998. 乡土中国 生育制度. 北京: 北京大学出版社.

高建民. 2009. 当代中国农民与农村经济社会以矛盾分析. 北京: 中国经济出版社.

高粱. 2015. 重视农村工作全面统筹城乡发展——城乡发展一体化理论研讨会综述. 经济导刊, (7): 31-37.

高圣平. 2014. 农地金融化的法律困境及出路. 中国社会科学, (8): 147-166.

高新军. 2011. 从土地权到公民权. 南风窗, (18): 30-31.

高云才. 2016-12-05. 新型经营主体活了农村. 人民日报.

官卫华, 王耀南, 周南平. 2014. 中国城乡统筹规划的理论、方法与实践. 北京: 科学出版社.

国务院发展研究中心农村经济研究部. 2014. 从城乡二元到城乡一体. 北京: 中国发展出版社.

哈斯, 李桂君. 2016. 农民股东. 北京: 中国人民大学出版社.

韩俊. 2012-11-07. 推进"三农"理论和制度创新 开创"三农"工作新局面. 中国经济时报.

贺雪峰. 2007-06-15. 关于农民合作能力的几个问题. http://sh.sina.com.cn/20070615/175177774.shtml.

贺雪峰, 仝志辉. 2002. 论村庄社会关联——兼论村庄秩序的社会基础. 中国社会科学, (3): 124-134.

胡鞍钢, 马伟. 2012. 现代中国经济社会转型——从二元结构到四元结构(1949—2009). 清华大学学报(哲学社会科学版), 27(1): 16-30.

华生. 2013. 城市化转型与土地陷阱. 北京：东方出版社.

黄新建. 2015. 统筹城乡发展与城镇化建设. 北京：社会科学文献出版社.

黄祖辉. 2000. 农民合作：必然性，变革态势与启示. 中国农村经济，（8）：4-8.

霍小光，张晓松，胡浩，等. 2017-02-03. 改革、快马加鞭未下鞍. 人民日版.

康芒 M，斯塔格尔 S. 2012. 生态经济学引论. 金志农，余发新，吴伟萍译. 北京：高等教育出版社.

科尔曼 J S. 1999. 社会理论的基础. 上册. 邓方译. 北京：社会科学文献出版社.

李昌麒. 2006. 中国农村法治发展研究. 北京：人民出版社.

李君如. 2012-03-12. 文化自觉与城乡文化统筹. 北京日报.

李涛. 2009. 到底需要什么样的教育公平治理：农民视角下的统筹城乡教育综合改革. 河北师范大学学报（教育科学版），11（5）：75-81.

李涛. 2013. 中国城乡底层教育公正的政策研究：基于社会分层的视角. 中国行政管理，（3）：30-34.

李伟伟，张云华. 2015. 土地经营权流转的根本属性与权能演变. 改革，（7）：31-37.

李志青. 2016. 中国经济新平衡：重建绿色发展. 北京：中信出版集团.

梁漱溟. 2006. 梁漱溟全集. 第2卷. 济南：山东人民出版社.

林远. 2016-11-02. 继"包产到户"之后，我国农村又一次迎来重大改革. 人民日报.

刘焕钦. 2008-10-16. 融资平台靠信用搭建. 金融时报.

刘奇. 2011. 重新寻找农村改革的动力源. 中国发展观察，（9）：33-36.

刘守英. 2016. 中国农业战略需要重大转变. 改革内参，32：19-20.

刘守英. 2017-02-14. 善待农民地权是农地三权分置的前提. 光明日报.

刘西涛，王炜. 2016. 现代农业发展政策研究. 北京：中国财富出版社.

刘小雪. 2002. 中国与印度的城市化比较 亚太地区发展报告. 北京：社会科学文献出版社.

刘笑嫣，黎胜斌. 2016-01-05. 地票制有利于消化房地产库存. 重庆晨报.

卢梭 J J. 2004. 社会契约论. 何兆武译. 北京：商务印书馆.

马骏驹，宋刚. 2001. 合作制与集体所有权. 法学研究，（6）：116-127.

马克思 K H，恩格斯 F. 1972. 马克思恩格斯全集. 第16卷. 中共中央马克思恩格斯列宁斯大林著作编译局译. 北京：人民出版社.

马庆斌. 2011. 城乡一体化. 北京：社会科学文献出版社.

马长山. 2006. 法治进程中的"民间治理". 北京：法律出版社.

宁夏，叶敬忠. 2016. 改革开放以来的农民工流动. 政治经济学评论，7（1）：43-62.

农业部软科学委员会办公室. 2010. 农村改革与统筹城乡发展. 北京：中国财经出版社.

欧阳仁根，陈岷，等. 2008. 合作社主体法律制度研究. 北京：人民出版社.

彭新万. 2014. 涉农制度联动机制构建. 北京：社会科学文献出版社.

任吉东. 2014-04-18. 近代中国百年城乡关系的两极性衍化. 中国社会科学报.

斯密 A. 2004. 国民财富的性质和原因的研究. 上卷. 郭大力，王亚南译. 北京：商务印书馆.

斯彭斯 M，安妮兹 P C，巴克利 R M. 2016. 城镇化与增长：城市是发展中国家繁荣和发展的动机吗? 陈新译. 北京：中国人民大学出版社.

苏明. 2014-05-30. 我国城乡发展一体化与财政政策思路. 中国经济时报.

田德文. 2013. 欧洲城镇化历史经验的启示. 当代世界，（6）：14-19.

田相辉，张秀生，庞玉萍. 2014. 中国农村经济发展与城乡一体建设研究，武汉：湖北科学技术出版社.

王峰. 2016-12-20. "三权分置"修法争议：经营权是债权还是物权. 21 世纪经济报道.

王立胜. 2009. 中国农村现代化社会基础研究. 北京：人民出版社.

王伟光. 2013. 走共享融合发展之路. 北京：社会科学文献出版社.

王忠武. 2012. 当代中国城乡关系的三重建构机制. 学术月刊，（12）：5-13.

威廉斯 R. 2003. 乡村与城市. 第 3 版. 韩子满，刘戈，徐珊珊译. 北京：商务印书馆.

吴理财. 2012. 城镇化时代城乡基层治理体系重建. 华中师范大学学报（人文社会科学版），51（6）：10-16.

吴良镛. 2001. 人居环境科学导论. 北京：中国建筑工业出版社.

武力. 2007. 1949—2006 年城乡关系演变的历史分析. 中国经济史研究，（1）：23-25.

项纪. 2013-12-12. 地票交易实施五年：化土为金. 重庆日报.

肖斌. 2007. 巴西的城乡差距和对策. 农村工作通讯，（2）：63.

谢鸿飞. 2016-01-28. 依法推进"三权分置"改革，农村土地可以释放更多红利. 人民日报.

徐诺金. 2007. 金融生态论. 北京：中国金融出版社.

徐勇. 2007. 如何认识当今的农民、农民合作与农民组织. 华中师范大学学报（人文社会科学版），46（1）：1-3.

薛桂霞，孙炜琳. 2013. 对农民专业合作社开展信用合作的思考. 农业经济问题，（4）：76-80.

杨培峰. 2005. 城乡空间生态规划理论与方法研究. 北京：科学出版社.

杨庆育. 2012. 统筹城乡理论与实践. 重庆：重庆大学出版社.

杨庆育. 2015. 生态经济与生态产品论. 北京：中国环境出版社.

杨庆育，岳彩申，卢代富，等. 2015. 统筹城乡改革法制保障研究. 重庆：重庆出版集团.

杨伟民，袁喜禄，张耕田，等. 2013. 实施主体功能区战略，构建高效、协调、可持续的美好家园. 区域与城市经济，（1）：3-4.

姚士谋，杨永清，任永明，等. 2011. 城乡统筹和谐江宁. 北京：中国科学大学出版社.

叶兴庆. 2016-11-03. 农地"三权分置"要有利于现代化. 人民日报.

易中天. 2007. 成都方式破解城乡改革难题的观察与思考. 桂林：广西师范大学出版社.

应星. 2014. 农户、集体与国家. 北京：中国社会科学出版社.

袁金辉. 2014. 逆城镇化：城乡一体化的有效途径. 行政管理改革，（11）：58-61.

张春泥，谢宇. 2013. 同乡的力量：同乡聚集对农民工工资收入的影响. 社会，33（1）：113-135.

张英洪. 2015. 北京市城乡发展一体化进程研究. 北京：社会科学文献出版社.

赵树凯. 2011. 农民的政治. 北京：商务印书馆.

郑永年. 2013-04-03. 中国的城市改革和城乡统筹. http://www.zaobao.com/forum/expert/zheng-yong-nian/page/10/0.

中国人民银行农村金融服务研究小组. 2011. 2010 中国农村金融服务报告. 北京：中国金融出版社.

中国社会科学院农村发展研究所课题组. 2016. 新常态下中国城乡一体化格局与趋势. 改革内参，27：23-24.

中华全国供销合作总社赴加拿大、挪威考察团. 2005. 加拿大、挪威合作社考察报告. 中国合作经济，（1）：43-46.

重庆市统筹城乡综合配套改革领导小组办公室，成都市统筹城乡综合配套改革领导小组办公室.

2008. 重庆、成都统筹城乡综合配套改革总体方案.

重庆市统筹城乡综合配套改革领导小组办公室. 2008. 重庆市统筹城乡综合配套改革资料汇编.

周大鸣，杨小柳. 2014. 从农民工到城市新移民：一个概念、一种思路. 中山大学学报（社会科学版），54（5）：144-154.

周东春. 2014-12-29. 新型城镇化五大发展路径. 中国经济时报.

周飞舟，王绍琛. 2015. 农民上楼与资本下乡：城镇化的社会学研究. 中国社会科学，（1）：66-83.

周立. 2008. 金融改革30年回顾：从汲取到建议. http://www.sina.com.cn.

周立. 2009. 农村金融体系的市场逻辑与中国经验. 中国乡村研究，（5）：75-93.

周立. 2014. 中国城乡一体化与新型城镇化的未来发展. 中国乡村发现，（4）：149-152.

周立，周向阳. 2010-05-18. 中国农村金融体系的形成与发展逻辑. http://caein.com/index.php/Index/Showcontent/index/bh/008002/id/54472.

朱丕荣. 1998. 中国农业的经济体制改革. 世界农业，（7）：9-11.

朱善利. 2013. 中国城乡一体化之路. 北京：北京大学出版社.

附　　录

重要讲话及文献（按时间排序）

1. 中共中央办公厅、国务院办公厅，关于划定并严守生态保护红线的若干意见，2017 年 2 月 7 日
2. 新华社，中共中央、国务院关于深入推进农业供给侧结构性改革加快培育农业农村发展新动能的若干意见，2017 年 2 月 5 日
3. 新华社，中共中央、国务院关于加强耕地保护和改进占补平衡的意见，2017 年 1 月 23 日
4. 中共中央办公厅、国务院办公厅，关于完善农村土地所有权承包权经营权分置办法的意见，人民日报，2016 年 10 月 31 日
5. 国务院，国务院关于印发全国农业现代化规划（2016—2020 年）的通知，2016 年 10 月 17 日
6. 国务院，国务院关于实施支持农业转移人口市民化若干财政政策的通知，2016 年 7 月 27 日
7. 国务院办公厅，国务院办公厅关于支持贫困县开展统筹整合使用财政涉农资金试点的意见，2016 年 4 月 12 日
8. 中共中央组织部干部教育局，领航中国. 北京：党建读物出版社，2016 年 4 月
9. 国务院办公厅，国务院办公厅关于推进农村一二三产业融合发展的指导意见，2015 年 12 月 30 日
10. 汪洋，汪洋在中央农村工作会议上的讲话，2015 年 12 月 24 日
11. 中共中央关于制定国民经济和社会发展第十三个五年规划的建议. 北京：人民出版社，2015
12. 习近平，习近平在农村改革座谈会上的讲话，2015 年 4 月 25 日
13. 李克强，以改革创新为动力加快推进农业现代化，求是，2015 年第 4 期
14. 中央宣传部，习近平总书记系列重要讲话读本. 北京：学习出版社，人民出版社，2014
15. 国务院办公厅，国务院办公厅关于金融服务"三农"发展的若干意见，人民日报，2014-04-20
16. 中国共产党第十八届中央委员会第三次全体会议文件汇编. 北京：人民出版社，2013
17. 中国共产党第十八次全国代表大会文件汇编. 北京：人民出版社，2012
18. 温家宝，中国农业和农村的发展道路，求是，2012 年第 2 期

后　记

　　2006 年 6 月，我时任重庆市发展和改革委员会主任，在一次市委全会上，市委书记提出要深入挖掘重庆直辖的价值，全面研究"打直辖牌"的战略。我认识到这是市委在重庆直辖十年，有了一定的经济基础，中央交办"四件大事"已经取得阶段性成果的新背景下，重庆应该有新起点、新作为、新思考，从而推动新发展的重大考虑。

　　重庆市市情特殊，面积、人口相当于中国的中等省份，地处西部，总体上基础较差，区域差距极大，城乡各方面的差距都非常明显，城市体系不健全，基础设施标准较低，创新能力差，开放水平不高等，面对这样网络状的困难和问题，"直辖牌"打什么？什么是主攻方向？

　　重庆市发展和改革委员会从市情出发，从发展潜力出发，从资源禀赋出发，特别是从特殊直辖市的特殊性出发，反复分析比较研究，并按照原书记汪洋和原市长王鸿举的要求，邀请了中央财经领导小组办公室、国家发改委、国务院研究室、国家宏观经济研究院的领导和专家来渝共同研究讨论，最终确定了"以统筹城乡为主要内容打直辖牌"的工作方向。重庆市委、市政府颁发意见，市人大常委会做出决定，汪洋同志亲自与农民工交流调研，书记、市长利用网络平台向全球征集建议。胡锦涛同志 2007 年 3 月提出"建立统筹城乡发展的直辖市"，国家发改委 2007 年 6 月确立重庆市作为全国统筹城乡综合配套改革试验区。很快，重庆市委、市政府及其部门紧紧围绕城乡统筹展开调查研究，重庆市委最终确定了以农民工为突破口开展试验区的改革工作，这一思路得到国务院的肯定和批复。

　　每当我回溯这段历史，都会产生一种对城乡统筹改革难以抹去的深刻情怀，尽管十余年过去了，重庆市的改革已经取得了很大的成绩，但最早的探索和思考，在我心中始终是弥足珍贵的。

　　历史在前行，党的十八大以后，随着"五位一体"的发展，"四个全面"战略布局，"五大发展""新理念"的提出，中国统筹城乡工作面临一个全新的大背景，这就是新认识、新理论、新实践和新发展。2016 年 1 月，习近平总书记在重庆市视察时，对重庆市在新时期的发展予以新的定位，使重庆市能结合新定位推进统筹城乡向更高层面发展。

本书写作组成员既有直接策划和组织实施区域经济发展、推动重庆市统筹城乡综合配套改革的实际工作者，也有长期从事经济社会发展研究和区域经济发展的研究者，写作组尊重历史，结合现实，放眼未来，对统筹城乡进行了一次系统的分析与研究。

本书由杨庆育同志总策划并提出写作大纲，黄朝永同志主笔第一章，吴敏同志主笔第二章，杨庆育同志主笔第三章和第四章并对全书进行协调、归纳、整理。南京航空航天大学经济管理学院李南教授对本书研究有极大贡献，重庆市人大常委会委员陈立洲同志付出了辛勤的劳动。各篇撰稿人文责自负，作者观点与所在单位无关。

感谢中国经济体制改革研究会彭森会长为本书作序，并协调研究会安排基金资助了本书，使我们有条件到我国一些具有代表性的城乡进行实地调查研究。

感谢中共江阴市委办公室汤建影同志和江阴市农村工作办公室孔玉兰同志以及各有关镇村的党政领导同志对我们调研给予的支持帮助，感谢南京市及其江宁区的有关同志给予的帮助。

感谢科学出版社兰鹏副编审的支持和关心协调，感谢李嘉、马跃责任编辑和徐榕榕同志细致而辛勤的劳动，他们为本书做出了很大的贡献。正是大家的帮助支持，本书才得以顺利出版。

对本书写作中参阅的书籍、文献及论文的作者，以及案例的实践者和整理者表示谢意！

杨庆育

2017 年 3 月